洛阳市地方史志编纂委员会办公室　编纂

洛阳通史

隋唐五代卷

郭绍林　著

社会科学文献出版社
SOCIAL SCIENCES ACADEMIC PRESS (CHINA)

《洛阳通史》编纂委员会

《洛阳通史》总卷次

编写说明

一、《洛阳通史》是由洛阳市地方史志编纂委员会办公室主持编纂的综合性区域历史文献著述。编纂目的在于推动优秀传统文化创造性转化、创新性发展，为现代化洛阳建设增添智力支持和精神动力。

二、《洛阳通史》编纂以习近平新时代中国特色社会主义思想为指导，运用辩证唯物主义和历史唯物主义的立场、观点和方法，坚持学术性、科学性、严谨性，科学系统地记述和反映洛阳历史进程和发展状况。

三、《洛阳通史》分先秦卷、秦汉卷、魏晋南北朝卷、隋唐五代卷、宋元明清卷和近现代卷，凡 6 卷。各卷由洛阳高校和文史界学者撰稿，同时特邀洛阳博物馆和洛阳市考古研究院的专家参与，尽可能使历史文献与文物考古资料融为一体，彰显鲜明的地域特色。

四、《洛阳通史》记述时限，上自洛阳始有古人类活动，下迄 2022 年底。记述地域，先秦卷以洛阳现有的行政区划为准，其他五卷以当时实际的地方行政区域为准，在洛阳建都的朝代，同时标明都畿的大致范围。

五、《洛阳通史》各卷内容包括绪论、正文和引用书目（或参考文献），其中正文是记述主体，采用章、节、目三级架构，章下设节，节下设目，目为基本记述层次。

六、《洛阳通史》涉及的人物及其活动情况，原则上为洛阳人，仕宦于洛阳或客居于洛阳的非洛阳籍重要人物及其史迹，一并记入，祖籍洛阳的外地人士及其在外地的活动和成就，视情况简述。人名称谓，以姓名为准。帝王用谥号、庙号，称帝前可用其姓名，但在同一章节中，谥号、庙号不能混用。

　　七、《洛阳通史》引用或参考书籍，选择高质量版本，且同一书籍使用统一版本。引用古籍，在生僻字、典故后加圆括号，仅解释大意。引文注释，一律采用当页脚注，每页各自编号。

　　八、书中纪年采用帝王纪年或年号纪年，年月日数字用汉字，以表示是农历年月日。1912 年以后，使用公元纪年，文献中的民国纪年，引用时可保留原样。使用文字除引用古籍或其他必须用的繁体字、异体字外，均以国家《简化字总表》为准。标点符号、计量单位及数字用法按国家有关规定执行。

目　录

绪 论

　　《洛阳通史·隋唐五代卷》所论述的内容，从时间来界定，包括隋代、唐代（含武周）、梁唐晋汉周五代，即从公元581年隋朝建立到960年后周结束，首尾三百八十年。由于事件有来龙去脉，其全过程的展开，就会上溯到隋朝建立之前，下延到五代结束之后。从空间来界定，以洛阳都市为中心和重点，延伸到洛阳地区全境。在隋唐五代的不同时期，洛阳地区的周边四至有几次盈缩变化。重要的区域划定有两次。开皇三年（583），隋文帝把地方行政区划由州、郡、县三级制改为州、县二级制；大业三年（607），隋炀帝改州为郡，依然是二级制。隋代的洛阳地区，先后称为洛州、河南郡，以洛阳为治所。河南郡管辖十八个县，它们是河南、洛阳、阌乡、桃林、陕县、熊耳、渑池、新安、偃师、巩县、宜阳、寿安、陆浑、伊阙、兴泰、缑氏、嵩阳、阳城。河南郡的地理范围，北抵黄河，东达今巩义市、登封市，南临今南召县、栾川县之间地带，西至陕西潼关。到了唐代，唐玄宗开元元年（713）将洛州改称为河南府，地理范围较隋代缩小，以洛阳为治所。到天宝年间（742~755），河南府管辖二十个县，它们是河南、洛阳、偃师、巩县、缑氏、阳城（告成）、登封、陆浑、伊阙、新安、渑池、福昌、长水、永宁、寿安、密县、河清、颍阳、伊阳、王屋。王屋县在黄河北今济源市的西边，其余县都分布于黄河南面。河南府黄河南面的地区，东边跨越今巩义市而容纳今荥阳市、新密市、禹州市（阳翟县曾隶属洛州），南面与隋代无甚差别，西端由隋代的比邻潼关向东退缩到今渑池县、洛宁县。洛阳地区的这些县，级别、地位不同。隋

炀帝迁都洛阳之前的隋代，唐高宗立洛阳为东都之前的唐代，洛阳地区的县都是普通的行政区。在洛阳立为都城的年代，在都城市区的河南县、洛阳县，都是县级单位中级别最高的京县，又叫作赤县。缑氏县因为有唐高宗与武则天的儿子李弘的恭陵，为次赤县。其余外围县都是京畿（都畿）地区的畿县。就历史事件、僧道士庶、社会现象、文化成果而言，洛阳地区的这些县并非平分秋色，而是存在轻重有无的差别。

洛阳作为都市被人们归纳为"千年帝都、丝路起点、运河中心、牡丹花城"，后面两点是在隋唐时期出现的。

洛阳是十三朝古都，在隋唐五代时期，有隋朝、唐朝（含武周）、后梁、后唐、后晋五个朝代作为都城，仅从数目来说，超过十三朝的三分之一，洛阳上升到一个新的高峰。为洛阳进入高光时段发挥推动作用的，是隋炀帝和武则天两位帝王。隋炀帝营建东都洛阳新城，"迁都洛阳"，"无心京师（长安）"。① 武则天将东都改名为神都，洛阳被称为"上都"；到她的孙子唐玄宗当政时期，洛阳还被称为"上都"。隋唐洛阳城是当时世界上无与伦比的大都市。唐代东北地区的渤海国，在其东京龙原府城遗址（今吉林珲春市半拉城），考古发现方整的里坊，是仿照隋唐洛阳城的里坊制度设置的。邻国日本建造都城也参考隋唐洛阳城的规划设计。日本各京城，都像隋唐洛阳城那样，南北长于东西。日僧永祐于 14 世纪初所撰的《帝王编年记》卷一三指出：日本延历十二年癸酉（793，唐贞元九年）始造平安城，城区的东西两半分别称为东京、西京。"东京又谓左京，唐名洛阳。西京又谓右京，唐名长安。"② 日本藤原京的里坊为正方形，是套用了隋唐洛阳城里坊的模式。藤原京在宫城北面设苑池，是仿照隋唐洛阳城的设置，洛阳宫城北部有陶光园，东西数里，园中有水渠。③

洛阳是丝绸之路的东端起点，是中国与西域各族交往的平台。隋炀帝

---

① （唐）魏徵、长孙无忌等：《隋书》卷六八《宇文恺传》、卷七《礼仪志二》，中华书局，1982，第 1588、139 页。

② 宿白：《隋唐长安城和洛阳城》，《考古》1978 年第 6 期。

③ 王仲殊：《关于日本古代都城制度的源流》，《考古》1983 年第 4 期。

把在东都担任吏部侍郎的裴矩派往甘肃张掖，掌管边地贸易。裴矩广泛接触各国商人，撰成《西域图记》三卷，记载四十四国，并绘制出地图以及各族人的长相和服饰。裴矩回到洛阳，奏上《西域图记》，隋炀帝积极拓展与西域交往的空间。大业五年（609），隋炀帝征服吐谷浑，在当地设置河源（今青海湖南境）、西海（今青海都兰东）、鄯善（今新疆罗布泊西南）、且末（今新疆且末）四郡，调发戍卒前往戍守、屯田。隋朝重新打开了西域的门户，进入西域东部边缘地区，并控制了西域南道的交通，开始经营北道重镇伊吾（今新疆哈密市）。大业六年（610）设伊吾郡，并将与西域的贸易场地由张掖迁到伊吾。西域各族的商人大量涌入洛阳，中外经济文化交流进入了一个新阶段。入唐以后，这一历史趋势强劲发展。武则天称帝后，由丝绸之路沿线国家波斯（今伊朗）来华的高官阿罗撼，出面联络在洛阳的各族上层人士，集资建造大周万国颂德天枢，武则天成了"万国"拥戴的天可汗。

隋炀帝迁都洛阳伊始，组织民力，开通了一条以洛阳为中心、沟通南北的大运河。这一伟大的工程，使得中国内陆的运输版图发生了革命性的改变，东亚大陆从而迸发出生机活力。各地间的经济文化交流，通过大运河广泛开展。大运河不仅惠及当代，而且遗泽后世。

洛阳成为牡丹花城，与武则天息息相关。武则天的祖籍是山西太原西南侧的文水县。当得知与故乡毗邻的汾州有一所众香寺，僧人在着意培育牡丹花，她于是下令将这种珍稀花卉移植到都城上苑。牡丹作为观赏花卉，开始为人们所认识和接受，一改牡丹仅仅以药用植物为人们所知的历史。武则天是在外地出生的，一生中只去过太原一次。她作为皇后，随同丈夫唐高宗由洛阳出发，显庆五年（660）农历二月初十到达太原，三月初五她设宴招待亲族、邻里、故旧，四月初八启程回洛阳。她在太原期间，恰值牡丹开放，她有可能听说或见到了牡丹。那么，汾州牡丹移入上苑，很可能是指东都洛阳的皇家苑囿。因为武则天一行回到洛阳后，过了两年才回长安，在长安居住不满三年，只有两年能看到牡丹花。到了北宋，欧阳修《洛阳牡丹记》说："自唐则天已后，洛阳牡丹始盛。"洛阳人对于种种花卉，都叫出各自的花名，"至牡丹则不名，直曰花"。① 他还在《新唐书·地理志二》中说洛阳向长安唐朝廷进贡"美果华"，美果华（花）就是牡丹。

隋唐五代时期的洛阳文化，丰富多彩，精致完美，超越前代，高峰迭起。从制度文化来说，隋炀帝迁都洛阳后，创立科举制，用以选拔官吏。唐朝继承科举制，对其进行改造和完善。武则天在洛阳，大力发展科举制，士人以文章考试跻身仕途，带动了社会风气。到唐玄宗时期，进士中第以取禄位，被看作"行己立身之美者"，"进士为士林华选"。② 科举制一直为后代王朝所沿袭，长达一千多年。

从宗教哲学来说，佛教大师法藏在洛阳创立华严宗，研究华严义理，归纳出一系列命题，有继承有创新。道教大师司马承祯在河南府王屋山从事理论研究和宗教实践活动，大规模地吸纳佛教的术语和思辨方法来改造道教，有效地进行儒释道三教合一的尝试。北宋理学大师受到他们的启发，吸收他们的思想精华，在洛阳创立了新儒学——理学。

从文学来说，唐代一批诗人在洛阳从事格律诗的探索和创作，武则天组织七言律诗官方实践活动，为近体诗的发展开辟了道路。散文文体方面的变异，初唐陈子昂在洛阳率先写作散体文公文，中唐韩愈又在洛阳提出古文运动的纲领，并坚持写作散体文，向骈体文发起挑战，为散体文的崛起和取代骈体文的统治地位廓清了障碍。

从科学技术来说，僧一行和梁令瓒在洛阳制成水运浑天仪，它不仅是表示天象的仪器，也是计时的仪器，是世界上最早的机械天文钟。一行还在洛阳制定《大衍历》，准确程度超过历代历书，长时期为人们所奉行。

从园林建筑来说，李格非《洛阳名园记》指出："方唐贞观、开元之间，公卿贵戚开馆列第于东都者，号千有余邸。"③ 这些私家园林各具特色，人工建筑和自然景观完美融合。房舍与观赏、休闲、娱乐景点，以合理的比例布局，有借有补，有藏有露。利用水系，搭桥造岛；安放奇石，遮蔽视线。栽植

---

① （北宋）欧阳修：《欧阳修全集》卷七五，李逸安点校，中华书局，2001，第1101、1096页。
② （唐）杜佑：《通典》卷一五《选举典三》，王文锦等点校，中华书局，1988，第358页。
③ 朱易安、傅璇琮等主编《全宋笔记》第3编第1册，大象出版社，2008，第172页。

花木，豢养禽兽。唐代洛阳造园理念对后世产生了深远的影响。

从墓葬文化来说，洛阳城北的邙山是社会向往的葬地，致使后世有"生在苏杭，死葬北邙"之说。城南龙门东西两山、万安山，也都是墓葬胜地。这些地方出土了大量的墓志和随葬品。洛阳的墓葬文化，为其他地方无法比拟，除了反映隋唐五代的风俗习惯，墓志记载还补充了书籍记载之不足，精美的随葬品反映出当时的手工业制品种类、工艺水平，以及中外文化的交流。

隋唐五代的洛阳文化，实际上是都城文化、圣地文化、精英文化。洛阳作为隋唐五代的都城或陪都，必然成为文化中心，文化界的巨擘哲匠长期云集雾委，外地精英短暂留下雪泥鸿爪，文化领域的方方面面出现各种成就，引领风骚。当时宗教昌盛，理论大成，除了洛阳都市，洛阳地区的嵩山、王屋山、缑山，都是佛教、道教的圣地。这里有传统的优势，有驰名遐迩的佛寺道观和雕刻艺术，有异乎寻常的宗教氛围，有宗教上层人物的足迹和被附会过的种种灵迹，有比其他地方大得多的宗教社团，成为人们向往的神秘地方。因此，宗教文化在这里酝酿、生发、保存、传承。另外，隋唐五代的洛阳文化是以传统文化为主干成分，吸纳外族文化、外国文化而形成并向外输出的文化。空前的大一统局面，长期的和平安定形势，使隋唐中国的物质文明、精神文明高度发展，再加上唐朝的开放政策和吸纳气度，大量的外族、外国人梯山航海，涌入洛阳。因此，外族、外国的宗教、音乐、歌舞、雕塑、绘画等也传入洛阳。特别是佛教，在洛阳不断译出经典，传播思想，建立宗派。同时，也有一些国家如日本、新罗的人士到洛阳学习中国文化，考进士做官，或者将中国的经史子集、汉译佛经带回本国。隋唐五代的洛阳文化与世界连成一片，是世界性的文化。

第一章

隋朝的东都

隋朝结束了神州大地长达二百七十多年的分裂局面。在偌大的国家版图上，州县、人口、物产、财富，关东地区、江南地区居其大半。京师长安地处关中地区，对于全国范围内政令的下发、下情的上达、赋税的征收、军队的调动，多有不便。隋炀帝顺应现实需要，营建东都，迁都洛阳。东都洛阳选定新址，在历史时期五都贯洛的地理布局中，它是最后一个板块。同时，隋炀帝组织开凿以洛阳为中心的大运河，使得大范围的南北水运成为现实。在新的历史时期，洛阳作为政治、经济、文化中心和民族交往平台，演出了一幕幕精彩的活剧，也留下了一曲曲哀歌。

第一节　隋文帝称帝前后的洛阳

隋文帝杨坚祖籍为弘农郡华阴县（今陕西华阴市）。自五世祖杨元寿以来，世代担任鲜卑族政权北魏、北周的地方或中央军政职务，被赐以鲜卑族姓氏普六茹。北周武帝时期，杨坚任大将军，其长女被聘为皇太子宇文赟的正妃。建德七年（578），宇文赟即位，是为周宣帝。杨坚被征拜上柱国、大司马、大后丞、右司武、大前疑。大象二年（580）五月，周宣帝病故，周静帝年仅八岁，大权落入杨坚手中，杨坚为假黄钺、左大丞相，总揽全国军政大事。杨坚企图改朝换代，就隐瞒了周宣帝的死讯，将北周宗室赵王、陈王、越王、代王、滕王骗至京师长安杀掉，还杀掉周明帝和周武帝的儿子们。六月以后，北周势力相继在相州（治今河北临漳县）、郧州（治今湖北安陆市）、益州（治今四川成都市）起兵反抗杨坚，被杨坚派出的军队镇压下去，并捣毁邺城，将相州治所南迁到今河南安阳市，称为邺城。到十月，全国的局势稳定下来。次年二月，杨坚恢复汉族姓氏，废掉周静帝，自立为帝，建立隋朝，年号由周静帝的大定改为开皇。到开皇九年（589），隋朝灭掉南朝陈政权，岭南的割据势力归附隋朝，中国长达二百七十多年的分裂局面宣告结束。

杨坚称帝前后，洛阳的地位受着上述政治格局的制约和影响。

北周建德六年（577），周武帝灭掉北周东面的北齐，统一了北方。杨坚时任大将军，率军作战，立有军功。第二年周武帝病逝，宇文赟（周宣帝）继位。为了加强对新征服地区的控制，大成元年（579），周宣帝巡幸洛阳，下诏移相州六府于洛阳，将洛阳设为东京，于是征发关东（秦函谷关以东，亦称山东）诸州士兵修治洛阳宫。以前被北齐迁至其都城邺城（今河北临漳县）的东汉熹平石经和曹魏三体石经，这时由北周运回洛阳。周宣帝还诏令河阳（今河南孟州市）、幽州（治今北京市西南）、相州、豫州（治今河南汝南县）、亳州（治今安徽亳州市）、青州（治今山东青州市）、徐州（治今江苏徐州市）七总管，一律接受东京六府的管辖。

周宣帝去世后，杨坚统领百官，处理朝政。国丧期间，大赦天下，洛阳宫的修建活动停了下来。接着，杨坚镇压相州等地的军事反叛，其间以长子杨勇为洛州总管、东京小冢宰，统领北齐故地。开皇元年（581）二月隋朝刚建立，杨勇就被立为太子，被召回京师长安，镇守洛阳的任务由杨勇的岳父少冢宰元孝矩替代。八月废除东京官，依然称为洛阳，降为一般性城市。

隋文帝总结北周所以轻易亡国，与其同姓诸王势力过于微弱密切相关，为了避免重蹈覆辙，他决定由自己的几个儿子分别据守各地区的重镇。开皇二年（582）正月，他在洛阳设置河南道行台尚书省，以第三子秦王杨俊为该行台尚书令兼洛州刺史，统领关东兵；次子晋王杨广为河北道行台尚书省（治并州，今山西太原市）尚书令；四子蜀王杨秀为西南道行台尚书省（治益州）

尚书令。这几个王都还是少年，其中杨广最大，但也才十三岁，隋文帝因而选拔了一些精明能干的官员充当他们的僚佐。

开皇三年（583）十月，隋文帝废除河南道行台尚书省，将秦王杨俊调任为秦州（治今甘肃天水市）总管。开皇六年（586）十月，设置山南道行台尚书省，治所设在襄州（治今湖北襄阳市襄州区），又将杨俊调到这里担任尚书令。别的地方在创建行台尚书省，而在洛阳的河南道行台尚书省却被废除了，这是否意味着洛阳地位的下降呢？从杨俊赴任襄州两个月前，隋文帝派更高级别的太子杨勇镇守洛阳来看，隋文帝对洛阳另有考虑，其地位更加重要。其间有这样一件大事，开皇四年（584），关中灾情严重，粮食供应困难，九月，隋文帝率领官员、后妃、宦官和将士一行大队人马来洛阳就食，次年四月返回长安。仁寿四年（604），隋炀帝登基伊始，便下了一道营建东都的诏令，其中说，洛阳是最适宜建都的地方，而古代一些帝王，或由于国家分裂，或由于财政窘迫，没有在洛阳建都；而"我有隋之始，便欲创兹怀、洛，日复一日，越暨于今"。① 那么，隋文帝建立隋朝之初就萌生了营建东都的打算，可能是开皇三年以后的事，只是当时刚刚营建了宏大的新长安城，物资匮乏，人力紧缺，立即着手营建东都，显然不合时宜。

当时关中地区人多地少，自然灾害频繁，漕运不便，粮食供应一直很困难。开皇十四年八月辛未（初九，594年8月30日），隋文帝率领百官和大量关中饥民来洛阳就食。十二月乙未（初五，595年1月21日），隋文帝一行东赴泰山，返回长安时没再经过洛阳，此后再也没来过洛阳。

第二节　隋炀帝营建东都

隋炀帝杨广在藩时是晋王，他带兵灭掉江南陈朝，为统一国家立下赫赫战功。他取代了哥哥杨勇的太子地位，于开皇二十年（600）十一月被立为太子。仁寿四年七月丁未（604年8月13日），隋文帝在岐州仁寿宫（在今陕西

---

① 《隋书》卷三《炀帝纪上》，第61页。

麟游县）驾崩，杨广当即在这座避暑行宫举行了登基典礼，即位为帝。八月，隋炀帝护送先父的灵柩回到首都长安。隋炀帝的小弟汉王杨谅以并州总管的身份驻守山西太原，统辖着关东地区五十二州地盘。他对于二哥夺嫡并称帝的行径极度不满，于是举兵叛乱，被尚书左仆射杨素率领的官军平定。

这时，术士章仇太翼上表说，国都长安地处雍州，属于国家的西部地区，方位和五行相配，属于金。而隋炀帝本命是木，金克木，不利，长安不可久居。洛阳曾经是西晋的都城，二十年前民间流传着"修治洛阳还晋家"的谶语，隋炀帝曾是晋王，正好应验。隋炀帝读表后，"有迁都之意"。①他当即于十一月乙未（初三，604 年 11 月 29 日）巡幸洛阳，进行考察，二十一日（604 年 12 月 17 日），发布营建（东京）洛阳的诏令。他看到平定杨谅叛乱的过程中，关东地区战火弥漫，很多州县不复由国家控制，而京师长安僻处关中，鞭长莫及；并州降户迁至河南，国家需要像周迁殷人那样，在当地设立据点，加以监督；特别是平定江南后，隋朝的统治区域扩大到岭南一带，长安作为唯一的都城，已经不再适应形势的需要了。他认为洛阳自古以来便多次作为国都，三河（黄河、洛河、伊河）环带，四塞坚固，水陆线路，四通八达，远近均衡，是最理想的建都处所。为了确保洛阳的安全，他下令征调数十万丁男开掘长堑。这道长堑从蒲州龙门县（今山西河津市）经长平郡（治今山西晋城市）东北，东接汲郡（治今河南浚县西），从临清关（在今河南新乡县）南跨黄河，经过浚仪（今河南开封市）、襄城郡（治今河南汝州市），抵达上洛郡（治今陕西商洛市）。沿着长堑，遍设关防。这样，环绕着洛阳，出现了一道人工屏障，形成拱卫态势，弥补了自然条件的不足。

大业元年（605）三月，隋炀帝诏令尚书令、营东京大监杨素，纳言杨达，将作大匠、营东都副监宇文恺负责营建东京。宇文恺是杰出的组织者和实施者，除了完成洛阳都市、皇家宫苑的规划和修建，还给久已失传的明堂建筑设计出方案，只是当时没有建成。他撰著了"《东都图记》二十卷、《明堂图

---

① （唐）杜宝著，辛德勇辑校《大业杂记辑校》，三秦出版社，2006，《两京新记辑校》合刊本，第 2 页。

图 1-1　影元本《隋书·宇文恺传》书影
（采自百衲本《隋书》）

议》二卷"，"于是东京制度穷极壮丽"。[①] 东京建筑需要很多形体巨大的木料，由黄门侍郎王弘、上仪同於士澄负责采集江南大树。皇城的修建由吏部侍郎裴矩主持。

由于洛阳汉魏故城屡遭战乱破坏，新城址西移十八里，确定在东面瀍河、西面涧河（即今谷水，又名毂水）流经的地带，北面是绵延不绝的邙山，南面是风景秀丽的伊阙（龙门）。洛河从城中横穿而过，象征银河。洛河上搭建浮桥，由铁锁钩连大船而成，叫作天津桥。桥北是皇城的正南门端门，桥南通向外郭城的定鼎门，这条七里多长的大街叫作端门街或天津街，构成城市的中轴线。唐人韦述说："川原形胜，自古都邑莫有比也。"[②]

城区由宫城、皇城、外郭城三部分组成。宫城在城市的西北面，叫作紫微城，是皇帝、后妃生活的宫殿区。"东西四里一百八十八步（一步五尺），南北二里八十五步，周一十三里二百四十一步。"[③] 宫城的城墙"周匝两重，延袤三十余里，高四十七尺"。[④] 皇城在宫城的南面，是中央机构建筑群，叫作太微城。东西五里十七步，南北三里二百九十八步，周长十三里二百五十步，

① 《隋书》卷六八《宇文恺传》，第 1594、1588 页。
② （唐）韦述著，辛德勇辑校《两京新记辑校》卷四《东都》，三秦出版社，2006，《大业杂记辑校》合刊本，第 73 页。
③ （清）徐松：《唐两京城坊考》卷五《东京·宫城》，方严点校，中华书局，1985，第 131 页。
④ 《大业杂记辑校》，《两京新记辑校》合刊本，第 15 页。

城墙高三丈七尺。宫城北面有圆璧城与曜仪城，东面则修建含嘉仓城和东城。皇城和宫城的西面是皇家园林西苑，东面和南面则是外郭城。外郭城设置里坊，是四周围墙封闭的居民小区，间有宗教寺院、地方衙署，分布在洛河南北。里坊呈正方形，四周长四里，四面修造楼阁式坊门，以丹粉涂饰。城区大街小陌，纵横交错。外郭城内还有三个大型市场。洛河北、瀍河东岸有通远市，城南有丰都市、大同市。

宇文恺设计新洛阳城，采取不对称原则，这是由于洛水自西南向东北穿城而过，所能利用的建筑地段，面积有大小，地势有高低，为了突出宫城的地位，城市的中轴线不能恰好处在东西两半的正中间。洛阳城北依邙山，西连旷野，于是将广大的禁苑建在城西，以便从宫城直接进出禁苑。宫城、皇城居于城市西北高地，城池坚固，内外砌砖，且宫城除了南面有皇城，北有圆璧城与曜仪城，东有东城，南面又有洛河，便于防御。傅熹年认为，隋洛阳城采用了模数控制的设计方法，以宫城的中心部分大内为基准，以宫城的长和宽规划全城。把它扩大四倍，即为皇城、宫城之总和，把它分为四份，则每份为一坊。换言之，全城以坊为单位，聚四坊为大内，聚十六坊为皇城、宫城之总和——子城。因此，洛阳城是以宫城之广、长为模数规划全城，体现了这一时期城市规划设计的成熟。①

隋朝洛阳城的水环境非常优越。洛河横贯城市，涧河由西北汇入，瀍河由北面汇入，伊河从南向北与洛河汇合。在此基础上，朝廷组织开凿人工渠道，引涧河、洛河入西苑；在惠训坊西北立堰为斗门，分出漕渠，经通远市向东流去；还开凿通津渠，分洛河西北为千步碛渠，东北流经定鼎门，至端门南的天津桥复入洛河。城南则有运渠，引伊河到外郭城东南隅，然后北流，再西流入城，然后经过丰都市，最后入洛河。有了这样一些人工渠道和河流，城市水上交通十分便利，居民用水也很方便。

修建东京的工程是国家级项目，每月役使民工多达两百万人。杜宝在

① 傅熹年：《隋唐长安洛阳城规划手法的探讨》，《文物》1995年第3期，收入氏著《中国古代建筑十论》，复旦大学出版社，2004，第192页。

《大业杂记》中记载了几个项目的具体用工情况：修建宫城，城墙"六十日成"；"其内诸殿基及诸墙院，又役十余万人；直（其）东都土工监，常役八十余万人；其木工、瓦工、金工、石工，又役十余万人"。①江南的奇材异石源源不断地运至洛阳，运输极其艰辛。宫殿所用的大梁巨柱，需从豫章郡（治今江西南昌市）采集大树，运来加工。一棵大树两千人才能拖得动，如果用木轮车运送，会摩擦起火，便改用铁轮车，运一二里铁轮便坏，只好由数百人尾随，专门供应铁轮，因而一天不过运送二三十里。一棵大树运到洛阳，不算沿途食宿费用和铁轮车成本，仅脚力一项，即花费数十万工。民工劳累不堪，一半人累死在运输途中。

大业元年（605）八月，隋炀帝巡幸并驻跸江都（今江苏扬州市），这期间，东京的营建工程正热火朝天地进行着。为了充实人口，附近居民以及天下富商、工艺户数万家，都奉诏安置到城内居住。大业二年（606）四月，隋炀帝从江都回銮洛阳，站在皇城南面的端门门楼上，向普天下宣布大赦，免除百姓当年的租赋。大业五年（609）正月，东京改称为东都。

隋炀帝在东都处理朝政，举办国事活动，接待外国使臣和外族首领。

隋炀帝在位十四年，在洛阳断断续续四年多，在长安不满一年，其余时间或在江都，或巡幸各地，或奔赴前线主持战事。杨广称帝后驻守洛阳的时间，竟然是在长安的四倍多。长安虽然依然保持着京师的称号，也是皇家宗庙的所在地，实际上在国家的政治生活中仅仅具有礼仪意义。

第三节　皇家苑囿西苑

西苑在洛阳城西，是隋朝的皇家苑囿，大业元年（605）五月开工修建，叫作会通苑。西苑方圆二百二十九里一百三十八步，洛河、涧河流经其间。苑中开凿了一个人工海，周围十多里。海中堆砌出方丈、蓬莱、瀛洲三座仙山，各高百余尺，相距三百步。三座山上遍栽苍松翠竹，郁郁葱葱。山上建造道真

---

① 《大业杂记辑校》，《两京新记辑校》合刊本，第15页。

观、集灵台、总仙宫等台观殿阁，高低错落。人工海北连龙鳞渠，渠道屈曲盘旋，潋潋清波不断注入人工海中。龙鳞渠宽二十步，架有飞桥。过桥百步，种植着杨柳、翠竹和名花美草。其中有逍遥亭，八面合成，造型美丽。

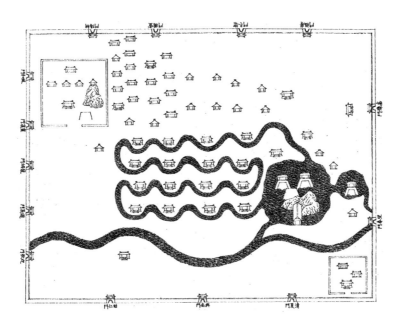

图 1-2　隋上林西苑图（采自《永乐大典·河南府图》）

龙鳞渠两旁修建了十六座面渠开门的院落，号为十六院，分别是延光院、明彩院、合香院、承华院、凝晖院、丽景院、飞英院、流芳院、曜仪院、结绮院、百福院、万善院、长春院、永乐院、清暑院、明德院，各安置一位四品妃子居住。十六院各置一屯，用院名作为屯的名称。每屯设置正一人、副二人，以宫人充任。屯内饲养家畜家禽，穿池养鱼，种植蔬菜瓜果，产品用于该院人员的日常饮食。春夏秋冬，美味佳肴不断变化，水陆产品无所不有。十六院内庭院幽深，花木掩映，每当北雁南飞，花叶凋零，就用各色绢帛剪制出彩花绿叶，缀在枝条上，颜色稍稍衰退，立即予以更新。因此，即便在秋风肃杀或寒气逼人的季节，这里依然春意融融。沼池中也用绢帛制作荷芰菱芡，在隋炀帝来游玩时凿冰装点。

西苑内修建了众多的殿堂亭阁。《大业杂记》提到甘泉宫（又名皂涧宫、显仁宫）、含景殿、曲水殿、清暑殿、楼霞观、阆风亭、丽日亭、翠微亭、行雨台。清人徐松《唐两京城坊考》追述隋代西苑的情况，提到冷泉宫、积翠宫、凌波宫、青城宫，"又有朝阳宫、栖云宫、景华宫、成务殿、大顺殿、文华殿、春林殿、和春殿、华渚堂、翠阜堂、流芳堂、清风堂、光风堂、崇兰堂、丽景堂、鲜云堂、回流亭、流风亭、露华亭、飞香亭、芝田亭、长塘亭、芳洲亭、翠阜亭、芳林亭、流芳亭、飞华亭、留春亭、澄秋亭、洛浦亭，皆隋炀帝所造"。[1]

隋炀帝把很多时光消磨在西苑中。有时是在夜晚，他率领数十名宫女，从外郭城西北边的闾阖门乘马进入西苑。他谱写了数十首《清夜游曲》，由宫女们在马背上演奏歌唱。有时是在白天，他下朝后来西苑林亭间宴饮。他的孙子燕王杨倓，同几个承恩的贵族、官僚及隋文帝的妃嫔为一席，佛教道教内道场的男女僧侣为一席，他自己同诸位宠姬为一席，酒食丰盛，你劝我让，常常是杯盘狼藉，渐入醉乡。隋炀帝一向敬重学识文章超群出众的秘书监柳顾言，常常召他来西苑宴饮。隋炀帝以夜里不能召柳顾言来饮酒而深感遗憾，于是命工匠按照柳顾言的形象刻成木偶人，身上安装机关。月下对酒，由宫人操作，这个木偶坐起拜伏应酬，活灵活现，引起众人阵阵欢笑。

大业十二年四月丁巳（初一，616 年 4 月 22 日），大业殿西院显阳门失火，宫城中一片混乱。隋炀帝以为是盗贼杀入宫中，吓得连忙奔向西苑，躲在草丛中，直到火灭后才还宫。五月的一天，隋炀帝在西苑中的景华宫责令下人捕捉萤火虫，得数斗之多。当天夜里，他在苑中游山，用萤火虫照明。这些小昆虫被同时放出来，向四面八方飞去，柔和的萤光照得岩谷影影绰绰。

隋炀帝还在西苑曲水殿举办上巳节修禊活动，加入了一些娱乐活动。他在这里接见外族首领，安排百戏表演，使得外事活动变得轻松，并增加了联谊色彩。

---

[1] 《唐两京城坊考》卷五《东京·神都苑》，第 145 页。

第四节　皇家图书馆

魏晋南北朝时期，长期战乱、分裂，图书大量散乱消亡。开皇三年（583），隋文帝派遣使者分赴境内各地搜访图书异本，每抄书一卷，赏给书籍主人一匹绢，图书原本归还主人。六年后平定江南，这项活动扩大到原来陈朝的辖区内。经过历年的努力，国家收藏的图书达到三万七千余卷，它们被抄写成正副两本，加以分类编辑，一部分藏于长安嘉则殿中，专供皇帝御览，一部分藏于秘书省的内、外阁。

隋炀帝营建东都洛阳，致力于文化建设。他以晋王身份担任扬州总管时，王府中即有学士百人从事修撰活动，直到称帝以后，二十年间从未中断。所修图书囊括儒学、文学、军事、农艺、地理、医方、卜筮、佛教、道教、狩猎等门类，有三十一部一万七千余卷。大业十一年（615）正月，他在洛阳，把秘书省的官员增加到一百二十员，以学士补充缺额。起初，隋炀帝命柳顾言对长安嘉则殿所藏三十七万卷图书加以挑选，剔除重复猥杂部分，得正御本三万七千余卷，送到洛阳。他又命人将秘阁所藏图书各抄五十副本，分为上中下三品，上品为红琉璃轴，中品为绀（黑红色）琉璃轴，下品为漆轴，分藏洛阳、长安两京的宫殿和衙署中。他还安排在洛阳皇宫的内道场中编辑佛教、道教典籍，并为其编撰目录。经过隋炀帝的不断经营，"而隋世简编，最为博洽"。[1]

在东都观文殿的东西两侧，各修建有十二间书堂，分别收藏经部、史部和子部、集部图书。在观文殿的后面，修有妙楷台和宝籍台，分别收藏魏晋以来的书法作品和名画。每一间书堂中安放十二个书橱，每个书橱高广均为六尺，以杂宝装饰。书橱的前后方安放五香床，皆以金玉装饰。春夏季节，香床上面铺上九曲象簟，秋季铺上凤纹绫花褥，冬季铺上绵装须弥毡。书堂的窗户上挂着锦缎帷幔，安装飞仙，是掌控帷幔升降的装置。每当隋炀帝前来读书时，值

---

[1] （后晋）刘昫等：《旧唐书》卷四六《经籍志上》，中华书局，1975，第1962页。

班宫女手执香炉在前导引，散出阵阵沁人心脾的幽香。宫女在距离窗户一丈远的地方脚踏机关，飞仙装置随绳索降下，窗帏因而上行，窗扉和书橱扉自行开启；隋炀帝走后，再恢复原样。精巧绝伦的装置、优雅舒适的环境、精心周到的服务，使隋炀帝沉浸在阅读的喜悦中，感受着满满的惬意。

隋炀帝在江都遇弑后，隋朝大将王世充在洛阳建立郑朝，洛阳图籍为王世充所接管。唐朝初年平定王世充，司农少卿宋遵贵奉命将洛阳图籍运至长安。船只由黄河逆流西上，行经今三门峡河段中的砥柱山时，图书"多被漂没，其所存者，十不一二。其《目录》亦为所渐濡，时有残缺"。唐初现存的隋代四部书，"合条为一万四千四百六十六部，有八万九千六百六十六卷"。①

第五节 大运河的中心和粮仓的密集地

古代的大型运载工具是船舶，必须依赖水道进行运输。隋朝疆域辽阔，人口密度、物产盈缺，各地并不均衡，函谷关以东的中原地区及其南北地区，在社会生活中显得尤为重要。中国江河的流向总体上是由西向东，南北水运在内陆不能自然实现。要改变这种状况，只有开凿大运河。这一亘古未有的伟大工程由隋炀帝组织，历时六年完成。

大运河北抵涿郡（今北京市西南），南达余杭（今浙江杭州市），全长四千八百余里，由永济渠、通济渠、山阳渎、江南河四段组成。大运河的开凿，以天然河道和旧有渠道为基础。战国时期，魏惠王组织民众开凿鸿沟，这条运河从今河南荥阳市以北分黄河水东流，经今河南开封市折向东南，再经今河南淮阳县注入颍水，最后流入淮河。鸿沟又称莨荡渠、汴渠、汴河。大业元年（605）三月，隋炀帝诏令开凿通济渠。通济渠分为西东两段，全长一千余里。黄河以南、淮河以北诸郡男女民工前后百余万人被征发到工地上从事劳动。先从洛阳的西苑引涧河、洛河经洛口（在今河南巩义市）达于黄河，这是西段。又将已经淤塞的汴渠加以疏通、拓宽，从板渚（今河南荥阳市东北）引进黄

---

① 《隋书》卷三二《经籍志一》，第 908 页。

河水，经浚仪向东南方向入于泗河，在盱眙（今江苏盱眙县）入于淮河，这是东段。同年，还征发淮南民工十多万，开凿从山阳（今江苏淮安市）到江都的山阳渎，全长三百余里，淮河与长江因而汇通。山阳渎河道原本是春秋时期吴王夫差组织民众开凿的邗沟，这时加以疏通和拓宽。大业四年（608），又征发河北诸郡民工百余万人开永济渠，引沁河南通黄河，其入口处与板渚隔岸相对，然后贯穿华北平原，北至涿郡，全长两千余里。大业六年（610），开凿从京口（今江苏镇江市）到余杭的江南河，引长江水达于钱塘江，全长八百里。至此，大运河全线贯通。整条运河河道宽阔，最宽达四十步（五尺为一步，一尺当今 0.296 米），能运行巨大的船舶。运河两岸修筑御道，栽种柳树。这条大运河是世界史上伟大的工程之一。它将海河、黄河、淮河、长江、钱塘江五大水系浑然融为一体，以洛阳为中心，西通关中盆地，北达华北平原，南抵太湖区域，是南北交通的大动脉。而且不仅如此。《通典》摘录唐初魏王李泰《坤元录》的说法："通济渠，西通河洛，南达江淮。炀帝巡幸，每泛舟而往江都焉。其交（交州，治今越南河内市）、广（治今广东广州市）、荆（治今湖北江陵县）、益、扬（治今江苏扬州市）、越（治今浙江绍兴市）等州，运漕商旅，往来不绝。"① 可见洛阳不但是陆上丝绸之路的东端起点，而且由于隋代大运河与其他水运系统并网，洛阳也成为海上丝绸之路的枢纽城市。

洛阳既然是大运河南北两段的衔接点，就成了南北经济交流的中心和物资集散的枢纽。不但运河地区的赋税漕运到洛阳，其中一部分再转运到关中，而且鱼盐木材、丝绵布帛等物资，通过这一枢纽，从产地转运到其他地区，以互通有无。

隋炀帝再巡幸江都，不再走陆路，而是沿着运河行进。大业元年（605）八月，他从洛阳显仁宫出发，乘小朱航顺着漕渠东行，进入运河后，改乘龙舟。龙舟是一座流动皇宫，高四十五尺，宽五十尺，长二百尺。船身分为四层，上层有正殿、内殿和东西朝堂，是坐朝办公的处所。中间两层有一百二十间房，最下一层是宦官们居住的处所。皇后乘坐的船叫翔螭，比龙舟稍小一

① 《通典》卷一七七《州郡典·河南府》，第 4657 页。

点。船队中有称为浮景的船九艘，都是分为三层的水殿，还有称为漾彩、朱鸟、苍螭、白虎、玄武、飞羽、青凫、凌波、五楼、道场、玄坛、黄篾等名号的大船数千艘，用于嫔妃、诸王、公主、百官、僧尼、道士、蕃客乘坐，以及装载物资。这些庞大船只的行进，除了依靠舟师划船，还需要人力在岸上挽船。挽船者达八万余人，其中皇帝、皇后和高级嫔妃乘坐的龙舟、翔螭和漾彩，挽船者将近一万人。另有称为平乘、青龙、艨艟、八棹、舴艋等名号的大船数千艘，用于十二卫的军士们乘坐和装载武器帐幕，军士们自行挽船。所有这些船只同时行进，首尾绵延二百余里。运河两岸五百里内的百姓负责贡奉食品，如果精美可口，郡县官吏加官晋爵，否则受责、治罪。地方官乘机盘剥百姓，一份贡奉，一份肥己。食物极尽山珍海味，后妃们吃不完，将剩余部分扔掉。

大运河开通以后，东亚大陆整体上被联通了。武则天时期，凤阁舍人崔融上奏说："天下诸津，舟航所聚，旁通巴、汉，前指闽、越，七泽十薮，三江五湖，控引河洛，兼包淮海。弘舸巨舰，千轴万艘，交贸往来，昧旦永日。"① 大运河将南北河流连接起来，组成四通八达的水运交通网，辐辏都城洛阳，洛阳发挥着对水路运输的控制引领作用。唐代宗时期，河南县丞韦应物《登高望洛城作》诗说"舟通南越贡"，② 指包括今越南北部的岭南州郡的贡赋，辗转水运到洛阳。唐宪宗时期的宰相李吉甫主编的《元和郡县图志》，以广阔的视野评价大运河，说："自扬、益、湘南（今湖南）至交、广、闽中（治今福建福州市）等州，公家漕运，私行商旅，舳舻相继。隋氏作之虽劳，后代实受其利焉。"③ 晚唐皮日休《汴河怀古二首》之二说："尽道隋亡为此河，至今千里赖通波。若无水殿龙舟事，共禹论功不较多。"④ 这条由隋炀帝组织开创、后人改建的京杭大运河，迄今还在社会生活中发挥着重要作用。

隋朝赋税制度的主干成分是租、庸、调三项，其中"租"是土地税，向纳税人征收粮食。随着大运河的开通，漕运变得活跃，各地征收的税粮源源不

---

① 《旧唐书》卷九四《崔融传》，第 2998 页。
② （清）彭定求等编《全唐诗》卷一九二，上海古籍出版社，1986，第 449 页。
③ （唐）李吉甫：《元和郡县图志》卷五《河南道一》，贺次君点校，中华书局，1983，第 137 页。
④ 《全唐诗》卷六一五，第 1558 页。

断地被运往中央所在地。洛阳作为东都，人口密集，粮食需求量大，加上它在国家政治、交通、经济、军事中的特殊地位，需要储备大量的粮食。因此，号称河南郡的洛阳地区，沿着水路运输通道，设立了一些国家粮仓，成为国家粮仓的聚集地。河南郡著名的国家粮仓，有洛阳城区的含嘉仓，城北的回洛仓、河阳仓，城东今巩义市的洛口仓（兴洛仓），城西今三门峡市陕州区的常平仓。河南郡以外地区的国家粮仓则寥寥无几，有在今陕西华阴市的广通仓（永丰仓），在今河南浚县的黎阳仓，在今江苏淮安市的山阳仓。

图 1-3　隋朝大运河和国家粮仓示意图

区别于民间用于灾年自救性质的义仓，国家粮仓称为官仓，官仓规模都很大，号称仓城。洛阳城内的含嘉仓，大业元年（605）与东都同时开工营建，建成后为唐朝所继承，并加以扩建。1969 年，隋唐含嘉仓遗址被发现，1971 年和 1988 年，两度进行考古发掘。

含嘉仓城位于城区北部，四周为城墙，内设道路、仓窖和管理区。仓

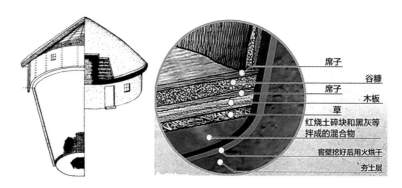

图 1-4　含嘉仓仓窖结构示意图

城平面为倾斜的长方形，其北墙同外郭城墙相合为一，东抵外郭城北门徽安门，西临位于宫城正北的圆璧城，南接东城。四周残墙宽 15~17 米，最高处达 6.5 米，夯土每层 7~8 厘米，夯面上能看到圆形夯窝。文献说仓城三门，但据实地发掘和铭砖记载，共有四门，即东面的东门、南面的含嘉门、西面的圆璧门（仓中门）、北面的德猷门。德猷门是含嘉仓的输出门户，系单门洞土木结构，隋朝最初建造在 1.5 米厚的夯土之上，以方砖为柱础，门洞宽 2.9 米，这里出土的方形砖与隋朝宫殿遗址出土的砖相同。唐代武则天时期，在德猷门原址路面上填以 20~40 厘米的黄土，夯实后设置石础立柱，并将门洞拓宽至 4.9 米。仓城内有两条主干道，东西方向的宽 12 米，南北方向的宽 10 米。泄城渠贯穿其中，可以直接运粮。仓城东西宽 612 米，南北长 710 米，总面积 43 万平方米，已勘探出地下仓窖二百五十九处，估计总数应在四百处左右。仓窖分布在主干道两侧，排列有序，南北成行，行距 6~8 米，窖距 3~5 米。仓窖之间分布着纵横交错的小路，宽 2 米，路面上留存着车辙痕迹。仓窖形制一致，都是口大底小的缸形，窖口为圆形或椭圆形，口径一般为 10~16 米，窖深 7~9 米，最深为 12 米，口同底的比例是 2∶1，壁同底的夹角为 120 度。每窖能容八千石粮。含嘉仓城属于地下仓窖类型。仓窖的建造程序，是先从地面向下开挖仓窖，将窖壁和窖底打磨规整光滑，对窖底夯实加固。当时创立了一套行之有效的防潮技术。窖壁的防潮处理程序是，先镶嵌木壁板，木板的一端削尖，直接横砌在窖壁上，不用榫卯，再镶嵌木箔，紧靠壁板竖放，最内层是席，席与木箔之间衬垫谷糠。窖底的防潮处理程序是，先夯实地基，用火烘烤，使窖底和窖壁下部干燥坚硬，以红烧土碎块、烧灰、碎炉渣和黏合剂拌合而成防潮剂，用以涂抹，达两毫米厚，然后铺设木板和干草。在确保仓窖各项技术达标后，即可装入粮食，用席掩盖，席子上垫一层 50 厘米厚的谷糠，谷糠上面再盖上席子，最后用黄土密封成圆锥形土堆。在 160 号窖内，考古发现五十万斤粟。粟的年代可以确定为唐代，因为隋末洛阳城被李密围困，城内无粮充饥，饿死者甚多。历经一千余年，这批粟已经炭化，但有机物的含量仍在一半以上。隋代营建含嘉仓的规模和功效，防腐防潮的高超技艺，由此皆可想见。

洛阳周围的仓城设在黄河南岸，因漕运方便，地面空阔，规模更大。洛阳城北七里的回洛仓城，周围十里，共有三百个仓窖。2004 年 9 月，洛阳市文物工作队在洛阳市北郊瀍河东岸小李村、马坡村西发现一处仓城，2009 年 7 月进行了全面勘探。整个仓城由管理区、仓窖区、道路和漕渠组成，城墙宽约 3 米；仓城东西长 1000 米，南北宽 355 米，呈长方形。仓窖排列规整有序，东西成行，南北成列。钻探出了七十一座仓窖，仓窖排列共十二排九行。发掘的三个仓窖窖口呈圆形，口径 8~10 米，底径 6~7.5 米，深 7.5~9 米。窖壁上涂抹了青膏泥，还能看到加工窖壁的痕迹，还有加固窖壁铺设物的木钉孔。窖底先涂抹青膏泥，然后铺设木板，木板呈环状铺设。在一个仓窖内出土了有隋炀帝"大业元年"铭文的残砖，专家认为这就是隋代的回洛仓。

回洛仓以东的河阳仓，以及百里外的洛口仓，都是著名的大仓城。洛口仓城建在洛河注入黄河的地方，周围二十余里，内穿三千窖，每窖盛米八千石，设置监官和镇兵千人负责管理和把守。

2014 年 6 月 22 日，在卡塔尔多哈举行的联合国教科文组织第 38 届世界遗产委员会会议上，中国大运河被批准列入《世界遗产名录》，包括隋唐大运河洛阳遗产点的含嘉仓、回洛仓。

第六节　隋朝同周边国家和民族的交往与丝绸之路

隋代的中国有着高度的物质文明、精神文明和制度文明，周边国家和民族对其艳羡不已，它们的官方使者和民间商人梯山航海，纷纷前来中国。

大业三年大年初一（607 年 2 月 16 日），隋炀帝在东都举办春节宴会，会场展示种种文物器用。当时突厥首领启民可汗入朝，接连两天上表，请求允许突厥改变传统习俗，穿戴汉族服装，采用汉族礼仪。六月，启民可汗拜见北上巡幸途中的隋炀帝，再次上表说："臣今非是旧日边地突厥可汗，臣即是至尊臣民，至尊怜臣时，乞依大国服饰法用，一同华夏。"[①]

大业四年三月壬戌（十九日，608 年 4 月 9 日），隋炀帝在洛阳，"百济、倭、赤土、迦罗舍国并遣使贡方物"。[②] 倭国国王多利思比孤派遣来的朝贡使小野妹子说："闻海西菩萨天子重兴佛法，故遣朝拜，兼沙门数十人来学佛法。"[③] 后来，隋炀帝派遣裴世清出使倭国，倭国举行盛大的欢迎仪式，国王亲自接见裴世清。裴世清回国时，倭国再派小野妹子随同来华，并派高向玄理等八人来华学习。他们学成返还倭国，以中国为榜样，进行大化革新，促进了倭国的社会进步。隋炀帝"赐其民锦线冠，饰以金玉，文布为衣，左右佩银花，长八寸，以多少明贵贱"。[④] 倭国这时才开始以中国的衣冠为样板，制作衣冠。倭国在大年初一行射戏饮酒礼，社会上流行的棋艺、握槊、樗蒲（赌博）等，都是这一时期从中原学到的。唐高宗时期，倭国中懂得中国文化的人厌恶国名称"倭"，于是改国名为日本。

为了处理具体的对外事务和民族间的贸易等事务，隋炀帝在洛阳外郭城南面的建国门外设置了四方馆，隶属鸿胪寺。四方馆各设一位长官掌管日常工作，分别叫作东夷使者、南蛮使者、西戎使者、北狄使者。每馆设置典护录

①　《隋书》卷八四《北狄·突厥传》，第 1874 页。
②　《隋书》卷三《炀帝纪上》，第 73 页。
③　《隋书》卷八一《东夷·倭国传》，第 1827 页。
④　（北宋）欧阳修、宋祁等：《新唐书》卷二二〇《东夷·日本传》，中华书局，1975，第 6208 页。

事、叙职、叙仪、监府、监置、互市监、互市副监、参军各一人。典护录事主管纲纪，以纲纪为准绳，考察、约束来华外族人士。叙职掌管来华外族人士的地位贵贱，对其中立功者予以提拔。叙仪掌管礼仪方面的小大次序。监府掌管各族向朝廷贡献财物的事务。监置掌管外族人士交通所需的驼马船车，并纠察他们的违法乱纪行为。互市监和副监掌管民族间的贸易事务。参军掌管出入交易。

来到洛阳的外族人，来自东南西北不同的政权和民族，其中以西方最多。这不仅由于隋朝的东面和南面是大海，北面是沙漠、草原，只有西面政权和民族最多，还由于裴矩在西北边陲与西域人士接触，拉拢他们来洛阳。当时西域各族人，多到甘肃张掖与隋朝做买卖。隋炀帝把在东都担任吏部侍郎的裴矩派遣到张掖，让他掌管边地互市。裴矩同来到张掖的西域胡商们频频交谈，详细了解他们各自的风俗习惯、生产生活情况、政治状况、地理分布、山川形势，从贵族到平民，画出各个民族人物的长相和服饰，撰成《西域图记》三卷，除了文字记载四十四国，还绘制出地图。

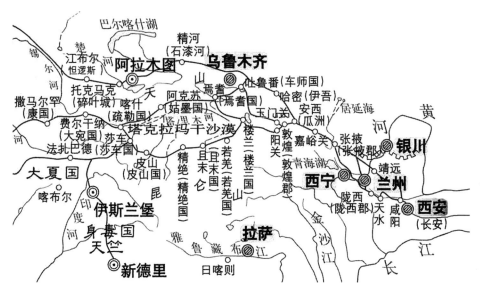

图 1-5　丝绸之路新疆段三条道路示意图

《西域图记》中记载的政权和民族，分布在丝绸之路沿线。丝绸之路从洛阳经过西安向西延伸，到甘肃敦煌后分为南北两条道路，到新疆境内又分作三条道路，通向中亚、西亚、南欧、北非、南亚。《西域图记》记载的具体情况是：北道从伊吾，经过蒲类海（今新疆巴里坤湖）、铁勒部、今哈萨克斯坦巴尔喀什湖南的突厥可汗庭，度北流河水（今中亚锡尔河），到拂菻国。拂菻国又称大秦，即东罗马，近世译作拜占庭。该政权以巴尔干半岛为中心，包括小亚细亚、叙利亚、巴勒斯坦、埃及以及美索不达米亚和南高加索的一部分，首都君士坦丁堡。中道从高昌（今新疆吐鲁番市东），经过焉耆（今新疆焉耆县）、龟兹（今新疆库车市）、疏勒（今新疆疏勒县），越过葱岭（帕米尔高原），又经钹汗（今乌兹别克斯坦费尔干纳）、苏对沙那国（今塔吉克斯坦乌什鲁沙那）、康国（今乌兹别克斯坦撒马尔罕）、曹国（今乌兹别克斯坦伊什特汗）、何国（曹国西）以及大、小安国（今乌兹别克斯坦布哈拉）、穆国（今土库曼斯坦土库曼纳巴德），到波斯，继续通向西方。南道从鄯善（楼兰，今新疆若羌县），经过于阗（今新疆和田市）、朱俱波（今新疆叶城县）、喝槃陀（今新疆塔什库尔干县），越过葱岭，到护密（今阿富汗东北境）、吐火罗（今阿富汗北部）、挹怛（今阿富汗马扎尔谢里夫）、帆延（今阿富汗巴米扬）、漕国（今克什米尔北）、北婆罗门（北印度地区），继续通向西南方。三条道路起点的伊吾、高昌、鄯善，"并西域之门户"；而总束三条道路起点的敦煌，"是其咽喉之地"。裴矩回朝，奏上《西域图记》，隋炀帝极其高兴，安排他在洛阳担任民部侍郎、黄门侍郎。隋炀帝天天召见裴矩，询问西方情况，并再次派他去张掖，联络西方的国家，有十多个国家遣使来朝。大业五年（609）六月，隋朝灭掉吐谷浑，各国受到震慑，相继前来朝贡。该年十一月丙子（十三日，609年12月14日），隋炀帝由长安回到东都。裴矩以四周蛮夷朝贡者多，劝说隋炀帝在洛阳举办超大规模的乐舞活动。隋炀帝于是征集全国各地奇技异艺人士来洛阳，于次年正月十五夜（610年2月12日）在天津街表演百戏，戏场周围五千步，音乐舞蹈杂技表演者一万八千人，"衣锦绮、珥金翠者以十数万。又勒百官及民士女列坐棚阁而纵观焉"。① 夜夜如此，一直持续到月底。

洛阳作为丝绸之路的东端起点，不仅是国内贸易的大都会，还是国际贸易的大都会。在洛阳外郭城的里坊区内，沿着漕渠设有三个市场。通远市位于洛河北、瀍河东，周围六里，有二十个市门通往市内。通远市旁边的漕渠中，常常云集着各地前来进行贸易的货船，鳞次栉比。另外两个市场都在洛河南面，西边的叫大同市，东边的叫丰都市。丰都市周围八里，有十二个市门，市内有商店区三百一十二区，店铺三千多家，行业一百二十种。店铺建筑整齐，遥望如一。市墙内侧设有四百多所旅店，重楼长阁，互相辉映，外地商贾前来住宿，珍奇商品琳琅满目，堆积如山。政府为管理市场，制定了严密的法令，还设立了专门的机构。市场的管理机构称为市署，长官称令，其下设肆长数十人。商人需向市署登记，取得市籍，才能在市场内做买卖。

高鼻深目的西域胡商出现在洛阳的市场上。大业六年（610）正月表演百戏期间，胡商请求进入丰都市做买卖，隋炀帝予以批准。为了向世界各国夸耀隋朝的富庶，隋炀帝命令丰都市的店铺一律加以装修，挂上帷帐，堆满货物，商人都身着华贵的衣服，甚至卖菜的也用龙须草席堆放蔬菜。胡商进入丰都市后，路过酒食店，店主邀请他们就座，免费招待酒肉，醉饱任去。

西域胡商来自不同的国家和地区，有的是中亚乌兹别克斯坦一带的昭武九姓粟特胡人，其国家为康国、安国、曹国、石国、米国、何国、火寻国、戊地国、史国等；有的是伊朗一带的波斯人；有的是中东新兴起的大食人，即阿拉伯人。他们不远万里，驱赶着明驼骏马，沿着丝绸之路，往返于故国和洛阳之间。他们带来珠宝、香料，带回丝绸、瓷器；同时，西域的音乐、舞蹈、宗教，也随之传入洛阳。这种状况一直持续不断，到了唐代中叶，张籍作《凉州词》诗云："边城暮雨雁飞低，芦笋初生渐欲齐。无数铃声遥过碛，应驮白练到安西。"②

---

① 《隋书》卷六七《裴矩传》，第 1580~1581 页。
② 《全唐诗》卷三八六，第 965 页。

图 1-6　隋朝绿黄釉西域胡商俑
（洛阳市马坡出土）

1981 年，洛阳市马坡出土一件隋代三彩波斯俑，高 28.5 厘米，通体施绿黄色釉。其造型为高鼻深目，八字胡须弯曲上翘，头戴扁形帽子，上身穿右衽翻领短袍，腰间束带，下身穿紧身裤，脚着毡靴，双腿并立，站在底板上。右手提着一把波斯水壶，左臂九十度屈曲，左手握成拳头，紧贴胸前。[①]这件胡人俑反映了西域胡人前来进行经济、文化交流的情况，是隋代洛阳市场贸易国际化的形象展现。

2014 年 6 月 22 日，在卡塔尔多哈举行的联合国教科文组织第 38 届世界遗产委员会会议上，中国与吉尔吉斯斯坦、哈萨克斯坦联合提交的"丝绸之路：长安—天山廊道的路网"（原为"丝绸之路：起始段和天山廊道的路网"）项目，被批准列入《世界遗产名录》。丝绸之路洛阳段，列入名录的有汉魏洛阳城、隋唐洛阳城定鼎门（含门内西侧宁人坊、东侧明教坊）和新安汉函谷关三处遗址，定鼎门即隋朝的建国门。

第七节　隋末洛阳的战乱

一　大业六年元日的建国门事件

隋炀帝时期，建东都，掘长堑，开运河，筑长城，修驰道，营宫苑，迫使上百万农村男女背井离乡，奔赴工地无偿劳动，不少人活活累死。隋

---

①　徐金星主编《洛阳市志》第十四卷《文物志》，中州古籍出版社，1995，第 346 页。

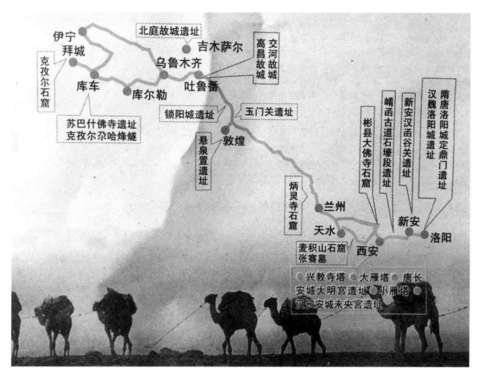

图 1-7 "丝绸之路：长安—天山廊道的路网"世界遗产名录（孟祥晶制图）

炀帝发动同越南中南部的林邑和西北地区的吐谷浑的战争，大量男子从军出征，丢掉性命。隋炀帝巡游江都时，运河两边五百里内的民众都要修路献食。国家的花费急剧增加，尽管府库里堆满了绢帛，粮仓中积压着粮食，政府却封存不用。田园荒芜，百姓饥寒交迫，全国范围内不满情绪在迅速增长。

大业六年正月初一（610 年 1 月 30 日），洛阳城沉浸在由除夕进入春节的祥和气氛中，不料一场意外事件使这个节日变了味。晨光熹微中，几十个男子衣冠素洁，焚香持花，自称弥勒佛出世，出现在城南。把守洛阳城南门建国门的卫兵看到这些自称弥勒的男子，连忙行叩头礼致敬。这些男子乘机进入城中，抢夺卫兵们的武器，举行暴动。隋炀帝之子齐王、河南尹杨暕带兵巡街，正好遇见他们，立即将这场暴动镇压在萌芽状态中。于是，一场大规模的清查在所难免，城内外一千多家被连坐处死。这显然是冤枉的，因为没有迹象表明他们曾经参与联络或者接应。

二　杨玄感争夺洛阳

我国东北辽河以东地区，在南北朝分裂时期被高句丽侵占。隋文帝时，高句丽进一步侵入辽西，被隋军击退。隋炀帝时，高句丽同东突厥结为盟国，共同对付隋朝。为了完成金瓯无缺的宏伟大业，隋炀帝决定收复辽东故土，亲自率军奔赴前线，对高句丽连续三次用兵。

大业七年（611），隋炀帝部署讨伐高句丽事宜，王薄在今山东章丘的长白山发动起义，号召民众前来聚集，不要到辽东白白送死。两三年间，大大小小的农民起义和豪强割据多达百余支，遍布于长河上下大江南北。大业九年（613），礼部尚书杨玄感起兵反叛，统治阶级上层出现了分裂。这位叛逆的高级官员是已故楚公、司徒、尚书令杨素的儿子。他骁勇善战，博览群书，喜爱交游海内名士，与贵族子弟蒲山公李密友情最为隆厚。隋炀帝在辽东战场指挥作战，以其孙子代王杨侑留守长安，由刑部尚书卫文昇辅佐；以其孙子越王杨侗留守洛阳，由民部尚书樊子盖辅佐。隋炀帝责成杨玄感驻守黎阳仓，向辽东前线督运军粮。杨玄感故意拖延，借口运河上强盗众多，无法持续不停地运粮。这年六月，他聚众八千，杀牲盟誓，说："主上无道，不以百姓为念，天下骚扰，死辽东者以万计。今与君等起兵，以救兆民之弊。"顿时全军欢腾，齐呼万岁。李密为他筹划战略方针，提出三策。上策是：皇上远在辽东前线，距离幽州有千里之遥，北有强悍的突厥，南有浩瀚的大海，他只有一条退路。我们只消拥兵北上，占据临渝关（今河北秦皇岛市山海关），就截断了他的退路。皇上既迫于高句丽军队的追赶，又苦于粮草匮乏，所率兵众不投降我们，也即溃散各地，可以不战而擒拿皇上。中策是：我们挥师西进，不攻占沿途城池，火速占领长安。然后收服豪杰，安抚百姓。皇上即使西还，也无处安身。我们利用关中周围的险要关隘，同他对抗，可保万全。下策是："简精锐，昼夜倍道，袭取东都，以号令四方。但恐……先已固守。若引兵攻之，百日不克，天下之兵四面而至，非仆所知也。"杨玄感却说："不然，今百官家口并在东都，若先取之，足以动其心。……公之下计，乃上策也。"① 李密看到东都防守严密，不易攻克；杨玄感看到东都的政治地位，不占据它便谈不上号令天下。杨玄感于是率军向洛阳挺进，在长堑旁的临清关被阻隔，就从汲郡南渡黄河，挥师西进。

越王杨侗、樊子盖得知消息后，立即勒兵防备。双方在城外相遇，东都兵一触即溃，丢弃大量军械。杨玄感屯兵于外郭城东的上春门外，附近父老争相献上牛酒犒军，每天都有数以千计的百姓到军门请求效力，连达官贵人的子弟也有四十多人归降，队伍迅速发展到五万余人。杨玄感分兵包围洛阳，城西慈涧道和城南伊阙道，各以五千人把守，东面荥阳县的虎牢关由五千人袭取。代王杨侑派卫文昇率兵四万，从长安出发，解救东都危难。这支援军与把守慈涧道的杨玄感军队短兵相接，终于杀出一条血路，屯驻在城北金谷。

隋炀帝在辽东前线得知杨玄感举兵围攻东都的消息，不再像前些年得知各地起义和割据消息时那样毫不在乎，立即班师，分遣官军或攻打黎阳，或讨伐杨玄感。

卫文昇以两万步骑渡过瀍河，向杨玄感挑战。杨玄感假装败阵撤退，诱敌进入埋伏圈中，全歼其前锋部队。几天后，双方再次交战。杨玄感设诈，制造官军已活捉杨玄感的假信息，卫文昇军信以为真，军心懈怠，再次遭到痛创。杨玄感每次出战都挥舞长矛，身先士卒，所向披靡，加上平素关怀部下，部下都甘愿卖命效力，因而屡战屡捷，部队人数翻了一番。卫文昇军几次受挫，粮草将尽，驻扎在北邙坡地上，每天与杨玄感军对战十多回合。战斗中，杨玄感的弟弟杨玄挺中箭身亡，杨玄感只好退却。

杨玄感这时除了要对付卫文昇军队以外，还要对付樊子盖指挥的东都军队，以及受隋炀帝派遣业已渡过黄河向洛阳压过来的屈突通军队，因而疲于应付，接连败绩。他在洛阳附近，处境岌岌可危，企图入关，侥幸取胜。但东西二都互为掎角，连成一道坚固的防线，他进入这道防线后，必然要腹背受敌。

① （北宋）司马光等：《资治通鉴》卷一八二，"大业九年"条，中华书局，1976，第5673～5674页。

在隋军的追击下，他丧失人马，落荒西逃，由于有潼关的阻隔，不能进入关中。八月的一天，他和十多个亲信从阌乡（在今河南灵宝市西）骑马逃奔上洛，企图逃出长堑以外。途中，他自知无力挽回败局，让弟弟杨积善杀掉自己，以免被俘后受辱而死。杨积善杀掉他后，自杀不死，被隋军俘获。结果，杨玄感的尸体在洛阳闹市被车裂行戮，示众三天后，又剁成碎块，焚烧扬灰。杨积善被押至隋炀帝行在高阳（今河北高阳县），受到同样处置。杨玄感其余几个弟弟，也都在别的地方被连坐处死。

隋炀帝看到各地反叛不断，恶狠狠地说："玄感一呼而从者十万，益知天下人不欲多，多即相聚为盗耳。不尽加诛，无以惩后。"① 于是东都开始了异常残酷的清洗。三万多人被杀掉，家产登记没收。六千多人被流放到边远地区。凡是在杨玄感开仓赈济时领取过粮食的百姓，都被活埋在洛阳城南的旷野中。

三　瓦岗军同东都军的拉锯战

大业十二年（616）七月，隋炀帝由洛阳出发，巡幸江都。这时樊子盖刚刚去世，辅佐越王杨侗留守东都的任务，改由光禄大夫段达、太府卿元文都、检校民部尚书韦津、右武卫将军皇甫无逸、右司郎卢楚等人担当。

李密在杨玄感失败后被捕，在押送至隋炀帝行在河北高阳的途中设法逃走，投奔了东郡（治今河南滑县）瓦岗寨农民军。他说服一些小股农民军前来归附，又攻城略地，大败隋军，被瓦岗军首领翟让提拔为部将。大业十三年（617）二月，李密主导袭取了洛口仓。饥民们纷至沓来，接受赈济，归附于瓦岗军。隋朝方面，虎贲郎将刘长恭率领东都军两万五千人，河南道讨捕大使裴仁基率领所部，分别由洛阳和汜水出发，西东两面夹击瓦岗军。裴仁基军尚未到达，东都军已至，翟让率领瓦岗军接战不利，李密率众拼杀，大胜。刘长恭逃还洛阳，所率士兵死掉一多半，辎重器甲皆为李密缴获。李密受翟让拥戴，出任瓦岗军首领，设坛场即位，号为魏公。

---

① 《资治通鉴》卷一八二，"大业九年"条，第5683页。

四方响应，归附者源源不断，众至数十万。李密在洛口筑城，周围四十里，"炀帝惧，留淮左（扬州），不敢还都"。① 隋炀帝再没有机会回到自愿放弃的东都和长安，这两座都城都不可能再成为支撑和延长隋祚的据点了，隋朝的灭亡为期不远。

这时，李密修正了以前对杨玄感建策的观点，看到了洛阳在战略上和政治上的重要性，如果不能占领洛阳，就谈不上威胁长安，更谈不上夺取全国政权。三月，李密派兵两万余人袭取了回洛仓，但进入洛阳城后，同东都军交战不利。李密亲自出马，率兵三万同七万东都军在汉魏洛阳故城展开激战，取得胜利。李密于是据守回洛仓，修筑工事，围逼东都。

隋炀帝在江都得知消息后，命监门将军庞玉、虎贲郎将霍世举率领关中隋军解救东都。护军柴孝和向李密进言：关中地势险要，秦汉两朝在这里成就了帝业。请留下部分士兵把守洛口仓和回洛仓，"明公自简精锐西袭长安。既克京邑，业固兵强，然后东向以平河、洛，传檄而天下定矣"。李密没有采纳，理由是："我所部皆山东（关东）人，见洛阳未下，谁肯从我西入！诸将出于群盗，留之各竞雌雄，如此，则大业隳矣。"② 李密兵锋甚锐，多次入西苑同隋军战斗。五月的一天，李密中箭卧营中。东都越王杨侗派光禄大夫段达和庞玉等乘夜出兵，结阵于回洛仓西北。李密交战大败，只得放弃回洛仓逃奔洛口。隋军进驻偃师（今河南洛阳市偃师区）。六月，李密又率军西来，在洛阳东面的平乐园与隋军战斗。李密军队左为骑兵，右为步兵，中间列置强弩，鸣鼓冲杀，大败东都军，把回洛仓重新夺回手中。

隋炀帝又派江都通守王世充等多人围剿李密。九月，诸军从各个方面会集于东都，连同刘长恭所率东都军和庞玉所率驻偃师军，共计十多万，由王世充指挥，同李密军在洛阳和洛口地区对峙。在这一年的最后一个季度里，双方大小六十余战，互有胜负。

---

① 《隋书》卷八五《宇文化及传》，第 1888 页。
② 《资治通鉴》卷一八三，"义宁元年"条，第 5735 页。

第二章

隋代洛阳的文化

国家分裂时期，南北政权的文化内涵、风格存在一定的差异。在完成国家统一后，隋炀帝在东都设立佛教内道场，调和南义北禅的倾向，引导佛教在义理、修持方式上趋向一致；同时创建上林园翻经馆，翻译佛经，拓展领域。龙门石窟的开凿，在北魏的基础上继续向前推进。隋炀帝在东都将七部乐扩充成九部乐，对于华夏音乐和境内外各民族音乐兼收并蓄，加上民间的乐舞、杂技、魔术，洛阳朝野的文化生活大大丰富。在文学方面，此时洛阳虽未出现杰出的作家和作品，但与其他地区相比，文坛活跃，透露出几分生机。

第一节　隋代洛阳的宗教

一　隋文帝时期洛阳佛教的复兴

南北朝后期，北朝的北齐、北周两个政权处在东西对峙的状态。北周境内有佛寺一万所，僧尼近一百万人，对国家的财政收入和军事实力造成严重的影响，周武帝决心"求兵于僧众之间，取地于塔庙之下"。① 建德三年（574），他下诏毁佛，没收寺院及其田庄，销毁铜像、佛经，勒令僧尼还俗，编入民

---

① （唐）道宣：《广弘明集》卷二四，《大正新修大藏经》（以下简称《大正藏》）第 52 册，台北：新文丰出版公司，1983，第 279 页。

籍。三年后北周灭掉北齐，将那里的三万所寺院财产全部没收，两百万僧尼被勒令还俗。大象二年（580）五月，周宣帝病故，杨坚辅佐儿童皇帝周静帝，总揽全国大权，于六月宣布："复行佛、道二教。旧沙门、道士精诚自守者，简令入道。"① 开皇元年（581），杨坚建立隋朝，开始正规复兴佛教。隋文帝诏令全国，听任民众出家为僧，并按人口摊派缴纳钱币，用于营造佛像、抄写佛经。京师长安和洛州等重要地区，皆由官方组织抄写佛经，置于佛寺和秘阁中。民间佛经数量比儒家六经多出数十百倍。开皇四年（584），关中大旱，隋文帝带领百官和一部分民众转移到洛州解决吃饭问题，邀请京师长安大兴善寺律僧灵藏同行。洛州民众纷至沓来，归投灵藏。隋文帝对灵藏说："弟子是俗人天子，律师为道人天子。有乐离俗者，任师度之。"灵藏"遂依而度，前后数万"。② 开皇十一年（591），隋文帝"诏州县各立僧尼二寺"。③ 洛州及其所辖县贯彻诏令，集资造寺。

仁寿元年（601）、二年（602）、四年，隋文帝诏令分送所谓释迦牟尼的舍利于一百余州，于四月初八佛诞节入函立塔。建塔的经费，由民众施舍。僧人灵幹曾负责护送舍利，从大兴城来洛州建造舍利塔。僧人宝袭曾负责来洛州嵩山嵩岳寺建造舍利塔。时人王劭《舍利感应记别录》记录仁寿二年（602）的情况，说："洛州表云：舍利三月十六日至州，即于汉王寺内安置。……四月七日夜……在佛堂东南，神光照烛，复有香风而来。……至八日临下舍利，塔侧桐树枝叶低茎。"④

开皇七年（587），隋文帝从各地征聘几位高僧入京师长安，研究、传播佛教经典。其中有慧远，俗姓李。北周毁佛时，他被迫还俗，躲藏起来诵读佛经。周宣帝时，他被选中作为菩萨僧，安置在洛阳陟岵寺（嵩山少林寺）研

---

① （唐）令狐德棻等：《周书》卷八《静帝纪》，中华书局，1971，第132页。
② （唐）道宣：《续高僧传》卷二二《隋京师大兴善寺释灵藏传》，郭绍林点校，中华书局，2014，第835~836页。
③ 《诏立僧尼二寺记》，（清）王昶：《金石萃编》卷三八，陕西人民美术出版社，1990，本卷第8页。
④ （清）严可均辑《全上古三代秦汉三国六朝文·全隋文》卷二二，商务印书馆，1999，第248页。

究佛学。隋文帝执政之初,他再度出家,与一批道友相约来到洛阳,弘扬佛法,远近僧人得知消息,纷纷前来参学请教。隋文帝任命他担任洛州沙门都。他贯彻戒律教规,严格整饬僧众。僧人或不漉水护净,或乞食违背教规,或威仪失常,一律清除出去。其余懒惰贪睡,听讲迟到,都加以惩处。一时间"徒侣肃穆,容止可观"。开皇七年(587),他受诏赴京师,五年后在长安净影寺去世。同时大臣李德林也去世了,隋文帝感叹道:"国失二宝也。"① 慧远一生四处讲经,对于重要的经典还撰写了注疏,计有五十余卷,在各地流行。

二 隋炀帝设立东都内慧日道场

隋炀帝杨广早年任扬州总管期间,奉佛教天台宗创始人智𫖮为师,请他为自己授菩萨戒,成为菩萨戒居士,法名"总持"。开皇十九年(599),杨广在扬州设立慧日、法云两个佛教道场,邀请学问僧、律僧在其中研究、弘扬佛教,自己的晋王府出资供养。杨广被立为太子后,扬州佛教道场的一批僧人被他带到首都长安,安置在自己所立的日严寺中。杨广称帝后,在东都洛阳设立内慧日道场,该道场成为皇家佛教研究院,他又把这批僧人中在世者带到东都,安置在内慧日道场中。

据《续高僧传》记载,隋炀帝带到东都内慧日道场中的僧人,都是南方僧人。智脱是江都郡人,法澄是吴郡(治今江苏苏州市)人,道庄是扬州建业(今江苏南京市)人,法论是南郡(治今湖北江陵市)人,立身是金陵(今江苏南京市)人,智果是会稽剡县(今浙江嵊州市)人。同时,隋炀帝还在全国范围内选拔杰出僧人,充实到东都内慧日道场中。敬脱是汲郡人,辩相是瀛州(治今河北河间市)人,法护是赵郡(治今河北赵县)人,智徽是泽州高平(今山西高平市)人,法安是安定鹑觚(今甘肃灵台县)人,道基是东平(今山东郓城县)人,志宽是蒲州河东(今山西永济市)人。此外,还有景法师、严法师。这批杰出的僧人,精通佛教经论,不但经常讲解各派经论,还有注疏著述,有的还广泛涉猎道家、儒家著作,通晓经史文学、语言文

---

① 《续高僧传》卷八《隋京师净影寺释慧远传》,第284~285页。

字学，擅长书法。有的还在东都鸿胪寺给来华的外国僧人授课。

东都内慧日道场的设立，体现出隋炀帝的学术追求。在南北朝分裂时期，南北佛教，风格异趣，南方重理论，北方重实践，即所谓南义北禅。伴随着隋朝的政治统一，南北佛教风格也应该统一，于是天台宗提出了定慧双修的止观法门。止即禅定，属于佛教实践；观即智慧，属于佛教理论。

印度小乘佛教时期，把佛教归纳为戒、定、慧"三学"。戒是学佛者的入手法门，目的在于纯洁身心、防范过失。定即禅定，是打坐静默活动，以此调练心意，专注于一境，产生佛教智慧，正确观悟人生，成就各种功德。慧是区别于世俗认识的智慧，能通达诸法性空的真理，根绝迷妄，因而是诸佛之母。三学的关系是：慧是根本，戒、定是方便（灵活手段）。依止于戒，心乃得定，依止于定，智慧乃生。和三学对立的贪、嗔、痴是"三毒"。贪，指贪爱、贪欲；嗔，指仇恨和损害他人的心理；痴，指不符合佛教智慧的愚痴无明状态。佛教倡导以戒破贪，以定破嗔，以慧破痴，这便是"立三学，破三毒"。由于戒是入手法门，最基本的戒规，出家佛教徒和在家佛教徒都要奉行、遵守，所以戒是自不待言的要求，可以略去不提，那么，便剩下定和慧了。智颉主张定慧双修，实际上包含了戒、定、慧三学全部。他认为禅定和智慧，二者密不可分，就好像车子的两个轮子、鸟的两只翅膀，如果缺少一个轮子，车子就难以行驶、停留，如果缺少一只翅膀，鸟就不能飞翔。所以仅仅停留在禅定层面上，不考虑用佛教思维去产生精神活动，观悟宇宙、人生，那叫作"愚"；仅仅依据佛教思维去产生智慧，不从事禅定活动，便得不到种种福德，那叫作"狂"。

北方佛教重禅定，早已形成传统。南天竺僧菩提达摩来华，先到建康（今江苏南京市），和梁武帝交谈，机缘不契，遂于北魏正光元年（520）来嵩山少林寺，从事禅观实践，从学者甚众。他面壁结跏趺坐，终日默然，长达九年，因而有壁观婆罗门之称。当时，洛阳禅僧还编造神话，以推波助澜。洛阳崇真寺僧慧嶷死后七日复活，说阎罗王复审新近死掉的僧人，自己被错招到阴间，因而放回阳间继续生存；两位僧人生前分别以坐禅、诵经为业，都被安排升入天堂；另外三位僧人生前分别讲经、造经像、造寺，都被打入地狱。执政的灵太后顺从这种导向，在宫廷内供养百名禅僧，下令禁止僧人持经像乞讨。

"自此以后,京邑(洛阳)比丘皆事禅诵,不复以讲经为意。"①

隋炀帝拜智颛为师,受到天台宗的濡染。隋炀帝长期居住在扬州,对南方佛教重视理论研究有相当的了解,所以在扬州设立佛教道场,组织义学僧人开展佛学理论研究。他之所以在洛阳设立内道场,是以南方佛教改造北方佛教,消泯二者的差异,融汇为统一风格。灌顶是智颛的徒弟和接班人,被尊为天台宗五祖。仁寿二年(602),杨广以太子身份在长安下令说:"近令慧日道场庄、论二师讲《净名经》(《维摩诘所说经》),全用智者(智颛)义疏判释经文。禅师(灌顶)既是大师高足,法门委寄,令遣延屈,必希需然并《法华经疏》随使入京也。"② 庄、论二师即道庄、法论二僧。杨广当时把他们从扬州慧日道场请到长安日严寺,与灌顶一起,依照智颛的注解来讲解佛经。道庄、法论后来被安排到洛阳内慧日道场中,依然承担着以南方佛教义理来补充和完善北方佛教禅观的任务。

三 隋炀帝设立东都上林园翻经馆

隋炀帝设立东都洛阳内道场,旨在就已经翻译过来的佛教典籍进行研究、教学、传播、弘扬。为了进一步拓展佛教领域,别开生面,还需要将那些没有翻译过来的重要佛教典籍翻译成汉文。于是大业二年(606),隋炀帝在东都上林园设立翻经馆,其中的僧人叫作学士。隋朝的译经中心从长安转移到了洛阳。

上林园翻经馆在城区东隅,南临洛河。翻经馆内有十多个外国僧人。南天竺僧达摩笈多,开皇时期来长安,在大兴善寺翻译佛经。上林园翻经馆建立之际,隋炀帝立即征聘他以及诸学士来这里从事翻译。他在这里工作了十四年,直到唐高祖武德二年(619)去世,连同他在长安的工作,共翻译经论七部,合三十二卷。翻经馆中的中国僧人,最突出的是彦琮。彦琮询问达摩笈多所游历的国家和地区,多是前史不曾记载的,于是撰成《大隋西国传》一书,共十篇:一方物,二时候,三居处,四国政,五学教,六礼仪,七饮食,八服章,九宝货,十山河、国邑、人物,"斯即五天(东西南北中五天竺)之良

---

① (北魏)杨衒之著,周祖谟校释《洛阳伽蓝记校释》卷二《城东》"崇真寺"条,上海书店出版社,2000,第77页。
② 《续高僧传》卷一九《唐天台山国清寺释灌顶传》,第717~718页。

史，亦乃三圣之宏图"。①

彦琮精通汉文和梵文，其译经活动起步于长安。上林园翻经馆建立后，他被安排担任主事。这时，隋朝平定了林邑，获得贝叶经五百六十四夹，合一千三百五十余部，隋炀帝下诏送入翻经馆，交付彦琮披览，编叙目录，次第翻译。彦琮撰成五卷目录，分为经、律、赞、论、方字、杂书等类，估计译成汉文，应有二千二百多卷。他前后译经共二十三部一百余卷，卷首制序叙事。大业六年（610）七月，他在翻经馆中病逝。彦琮哥哥的儿子僧行矩，从小便追随彦琮，请益佛经，参与长安、洛阳两馆的翻译活动。翻经馆还是一所外国语学校。彦琮在这里向达摩笈多学习梵文，行矩、智通等僧也在这里学习梵文。智通"往洛京翻经馆学梵书并语，晓然明解"，入唐后参与翻译佛经，"善其梵字，复究华言，敌对相翻，时皆推伏"。②

彦琮通过长期的翻译实践，形成了深切的体会，于是写成《辩正论》，提出系统的翻译理论。《辩正论》指出，十六国时期的释道安说过，将外文佛经译成汉文，有"五失本三不易"。"五失本"指翻译佛教典籍，有五种失却外文原典本真面目的现象。其一，汉文和外文遣词造句的顺序颠倒，将外文佛经译成汉文，只能遵循汉语的规范，将其前后倒置过来。其二，外文佛经朴实无华，而汉人讲究文采，译文文采斑斓才传得开，这便在行文风格上出现差异。其三，外文佛经内容重复烦琐，反复叮咛，用散文说说，又用韵文说说，汉文译文需加以精简剪裁，撮取大意，另铸文字。其四，外文佛经结束语，用很大的篇幅归纳该典籍的大意，与前文的字句重复，翻译成汉文时皆需删除。其五，外文佛经结束一个意思，过渡到另一层意思时，又把前面说过的话再倒腾出来说说，汉文译文必须全部删掉。"三不易"指翻译佛教典籍，有三方面的艰难情况。其一，佛经是释迦牟尼佛在遥远的年代针对当时的情况所做的教诲，时代推移，情况变化，汉文译文要删除一部分往古的内容，才能让今天的读者接受，斟酌起来，颇费周折。其二，圣贤和凡夫，差别很大，要把远古圣

---

① 《续高僧传》卷二《隋东都雒滨上林园翻经馆南贤豆沙门达摩笈多传》，第45页。
② （北宋）赞宁：《宋高僧传》卷三《唐京师总持寺智通传》，范祥雍点校，中华书局，1987，第41页。

贤的微言大义，译得使今天的芸芸众生都能读懂，实在太艰辛了。其三，阿难、迦叶（摄）等天竺高僧，都是佛陀杰出的弟子，经佛陀耳提面命，对佛经的含义尚且需反复推敲，才能求得正解。而今过了千余年，僧众的水平又远远低于那些弟子，要译得符合原意，真是难乎其难。

彦琮针对道安指出的这些情况，提出两方面意见。一方面，他主张学习梵文，直接读佛教典籍原本，以避免汉文译文走样带来的理解偏差。但佛经既有梵文本，又有其余文字的胡本，中国人有几个能直接读原本？因而这个建议不具备可操作性。另一方面，他对翻译提出"十条八备"说。"十条"指字声、句韵、问答、名义、经论、歌颂、咒功、品题、专业、异本，说的是翻译技术问题和文体分类。"八备"指的是译者的整体素质。其一，译者对待佛教，信仰要虔诚，要发愿解救众生，不要害怕耗费时日。其二，译者应以戒律规范自己的言行，道德品质高尚，有好名声。其三，译者应精通所有佛教著作。其四，译者应通晓各种世俗学问，擅长写作。其五，译者应气度轩昂，没有意必固我的坏毛病。其六，译者应淡泊名利，潜心钻研佛教。其七，译者应具有梵文修养，懂得怎样译成汉文。其八，译者应经常阅读《三苍》《尔雅》之类的语言文字书籍，懂得真草隶篆各种字体，能熟练驾驭语言文字。这八点，包括宗教态度、职业道德、知识结构、学品学风、翻译能力等方面，他认为都具备了，才是合格的翻译家。这些说法，应该是翻译工作的不刊之论。但道安提出的那些问题，彦琮的提案并不能加以解决，比如中外文的语序问题，两者的繁简、质文问题，这是不同国家和民族的语言文字、学风文风和审美取向的问题，只要差异存在，就不能强求照搬。

四　隋代龙门石窟、佛寺和僧人

洛阳市区南的龙门石窟，原称伊阙石窟。伊河在这里自南向北流去，河东是香山，河西是龙门山，远望像阙楼。太和十八年（494），北魏迁都洛阳，承袭当年在首都平城（今山西大同市）开凿云冈石窟的余风，开始在伊阙开凿石窟。仁寿四年（604），隋炀帝登上邙山南望伊阙，说："此非龙门耶？"[1]

---

① 《元和郡县图志》卷五《河南道一》，第130页。

伊阙石窟因而又称为龙门石窟。现在确认的隋代纪年造像只有三处。第一处是开皇十五年（595）裴慈明在宾阳南洞外北侧所造的一铺阿弥陀佛像龛。第二处是大业十二年（616）蜀郡成都县募人李子斌在宾阳中洞北侧所造的一铺观音龛。第三处是大业十二年河南郡兴泰县（今河南伊川县）人梁佩仁在宾阳南洞北壁所造的释迦牟尼佛、二菩萨双龛，竣工于该年七月十五日，这一天是佛教节日盂兰盆会，是民间超度死者的节日。梁佩仁的儿子死了，父亲为儿子做功德，出钱雇人雕造了这铺像龛。"造像龛为两个相邻的尖拱龛，内造一佛二菩萨。左龛像头残，胸隆，身着下垂袈裟，结跏趺坐于方形台座上，左手抚足，右手上举，残。台座中间是香炉，两侧各配以狮子。二菩萨头戴高莲花宝冠，头上宝缯直下至底座，面相饱满，双手合十，衣饰不清，头光火焰宝珠形。右龛造像基本同左龛。两龛中间是大业十二年造像碑，蟠龙碑头。造像记为六行，每行十一字。该龛造像虽也丰满圆润，但在艺术上还不够成熟，是从北魏向唐代过渡阶段的代表作。"①

图 2-1 龙门石窟宾阳南洞北壁隋梁佩仁造像龛

---

① 李文生主编《洛阳市志》第十五卷《白马寺·龙门石窟志》，中州古籍出版社，1996，第184、239页。

隋代洛阳城和洛州地区有很多佛寺，著名的有少林寺和净土寺。

少林寺位于今河南登封市西北嵩山山脉的少室山麓，始建于北魏迁都洛阳的第二年，即太和十九年（495），是北魏孝文帝为安置天竺僧人跋陀而建造的，少室山麓周围林木葱茏，故兼取少林二字为名。少林寺是禅宗的祖庭。禅宗东土初祖菩提达摩即入住少林寺，从事禅观实践。相当长的时期内，嵩山地区保持着菩提达摩渐悟法门的门风，具有不能被别的地方取代的地位。

周武帝毁佛时，少林寺僧众还俗，各奔东西。周宣帝继位后，于大象元年（579）在长安、洛阳各立一所陟岵寺，少林寺被选中作为洛阳的陟岵寺。隋文帝杨坚当时辅佐朝政，从还俗僧人中挑选出一百二十人，令其蓄发不剃，穿着俗人衣服，充当菩萨僧，分配到长安、洛阳的陟岵寺中。慧远法师、洪遵律师、灵幹等人，被分配到洛阳陟岵寺中。隋文帝登基后，从全国范围内前后两次挑选十大德和六位高僧进长安翻译佛经、研究佛教，慧远、洪遵都在其选。"陟岵"的含义是儿子纪念父亲，陟岵寺的命名，意味着周宣帝为先父周武帝做功德。隋文帝建立隋朝后，陟岵寺的名字便显得不妥了，于是恢复了少林寺的原名，并把寺西北五十里处柏古山庄的一百顷土地赐给少林寺。隋朝末年，天下大乱，少林寺建筑被焚毁，只有灵塔巍然独存。

隋代净土寺在洛阳东城墙的中门建阳门（唐初改称为建春门）内，在洛河以南。玄奘法师少年时，被二哥长捷法师带到这所寺院中糊口度日。长捷天天为弟弟讲解佛教义理，并教他很多世俗学问。大业八年（612），隋炀帝下诏在洛阳剃度十四人为僧。佛学优秀者数百人前来应选，玄奘年仅十三岁，被破格以沙弥身份录入僧籍。主持这项工作的大理卿郑善果对同僚们说："诵业易成，风骨难得。若度此子，必为释门伟器。"① 玄奘从此在净土寺中出家。

僧人灵幹在周武帝毁佛运动中还俗。杨坚掌控北周朝政时，灵幹被选拔为菩萨僧，安置在洛阳陟岵寺中。杨坚建立隋朝后，灵幹于开皇三年（583）在

① （唐）慧立、彦悰：《大慈恩寺三藏法师传》卷一，孙毓棠、谢方点校，中华书局，2000，《释迦方志》合刊本，第5~6页。

净土寺重新剃度。洛阳人孟喜的儿子中有三个当了僧人，法名分别是明旷、道岳、明略。明旷十七岁出家，对于佛教理论、戒律有透彻的研究，"学徒百数，禅观著绩，物务所高，即洛阳净土寺明旷法师是也"。[①]

僧人慧乘原是隋炀帝当晋王时扬州慧日道场的家僧，大业六年（610），他奉隋炀帝诏命，作为三大德之一来东都，在四方馆仁王行道。隋炀帝任命他为大讲主，他接连三天三夜讲论佛教，条分缕析，酣畅淋漓，赢得听众阵阵喝彩。两年后，隋炀帝在东都，安排在长安为已故的父母建造两座七层木塔，派慧乘从东都送去舍利，埋在塔下。大业十二年（616），慧乘奉诏"于东都图写龟兹国檀像，举高丈六，即是后秦罗什（鸠摩罗什）所负来者，屡感祯瑞，故用传持，今在洛州净土寺"。[②]

隋炀帝奉僧人法济为门师，在皇城右掖门旁临近黄道渠的地方建造龙天道场，"即炀帝门师济阇梨所居"。[③] 隋炀帝送给他白马，他经常骑着这匹马出入洛阳皇宫。大业四年（608）法济去世，隋炀帝废朝致哀，百官素服悼念。东都王公大臣至于平民百姓，为法济的丧事制作大幡四十万面，每天斋供百僧，过完"七七"。人们施舍的绢帛，总共有十多万匹之多。

五 隋代洛阳地区的道教

隋文帝杨坚建立隋朝的半年前，即北周大象二年（580）的六月，他借辅佐朝政之机，以周静帝的名义下了一道诏令："复行佛、道二教。旧沙门、道士精诚自守者，简令入道。"[④] 这是对此前不久周武帝废除佛教的否定，佛教要复兴了，道教也一并恢复。开皇二十年十二月辛巳（二十六日，601年2月4日），隋文帝诏令全国，对于佛教、道教一并保护、扶持。这份诏令说佛法高深精妙，道教冲虚融通，都在播撒大慈大悲，帮助、解救众生，因而众生无不蒙受佛教、道教的保佑、庇护。那么，今后"敢有毁坏偷盗佛及天尊

① 《续高僧传》卷一三《唐京师普光寺释道岳传》，第453页。
② 《续高僧传》卷二五《唐京师胜光寺释慧乘传》，第940页。
③ 《大业杂记辑校》，《两京新记辑校》合刊本，第4页。
④ 《周书》卷八《静帝纪》，第132页。

像……者，以不道论。沙门坏佛像，道士坏天尊者，以恶逆论"。① 洛阳的道教便在这种历史条件下恢复起来。

隋炀帝也尊奉道教。他任扬州总管时，在设立两个佛教道场的同时，还设立玉清、金洞两个道教道场。唐末道士杜光庭《历代崇道记》说："炀帝迁都洛阳，复于城内及畿甸造观二十四所，度道士一千一百人。"② 隋炀帝在长安、洛阳两都及巡游各地，无不带上佛教的比丘（和尚）、比丘尼（尼姑）和道教的道士、女官（女冠），叫作四道场。他在洛阳，罢朝后常常在西苑游玩，在小树林和亭榭间盛设酒宴，比丘、比丘尼、道士、女官聚为一席，其余隋炀帝的宠姬、皇亲各为一席，杯觞交错，品尝美味。滑州（治今河南滑县）人薛颐，"大业中为道士，解天文律历，尤晓杂占。炀帝引入内道场，亟令章醮（设坛祭神）"。③ 大业年间已迁都洛阳，薛颐所在的内道场是洛阳的内道场。但隋炀帝对道教的崇奉，远不如对佛教那么虔诚，除了他服膺佛教、取得了菩萨戒居士身份的缘故以外，还在于他发现道教徒在合炼丹药以求长生不老方面露出破绽。

洛州嵩山道士潘诞自称已经三百岁，为隋炀帝合炼金丹。隋炀帝让潘诞享受三品高官待遇，为他修葺嵩阳观，建造华丽的堂屋数百间，以童男童女各一百二十人供他使唤。潘诞说合炼金丹，需要石胆、石髓作为原料，于是隋炀帝征发石匠在嵩山开采数十处深数百尺的大石坑，折腾六年，金丹依然炼不出来。隋炀帝问起来，潘诞回答说："无石胆、石髓，若得童男女胆髓各三斛（一斛为十斗）六斗，可以代之。"隋炀帝看出潘诞是个欺世盗名的大骗子，不禁盛怒不解。大业八年（612），他因指挥收复辽东故土的战争驻跸涿州（治今河北涿州市），将潘诞押来处死。潘诞临刑时，还在玩弄骗局，说："此乃天子无福，值我兵解时至，我应生梵摩天。"④ 道教把追求羽化登仙比喻成蝉蜕，说修仙者的肉身死亡是"尸解"，像蝉脱壳化出新的身体一样，修仙者

---

① 《隋书》卷二《高祖纪下》，第45~46页。
② （清）董诰等编《全唐文》卷九三三，上海古籍出版社，1990，第4307页。
③ 《旧唐书》卷一九一《方伎·薛颐传》，第5089页。
④ 《资治通鉴》卷一八一，"大业八年"条，第5658~5659页。

由尸体发生解化,从而变成仙人。潘诞把自己被兵器处死解释成是自己的"兵解",自己即将以仙人身份上生梵摩天(佛教所说的一种天界),然后感叹皇上太没福分,恰恰赶在自己没时间解决皇上长生的问题时来找自己解决问题。

西晋末年,洛阳道士王浮利用前代"老子入夷狄为浮屠(佛陀)"的谎言,编造了一卷《老子化胡经》,经南北朝至唐代增为十卷。敦煌唐代写本说:"[周]桓王之时,岁次甲子(公元前717年),一阴之月,我令尹喜乘彼月精,降中天竺国,入乎白净夫人口中,托荫而生,号为悉达。舍太子位,入山修身,成无上道,号为佛陀。"① 这是说老子的弟子尹喜,由老子授命,投胎到迦毗罗卫国国王净饭王王后的腹中,出生后为太子乔答摩·悉达多,老子西行进入该国,教化这位太子而成为佛。道教徒常以这部伪经来和佛教争高低。隋朝重臣越国公杨素来嵩阳观,看见老子化胡壁画,冷言冷语讽刺道:"何不化胡成道,而成佛乎!"这个漏洞被揭露,"道士无言"。②

第二节　隋代洛阳的文学艺术

一　隋代洛阳的文学

隋代洛阳的文坛,一派荒凉寂寞的景象,无论是诗歌还是散文,都没有出现空谷足音。相比较,隋炀帝算是一位比较活跃的作者。他的《冬至乾阳殿受朝诗》③ 云:

> 北陆玄冬盛,南至晷漏长。端拱朝万国,守文继百王。至德惭日用,治道愧时康。新邑建嵩岳,双阙临洛阳。主景正八表,道路均四方。碧空霜华净,朱庭皓日光。缨珮既济济,钟鼓何锽锽。文戟翊高殿,采眊分修

---

① 《老子化胡经》卷一,张继禹主编《中华道藏》第8册,华夏出版社,2004,第188页。
② 《宋高僧传》卷一七《唐江陵府法明传·系曰》,第416页。
③ (明)张燮:《隋炀帝集》卷一,《续修四库全书》第1588册,上海古籍出版社,2002,第286页。

廊。元首乏明哲，股肱贵惟良。舟楫行有寄，庶此王化昌。

大业二年（606），隋炀帝刚刚入居东都，对于"新邑"的一切都感到新鲜。他在这里欢度第一个冬至日，在豪华的乾阳殿接受各国使者和百官的朝拜，意有所得，形诸笔墨。这首五言古体诗四平八稳，皇家气象还是有些派头的。他刚刚当上皇帝两年多，尚有励精图治的愿望，想要体现"至德"，追求"治道"，感叹自己不够"明哲"，朝中大臣都应该"惟良"，共同努力，达到政治雍熙、国泰民安的境界。

隋炀帝的乐府诗，有《四时白纻歌》二首，其一题为《东宫春》①，云：

洛阳城边朝日晖，天渊池前春燕归。含露桃花开未飞，临风杨柳自依依。小苑花红洛水绿，清歌宛转繁弦促。长袖透迤动珠玉，千年万岁阳春曲。

这首诗描写洛阳的阳春景象，词语通俗，含义浅显。前四句用平声韵，后四句用入声韵，而且都是逐句押韵，声韵的变化，增添了一点情趣。

《晚春》② 一诗这样写道：

洛阳春稍晚，四望满春晖。杨叶行将暗，桃花落未稀。窥檐燕争入，穿林鸟乱飞。唯当关塞者，溽露方沾衣。

诗中桃花初谢，杨叶猛长，抓住了春日渐尽的时令特征。新燕寻找人家房檐以便筑巢，群鸟飞翔于枝干泛绿的树林间，都写得有些生机。鸟飞用了"乱"字，其众多，其疾速，跃然纸上。收尾似乎写了两句与前面的语境不相干的话，但笔锋一转，翻出一层新意。皇帝心中在挂念着把守北部边塞的战

---

① 《隋炀帝集》卷一，《续修四库全书》第 1588 册，第 284~285 页。
② 《隋炀帝集》卷一，《续修四库全书》第 1588 册，第 290 页。

士，他们担负着保卫国家的重任，无暇享受春日的和煦，夜露打湿了他们的戎装。隋炀帝在心中感谢他们。这就使得这首小诗超越了流连风光的狭隘境界，得到了升华。

李密领导瓦岗军起义，被推举为魏公。大业十三年（617），瓦岗军向各郡县发布檄文，作者是瓦岗军的记室祖君彦。祖君彦在隋炀帝时期，在东都洛阳担任书佐一职。李密失败后，割据洛阳的隋势力头目王世充，追究祖君彦起草檄文的罪责，将他踩死，并对其尸体追加死刑，割下脑袋示众。

这篇檄文列举隋炀帝十大罪状，归纳为："罄南山之竹，书罪无穷；决东海之波，流恶难尽。"比如第五条罪状赋税苛重、民不聊生，檄文运用典故说："公田所彻，不过十亩（西周农夫百亩而彻，税率十分之一），人力所供，才止三日。是以轻徭薄赋，不夺农时，宁积于人，无藏于府。而科税繁猥，不知纪极，猛火屡烧，漏卮（盛酒的器皿）难满。头会箕敛（秦朝赋税苛重，按人头收谷，以簸箕收取），逆折（预先折合）十年之租；杼轴（织机上用的梭子和滚筒）其空，日损千金之费。父母不保其赤子（婴儿），夫妻相弃于匡床（方床），万户则城郭空虚，千里则烟火断灭。西蜀王孙之室，翻同原宪（孔子的穷学生）之贫；东海糜竺（三国时东海人，家产巨亿）之家，俄成邓通之鬼（汉文帝赐邓通四川铜山，由他自铸铜钱，他因而钱满天下；汉景帝将其钱没收入官，他寄死人家）。"檄文由此给李密举兵讨伐隋炀帝涂上了一层正义的光彩，既然是顺天应人，当然必定成功。行文至此，檄文充分运用文学手法，张大自己的声势，说：魏公"六合（东南西北上下）所以归心，三灵（天地人）所以改卜"。其余将领，皆是一代骁雄。百万义师，气势豪迈，"呼吸则河（黄河）、渭（渭河）绝流，叱咤则嵩（嵩山）、华（华山）自拔。以此攻城，何城不陷；以此击阵，何阵不摧。譬犹泻沧海而灌残荧（倾大海的水，来灭星星之火），举昆仑而压小卵（用昆仑山来压小小的鸟卵）"。檄文号召各地豪杰加入自己的队伍，共同奋斗，在新朝代建立后，"岂止金章紫绶（黄金印章和系印的紫色绶带，指做大官），华盖朱轮（乘坐华美车子），富贵以重当年，忠贞以传奕叶（世世代代）"。檄文对敌方进行分化瓦解，表彰隋将裴仁基"识机知变"，投降瓦岗军；指出一些隋将与瓦岗军作对，或被俘或丧生；敦促其余隋朝官民将吏速快投降，"如闇（愚昧、糊涂）于成事，守迷不反，昆山（在今江苏省，产玉）纵火，玉石俱焚，尔等噬脐（够不着咬自己的肚脐眼，比喻后悔也来不及），悔将何及！"檄文结尾说："黄河带地，明余旦旦之言；皎日丽天，知我勤勤之意。布告海内，咸使闻知。"①

这篇檄文大气磅礴，感染力极强。这种效果，得力于骈体文的表达方式：运用意象，把可悲下场描写得令人恐惧，把美好前途描写得令人向往；而且重复用句，加强语气，形成排山倒海的气势。但檄文中几次把李密比作东汉光武帝刘秀，十分不类。李密并非出身前代帝室，经历也和刘秀不同。他想建立新朝代，同隋朝所取代的北周、陈朝没有任何关联，不像刘秀推翻王莽的新朝而承续西汉政权那样。"罄竹难书"的成语虽由本文"罄南山之竹，书罪无穷"简化而来，但并非新创，而是模仿《后汉书》的说法："楚越之竹，不足以书其恶。"② 但从当时洛阳的文学状况来说，还没有别的骈体文能达到这样的文学水准。

二 隋代洛阳的艺术

隋朝的音乐、舞蹈统称为乐，供朝廷祭祀典礼用的叫雅乐。隋炀帝当政之始即迁都洛阳，整顿音乐制度，将隋文帝时期的七部乐扩展为九部乐，即《清乐》《西凉乐》《龟兹乐》《天竺乐》《康国乐》《疏勒乐》《安国乐》《高丽乐》《礼毕》。其中只有《清乐》是华夏正声，其余都是周边国家和民族的音乐。隋炀帝在洛阳举办各种典礼、祭祀，以及接待外宾，都要按照九部乐安排音乐舞蹈节目。除了雅乐，还有散乐，又称百戏，指杂技、魔术、武术、游戏之类。隋朝在不那么严肃的官方场合，往往组织散乐表演，而且民间也举办散乐活动。因此，散乐是大众化的活动。由于参与者众多，隋代洛阳的百戏呈现出种类多、规模大的特色。

大业二年（606），突厥启民可汗将来洛阳朝拜隋炀帝，隋炀帝借机向外

---

① 《旧唐书》卷五三《李密传》，第 2213~2218 页。
② （刘宋）范晔：《后汉书》卷一三《隗嚣传》，中华书局，1965，第 515 页。

族夸耀中原的富庶安乐，命令各地散乐集中到洛阳排练、演出。隋炀帝配合创作艳丽的歌词，令乐正白明达组织谱曲。表演在洛阳西苑积翠池旁举行，隋炀帝亲临现场观看，宫女们也隔着帷幔观看。先出场的是舍利兽（猞猁，又名林曳、山猫、野狸子），其扮演者嬉戏跳跃，溅起水花，把鱼鳖水人激荡到岸上，比比皆是。接下来的节目叫黄龙变：一条大鲸鱼口喷云雾，顿时天昏地暗，突然，鲸鱼变成黄龙，长七八丈，耸动着身子，作腾云驾雾状。下面表演绳伎：一条绳索系在两根相距十丈的柱子上，两位女伎各从绳索一端向对面方向走去，相遇时摩肩而过，歌舞不停。再下来是夏育（周代大力士）扛鼎：表演者用手托起车轮、石臼、大瓮等沉重道具，不断地抛向空中，使之转动。接着表演戴竿：两人在地上各自头顶一根竹竿，另外两人在竹竿顶端舞蹈，舞蹈者突然腾空一跳，互换到对方的竹竿顶上。此外，还有神鳌负山、幻人吐火等节目。启民可汗看后惊讶得目瞪口呆。次年参加春节朝会，他又被周密完备的典章制度所折服，一再恳求穿戴汉族衣冠。隋炀帝高兴地说："今衣冠大备，致单于解辫。"[1] 从此，散乐被列为正规节目，由太常寺组织教习。

大业六年正月十五日（610 年 2 月 12 日），隋炀帝因为周边各族酋长都来东都朝见自己，就在洛阳皇城端门南至外郭城建国门的七里长街上设置周围五千步的戏场，由各地的艺人前来表演各种杂技、舞蹈、武术、魔术。演出以音乐伴奏，演奏管弦乐器的人员多达一万八千人，声闻数十里。通宵达旦，灯火通明，一直持续半月之久。洛阳从此年年如此。

隋代节日还有上巳节，人们举办修禊活动，又称祓禊，原为临水而祭，祓除不祥，后来变为水边嬉戏宴饮，踏青游春。大业十二年（616），隋炀帝驻守东都洛阳，学士杜宝奉命采集前代有关水的典故七十二则，撰成《水饰图经》十五卷，提供给朝散大夫黄衮，由他组织工匠，木刻船只、人物、乐器、酒具等。三月上巳，隋炀帝与群臣在西苑水边聚集，一边品尝美酒佳肴，一边赏玩这些木刻工艺品的表演。

这七十二则有关水的典故，各自编排成一个木偶戏节目。只见一只神龟背

---

[1] 《资治通鉴》卷一八〇，"大业三年"条，第 5627 页。

负八卦图纹，浮出黄河水面，献给伏羲。一条黄龙背上装饰着图纹，浮出黄河水面，一只玄龟嘴里衔着神符，浮出洛河水面，一条大鲈鱼嘴里衔着图箓，浮出翠妫水面，它们都把这些神异的东西授给黄帝。黄帝在注入洛河的玄扈水旁斋戒，凤鸟落在洛河边，红甲灵龟浮出洛河水面，嘴里衔着书文授给仓颉。周穆王西巡，会见西王母，在瑶池旁举觞饮酒；王子晋吹笙于伊河旁，乘凤凰降于缑氏山岭，诸如此类的内容，表演了许多许多。然后表演大禹治水。表演周族的始祖母姜嫄在河边行走，踩住一个巨人的脚印，从而怀孕生下后稷。她认为这个孩子不祥，遂弃而不养，扔在寒冰上面。神鸟飞来，用翅膀覆盖着这个孩子，为他保暖。此外，还表演一系列历史故事，诸如姜太公渭河钓鱼，周武王在黄河边的孟津誓师伐纣，秦始皇入海见海神，汉武帝泛舟汾河、昆明湖，刘备乘马渡檀溪等。这些木偶人约两尺长，穿着绮罗衣衫，以金碧装饰，或乘船，或登山，或坐在盘石上，或坐在宫殿里。他们随着曲水缓缓移动，表演各种动作。木偶禽兽鱼鸟，也都活灵活现，栩栩如生。同时还有十二只小船载着木偶优伶，击磬撞钟，弹筝鼓瑟，音声悦耳，曲调优美。还有木偶表演百戏，跳剑舞轮，升竿掷绳，同活人的表演相差无几。其间还有行酒的木偶，乘坐在七条小船上。每只船上，一人站在船头，手持酒杯，近旁一人捧酒钵站立，一人在船后面掌舵，船中间两边，各有一人荡桨，使船绕着曲水池行驶。酒船行驶到坐客前便停下来，持酒杯木偶向坐客依次敬酒，酒杯空了，就回身向捧酒钵处取酒，直到坐客一个不落为止。这些木偶的表演，是艺人在岸上操纵机关来完成的。①

隋炀帝时期，乐人王令言妙达音律，他的儿子善于演奏琵琶，成为隋炀帝的随身供奉。大业十二年（616）七月，隋炀帝在征辽失败后十分沮丧，最后一次从洛阳出发，巡幸扬州。王令言的儿子在随从人员之列，即将随驾启程。王令言听到儿子在住宅门外弹奏胡琵琶，大吃一惊，问这首曲子叫什么，儿子回答是翻调《安公子曲》。他又问这首曲子是什么时候出现的，儿子回答道："顷来有之。"王令言禁不住嘘唏感叹，泪流满面，对儿子说："汝慎无从行，

---

① （北宋）李昉等编《太平广记》卷二二六《水饰图经》，中华书局，1981，第 1735~1736 页。

帝必不返。"儿子问其缘故,王令言解释说:"此曲宫声往而不反,宫者君也,吾所以知之。"① 在宫、商、角、徵、羽五音中,宫是起主导作用的君。王令言听到《安公子曲》中宫声往而不反,预知隋炀帝一去不返。果然,隋炀帝驻守扬州后,被政变军人杀掉,再也回不来了。

龙门石窟中的隋代雕塑艺术,是阿弥陀佛像龛、观音像龛以及释迦牟尼佛、二菩萨双龛。艺术形象除了佛、菩萨,还有香炉和狮子。二菩萨头戴高莲花宝冠,头上宝缯直下至底座,面相饱满,双手合十,衣饰不清,头光为火焰宝珠形。大业十二年(616)的造像碑,碑头雕刻蟠龙。隋代造像的人物形象虽然丰满圆润,但在艺术上还不够成熟,处在从北魏向唐代过渡的阶段。

洛阳博物馆收藏一件洛阳出土的隋文帝开皇五年(585)造像碑,系四面体方柱形,每一面均雕刻造像。正面上半部分为三层。上层正中间是穹隆顶及装饰图案,其两侧造像残损,右侧造像作禅定姿势。中层正中为一坐佛,佛的两侧分别站立一位菩萨,佛、菩萨的头部都已严重残损。下层两侧的狮子栩栩如生。狮子不是中国本土的动物,由西域传入。狮子的艺术形象出现在这件造像碑上,体现出中西文化交流的情况。正面的下半部是题记,文字很多,多是人名,如都邑主、都察主、邑子等,可见这件作品是隋代民间佛教组织"邑社"做功德的成果。

1965年,洛阳市中州路东段路南建筑机械厂生活区北部出土一件隋代的石狮,现藏洛阳石刻艺术馆(关帝庙内)。这尊石狮高96厘米,两只耳朵轻度残损,左侧上下大牙残缺,其余完好。石狮的颈部和胸部宽厚隆起,上面规律地浅刻着图案化螺旋形毛卷。石狮的造型为蹲坐式,昂首挺胸,双目雄视,鼻孔洞开,张嘴露牙,似乎喷着大气。前肢粗壮有力,直挺挺的,像柱子一样。颈胸两侧各有一道浮雕装饰纹,形似云气。狮尾浮雕在狮腔背上。作品追求写实效果,又保留夸张变形装饰风格,反映了汉魏石刻艺术向唐代艺术过渡的时代特征。②

20世纪80年代,洛阳博物馆征集到一件隋文帝仁寿年间铸造的铜镜。这

---

① 《隋书》卷七八《艺术·万宝常传附王令言》,第1785页。
② 《洛阳市志》第十四卷《文物志》,第317~318页。

图 2-2　隋开皇五年造像碑、隋代石狮（洛阳出土）

件铜镜为圆形，镜面微鼓，直径 33 厘米，边厚 0.5 厘米，重 5 公斤。这件铜镜保存完好，斑锈很少，造型工整，设计新颖，文字清晰，人物、鸟兽栩栩如生，花草鲜活可爱。钮呈半球形，钮座为双线八角纹，每角内有阳文一字，如"金""宜""书""明""作"等，每字两边饰有涡纹。由八角凸起的双线纹将镜面分为八部分，分别饰"东王公"、"西王母"、"四神"和二神兽。外区饰玄武、花瓣、水泡纹饰，并有凸起的"宜君大吉"四字印记两个。其外有齿纹凸起的圆圈一周。圈外平带上有楷书铭文一周，左旋读："淮南起照，仁寿传名，琢玉斯表，熔金勒成，时雍炎晋，节茂朱明，爰模鉴彻，用拟流清，光无亏满，叶不枯荣，图形览质，千载为贞。"镜缘由饰水藻纹的凸棱把花纹分为两组，内缘为十二肖像和"四神"组成的条带图案。外缘为十五只翱翔的鸾凤。镜边高出、宽平。这样画面之大、物像之多、艺术之精美的隋代铜镜，1949 年以来在洛阳附近是首次发现。[1]

---

[1]　沈淑玲：《洛阳博物馆收藏一件隋代画像镜》，《中原文物》1984 年第 1 期。

唐人张彦远《历代名画记》卷三《东都寺观画壁》说：洛阳"光严寺，裴孝源云有董伯仁画"。卷八《隋》记载：董伯仁是汝南（今河南汝南县）人，多才多艺，被家乡人称为"智海"。[1] 他在隋朝担任光禄大夫、殿中将军。有人说他的屏风画内容广泛，特别精于处理角色的位置，所画屏障，超过了前贤。有人说他画路宽广，楼台人物，旷绝今古，在各种质地的材料上作画，无所不宜，构思巧妙，技法多变，所画出的物象千变万化，岂止屏风画一种称奇。有人将他与同代著名画家展子虔（渤海郡人）进行比较，认为董伯仁和展子虔都是天才，生来具有绘画天赋，甚至不需要向前代画家学习。他二人挥动画笔，画出的物象与原物十分相似，而且画面能透出个人的情感，这种成就足以使得前辈名流动容变色。当然，他二人也有所不同。董伯仁出生、成长于一马平川的地带，当地没有崇山峻岭，没有奔腾咆哮的大江，他因而缺乏山川秀美给自己的陶冶，以及奇特大自然对绘画艺术的感通。他后来投身行伍，过着戎马生涯，缺少儒家礼仪的熏陶。这些情况制约着他，在绘画艺术上产生影响。他没有别的经历，并不是他达不到别的经历所能取得的艺术成就。总之，他二人无论喜悦、悲伤，还是欢笑、言谈，都能穷尽生动意态，但如同骑马射猎，各有各的奔驰、腾飞姿态。如果一定要比较他二人绘画艺术的优劣，那么，董伯仁特别擅长画宫殿楼阁，画得美轮美奂，达到极致。展子虔特别擅长画车马，画得漂亮、俊逸。董伯仁具有展子虔画车马的能力，而展子虔没有董伯仁画台阁的本领。有人感叹道：如果让展子虔、董伯仁二人与江东诸画家互换地方居住的话，他二人一定会受到江南秀美河山的影响，一定能取得更加不凡的艺术成就，那么，南朝画家张僧繇以来的众多南方画家，恐怕都要受到诟病了。

隋代洛阳的书法，以东都内慧日道场僧人敬脱最为杰出。他的笔管像胳膊一样粗，长三尺，写出来的字方圆一丈，雄浑厚重，骨力遒劲，百看不厌。东都洛阳城和皇城、宫城的很多大门，都请敬脱题写名称，刻成门额，悬挂在大门上，"随一赋笔，更不修饰"。[2]

---

① 卢辅圣主编《中国书画全书》第 1 册，上海书画出版社，1993，第 135、150 页。
② 《续高僧传》卷一二《隋东都内慧日道场释敬脱传》，第 416 页。

图 2-3　隋代萧玚墓志（左）、张盈墓志（右）（洛阳出土）

　　清末以来，洛阳出土了一些隋代墓志。任轨及其妻薛氏墓志，采用隶书，书法俊秀、端庄。任轨在隋炀帝身为晋王、担任扬州总管期间，担任过扬州总管府和晋王府录事参军，隋炀帝被立为太子后，担任太子舍人。隋炀帝营建东都时，任轨担任将作少匠，是仅次于宇文恺修建东都的高级技术长官。1919年孟津县（今洛阳市孟津区）郑凹北出土的萧瑾墓志，也是隶书，但有个别字如"公""日""之""子"是篆书。萧瑾是隋朝荥阳郡新郑县的县令，在东都温柔里宅第中去世，埋葬在河南县邙山上。清朝末年出土于洛阳海资村的萧玚墓志，是带着隶书风格的楷书，字迹匀称，刚劲秀美，体现出隶书向楷书的转变。萧玚在洛阳担任过东京卫尉少卿、秘书监，跟随隋炀帝赴辽东战场，担任检校左骁卫将军，死后埋葬在河南县千金乡。清朝末年出土于孟津县陈庄的张盈墓志，也是楷书，但字体较萧玚墓志活泼灵动，布局疏朗，体现出楷书的另一种风格。

第三章

唐朝的东都和武周的神都

在中国古代历史上，隋唐时期是秦汉高峰期之后的又一个高峰期。出于和隋朝同样的理由，唐朝以长安为京师，将洛阳设置为东都，几位皇帝或多次巡幸洛阳，或长期驻守洛阳。武则天以皇后、太后身份长期在洛阳参政、执政，进而黜唐建周，成为古代独一无二的女皇帝，这是中国历史上独特的政治现象，也是都城史上洛阳有别于其余几处古都的地方。唐中叶渔阳鼙鼓骤然响起，惊破了人们的承平梦。安史之乱及唐末的军阀混战，对洛阳造成了极大的破坏。当唐昭宗被军阀朱全忠挟持移銮东都洛阳时，唐朝气数已尽，洛阳成了唐朝谢幕退场的场所。

第一节　隋唐之际战乱中的洛阳

一　唐高祖利用洛阳形势建立唐朝

正当李密领导的瓦岗军同东都军在洛阳一带反复交战的时候，隋朝的太原留守李渊正在窥视风向，伺机而动。大业十三年（617）六月，李渊以三万人起兵太原，向突厥称臣，突厥给他提供战马两千五百匹、突厥兵五百人参战。李渊向长安挺进，沿途同隋朝势力交战，并收编一些民间势力。李密想充当军事盟主，把李渊纳入自己的麾下，就写信给李渊，称他为兄，希望联合灭隋。

李渊授意大将军府记室参军温大雅代写回信，指示他措辞一定要谦卑，使劲吹捧李密，让他飘飘然，对我方不产生戒备心理。李密看到回信，以为李渊庸庸碌碌，胸无大志，只期待建立新朝代后能以同姓兄长的身份登记在皇家宗族的户籍中，依然分封于唐地。李渊看到李密落入自己的圈套中，高兴地说："密夸诞不达天命，适所以为吾拒东都之兵，守成皋之阨。"自己趁机进入关中，"东看群贼鹬蚌之势，吾然后为秦人之渔父矣"。①

十一月，李渊打败隋的京师留守卫文昇，占领了长安。他遥尊远在扬州的隋炀帝为太上皇，将隋炀帝的孙子西京留守代王杨侑立为皇帝，史称隋恭帝，废除隋炀帝大业年号，设立新年号义宁。这种血缘关系的替代给人的印象是隋朝内部的结构调整和权力传承，使得李渊避免了政治风险。这位新皇帝年仅十三岁，必然由李渊操纵、摆布。李渊担任大丞相，爵位由唐国公晋升为唐王，总领军政实权。

大业十四年（618）初，李密毫不介意关中的变化，专一对付王世充，乘胜攻下偃师，修筑金墉城居住，又在上春门大败东都军。这时，东到大海，南达长江，各郡县莫不派遣使者归顺李密，其余多股势力也派人前来联系，上表劝李密称帝。李密以为自己已经稳操胜券，但眼下时机尚未成熟，应该沉住气，便说："东都未平，不可议此。"② 三月，隋炀帝在江都被部下杀死。五月初，李渊在长安逼迫隋恭帝实行禅让，建立唐朝，是为唐高祖。这时，东都留守越王杨侗在洛阳被立为傀儡皇帝，实权操纵在王世充手中。李密继续同王世充较量，始终未能攻克洛阳，处境每况愈下。李密部下劝他入关投唐，理由是："阻东都断隋归路，使唐公不战而据京师，此亦公之功也。"③ 然而正是李密的这份功劳以及威望和影响，招致唐高祖对他的猜忌。李密来到长安后，受到唐高祖的刻意冷落、压制，于是借机逃亡、反叛。他率领一小股人马逃窜到洛阳南面的陆浑县（今河南嵩县），被唐将盛彦师率领的军队截住，他力战不敌，被斩杀。

---

① （唐）温大雅：《大唐创业起居注》卷二，李季平、李锡厚点校，上海古籍出版社，1983，第26页。
② 《资治通鉴》卷一八五，"武德元年"条，第5774页。
③ 《旧唐书》卷五三《李密传》，第2223页。

二 秦王李世民指挥唐军攻克洛阳

大业十四年（618）三月，隋炀帝在扬州被部下杀掉。四月，以相国身份在长安隋恭帝政权中掌管实权的唐王李渊，派长子李建成、次子李世民率兵十万攻打东都洛阳。大军驻扎在芳华苑（西苑），东都紧闭城门，负隅顽抗。李建成派人招谕，东都留守越王杨侗不予理睬。但城中人无斗志，官吏民众多欲为内应。李世民认为刚刚占领关中，根本尚不稳固，现在悬军远来，即使打下洛阳，也不能牢牢掌控，因而没有贸然接受洛阳官民的内应。他主张西撤，在洛阳城西的三王陵设下埋伏，一万多名东都兵在金紫光禄大夫段达的率领下追了过来，进入埋伏圈后惨遭失败。李世民乘胜反击，直追到洛阳城下，斩首四千余级，段达率残部迅速撤回城中。李建成撤回长安。在洛阳西边，李渊设置了新安、宜阳二郡，留下部分将士镇守。

五月，李渊建立了唐朝，改当年为武德元年（618）。同时，越王杨侗由太府卿元文都等东都留守官拥戴，在洛阳即皇帝位，改元皇泰，史称皇泰主，以隋炀帝孙子的身份延续着隋政权。但皇泰政权的实权落入王世充手中。王世充是来华西域胡人的后裔，隋炀帝时期，担任过江都丞、江都宫监、江都通守等职。他在大业十三年（617）九月，受隋炀帝委派，率领江淮劲兵北上洛阳镇压李密。皇泰主即位后，封他为郑国公，拜为吏部尚书。宇文化及在江都杀掉隋炀帝后，拥兵北上，逼近洛阳。元文都等人劝皇泰主招安李密，让李密同宇文化及对垒，以便缓解洛阳形势，并在两败俱伤时擒获李密。李密出于自身利益的考虑，接受了皇泰政权所授予的太尉、尚书令、东南道大行台行军元帅等官职，在黎阳同宇文化及抗衡，多次获胜，遣使告捷。王世充担心李密会乘机崛起，反噬皇泰政权，并挟恨报东都军杀瓦岗军父兄子弟之仇，因而多次煽动部众，反对同李密和解。元文都、段达等人私下悄悄商议，等王世充入朝时，设伏兵除掉他。但是，段达却让女婿把密谋告知王世充。七月戊午（十五日，618年8月11日）半夜，王世充发动军事政变。元文都急忙将皇泰主转移到乾阳殿，陈兵护卫，同时派几位将领闭门据守。黎明时分，王世充攻进宫城，杀掉元文都等人，把护卫皇泰主的士兵全换成自己的人。然后，他拜见皇泰主，诬陷元文都等人包藏祸心，企图劫持皇泰主投降李密，表白自己此举是为了安定社稷。皇泰主年少，见他声泪俱下，还以为他对自己真的忠贞不贰。于是，王世充被任命为左仆射，总督内外诸军事，从原驻地含嘉城移至尚书省办公，其兄弟子侄和亲信皆执掌大权，恣行威福，皇泰主成了一个摆设。

李密看到皇泰政权的将相自相残杀，以为灭掉王世充指日可待。东都缺粮，每天有数以百计的人为了有饭吃而归降李密。李密缺绢帛，不能以绢帛犒赏立功将士，以激励斗志。王世充同李密交涉粮绢交易事宜，李密答应了。东都得到粮食后，再也无人归降李密，李密后悔不已。李密经过同宇文化及交战，劲兵良马多死，士卒疲倦。王世充想在李密刚刚西还来不及恢复元气时出击取胜，因担心人心不齐，就假托鬼神以蒙蔽部下。他诈称左军卫士张永通三次梦见周公，周公责令他讨伐李密，以神兵相助，当有大功，否则军中将流行瘟疫，全部死光。江淮兵受楚地尚鬼神习俗的浸染，非常迷信，纷纷请求出战。王世充于是在洛河边立周公庙，每次出兵，都先到庙中祈祷。九月，王世充拣择精锐两万余人、马两千余匹，部署在洛河南。李密驻军于偃师北山上。王世充出兵击李密，军旗上都写上"永通"二字。双方在偃师城北决战，王世充大胜。当晚，王世充派三百人马悄悄溜进北山，埋伏在溪谷中，天一亮即袭击李密军营。李密仓促应战，不利。王世充事先找了一个长相酷似李密的人，这时捆缚而过阵前，宣布已擒获李密，部下皆欢呼雀跃。伏兵乘势配合，乘高而下，朝李密营寨压过来，放火焚烧庐舍。李密大败，逃向洛口仓，旋即入关投降唐朝。

十一月，唐高祖以民部尚书刘文静领陕东道行台左仆射；十二月，以次子秦王李世民为太尉、使持节、陕东道大行台尚书令，河东、河北军府的兵马都由他部署调遣。后来，以殷峤兼陕东道大行台兵部尚书。所谓大行台，是中央派至地方的最高一级行政机构。陕东道大行台管理陕县（今河南三门峡市陕州区）以东地区的事务，机构本应设在洛阳，因为当时洛阳还未拿下，暂时设在长安。

王世充自战胜李密后，在皇泰政权中的地位更加显赫，进拜为太尉，以尚书省为太尉府，收罗显官名士为属官。他专擅朝政，事情无论大小，都要求直接向太尉府汇报，台省班子形同虚设。他在府门外立了三块牌子，分别用以自荐或举荐文才学识堪济世务者、武艺绝人摧锋陷阵者以及能理冤枉拥抑不申者。于是上书陈事每天多达数百件，他都一一过目，加以接待。起初，人们以为他善于纳谏、勤于政务，不久即发现他口惠而实不至，渐渐对他厌恶起来。武德二年（619）正月，司隶大夫独孤机同几位军将商议，联系镇守穀州（治今河南新安县）的唐军，里应外合，开城门起义。不料消息泄露，他们都被王世充杀掉。然而离心倾向已不可逆转。二月，王世充寇掠穀州。龙骧大将军秦叔宝和将军程知节认为王世充气度浅狭，像个老巫婆，根本不是拨乱反正的人物。因此，他们在列阵与唐军交战之际，下马拜谢王世充道："公性猜忌，喜信谗言，非仆托身之所，今不能仰事，请从此辞。"① 说完他们便骑马投奔了唐军。其余几位将领也率众投奔唐军。

王世充向皇泰主夺权的活动，也在紧锣密鼓地进行。三月，由段达出面，逼迫皇泰主授王世充为相国，假黄钺，总百揆，晋爵为郑王，加九锡。这样，王世充当皇帝只剩下禅让这最后一道程序。洛阳道士桓法嗣自称能解图谶，献上《孔子闭房记》，上面画有一个男子手持一竿驱羊的图。他解释道："隋，杨姓也。干一者，王字也。王居羊后，明相国代隋为帝也。"他又抽选《庄子》中的《人间世》《德充符》两篇献上，解释道："上篇言'世'，下篇言'充'，此即相国名矣，明当德被人间，而应符命为天子也。"② 王世充非常高兴，任命这位道士为谏议大夫。段达又几次出面要挟皇泰主退位。四月，王世充备法驾入宫，即皇帝位，改元开明，国号郑。立其子王玄应为太子，封兄弟宗族十九人为王，授段达为司徒。皇泰主幽居于含凉殿，降为潞国公。

然而这个乱世中的政治暴发户并不具备称孤道寡的才干。王世充在宫阙及宫城北门玄武门等多处设置坐榻，轮流前往，亲受表章。每处理一件事，他都东拉西扯，唠叨不休，致使官吏不得要领，不知所措。卫士长时间站岗守卫，腿都站麻了。有时，他骑马巡街，对百姓说："昔时天子深坐九重，在下事情

---

① 《资治通鉴》卷一八七，"武德二年"条，第5845页。
② 《旧唐书》卷五四《王世充传》，第2231页。

无由闻彻。世充非贪宝位，本欲救时，今当如一州刺史，每事亲览，当与士庶共评朝政。恐门禁有限，虑致壅塞，今止顺天门外置座听朝。"[①] 他命西朝堂接纳冤抑上诉事，东朝堂接纳直言进谏事。于是献策上书者每天多达数百。他既不能逐个披览，又不能恰当处理，自己觉得不胜其烦，几天后就不再公开露面了。

五月，王世充的礼部尚书裴仁基等数十位文武官员密谋除掉他，拥戴皇泰主复位，还未来得及动手就走漏了风声，这些官员都被夷灭三族。王世充的哥哥劝他除掉皇泰主，以绝众望。六月，王世充派其侄儿毒死皇泰主，谥为恭皇帝。

王世充的所作所为，置自己于被动、孤立的境地，部下投唐的势头愈益强劲。其将罗士信受命攻打驻穀州的唐军，却趁机率千余名士兵归顺唐军。罗士信被唐朝任命为陕州道行军总管，十月，率勇士夜入洛阳外郭城，纵火制造混乱。一时间，王世充的不少将领先后率众投唐，所辖州县纷纷脱离关系，向唐朝效顺。王世充害怕事态进一步恶化，就以严刑峻法来对付部下。规定：一人亡叛，全家杀头，父子、兄弟、夫妻间，事先揭发者免于连坐；五家为保，有全家亡叛者，四邻不觉，也要连坐处死。他还把宫城变成拘留所，有亡叛嫌疑者收系全家，诸将外出执行任务，也收系家属作为人质，因而常常在押万人以上。洛阳城内食物奇缺，人们以泥土、人肉充饥，官员也难免饿死，宫城在押人员更无保障，每天都有数十人丧生。

王世充众叛亲离，内外交困，唐朝平定这个割据政权的时机完全成熟。武德三年（620）七月，秦王李世民督率唐军东征洛阳，屈突通偕同指挥。屈突通的两个儿子这时身居洛阳，随时会遭王世充毒手，但他没有丝毫顾忌。唐军抵达新安，王世充迎战。一天，李世民带领小股人马侦察敌情，被王世充包围。李世民一行奋力拼杀，王世充才退却。次日，李世民率步骑五万挺进慈涧，王世充撤戍归洛阳。李世民部署从四面八方包抄洛阳，截断其粮饷通道。八月，双方在西苑青城宫列阵，隔水相对，傍晚各自引兵退去。

九月，唐军攻取了洛阳周围的地区，远近郡县相继归附，王世充所能控制

---

① 《旧唐书》卷五四《王世充传》，第 2232 页。

的地盘仅剩下一座洛阳城。一天，李世民带领五百骑登邙山魏宣武陵，王世充率领万余步骑突然来围剿。李世民被部将营救突围，又率骑兵来战，屈突通领大军赶到，王世充大败，仅以身免。稍后在洛阳周围的战斗，又使他损兵折将。

武德四年（621）二月，李世民再次移军青城宫，王世充率众两万，临穀水抗拒。李世民命屈突通领五千步兵渡河出击，开战后自己领骑兵增援。李世民深入敌阵，与诸将走失，又被长堤阻限；王世充领数骑杀了过来，射中了李世民的坐骑。随从李世民的人只剩下将军丘行恭，他拼力射杀追兵，把自己的马让给李世民骑，自己执长刀牵伤马护卫，才保驾李世民回到军营。现存美国宾夕法尼亚大学博物馆的昭陵六骏石雕中的飒露紫，就是李世民称帝后诏令雕刻人马，作丘行恭为飒露紫拔箭状，以纪念这件事的。随后双方激战半天，王世充撤退，李世民纵兵追击至城下，杀七千余人。

野战告一段落，攻坚战开始了。唐军团团包围洛阳城，城中饥疲不堪，人心惶惶。但宫城依然守卫严密，其炮石重五十斤，能掷到两百步以外，八弓弩

图 3-1　昭陵六骏中的飒露紫（美国宾夕法尼亚大学博物馆藏）

箭粗如车辐，箭镞大如斧头，能射到五百步以外。李世民四面包围十多天，始终未能攻克。城内翻墙应合者有十三批之多，都被王世充处死。

这一时期，河北地区有窦建德建立的夏国，窦建德称夏王，以洺州（治今河北邯郸市永年区）为都城。王世充派遣使者奔赴河北，向窦建德请求兵粮援救。窦建德不愿意郑国被唐朝灭掉，以便利用三分鼎立之势，保住自己的夏国，于是答应出兵救郑。三月，窦建德从河北率十万大军南下，李世民留下弟弟齐王李元吉，由屈突通辅佐，继续围攻洛阳城，自己则率领三千五百人东赴荥阳，同窦建德对峙、激战两个月，终于擒获窦建德。五月的一天，李世民押解窦建德来到洛阳城下，王世充傻了眼，和部将商议突围转移，无人响应，只好身着素服，率领其太子、群臣等两千余人投降。王世充被押送到长安后，被仇家私下刺死。他的十多个党羽被李世民斩于洛河旁，其中有助桀为虐的段达，以烹宰活人为美味佳肴的土匪头子朱粲。以攻克洛阳为契机，郑国、夏国在大河南北的割据局面就此结束，分裂危机随之解除。

第二节　唐太宗营建洛阳宫

平定王世充以后，唐廷以秦王李世民为陕东道大行台尚书令，坐镇长安；以屈突通为陕东道大行台右仆射，坐镇洛阳，主持日常工作；其余官员也逐渐加以配备。陕东道大行台尚书省的官员，从尚书令、左右仆射到郎中、主事，其级别与长安同类官员完全一样。山东行台及总管府、诸州，都隶属陕东道大行台。而其他地区大行台的官员，则比长安同类官员的级别低一等。

随着唐初统一战争的逐步结束，太子李建成、秦王李世民、齐王李元吉三兄弟间争权夺利的争斗日益激烈。李建成意识到自己的皇储地位受到威胁，就联合四弟李元吉，同李世民斗争。李世民处于劣势，不仅仅在于对手力量强大，还在于按照传统礼制，其兄李建成立为太子，已是名正言顺、难以改变的事实。武德九年（626），李世民"以洛阳形胜之地，恐一朝有变，欲出保之"，就让陕东道大行台工部尚书温大雅镇守洛阳。温大雅赴任后，及时开展活动，上报情况，并多次为李世民秘密谋划。李世民还派自己秦王府的车骑将军张亮率众千余赴洛阳，并提供大量财物，由张亮利用自己荥阳人的身份和社会关系，"阴结纳山东（关东）豪杰以俟变"。① 唐高祖看到这三个儿子同在长安，必有争斗，就让李世民赴任陕东道大行台，驻守洛阳，主持陕以东的事务，仿照西汉梁孝王的例子，建置天子旌旗。李建成、李元吉认为："秦王今往洛阳，既得土地甲兵，必为后患。留在京师制之，一匹夫耳。"他们令人上封事说："秦王左右多是东人，闻往洛阳，非常欣跃，观其情状，自今一去，不作来意。"② 唐高祖改变了主意，致使李世民没能成行。这场斗争没有多少是非可言，李建成、李元吉出于自私的心理，却避免了一次分裂和内战。这也可以看出，长安政权是否牢固地掌握和支配洛阳，关系到国家统一与分裂的前途命运。

武德九年六月初四（626 年 7 月 2 日），李世民在长安宫城发动了玄武门之变，杀死李建成、李元吉，随即被立为太子，仍由屈突通任陕东道大行台左仆射，在洛阳主持工作。不久，唐高祖退位，称太上皇，李世民即位，改元贞观，史称唐太宗。

当年李世民攻入洛阳城后，看到富丽堂皇的建筑群，不禁感叹隋炀帝"逞侈心，穷人欲，无亡得乎？"③ 这个青年王子带着新政权幼稚的冲动心理，竟下令拆毁端门楼、则天门及阙，烧毁乾阳殿，看样子想抛弃这个东方政治堡垒，以消除分裂隐患。然而他当皇帝后，却于贞观四年（630）六月诏令营建洛阳宫，其主体工程是重修乾阳殿。

经过隋末唐初十多年的战乱，北方人口锐减，经济凋敝。大臣魏徵曾多次往返于华北地区，所见情景为：从洛河、伊河交汇的洛阳地段，东至泰山、渤海一带，"灌莽巨泽，苍茫千里，人烟断绝，鸡犬不闻，道路萧条"。④ 同时，人们也在总结民众徭役过重导致隋朝覆灭的历史教训。因此，唐太宗营建洛阳宫的动议，只能招来一片反对声。

---

① 《资治通鉴》卷一九一，"武德九年"条，第 6004 页。
② 《旧唐书》卷六四《隐太子建成传》，第 2417~2418 页。
③ 《资治通鉴》卷一八九，"武德四年"条，第 5918 页。
④ 《旧唐书》卷七一《魏徵传》，第 2560 页。

给事中张玄素上书谏阻，说诸位王子现在皆已出藩，各地的王府都要营建，需动用很多劳力。当初平定洛阳，把奢侈豪华的宫殿楼阁都拆毁了，还不到十年，又要加以营缮，岂不是以前痛恨其铺张，现在却钦羡其雕丽？"且以陛下今时功力，何如隋日？役疮痍之人，袭亡隋之弊，以此言之，恐甚于炀帝。"唐太宗问道："卿谓我不如炀帝，何如桀、纣？"张玄素恫吓他道："若此殿卒兴，所谓同归于乱。"唐太宗只好收回成命，表示以后若巡幸来到洛阳，即使在露天场合吃饭睡觉，也在所不辞。以敢于和善于谏诤著称的侍中魏徵盛赞张玄素论事是"仁人之言"，"有回天之力"。① 唐太宗这次肯定在坚持自己的意见，否则魏徵不至于如此推许张玄素。

一年以后，唐太宗又诏令修洛阳宫。民部尚书戴胄上表谏阻，说现在各地遍置军府，男丁都要承担兵役，自备军需，或宿卫京师，或出征戍边，用去很多时间，家里的农活无暇顾及。再让他们自备干粮，长途跋涉，去承担徭役，修造宫殿，他们的家庭只有破产了。老百姓役使净尽，赋税由谁来缴纳？况且洛阳现存的那些隋代宫殿，足以遮风避雨。过些年等百姓喘过气了再做修缮，也不算晚。唐太宗表面上夸奖了戴胄一番，实际并不接受他的建议，终究还是命将作大匠窦琎修成了洛阳宫。但由于凿池筑山，雕饰华靡，唐太宗很不高兴，立即拆除这些附属建筑，罢免了这位将作大匠的职务。

贞观八年（634），一位叫皇甫德参的小县丞上书批评唐太宗"修洛阳宫，劳人"。唐太宗说，"德参欲国家不役一人"，"乃可其意邪！"甚至要追究其"谤讪之罪"。② 被魏徵劝止。

唐太宗从谏如流，却偏偏在营建洛阳宫一事上再三听不进不同意见，反映出洛阳问题非同一般。张玄素认为唐太宗并没有确定东幸洛阳的日期，却要预修宫殿，是经营不急之务。其实，我国自古就有帝王每隔五年出巡一次的制度。唐太宗诏令营建洛阳宫时，称帝已满四年。他在筹备符合礼制的正式巡幸，想到最值得先去的处所，首选便是洛阳。他在和张玄素争论的过程中，曾

---

① 《旧唐书》卷七五《张玄素传》，第 2640~2641 页。
② 《资治通鉴》卷一九四，"贞观八年"条，第 6109 页。

对仆射房玄龄说："洛阳土中，朝贡道均，朕故修营，意在便于百姓。"① 这在唐代是人们的共同认识。此外，他还有不便说出口的理由。今河南三门峡市陕州区崤山以东的广大地区，古代称为山东、陕东，又因在今河南灵宝市秦代函谷关以东，也称关东。唐太宗"尝言及山东、关中人，意有同异"。籍贯河北定州的山东人张行成大为不快，说："臣闻天子以四海为家，不当以东西为限；若如是，则示人以隘狭。"② 唐太宗表面上表示接受批评，但内心深处对山东人始终不是那么放心。他多年在山东打仗，接触当地人士，又当过陕东道大行台尚书令，深知应当把洛阳营建成一个据点，以便观风省俗，临制东方，并利用其优越的地理条件，处理四面八方的各种事务。洛阳宫建成后，唐太宗于贞观十一年（637）首次巡幸，抵达洛阳后正式将其命名为洛阳宫，后来又两度驻跸这里，可见洛阳宫远非其他地方的行宫可比，实际上具有准都城的地位。

唐太宗将洛阳营建成准都城后，曾三次巡幸洛阳，将中央衙署迁到这里，在这里处理军国大事。至于京师长安，则设置了留守官员，负责处理日常事务，重大事情需呈报到洛阳来，听候处理。

贞观十一年三月初二（637 年 4 月 2 日），李世民称帝以后首次抵达洛阳宫。十三天以后，他率领几位大臣在西苑积翠池荡舟嬉戏。看到这所华丽一时的禁苑，唐太宗无限感触涌上心头，对大臣们说："炀帝作此宫苑，结怨于民，今悉为我有，正由宇文述、虞世基、裴蕴之徒内为谄谀，外蔽聪明故也，可不戒哉！"③ 随即他同大臣宴饮，提议每人赋诗一首。他自己作诗咏《尚书》，有句云："恣情昏主多，克己明君鲜。灭身资累恶，成名由积善。"这几句诗是说：历来恣意妄为的昏庸国君屡见不鲜，克己复礼的英明帝王却少得可怜。他们身败名裂由于自己作恶多端，美名永垂青史在于严格自律、广积善缘。魏徵这时作了一首《赋西汉》诗，说："受降临轵道，争长趣鸿门。驱传

---

① 《旧唐书》卷七五《张玄素传》，第 2641 页。
② 《旧唐书》卷七八《张行成传》，第 2703 页。
③ 《资治通鉴》卷一九四，"贞观十一年"条，第 6127 页。

渭桥上，观兵细柳屯。夜宴经柏谷，朝游出杜原。终借叔孙礼，方知皇帝尊。"① 这首诗是以学问为诗，诗味寡淡，类同一部西汉小《纲鉴》。"受降临轵道"，指刘邦进军咸阳，秦朝亡国君主子婴，颈系绳索，手捧玉玺、符节，来轵道旁投降。"争长趣鸿门"，说的是刘邦同项羽争高下，有赴鸿门宴之举。"驱传渭桥上"，其事件是汉高祖刘邦的皇后吕后去世，大臣谋立代王当皇帝。代王派人乘驿车赴长安探察属实，然后由外地赴长安，群臣在中渭桥跪迎。代王继位，是为汉文帝。"观兵细柳屯"，指周亚夫率军驻屯咸阳西南的细柳营，汉文帝去慰劳士兵，因无军令，不得入营。汉文帝遣使持节召周亚夫，周亚夫传令开营门，汉文帝才得以入营观兵。"夜宴经柏谷"，指汉武帝微服出行，投宿今河南灵宝市朱阳镇的柏谷，负责基层治安的亭长不予接待。有旅馆主妇见汉武帝相貌不是常人，杀鸡款待。"朝游出杜原"，是说汉宣帝自幼因于狱中，养于外家，长于民间，常在长安城东南的杜原游乐。"终借叔孙礼，方知皇帝尊"，是说汉高祖除去秦朝苛法，群臣轻慢无恐，叔孙通劝他采择古礼，制定朝仪。后在长乐宫举行朝会，诸侯群臣莫不震肃如礼，汉高祖感叹自己今天才知道当皇帝的威严尊贵。归纳魏徵这首诗的含义，是说秦朝享国短暂，被西汉取代，暗示隋朝、唐朝也是这种关系，秦朝、隋朝的亡国，和国君的为所欲为有关，唐朝应该吸取教训，以礼治国，才是皇帝正确运用自己的权力和尊严。唐太宗读罢，感叹道："魏徵每言，必约我以礼也。"② 一次，唐太宗在西苑打猎，突然一群野猪从树林中跑出来。他连发四箭，四头野猪当即倒下。一头野猪疯狂地向他扑来，逼近他坐骑的鞍镫。他登极前因功高被父皇加封过天策上将。民部尚书唐俭曾当过天策上将府长史。这时，唐俭在场，见情况不妙，急忙下马同这头野猪搏斗。唐太宗趁势拔出宝剑，杀掉野猪，然后得意地看着唐俭，调侃道："天策长史不见上将击贼邪，何惧之甚！"唐俭答道："汉高祖以马上得之，不以马上治之。陛下以神武定四方，岂复逞雄心于一兽！"③ 唐太宗为这番寓意深刻的话所打动，立即罢猎。这样，魏徵、唐俭都借唐太宗

---

① 《旧唐书》卷七一《魏徵传》，第 2558 页。
② 《旧唐书》卷七一《魏徵传》，第 2558 页。
③ 《资治通鉴》卷一九五，"贞观十一年"条，第 6134 页。

游乐之机，巧妙地赋予了规谏政治的含义。

四月，唐太宗在洛阳宫向河北、淮南各州的长官下达了一道诏令，责成他们搜访当地各种人才，提供驿车送至洛阳，并对这些人进行考核，破格提拔。七月，淫雨连绵，穀水、洛水暴涨，溢入洛阳宫，水深四尺，毁坏衙署十九所，漂没民居六百家，淹死六千余人。唐太宗诏令拆毁附近的宫殿，以其材料供灾民修葺庐舍。

次年二月，唐太宗离开洛阳返回长安，这次驻跸洛阳首尾一年。

唐太宗第二次巡幸洛阳，于贞观十五年（641）正月成行，想在次年二月东赴山东泰山举行封禅大典。四月，他诏令有关机构制定封禅仪注，免征洛州农户当年的租粮。五月，并州父老、僧道一行，来洛阳朝见唐太宗，说太原是大唐帝业肇基之地，请他封禅后故地重游。唐太宗在武成殿设宴招待他们，认出了二十多年前的老朋友，彼此追忆流年，以为笑乐。六月，他诏令各州举荐学综古今、孝悌淳笃、文章秀异等人才，封禅时在泰山会集，加以任用。但天上出现彗星，官员以为封禅不便，因而取消。十月，他在伊阙打猎，又幸嵩阳。游牧部族薛延陀想乘唐朝东封泰山之机，在北方制造麻烦，一时长城内外形势紧张。十一月，唐太宗西归长安，这次驻跸洛阳共十个月。

贞观十八年（644）十一月，唐太宗第三次到达洛阳宫。这次东巡的目的，在于完成隋朝收复辽东故土的未竟之业。他在洛阳特意召见隋代参加过辽东战役的郑元璹，了解当年的经验教训。营州（治今辽宁朝阳市）都督张俭受命先击辽东以观形势，恰值辽河涨水，大军不得渡，唐太宗以为他胆怯懦弱，召到洛阳问罪。张俭汇报了前线的山川险易、水草美恶等情况，唐太宗非常高兴。唐太宗任命了两位行军大总管，由他们率领各地士兵开赴前线。洛阳三千名新兵应募加入了大军行列。第二年正月，馈运使太常卿韦挺因事先未视察河渠，使得六百多只粮船中途搁浅，由前线械送洛阳，被唐太宗除名为民。

二月初一（645年3月3日），唐太宗在仪鸾殿接见刚刚从天竺回国的僧人玄奘法师，彼此交谈从早晨一直持续到傍晚。在玄奘的弟子慧立、彦悰撰写的《大慈恩寺三藏法师传》卷六中，在场的大臣只记载了长孙无忌，因为他是司徒，又是唐太宗的内兄。根据其他文献，此行随同唐太宗的人员，除了太子李治（唐高宗），还有开府仪同三司、摄太子太傅高士廉，特进萧瑀，中书令岑文本，守中书令马周，侍中刘洎，黄门侍郎褚遂良，检校中书侍郎许敬宗，吏部尚书杨师道，秘书监颜师古，刑部侍郎、太子少詹事张行成，兵部侍郎杨弘礼，太子右庶子高季辅，等等，他们中应该也有一些人在场。褚遂良以前当过起居郎、知起居事等史官，负责记录皇帝的言论行动，编纂起居注。许敬宗长期监修国史。他们此时如果不兼任史官，可能会有另外的史官在场做记录。

当年玄奘上表朝廷，请求出国，没有获得批准，遂违反国家严禁国人出国的政令，于贞观三年（629）四月偷渡出国。他对自己的行动一直心有余悸，感到惭愧。当他刚刚坐定，唐太宗就责问他临出国时怎么不打个招呼。他说自己曾经再三上表申请，愿意承担私自做主的罪责，但得到唐太宗的谅解。唐太宗问起山川阻隔、道路遥远、语言不通、风俗不同，他怎么顺利完成这趟游历，他回答说：乘驾劲风，到达天池也不算遥远；搭坐龙舟，波涛汹涌也不算艰难。自从陛下君临天下以来，德泽笼罩九域，仁惠遍布八区，淳风吹拂到南荒诸国，圣威播扬到西域各地。因此，西域各国的君主每当看见东方飞来的鸟，就以为来自大唐，立即恭敬地站着瞻仰。"况玄奘圆首方足，亲承育化者也。既赖天威，故得往还无难。"① 唐太宗听着这几句恭维自己的话，就势说了几句谦虚、客气的话，会谈气氛得到缓和。

国家分裂长达约三个世纪，隋朝才完成了统一，唐太宗承继隋朝的余绪坐在龙椅上，同国人一样，对于外部世界有着好奇心理和友好相处的良好愿望。而玄奘所游历的地区，很多是国人前所未闻的地方，唐太宗很想知道那里的具体情况，并用来作为制定对外政策的依据。因此，唐太宗和玄奘关于西域各国情况的询问和回答，成了一整天会见的主要话题。玄奘的汇报条理清晰、语言典雅、准确生动，唐太宗十分赏识，盛赞他是佛教徒中的杰出人才，超过了十六国时期被帝王称为"神器"的释道安。唐太宗感到玄奘此行超过了西汉博

① 《大慈恩寺三藏法师传》卷六，第128~129页。

望侯张骞通西域的"凿空"之举，所见所闻又是自司马迁、班固以来史书所不曾详细记载过的，因而责成他撰写成书，玄奘立即答应下来。

唐初百废待兴，急需人才，而当时却是人才极端匮乏。唐太宗见玄奘四十出头，风度翩翩，学识渊博，言辞得体，举止有礼，认定他是一位可在朝廷中担任公卿大臣的人才，就极力动员他还俗，出来做官。玄奘说自己从小就身在佛寺，阅读佛经，缺乏做官必备的儒学修养，自己愿终生修持佛教，以此来报答国家的恩德。唐太宗遗憾地看着这位虔诚的佛教徒，不再勉强他放弃自己坚守的志向。会见将结束时，玄奘说自己从西域带回来梵本佛教典籍六百多部，恳请唐太宗批准自己在少林寺从事翻译。唐太宗说：不必在少林寺翻译，长安有弘福寺，是自己为先母穆太后做功德而建造的寺院，"寺有禅院甚虚静，法师可就翻译。……诸有所须，一共玄龄（西京留守宰相房玄龄）平章"。① 会见结束后，玄奘在洛阳停留了二十多天，于三月初一（645 年 4 月 5 日）回到长安。

对于唐太宗亲赴前线一事，群臣表示出种种忧虑。一年前，谏议大夫褚遂良就在长安上疏反对，说："东京、太原，谓之中地，东扰可以为声势，西指足以摧延陀（即薛延陀），其于西京，径路非远。为其节度，以设军谋……此实处安全之上计，社稷之根本。"② 褚遂良建议唐太宗驻守洛阳或太原，指挥战争，不要亲赴辽东战场。这时，军将尉迟敬德担心长安、洛阳空虚，会出现隋炀帝征辽时杨玄感乘机起兵谋求夺取洛阳、长安那样的情况。群臣鉴于突厥移居河套地区，离长安很近，怕出现祸患，因而极力劝唐太宗留镇洛阳，由诸位将领东征。但唐太宗一概不听，遂于二月十二日率六军自洛阳北上，留下特进萧瑀担任洛阳宫留守。同年，唐太宗从辽东返还长安，是秋冬季节，没有经过洛阳。又过了三年半，唐太宗在长安病逝，他在最后的这些日子中再也没有来过洛阳。

---

① 《大慈恩寺三藏法师传》卷六，第 130 页。
② 《旧唐书》卷八〇《褚遂良传》，第 2735 页。

第三节　唐高宗改洛阳宫为东都

一　唐高宗建东都

洛阳宫既然具有准都城的地位，褚遂良上疏援引前代事典称之为"东京"，尉迟敬德把洛阳同长安相提并论，唐太宗离开这里时不是像其他行宫那样设宫监管理，而是像京师长安一样设置留守处理政务，那么，洛阳宫升格为东都，就是势所必然的事情了。唐太宗去世后，其子唐高宗把这件事付诸实施。

唐高宗巡幸洛阳总共七次，累计十一年，占他在位时间的三分之一。显庆元年（656），继位六年多，唐高宗诏令在洛阳隋朝乾阳殿的原址开始修建乾元殿。显庆二年（657）闰正月，他首次幸洛阳，二月抵达。十二月丁卯（十三日，658年1月22日），他下了一道《建东都诏》，说："此都中兹宇宙，通赋贡于四方；交乎风雨，均朝宗于万国。……宜改洛阳宫为东都。"① 洛阳宫从此升格为东都，是唐朝两都制中的正规都城。同时，唐高宗以自己同皇后武则天所生的一岁幼儿李显为周王、洛州牧，并确定洛州官员同长安所在地雍州相应官员级别一样。废除了穀州的建置，该地连同福昌（今河南宜阳县）等县，以及黄河北边原属怀州的河阳、济源、温县和洛阳东边原属郑州的汜水（今河南荥阳市），都划归洛州管辖。这样，洛阳作为都城就制度化、正规化了。

仪凤三年（678）十月，唐高宗下了一道《幸东都诏》，指出："咸京天府，地隘人繁，百役所归，五方胥萃。虽获登秋之积，犹亏荐岁之资，眷言于此，思蠲徭赋。夫以交风奥壤，测景神州，职贡所均，水陆辐辏，今兹丰熟，特倍常时，事贵从宜，实惟权道。即以来年正月幸东都。"② 这是说长安所在

---

① 《全唐文》卷一二，第59页。
② 《全唐文》卷一三，第64页。

的关中地区，地少人多，加上各地百姓前来服徭役、兵役，供应更加困难。尽管今年秋天粮食丰收，仍然不能保证两三年的消费，免不了要减免百姓的赋税徭役。洛阳则不同，当地物产丰饶，今年又获大丰收，各地的绢帛粮食运到这里十分方便。因此，定于来年正月巡幸洛阳。这道诏文的表面含义，使不少学者得出唐高宗移幸洛阳是出于经济原因的结论。如果仅仅因为长安的经济条件不如洛阳优越，李唐王朝为什么不把都城由长安迁至洛阳？后来的诸多唐代帝王为什么能够依然固守长安？唐高宗因为什么事情牵制不能解决长安的供应问题？其实应该是政治原因。唐玄宗《幸东都制》指出长安和洛阳在创业与守成时期的不同作用是："帝业初起，崤函乃金汤之地；天下大定，河雒为会同之府。"① 时人裴耀卿也说："国家帝业，本在京师，万国朝宗，百代不易之所。"② 这表明长安是关中本位的根据地，出身于关陇军事贵族的李唐皇室首崇长安，把长安经营成自己的大本营，安置宗庙、陵寝，构成政治、礼仪氛围，以临制天下，是断不能轻易抛弃的。后来武则天改朝换代，就必须在制度上标新立异，另立系统，选择都城是其中重要的一环。她抛弃长安，都于洛阳，无非想要摆脱李唐王朝的大本营和政治、礼仪氛围，淡化甚至消泯人们对于长安与唐帝室的回忆和感情，利用洛阳，巩固新政权，建立新秩序。因此，洛阳凌驾于长安之上，便意味着关陇势力的失势和唐祚中止、江山变色。

二 唐高宗游弋于长安洛阳两京之间

上元二年（675），唐高宗在洛阳说："两都是朕东西之宅也。"③ 这个时期，唐朝的东北方有高句丽、百济、新罗、契丹、奚，北方有后突厥，西方有吐蕃、西突厥。唐朝同这些民族关系紧张，屡有战争。各方情况都需要尽快上报朝廷，及时处理。洛阳大致是全国的地理中心，既不必担心外族兵临城下，又便于应付各方的种种事务。唐高宗游弋于长安洛阳两京之间，就是为了利用洛阳的这个优势。

---

① 《全唐文》卷二〇，第 99 页。
② 《旧唐书》卷九八《裴耀卿传》，第 3081 页。
③ （北宋）王溥：《唐会要》卷三〇《洛阳宫》，上海古籍出版社，1991，第 643 页。

唐朝同东北方各族的关系，在这一时期最为复杂。唐高宗在诏令开工修建乾元殿的前一年，就派营州都督程名振、左卫中郎将苏定方发兵继续收复辽东故土。两年后，他首次巡幸洛阳。显庆五年（660）五月，奚族叛唐，唐军出征讨伐，降服奚族；又讨契丹，擒获其松漠都督阿卜固送至东都。百济依仗高句丽援助，多次侵入新罗，新罗上表唐朝请求救援，唐高宗派苏定方讨伐百济。八月，苏定方破灭百济，唐高宗诏令以其地设置熊津等五都督府。十一月，唐高宗登上洛阳宫城则天门楼，举行献俘礼，百济国王义慈及其臣僚等战俘，一律不予追究罪责。年底，唐高宗在洛阳任命了苏定方等三位行军大总管，率兵分辽东道、平壤道、浿江（朝鲜大同江）道出击高句丽。龙朔元年（661）正月，唐高宗募得关东六十七州四万四千余名士兵，开赴前线。三月，他在宫城的洛城门宴请群臣和外族代表，观看新排练的武舞《一戎大定乐》，象征用武力安定天下之意，准备御驾亲征。但此举不过是做个姿态而已，他这时已患风眩头重病，目不能视，又不具备唐太宗那样的军事才干。因此，武后谏阻亲征，他依然留在洛阳。次年正月，他册命波斯都督卑路斯为波斯王，四月返回长安。

麟德二年（665）三月，唐高宗再幸东都，年底到泰山，次年正月举行了封禅大典，然后经东都返回长安。总章元年（668），唐军破灭高句丽。咸亨二年（671）正月，唐高宗又幸东都，次年十一月西归长安。上元元年（674）正月，新罗收容高句丽叛亡之众，封百济故地，派兵把守。唐高宗大怒，诏令削去新罗国王金法敏的官爵，把住在长安担任右骁卫员外大将军的金法敏的弟弟金仁问立为新罗国王，派回新罗行使统治；同时，以宰相刘仁轨为鸡林道（龙朔三年，即663年，唐朝将新罗设置为鸡林州）大总管，发兵讨伐。十一月，唐高宗又东幸洛阳。次年二月，唐军大破新罗兵众，唐高宗在洛阳接待了新罗入贡谢罪的使臣，恢复金法敏的官爵，从中途召回金仁问。

与此同时，西边的民族也不断对唐进行滋扰。显庆四年（659）十一月，唐高宗在洛阳诏令苏定方出兵西域，平定由思结首领都曼勾结疏勒、朱俱波、喝槃陀等国发动的叛乱入侵活动。次年正月，苏定方得胜回朝，在洛阳乾元殿举行献俘仪式，向唐高宗献上都曼等战俘。不少小族也相继制造混乱。但这时对唐构成最大威胁的还不是遥远的西突厥和这些小族，而是其近邻吐蕃。

龙朔三年（663），吐蕃东破吐谷浑，吐谷浑可汗率领数千帐部民北逃凉州（治今甘肃武威市），向唐廷告急请援。这时唐高宗在长安，做了凉州、鄯州（治今青海海东市乐都区）防卫吐蕃的部署，派苏定方为安集大使，指挥诸军援助吐谷浑。麟德二年（665），吐蕃转而向西域发展，威胁到唐的安西四镇（龟兹、于阗、焉耆、疏勒，在今新疆境内）。次年，唐高宗东封泰山完毕，急忙赶回长安。高句丽战事一结束，他遂将注意力转向西方。总章二年（669），他打算到凉州视察，被臣僚们谏止。他准备把吐谷浑部落安置到凉州南山，臣僚们担心吐蕃会来这里烧杀抢掠，征讨吐蕃又无财力，于是安置一事搁浅。咸亨元年（670），吐蕃侵占西域十八州，唐廷被迫放弃安西四镇。唐高宗于是任命右威卫大将军薛仁贵为逻娑（拉萨）道行军大总管以讨伐吐蕃，并援助吐谷浑返回故地。唐军同吐蕃在青海激战失利，死伤略尽。唐朝和吐蕃之间的缓冲地带吐谷浑完全被吐蕃占领，吐蕃接连寇边。吐蕃对唐的威慑局势表明唐不能立即取胜，加上旱灾饥荒，唐高宗决定来年再幸东都。这时唐在东西两边同时与新罗、吐蕃开战，唐高宗因而在两京间游弋不定。咸亨三年（672）他返回长安，上元元年（674）讨新罗又幸洛阳。新罗的事处理完毕，仪凤元年（676），吐蕃侵入今青海、甘肃一带，唐高宗在洛阳任命行军元帅讨吐蕃，又回长安。仪凤三年，唐高宗为连年同吐蕃战而失利感到忧愁，就召集御前会议讨论对策。臣僚们或主张和亲息事，或主张严设守备，筹集资财再行征讨，或主张立即讨伐，没有达成一致意见。后来，太学生魏元忠赴洛阳上封事，以为平定吐蕃非朝夕可待。那么，唐高宗待在长安，便失去主持战事的意义。由于战争牵制，不能及时改善关中的供应状况，于是在关中当年秋粮丰收的情况下，他下了前引那道《幸东都诏》，次年又幸洛阳。在旷日持久的战争中，唐朝所能做的事是一面防守抗击，一面在西边广事营田。而吐蕃降服了西洱诸蛮、羊同、党项和诸羌之后，其控制区东面扩大到今甘肃、四川大部地区，西面攻陷今新疆天山南面的安西四镇，北抵突厥，南邻天竺（印度），地方万余里，成为唐的劲敌，迫使后来的唐朝皇帝另辟蹊径来应付局面。

三　太子李弘死葬洛阳

李弘是唐高宗和武后的长子，显庆元年（656）四岁时被立为皇太子，在后来唐高宗、武后巡幸洛阳期间，留在长安监国。他一直患病，政务由东宫几位左、右庶子辅佐参决。他曾被父皇召到东都，和右卫将军裴居道的女儿结为伉俪。礼官上奏需以白雁充当男方初次和女方商议订婚的聘礼，当时恰好就在东都苑（西苑）获得一只白雁，唐高宗非常高兴。太子仁孝谦和，深得唐高宗和官僚们的爱戴。武则天被立为皇后之前，与萧淑妃争宠，杀害了萧淑妃，将其两个女儿义阳公主和宣城公主幽禁在长安掖庭中，年过三十还不让嫁人。太子偶然见到自己这两个同父异母的姐姐，不禁动了恻隐之心，立即奏请出嫁，唐高宗允准。但武后怒不可遏，随即把姐妹俩轰出去，配给两个地位卑微的卫兵，并从此厌恶太子。

上元二年（675），太子赴洛阳，唐高宗一直重病缠身，想禅位给太子，不料四月太子在东都苑合璧宫一命呜呼，年仅二十四岁。当时有传闻说太子是被母亲用毒药害死的，但唐高宗的诏令却说太子"沉瘵（痨病，即肺结核）婴身"，"旧疾增甚"，不治身亡。唐高宗对太子的英年早逝悲恸不已，诏令说："慈惠爱亲曰孝，死不忘君曰敬，谥为孝敬皇帝。"[1] 四个月后，在洛州缑氏县（今洛阳偃师区南）懊来山（景山、太平山）按照皇帝陵寝的制度规模营建了恭陵，安葬了太子李弘。唐高宗亲自撰写《睿德纪》，刻石立于陵前。这座陵墓工期紧迫，耗费资财巨亿，百姓苦不堪言，怨声载道，甚至乱投砖瓦而逃散。

四　皇后武则天偕同唐高宗驻洛阳

武后随同唐高宗驻跸洛阳期间，因唐高宗患病，自显庆五年（660）十月起，她开始受委托参决朝政。武后乘机显示出杰出的政治才干。唐高宗对她处理国事的精明果断非常满意，使她的权力与皇帝相当，夫妻因而被朝臣称为"二圣"。武后还时而出点风头，借以检测自己在政治生活中的地位和影响，以求更大的发展。

---

① 《旧唐书》卷八六《孝敬皇帝弘传》，第 2830 页。

　　龙朔元年（661），唐高宗想亲自率军征讨高句丽，武后上表谏阻，终于使他改变主意，留在洛阳。麟德二年（665），筹备东赴泰山封禅，武后借口封禅仪注不妥当，上表争取自己率领内外命妇奠献。唐高宗考虑后，决定自己行"封"礼，作为"初献"，登泰山设坛祭天，向昊天上帝汇报成功；武后行"禅"礼，作为"亚献"，在泰山侧社首山设坛祭地。上元元年（674）底，武后上表建议十二事，内容有：李唐皇室是玄元皇帝老子李耳的后裔，请令王公以下皆研习道家经典《老子》，每年依照明经科策试儒家经典的例子，开设道科选拔人才；父在母亡，子女服丧期由一年增至三年，以同服父丧期相当；劝课农桑，轻徭薄赋，免除关中役重地区百姓的徭役；禁断各地崇尚浮巧末行的现象；息兵止战，用仁义道德感化天下；广开言路，杜绝逸口；提拔才高位低的官吏；京官八品以上者增加俸禄；等等。这些建议涉及内政外交的各个方面，是武后全面施政的一次演习。唐高宗下诏赞扬，全部采纳实施。次年三月，武后在洛阳北面的邙山南坡祭祀先蚕，以少牢（以一头猪、一只羊作祭品）祭祀第一批蚕虫，百官和各地来东都的朝集使皆陪位。唐高宗的病情日益加重，想把皇位让给太子李弘，但太子这年四月在洛阳死亡。唐高宗把禅让的对象转向武后，想把这位比自己大五岁的皇后推到台前，名正言顺地摄理国政。当唐高宗向大臣们摊牌时，大臣们对这个意料之中的安排依然感到意外，坚决表示反对。宰相郝处俊援引《礼记·昏义》"天子理阳道，后理（原作'治'，避唐高宗李治名讳改为'理'）阴德"的说法，指出："帝之与后，犹日之与月，阳之与阴，各有所主守也。陛下今欲违反此道，臣恐上则谪见于天，下则取怪于人。昔魏文帝著令，身崩后尚不许皇后临朝，今陛下奈何遂欲躬自传位于天后？况天下者，高祖、太宗二圣之天下，非陛下之天下也。陛下正合谨守宗庙，传之子孙，诚不可持国与人，有私于后族。"① 唐高宗只好罢休。

　　武后继续锲而不舍地做着种种努力。仪凤元年（676），她劝唐高宗到中岳嵩山祭天，想自己借机再次亮相。调露元年（679）五月，继李弘被立为太子已五年的李贤开始在洛阳监国。偃师人明崇俨以符咒幻术为唐高宗、武后所

---

① 《旧唐书》卷八四《郝处俊传》，第 2799～2800 页。

器重，被授予正谏大夫职务。在太子李贤监国前几天，明崇俨被暗杀，未抓获凶手。太子听宫中人私下议论，得知自己不是武后亲生，而是武后的姐姐韩国夫人所生，心中常怀恐惧。明崇俨曾多次对武后说：太子不堪继任皇帝，不如武后所生的英王李哲（显）和相王李轮（旦），英王貌似太宗，相王长相也贵不堪言。因此，武后怀疑是太子指使刺客暗杀了明崇俨。永隆元年（680）八月，武后唆使唐高宗下诏调查太子的恶劣行径，在东宫马坊搜出黑甲数百领，指控为谋反的物证。一个受太子宠爱的户奴屈打成招，说是自己去执行了刺杀明崇俨的任务。唐高宗喜欢太子，想释而不问。但武后说："为人子怀逆谋，天地所不容；大义灭亲，何可赦也！"① 于是太子被废为庶人，押送至长安软禁起来，所有黑甲在洛阳天津桥南予以焚毁。同时，英王被立为太子。武后左右朝政，已经粗具规模。

五　唐高宗病逝洛阳

永淳二年十二月丁巳（初四，683 年 12 月 27 日），唐高宗下诏改年号为弘道，赦天下，以遏止自己的病情。他打算登则天门楼宣布赦书，但气逆不能乘马，就召集百姓代表来宫中，在殿前宣读。礼毕，他凄怆地发出哽咽的声音，说："天地神祇若延吾一两月之命，得还长安，死亦无恨。"当天夜里，他在贞观殿召见东宫平章事裴炎，向他交代辅佐太子当好皇帝的后事，随即去世。这位五十六岁的皇帝最后的心态并非对驻守洛阳的忏悔，而是想争取时间，死在长安。唐高宗留下来一份遗诏，说："七日而殡，皇太子即位于柩前。园陵制度，务从节俭。军国大事有不决者，取天后处分。"② 这份政治遗产给随后政权的分流和争夺埋下了伏笔，温情脉脉的面纱被撕得粉碎，钩心斗角和刀光剑影必然伴随始终。

唐中宗想满足父皇的遗愿，护送其灵驾西还关中安葬。梓州射洪县（今四川射洪县北）人陈子昂，在洛阳向唐中宗上书谏阻。这份上书认为当时关

---

① 《资治通鉴》卷二〇二，"永隆元年"条，第 6397 页。
② 《旧唐书》卷五《高宗纪下》，第 112 页。

中连年遭灾，田地荒芜，丁男承担兵役徭役，妻离子散，对于护送灵驾的大队人马无力供应，对于营建工程浩大的陵寝无力承受。洛阳北有太行山的险峻地势，南有宛、叶（今河南南阳市、平顶山市所辖地区）富饶的物产，东达江淮地区，可利用湖海鱼盐，西通崤山，能凭借潼关、黄河的天险。洛阳地区有众多仓城（如东面巩县的洛口仓、西面陕州的太原仓），贮存着巨量粮食，供应充足。河洛一带是形胜之地，缑氏县的景山是唐高宗的儿子李弘恭陵所在地，这里风景秀丽，周围有嵩岳、邙山等自然风光，在这里给唐高宗营建陵墓，是再合适不过的了。然而这份上书没能奏效，唐高宗的灵驾于光宅元年（684）被送回关中，安葬在今陕西乾县的乾陵。唐中宗没能去护送，他已被母后废黜，改封为庐陵王，逐出洛阳，迁到湖北软禁起来。武则天也没有去护送，她召见了陈子昂，发现他是个人才，授以麟台正字官职。

第四节　武则天改东都为神都

一　皇太后武则天临朝称制

武则天载初元年（690）称帝之际，新造"曌"字作为自己的名字。明人冯梦龙小说《醒世恒言·灌园叟晚逢仙女》以"武则天"称呼她，近数十年被当作她的姓名广泛使用。这个称谓是从她生前的尊号"则天大圣皇帝"和死后的谥号"则天大圣皇后""则天皇太后"演变而来。

李显（唐中宗）即位后，武则天成为皇太后，遵照唐高宗的遗诏参决朝政。唐中宗只当了五十五天的皇帝，便在嗣圣元年（684）二月被母后废黜。他不服气，问自己有什么罪过，太后说："汝欲以天下与韦玄贞，何得无罪！"韦玄贞是唐中宗的岳父，唐中宗想任命他为门下省长官侍中，顾命大臣裴炎坚决反对，唐中宗说："我以天下与韦玄贞何不可，而惜侍中邪！"[①] 不料这句随口而说的气话被有意找茬的母亲利用。唐中宗被废黜后，帝位立即由他的弟弟

---

① 《资治通鉴》卷二〇三，"光宅元年"条，第6417~6418页。

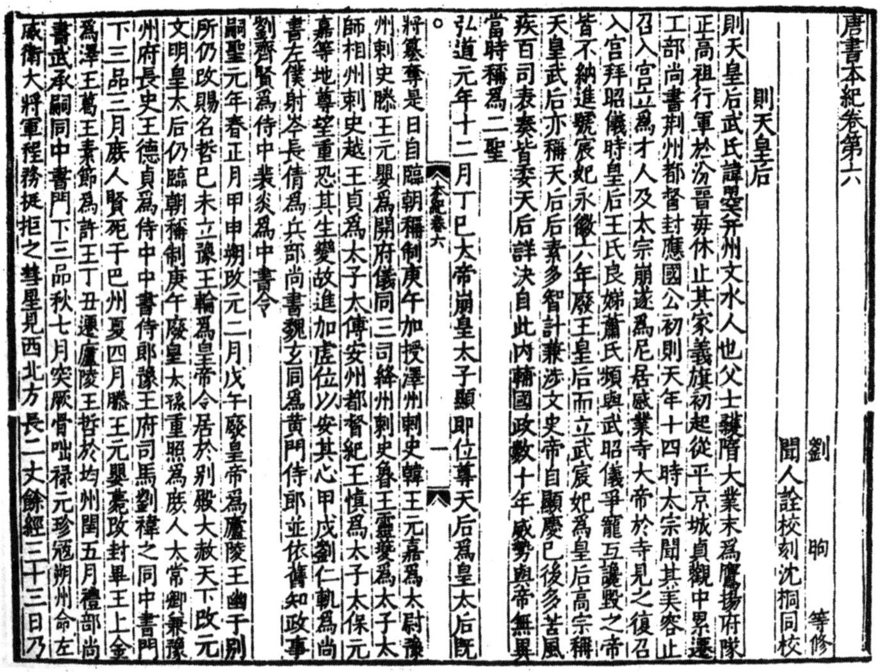

唐書本紀卷第六
劉　昫　等修
聞人詮校刻沈桐同校
則天皇后
則天皇后武氏諱曌并州文水人也父士彠隋大業末爲鷹揚府隊
正高祖行軍於汾晉休止其家義旗初起從平京城貞觀中累遷
工部尚書荆州都督封應國公初則天年十四時太宗聞其美容止
召入宮立爲才人及太宗崩遂爲尼居感業寺大帝於寺見之復召
入宮拜昭儀時皇后王氏良娣蕭氏頻與武昭儀爭寵互讒毁之帝
皆不納進號宸妃永徽六年廢王皇后而立武宸妃爲皇后高宗稱
天皇武后亦稱天后后素多智計兼涉文史帝自顯慶已後多苦風
疾百司表奏皆委天后詳決自此内輔國政數十年威勢與帝無異
當時稱爲二聖
弘道元年十二月丁巳大帝崩皇太子顯即位尊天后爲皇太后既
本紀卷六　一
將篡奪是日自臨朝稱制庚午加授澤州刺史韓王元嘉爲太尉豫
州刺史滕王元嬰爲開府儀同三司絳州刺史魯王靈夔爲太子太
師相州刺史越王貞爲太子太傅安州都督紀王慎爲太子太保元
嘉等地尊望重恐其生變故進加虚位以安其心甲戌劉仁軌爲尚
書左僕射岑長倩爲兵部尚書魏玄同爲黄門侍郎並依舊知政事
劉齊賢爲侍中裴炎爲中書令
嗣聖元年春正月甲申朔改元二月戊午廢皇帝爲廬陵王幽于別
所仍改賜名哲己未立豫王輪爲皇帝令居於別殿大赦天下改元
文明皇太后仍臨朝稱制庚午廢皇太孫重照爲庶人太常卿兼豫
州府長史王德眞爲侍中中書侍郎豫王府司馬劉禕之同中書門
下三品三月庶人賢死于巴州夏四月滕王元嬰薨改封畢王上金
爲澤王葛王素節爲許王丁丑遷廬陵王哲於均州閏五月禮部尚
書武承嗣同中書門下三品秋七月突厥骨咄禄元珍寇朔州命左
威衛大將軍程務挺拒之彗星見西北方長二丈餘經三十三日乃

图 3-2　影明嘉靖复刻宋本《旧唐书·则天皇后本纪》书影（采自百衲本《旧唐书》）

唐睿宗李旦接替，但居于别殿，不得干预朝政，由太后在正殿临朝称制，治理国家。九月，一系列的制度改变普遍铺开。嗣圣年号改为光宅，“嗣圣”的含义是儿子继承皇帝宝位，“光宅”的含义是统治国家，使国家大业发扬光大，这一改变意味着儿辈已被从国家政治舞台中清除出去。旗帜改从金色。东都改名为神都；洛阳宫改名太初宫，意味着易姓受命，从头开始（建平二年，即公元前 5 年，西汉哀帝刘欣宣布“再受命”，即改元为“太初元将”，并自号“陈圣刘太平皇帝”。陈是舜的后裔，刘是尧的后裔，汉哀帝此年号意为尧后禅位于舜后，是再次接受天命）。尚书省改称为文昌台，其长官左右仆射改称为左右相；下属的吏部、户部、礼部、兵部、刑部、工部，按照《周礼》改称为天官、地官、春官、夏官、秋官、冬官。中书省改称凤阁，长官中书令改称内史。门下省改称鸾台，长官侍中改称纳言。宰相称号同中书门下三品，改为同凤阁鸾台三品。御史台改称肃政台，增设右肃政台。其他部门的长官名称，都找相应的词语加以改订。同时大赦天下，下制求贤。太后开始自称"朕"，在词标文苑科的策试问卷中说，"朕闻北辰端扆"，"朕将亲览"；考生皇甫伯琼在对策答卷里称她为"圣母皇帝陛下"。①

这时，已故重臣李勣（徐世勣）的孙子徐敬业在扬州起兵，以拥戴唐中宗复位为号召。初唐四杰之一的骆宾王，为徐敬业撰写了讨伐武则天的檄文，散发到各州县。檄文说武则天当唐太宗的妃子时，就勾引太子李治，"秽乱春宫"。太子称帝，她又谋取到后妃的身份。她"陷吾君于聚麀"，害得父子两位君王做出占有一个配偶的禽兽行为。"包藏祸心，窃窥神器。君之爱子，幽在别宫；贼之宗盟，委以重任。"檄文指责武则天："入门见嫉，蛾眉不肯让人；掩袖工谗，狐媚偏能惑主。"这里用了《战国策·楚策》中"郑袖谗魏美人"的典故。楚怀王宠妃郑袖为了获得专宠，造谣说楚怀王认为魏美人鼻子不好看，建议她见楚怀王时掩盖住鼻子，然后说魏美人此举是嫌楚怀王身上散发臭味。楚怀王大怒，遂割掉魏美人的鼻子。当太后读到檄文这几句时，不禁为其文采打动，微微一笑。太后读到"一抔之土未干，六尺之孤安在？""请看今日之域中，竟是谁家之天下！"极为欣赏骆宾王的才华，为他埋没民间而"有遗才之恨"，说："宰相之过也。人有如此才，而使之流落不偶（遇）乎！"②

面对徐敬业起兵叛乱的严峻局势，裴炎劝太后抓紧把国家政权归还给唐中宗，以息事宁人，被太后指控为谋反，在洛阳都亭处死。正在边地抵御突厥的单于道安抚大使、左武卫大将军程务挺上表为裴炎辩护，被太后派人去军中就地杀掉。扬州的叛乱镇压下去了，但太后以为全国上下都在反对她执政，因而立即做出反应：鼓励告密，任用酷吏，实行高压统治。

垂拱二年（686），太后命铸铜为匦，安置在朝堂，以受天下密奏。铜匦一共四个，每个上面开一个小口，用以投入章奏文字，由专职官员取出。东面的铜匦叫"延恩"，献赋颂、求仕进者投入。南面叫"招谏"，分析朝

---

① （清）徐松著，孟二冬补正《登科记考补正》卷三，"嗣圣元年"条，北京燕山出版社，2003，第91、92、96页。

② 《全唐文》卷一九九《代李敬业讨武氏檄》，第886页；（北宋）王谠：《唐语林》卷二《文学》，上海古籍出版社，1978，第46页；《资治通鉴》卷二〇三，"光宅元年"条，第6424页。

政得失者投入。西面叫"伸冤",叫屈伸冤者投入。北面叫"通玄",说天象灾变及军机秘计者投入。设置铜匦的目的在于周知天下情况,重点是了解民心的向背。这个主意是鱼保家出的,然而也正是他最先领略到个中滋味。仇人投书揭发他曾为徐敬业制造兵器,大量杀伤官军,因此,他被太后杀掉。

太后通过这件事认识到告密是不可或缺的法宝,因而为告密大开绿灯。凡是声称上神都去告密的,所在地官吏不能打听所告内容,需立即给告密者提供车马、干粮,加以护送。即使是地位卑微的农民、樵夫,也会受到太后接见。告密者都被安置在洛阳的官办招待所中,免费食宿。如果告密内容合太后心意,告密者立即被破格提拔,所说不实,不予追究罪责。霎时,四方告密者蜂起,涌现出一大批投机分子。胡人索元礼告密,受到太后召见,被提拔为游击将军,掌管制(诏)狱。他每推问一人,必令拉扯上数十上百人,一并治罪,因而不断受到太后召见、赏赐。于是,周兴、来俊臣、万国俊等人纷纷效尤。这批酷吏以制造冤狱为己任,编成一本数千字的《罗织经》,培训党羽如何对清白无辜的人罗织罪状。他们制造出可怕的刑具,使受刑者瞥上一眼就吓得半死,为避免皮肉受苦,赶紧自诬谋反。不肯自诬者,会受到残酷的拷打折磨,有"定百脉""突地吼""死猪愁"多种名号。此外,用木橛子固定受刑者的手脚,然后转来扭去,叫作"凤凰晒翅"。把受刑者的腰捆在一件东西上,然后拽着他脖子上所戴的枷向前牵引,叫作"驴驹拔橛"。让受刑者跪在地上,以手捧枷,枷上堆放几层砖,叫作"仙人献果"。此外,用绳子悬挂石头,突然下砸头部,用醋灌鼻,用铁圈箍紧头部,再往里加楔子,致使骨裂渗出脑浆,等等,名目繁多,极其残忍。有时赦令下达,酷吏们抢先杀掉囚徒,然后宣读赦令。酷吏的这些行径,使人们畏惧甚于虎狼。太后却以为酷吏对自己忠贞不贰,愈加宠任。

在这种高压恐怖政治下,政府机构不能正常运行,法律成为一纸空文,太后颐指气使,为所欲为。她曾要挟群臣说:顾命大臣跋扈难制者有像裴炎那样的吗?将门后代能聚合亡命之徒者有像徐敬业那样的吗?能征善战的老将有像程务挺那样的吗?他们都算得上是人物,对朕不利,朕就能杀掉他们。"公等才有过彼，蚤为之。不然，谨以事朕，无诒天下笑!"① 吓得群臣不住叩头，一再表示唯命是从。垂拱三年（687），宰相刘祎之同凤阁舍人贾大隐悄悄议论道：太后既然已把糊涂皇帝废黜，立了一个聪明皇帝，自己何必还要临朝称制？不如把政权还给皇帝，以安天下人心。贾大隐汇报给太后，太后十分恼怒。有人诬告刘祎之接受契丹首领馈金，太后借机令人向刘祎之宣布敕令，逮捕审理。刘祎之认为那不是中央机构起草和审议通过的敕令，只是私下随随便便写的几个字，就说："不经凤阁鸾台，何名为敕?"② 太后大怒，把他赐死于家。他临刑神态自如，亲自起草谢死表，立刻写成数张纸。两位官员称赞谢死表写得好，随即被太后由洛阳贬逐到遥远的南方。

　　垂拱四年（688）正月，在洛阳立唐高祖、太宗、高宗三庙，虽然按照在长安时的礼仪四季享祀，但已是侨置性质。同时，立崇先庙享祀武氏祖考。太后甚至想把崇先庙立为天子级别的七庙，降唐太庙为诸侯级别的五庙，因掌管礼仪的春官侍郎贾大隐反对而暂时收敛。二月，拆除乾元殿，就地修造明堂，以白马寺僧人薛怀义为使，督领数万人开工。太后的侄儿武承嗣在一块白石上凿上"圣母临人，永昌帝业"八个字，使人献上，谎称在洛河中获得。太后大喜，把这块石头命名为"宝图"。五月，她加尊号为"圣母神皇"。七月，宝图改名为"天授宝图"，洛河为"永昌洛水"，封洛水神为"显圣侯"，禁止百姓就河渔钓，命名所谓获瑞石处为"圣图泉"。同时，改称嵩山为"神岳"，封嵩山神为"天中王"，禁止百姓进山刍牧。八月，李唐宗室诸王在外地仓促起兵，企图挽救李氏江山落入武氏手里的命运，但很快被镇压下去，诸王或在外地丧命，或收至洛阳赐死。十二月，太后亲拜洛水，受宝图。明堂竣工，称为"万象神宫"，其北修天堂，贮大佛像，号为"功德堂"。永昌元年正月初一（689 年 1 月 27 日），大飨万象神宫，太后身着衮冕，腰插大圭，手执镇圭，充当初献；唐睿宗为亚献；太子为终献。然后，太后登临则天门楼，宣布大赦天下，改元。随后几天，她在明堂接受朝贺，宣布政令，宴飨群臣。

---

① 《新唐书》卷七六《后妃上·则天武皇后传》，第 3479 页。
② 《旧唐书》卷八七《刘祎之传》，第 2848 页。

武则天在政治生活中的座次，通过这些仪式，昭示给臣僚外夷，正式称帝的前景近在咫尺。

二 女皇帝武则天改朝换代

永昌元年十一月初一（689 年 12 月 18 日）是冬至日，太后享万象神宫，又把当年改为载初元年（690），表示万象更新，从头开始。采用周历十一月建正制，以这月为载初元年的正月。大肆起用诸武为宰辅重臣，废除唐宗室属籍。

然而武则天以女性身份面对传统的男性皇储继位制度，要想称帝，依然困难重重。于是，洛阳佛教徒配合制造舆论，以游谈无根、无从验证的前世来世说法为她服务。薛怀义伙同法明等几位僧人，奏上佛经《大云经》，说净光天女本是男身菩萨，为了解救众生，变现成为女身，下凡当人间君主，做转轮圣王。武则天的困境因此解除，立即下制颁布《大云经》于各州县。

载初元年九月，改朝换代的活动在紧锣密鼓声中沸沸扬扬地展开。初三，侍御史傅游艺率领关中百姓近千人到洛阳皇宫上表，请求太后把国号由唐改为周，赐皇帝姓武。太后策略地做出不许的姿态，但提拔傅游艺为给事中。其真实意图不难嗅到，于是百官、唐帝室宗亲、远近百姓、周边民族政权首领、佛僧道侣等各界人士六万余人，纷纷上表劝进，连唐睿宗也上表请求放弃李姓，赐姓武氏。初五，群臣上奏祥瑞，说有凤凰从明堂飞入上阳宫，又落到左肃政台院子中的梧桐树上，然后飞往东南；另有数万只赤雀聚集在朝堂。初七，太后批准唐睿宗和群臣的请求。初九（690 年 10 月 16 日），武则天亲临则天门楼，举行改朝换代的大典。她宣布改唐为周，改当年为天授元年，大赦天下，赐酒宴七日。九是阳数，她选择九月九日重阳节登基，想体现自己的前男性身份。十二日，她接受群臣所上的尊号"圣神皇帝"，降唐睿宗为皇嗣，赐武姓，以原皇太子为皇孙。十三日，武氏庙改为天子级别的七庙，她的三个侄儿武承嗣、武三思、武攸宁分别封为魏王、梁王、建昌王，武懿宗、武攸宜等十二个堂侄以及武延基等六个侄孙都封为郡王，堂姊皆为长公主。武则天作为大周政权的女皇帝，正式君临天下。

十月，武则天敕令洛阳、长安两京及各州都设置一所大云寺，责令僧人升座讲解《大云经》，改祖籍文水县为武兴县，天下姓武的人家都免除徭役。

次年正月，改旗色为赤，改置社稷于神都，纳武氏神主于太庙，而把长安的唐太庙改名为享德庙，四季享祀只有唐高祖、太宗、高宗三庙，其余四庙皆予关闭，连诸侯级别也没保住。几个月后，佛教因为给武则天称帝扫清了障碍，地位确定在李唐血亲宗教道教之上。同时，武则天委派建安王武攸宜留守长安，并把关中数十万户迁来充实洛阳。洛阳成了大周的根据地和头号政治中心，长安的地位受到削弱。洛阳在当时和稍后一段时间被称为"上都"。所谓"上都"，是把陪都称为"下都"的相对都城术语。北齐以首都邺为上都，把晋阳（今山西太原市晋源区）称为下都。久视元年（700），武则天离开洛阳，去一百六十里外的登封三阳宫避暑，逾时不归。右补阙张说上《谏避暑三阳宫疏》说："陛下……奈何去宗庙之上都，安山谷之僻处？"[1] 开元五年（717），唐玄宗来到洛阳，太常少卿王仁忠、博士冯宗、陈贞节等奏议说："两京上都，万方取则。"[2] 对于唐高宗、武则天时期洛阳龙门石窟雕造的卢舍那像龛，开元十年（722）唐玄宗敕令镌刻的一块碑记载了这件事，碑题为《河洛上都龙门山之阳大卢舍那像龛记》。直到宝应元年（762），唐肃宗才做出调整："以京兆府为上都，河南府为东都。"[3]

三　酷吏政治在继续

大周女皇帝武则天驻守洛阳，统治全国，主持外事内政。在民族关系方面，这个时期，中原同契丹、突厥进行了激烈的战争；同吐蕃的战争互有胜负，虽收回安西四镇，接受吐蕃负责寇掠内地的大将论赞婆所率千余人的投降，但一直没能彻底解决问题。在内政方面，主要沿着两条线索出现一系列触目惊心、激烈残酷的活动。

一条线索是酷吏政治。这时的酷吏，又涌现出侯思止、王弘义、郭霸等人。侯思止是卖饼为生的小商贩，因诬告唐宗室舒王李元名谋反而发迹。他想

---

[1] （唐）张说：《张燕公集》卷一一，《丛书集成初编》第 1847 册，中华书局，1985，第 121 页。
[2] 《旧唐书》卷二二《礼仪志二》，第 875 页。
[3] 《新唐书》卷六《肃宗纪》，第 165 页。

当御史，武则天说："卿不识字，岂堪御史！"他说："獬豸何尝识字，但能触邪耳。"獬豸是古代传说中的独角兽，能判断是非曲直、善恶忠奸，一旦发现奸邪的官员，就用角把他触倒。武则天立即任命他为朝散大夫、侍御史。后来，武则天打算把没收的犯人宅第赐给他，他说："臣恶反逆之人，不愿居其宅。"① 武则天更加赏识他。王弘义因诬告乡村父老做邑斋的佛事活动为谋反，杀二百余人，得以提拔为殿中侍御史。这时，制狱设在皇城西门丽景门内，凡是打入此狱者，几乎没有生还的可能，王弘义戏称为"例竟门"。郭霸向武则天献媚，当上监察御史。一次，他去探望上司御史中丞魏元忠的病情，竟尝了尝魏元忠的粪便，然后说："大夫粪甘则可忧；今苦，无伤也。"② 酷吏的酷刑，有时也会轮到自己头上。周兴被告发有罪，武则天命来俊臣负责审讯。来俊臣问周兴："囚多不承，当为何法？"周兴尚蒙在鼓里，得意地介绍自己的绝招，说："此甚易耳！取大瓮，以炭四周炙之，令囚入中，何事不承！"来俊臣于是如法设置，对周兴说："有内状推兄，请兄入此瓮！"③ 周兴吓得连忙叩头服罪。

酷吏的种种行径，引起了正直官员的忧虑。他们不断上疏，陈述意见。御史中丞李嗣真说："今告事纷纭，虚多实少，恐有凶慝阴谋离间陛下君臣。古者狱成，公卿参听，王必三宥，然后行刑。比日狱官单车奉使，推鞫既定，法家依断，不令重推；或临时专决，不复闻奏。如此，则权由臣下，非审慎之法，倘有冤滥，何由可知？况以九品之官专命推覆，操杀生之柄，窃人主之威，按覆既不在秋官（刑部），省审复不由门下，国之利器，轻以假人，恐为社稷之祸。"④ 侍御史周矩说："臣窃听舆议，皆称天下太平，何苦须反。岂被告者尽是英雄，以求帝王耶？只是不胜楚毒自诬耳。……今满朝侧息不安，皆以为陛下朝与之密，夕与之仇，不可保也。闻有追摄，与妻子即为死诀。故为

① 《资治通鉴》卷二〇四，"天授元年"条，第6464页。
② 《资治通鉴》卷二〇五，"长寿元年"条，第6478页。
③ 《资治通鉴》卷二〇四，"天授二年"条，第6472页。
④ 《资治通鉴》卷二〇四，"天授二年"条，第6471页。

国者以仁为宗，以刑为助。……愿陛下缓刑用仁，天下幸甚!"① 武则天虽然没有采纳他们的意见，但掺杂任用一批如徐有功、杜景佺、李日知等执法平恕的人当司刑丞。被告者都说："遇来、侯必死，遇徐、杜必生。"②

酷吏政治使得社会风气进一步恶化，一些寡廉鲜耻的人调动各种手段向武则天表忠心。有人从洛河中获得一块上有数点赤文的白石，作为祥瑞献上。宰相们问起缘故，这人说白石有红心。宰相李昭德大怒，大声呵斥道："此石赤心，洛水中余石岂能尽反耶?"③ 一次，暮春下大雪，宰相苏味道以为祥瑞，率百官入贺。殿中侍御史王求礼嘲讽道："三月雪为瑞雪，腊月雷为瑞雷乎?"苏味道不听。百官入贺时，王求礼独不贺，对武则天说："今阳和布气，草木发荣，而寒雪为灾，岂得诬以为瑞!贺者皆谄谀之士也。"④ 武则天觉得没趣，只得罢朝。

身陷制狱的大臣，只有极个别的人以策略的方式免遭冤死。长寿二年（692）春，宰相狄仁杰等七位官员被来俊臣诬陷打入制狱中。来俊臣逼迫狄仁杰供认谋反，狄仁杰说："大周革命，万物惟新，唐朝旧臣，甘从诛戮。反是实。"来俊臣因而对他们免于严刑拷打。来俊臣的下属王德寿央求狄仁杰牵扯上杨执柔，以便给自己腾出个升官的位置。狄仁杰问如何牵扯，王德寿说："尚书为春官时，执柔任其司员外，引之可也。"狄仁杰感叹道："皇天后土，遣仁杰行此事!"他以头触柱，血流满面，王德寿这才罢休。在等待处死的这段时间里，狄仁杰受到的管束稍有放松。他趁机借得笔砚，拆被头布帛写上冤状，缝进棉衣中，对王德寿说："时方热，请付家人去其绵。"王德寿不知底细，一口答应。狄仁杰的儿子持冤状向武则天告变，武则天询问来俊臣，来俊臣以谎话敷衍一通，即刻让王德寿伪造狄仁杰等七人的谢死表，呈给武则天。武则天召见狄仁杰，问他为什么承认谋反，他答道："向若不承反，已死于鞭

---

① 《旧唐书》卷一八六上《酷吏上·索元礼传》，第4844页。
② 《资治通鉴》卷二〇四，"天授元年"条，第6465页。
③ 《旧唐书》卷八七《李昭德传》，第2855页。
④ 《资治通鉴》卷二〇七，"长安元年"条，第6554~6555页。

答矣。"① 武则天又问为什么作谢死表，他说根本没这回事。武则天拿给他看，才知道是代写的。因此，狄仁杰七人免死，改为贬官、流放。

十多年的酷吏政治，在洛阳和外地，诛杀唐宗室贵戚数百家、大臣数百家，刺史、郎将以下官员不计其数。这样必然造成极大的民愤。为了平息民愤，武则天诛杀流放了一批酷吏。神功元年（697），来俊臣被处死弃市，仇家争相吃他的肉，还挖去他的眼睛，剥掉脸皮，剖腹取心，践踏成泥。士民互相庆贺，感叹从今以后能睡安稳觉了。镇压和威慑的目的已经达到，武则天对侍臣们说了一番推卸责任的话来洗刷自己，说以前周兴、来俊臣审理狱讼，总是拉扯朝臣，说他们谋反。国家有法律，自己身为君主，哪敢不执行法律。有时自己也怀疑情况不实，派近臣去狱中调查，拿回来的却是囚犯自己供认的罪状，自己也就信以为真了。但"自兴、俊臣死，不复闻有反者，然则前死者不有冤邪？"夏官侍郎姚崇说：自垂拱年间（685~688）以来，以谋反罪处死者，都是周兴等人罗织构陷所致。陛下派近臣去过问，近臣自身难保，岂敢说不是那么回事。被告发谋反的人如有反复，就要惨遭毒打折磨，不如自诬早死，还能少受些苦。现在周兴等人已经被处死了，没有酷吏作恶了，"臣以百口为陛下保，自今内外之臣无复反者；若微有实状，臣请受知而不告之罪"。武则天笑了笑，轻松地说：以前的宰相都是顺水推舟，把朕坑害成滥施刑罚的主子了；"闻卿所言，深合朕心"。② 从此，酷吏政治告一段落。

四　派系争斗

内政的另一条线索是派系争斗。这时参与中枢政治活动的力量可分为外朝和内朝两类。外朝又可分为两股势力。一股是诸武集团。他们极力鼓动武则天改朝换代，在武周政权中把持要职，封爵为王，炙手可热。武承嗣、武三思都觊觎着被立为皇太子，曾引起武则天的长期考虑。另一股是或明或暗主张还政于李唐的正统派力量。在当时严峻的政治条件下，他们最初所能争取的只是在

---

① 《旧唐书》卷八九《狄仁杰传》，第 2888~2889 页。
② 《资治通鉴》卷二〇六，"神功元年"条，第 6523 页。

皇储问题上立子不立侄。武周刚建立一年，即天授二年（691）秋冬之交，凤阁舍人张嘉福命洛阳人王庆之率领轻薄恶少年数百人上表请立武承嗣为皇太子。两位宰相认为不宜废黜现太子武（李）旦，被酷吏杀害。宰相李昭德设法在宫城西南光政门外杖杀王庆之，然后对武则天说："岂有侄为天子而为姑立庙乎！以亲亲言之，则天皇是陛下夫也，皇嗣是陛下子也，陛下正合传之子孙，为万代计。况陛下承天皇顾托而有天下，若立承嗣，臣恐天皇不血食矣。"①几年后，武承嗣、武三思又请求立为太子，武则天犹豫不决。宰相狄仁杰对她说："姑侄之与母子孰亲？陛下立子，则千秋万岁后配食太庙，承继无穷；立侄，则未闻侄为天子而祔姑于庙者也。"②武则天于是打消了立侄儿当太子的念头。圣历元年（698）三月，她把庐陵王从房州（治今湖北房县）贬所召回洛阳。现太子武旦请求仍由哥哥当太子，于是自己被改封为相王，庐陵王立为太子，名字由"哲"恢复为"显"，仍赐姓武氏。同时，武承嗣、武三思的宰相职务被解除。武承嗣恨不能立为太子，气得一命呜呼。武三思授以特进、太子少保虚衔，监修国史。诸武力量削弱了，但武则天担心正统派会拥戴太子在中枢政治中发挥作用，抢班夺权，影响到自己的地位。

武则天在利用外朝这两股势力的同时，还要对他们加以平衡、防范和抑制，因而需要经营自己的政治力量——内朝。她不可能像男性皇帝那样去依靠宦官、后妃，只能网罗亲信和学士，张易之、张昌宗兄弟成为人选。圣历元年，她创设控鹤府，任命二张为内供奉。第二年，置府属官员，选了一些文士充当亲信。第三年，改控鹤府为奉宸府，以张易之为奉宸令。这些人频繁出入皇宫，为了名正言顺，武则天索性敕令由张昌宗总领，组织文士、辞人张说、宋之问等二十六人，在皇宫中编纂《三教珠英》，成书一千三百卷。因此，他们得以经常在皇宫中同武则天一起宴饮，君臣间过从亲密，十分随便，不讲究尊卑礼节。诸武集团对武则天私人政治力量敬畏有加，若即若离。诸武集团的中坚分子对于二张，往往候其门庭，争执鞭辔，并且依照家奴尊称主子的惯

---

① 《旧唐书》卷八七《李昭德传》，第 2855 页。
② 《资治通鉴》卷二〇六，"圣历元年"条，第 6526 页。

例，不称官衔，而依其行第称张易之为五郎，张昌宗为六郎。正统派则对二张恨之入骨。

二张不是通过正常仕途步入高层的，缺乏根基，前途存在严重的危机。有人给他们分析情况出主意，说：您兄弟二人如此富贵荣宠，并不是凭自己的德业取得的，天下人对你们怀着仇恨，你们若无大功，靠什么来保全自己？现在，全国上下依然对唐朝念念不忘，都思念庐陵王。主上年事已高，须立皇嗣托付大业，武氏诸王已不在考虑范围。你们何不劝主上立庐陵王为太子，"如此非徒免祸，亦可以长保富贵矣"。① 二张于是多次劝说武则天，促成她下决心召回庐陵王立为太子。二张此举完全是政治投机。武则天知道是别人为他们出的主意，因而绝不会怀疑他们偏离内朝政治倾向。太子也不会感激他们，正统派也不会缓和同他们的关系。

武则天已年近八十，精力不济，政事多委托二张处理。二张权势显赫，受到武则天的绝对信任。圣历二年（699），内史王及善见二张参与内宴时不遵行人臣礼，多次上奏以为不妥当。武则天对他说："卿既年高，不宜更侍游宴，但检校阁中可也。"王及善于是称病请假，一个月过去，武则天居然不闻不问。王及善叹息不已，说："岂有中书令而天子可一日不见乎？事可知矣！"② 大足元年（701）九月，太子的长子、十九岁的邵王武（李）重润，同妹妹永泰郡主、妹夫魏王武延基（武承嗣子）悄悄议论二张肆意入宫，专政跋扈。张易之向武则天诉说此事，武则天对于自己的亲骨肉也绝不手软，下令将三人处死。

作为内朝，二张的职责是注视和防范正统派联合太子剥蚀武则天的权力。杀掉邵王三人的下个月，武则天幸长安，住了整整两年。长安更多地带给人们的是对于李唐政权的回忆，复唐的呼声日渐高涨。长安二年（702）五月，苏安恒向武则天上疏，指出："臣闻天下者，神尧（唐高祖）、文武（唐太宗）之天下也，陛下虽居正统，实因唐氏旧基。当今太子追回，年德俱盛，陛下贪

---

① 《资治通鉴》卷二〇六，"圣历元年"条，第6527页。
② 《资治通鉴》卷二〇六，"圣历二年"条，第6541页。

其宝位而忘母子深恩，将何圣颜以见唐家宗庙，将何诰命以谒大帝（唐高宗）坟陵？陛下何故日夜积忧，不知钟鸣漏尽！臣愚以为天意人事，还归李家。陛下虽安天位，殊不知物极则反，器满则倾。臣何惜一朝之命而不安万乘之国哉！"① 这类话武则天听得耳朵都磨出茧子了，似乎已经习惯，因而没有怪罪这位地位卑微的上疏者，但绝不交出政柄。

次年九月，二张向武则天举报当过太子属官的宰相魏元忠与人谋议说："天子老矣，当挟太子为耐久朋。"② 凤阁舍人张说答应出面做证。武则天气得火冒三丈，召当事人殿前参对。正统派官员同仇敌忾，纷纷对当过内朝学士的张说做思想工作。同是凤阁舍人的宋璟告诫他"不可党邪陷正"。殿中侍御史张廷珪引孔子的话"朝闻道，夕死可矣"，给他打气。左史刘知幾以自己秉笔修史吓唬他："无污青史，为子孙累。"而二张已经向他许诺过高官厚禄。两种力量都在拉拢张说，他的向背会对事态的进展带来重大影响。这时，他无疑分析了政治力量各方的消长形势，权衡了利弊，因而对武则天说："臣实不闻元忠有是言，但昌宗逼臣使诬证之耳。"二张失望，揭发道："说尝谓元忠为伊、周，伊尹放太甲，周公摄王位，非欲反而何？"这是个厉害的罪名，意味着正统派不但会像商朝伊尹流放太甲那样把武则天废掉，而且会像西周周公摄政那样把太子作为当今的周成王推出来做傀儡，自行国政。但张说辩解道："臣实言曰：'明公居伊、周之任，何愧三品。'彼伊尹、周公，皆为臣至忠，古今慕仰。陛下用宰相，不使学伊、周，当使学谁邪？"③ 武则天盛怒不解，认为张说是反复小人，连同魏元忠一并贬逐到岭南。苏安恒、朱敬则都上疏反对这样处分。苏安恒甚至激烈指责武则天早已成为惯于接受巧言献媚的君主，倦怠政事，致使逸邪小人结党为患。二张见到苏安恒的疏文，气急败坏，想杀掉他，禁军将领桓彦范保护他，才免遭杀身之祸。

其中的真相今天已很难搞清楚。流传下来的史书，系依据刘知幾、魏元忠、张说等人所修的实录、国史而编纂，不可能留下有利于二张的记载。依照

① 《资治通鉴》卷二〇七，"长安二年"条，第 6559 页。
② 《旧唐书》卷七八《张行成传附易之、昌宗》，第 2707 页。
③ 《资治通鉴》卷二〇七，"长安三年"条，第 6564~6565 页。

逻辑进行猜度，二张诬陷的可能性不大。那么多人给张说做思想工作，其中必有蹊跷。魏元忠居要职后，多次大起大落，险遭杀头，说明处事不够沉稳，此时说些冒失话并非不可能。二张和魏元忠对垒，不必顾忌什么，但牵连而冒犯太子，则与劝立太子而长保富贵的初衷相违背，自乱阵法，难免自贻伊戚，自己何苦要无中生有，搬起石头砸自己的脚？

处理完魏元忠一案，武则天从长安返回洛阳。斗争在洛阳继续进行。正统派一方面经营自己的力量，另一方面拿二张开刀，企图摧毁内朝势力，架空武则天。长安四年（704）七月，宰相韦安石举报二张作威作福，强买土地，武则天命他同宰相唐休璟一起推问，事未了便加以干涉，命这两位宰相出京当外官。唐休璟临行前，暗地告诫太子多加防备。接着，武则天病重，在宫城长生院疗养，接连数月不接见宰相，只有二张侍奉护理。年底，武则天病情稍见好转，宰相崔玄暐奏称太子和相王仁爱孝顺，足以侍奉汤药，请不让异姓人出入宫闱。武则天不听，因为知道自己这两个儿子都不懂得医道和护理。

武则天病情加重，正统派频频发难，二张感到自己的安全毫无保障，出于被动的防卫考虑，开始引用党援，暗做防备。后来二张被杀，牵连而遭贬逐的人是杜审言、刘允济、宋之问、阎朝隐等辞人学士，看来二张有可能串联到的人不过是些造反三年不成的秀才。二张没有去勾结军将或拉拢权臣。尽管如此，洛阳街头还是不断出现正统派散发或张贴的传单，说二张要谋反。武则天一概不问。又有人上告张昌宗曾召术士相面，术士说他有天子相，劝他在祖籍定州（治今河北定州市）修造佛寺，即会天下归心。武则天于是命御史中丞宋璟等人着手审讯，旋以张昌宗曾向自己汇报过相面的事，特令免于追究。桓彦范、崔玄暐、宋璟执奏不休，武则天不得已，着令张昌宗到御史台受审。宋璟迫不及待，站在院子中即开始审讯，突然，宦官前来宣布武则天的特赦令，张昌宗随宦官回宫。宋璟后悔不已，感叹道："不先击小子脑裂，负此恨矣！"[①] 看来武则天根本不相信二张谋反，需要他们护理自

---

① 《资治通鉴》卷二〇七，"长安四年"条，第6577页。

己垂危的身体，也需要他们维护自己手中的政柄，假若牺牲掉二张，自己的这些利益就会顿时丧失，落到舐糠及米的下场。

五　宫城喋血

武则天病倒的这几个月，出现了权力真空的局面，给李唐正统派官员发动军事政变提供了机会。这批政治投机者以清除武则天羽翼的方式，逼迫她把国家政权交给唐中宗。政变成功，他们捞到政治资本，加官晋爵，就成了必然的事。军事政变的目标很清晰，不需要触动诸武势力，甚至可以联袂行动。军事政变的风险最小，成功把握最大，因为二张没有自己的政治集团，没有纠集力量从事谋反，也不掌握军权，没有去勾结军将或拉拢权臣。对付二张实在太容易了，朱敬则曾对高级军官敬晖说：“公若假太子令举北军诛易之兄弟，两飞骑力耳。”[1]

军事政变的领袖是年近八十的正统派首领张柬之，他由已故的狄仁杰和外出西北任事的姚崇几度推荐，被委以宰相职务。他联络宰相崔玄暐，禁军将领敬晖、桓彦范，司刑少卿袁恕己，到东宫迎请皇太子，在神龙元年正月二十二日（已恢复一月为正月旧制，705 年 2 月 20 日）发动了军事政变。五百余名羽林军士兵在张柬之的率领下，从北门玄武门杀进宫城。他们在迎仙宫的廊屋杀掉了二张兄弟，包围了武则天卧病的长生殿。武则天被乱糟糟的声音惊醒，问是怎么回事。政变者答道：“张易之、昌宗谋反，臣等奉太子令诛之，恐有漏泄，故不敢以闻。”武则天白了太子一眼，嘲讽道：“乃汝邪？小子既诛，可还东宫。”桓彦范步步为营，说：“太子安得更归！昔天皇以爱子托陛下，今年齿已长，久居东宫，天意人心，久思李氏。群臣不忘太宗、天皇之德，故奉太子诛贼臣。愿陛下传位太子，以顺天人之望！”[2] 武则天无奈，第二天下制由皇太子监国，第三天传位于太子。第四天，唐中宗在明堂正式复位。二张连同在政变中被杀的三个弟弟，一并在天津桥南枭首示众。

---

① 《新唐书》卷一一五《朱敬则传》，第 4220 页。
② 《资治通鉴》卷二〇七，“神龙元年”条，第 6580~6581 页。

第五天，武则天从皇宫被迁至城外的上阳宫，由政变将军宿卫，实为幽禁。第六天，唐中宗率百官前往请安，给她上尊号为则天大圣皇帝；此后，每隔十天去探视一次。唐中宗亲政，国号随即恢复为唐，张柬之、崔玄暐、敬晖、桓彦范、袁恕己五位政变领袖都被封为郡王。

六　武则天病逝上阳宫

政变给了武则天极大的打击，使她病情恶化、精神崩溃。武则天平常"善自粉饰，虽子孙在侧，不觉其衰老"。她被幽禁在上阳宫后，没兴致再化妆打扮，"形容羸悴"。唐中宗来问安，看见母亲这副模样，不禁大惊失色。武则天哭道："我自房陵迎汝来，固以天下授汝矣，而五贼贪功，惊我至此。"唐中宗"悲泣不自胜，伏地拜谢死罪"。① 武则天说的是实话，母子之间政权的平稳交接、武周李唐朝代的和平过渡，因"五贼贪功"而打乱了秩序。即从李唐正统派的政治目标来看，这次军事政变也是不必要的。这位耄耋老妪病倒数月，已经被她立为太子的儿子从她那里接过政权来，不过是指日可待的事。只是平稳过渡的话，政治投机家们便没有立功邀赏的机会，所以才要寻找机会、利用机会，甚至制造机会，动用非常规手段达到目的。

当年十一月壬寅（二十六日，705 年 12 月 16 日），武则天在上阳宫的仙居殿病逝，终年八十二岁。这位女强人，以皇后、皇太后、皇帝的身份，在唐廷叱咤风云达半个世纪之久，不仅对唐朝的政治走向发挥不可抗拒的作用，还对后来朝代的某些方面产生深刻的影响。她是一位复杂的历史人物，盖棺却未能定论，以至于在漫长的历史时期中，人们对她毁誉参半。她的一生悲喜起伏，得失相兼，成败交错，波澜壮阔，有着传奇色彩。

武则天的祖籍是并州文水县（今山西文水县）。她的父亲武士彟是一位经营木材生意的庶族地主，追随李渊于太原起兵，李渊建立唐朝后，授予他工部尚书的官职。武则天姿容端丽，十四岁时纳入宫中立为才人，成为唐太宗一位级别低下的嫔妃。唐高宗当太子时，入宫侍奉父皇唐太宗，和她关系暧昧。唐

---

① 《资治通鉴》卷二〇八《考异》引《统记》，第 6591 页。

太宗驾崩后，武则天被打发到长安一所尼姑寺出家，过着与青灯古佛相伴的孤寂生活。唐太宗周年祭奠时，唐高宗到寺中行香，武则天泣不成声，唐高宗也不禁潸然泪下。唐高宗的皇后王氏正在同萧淑妃争风吃醋，想利用唐高宗对武则天的感情去冷落、疏远萧淑妃，就劝唐高宗把武则天纳为妃子。武则天因而再度入宫，封为昭仪，又成了唐高宗的嫔妃。武则天粗通文史，擅长权术，很快获得了专房之宠，并觊觎着皇后身份。唐高宗借口王皇后没生下儿子，武昭仪生下儿子，欲废黜王皇后，立武昭仪为皇后。顾命大臣褚遂良和唐高宗的舅父长孙无忌坚决反对，除了武则天先后当过唐太宗、唐高宗父子的配偶这一原因，还由于王皇后出身名门望族，富有青春，有生子的希望，不可轻易废黜，而武则天出身寒微，立为皇后，会使海内失望。武则天争取到大臣许敬宗、李义府、李勣等人的支持，他们对持有异议的大臣恶语相加，威胁他们不要乱说乱动。武则天为了达到目的，以女儿之死栽赃王皇后嫉妒行凶，以激怒唐高宗。唐高宗终于在永徽六年（655）立武则天为皇后。唐高宗患病，武后乘机插手朝政。她立即罢免褚遂良，逼长孙无忌自杀，将一批政敌赶出朝廷，自己处理朝政。群臣并称帝后为"二圣"，形成夫妻共治朝政的政治格局。

在以儒家学说作为政治规则的古代社会里，更由于女性的身份，武则天的参政、执政和改朝换代，必然遭到正统观念根深蒂固的人们的非议和反对。武则天看到全国涌动着反对她的政治浪潮，出于自卫和固位的目的，她在正规政治轨道之外，另辟蹊径，鼓励告密，实行酷吏政治。如此践踏法律，残酷迫害，固然有其不得已的地方，但毕竟成为古代社会政治生活常态之外的极端病态现象。她感谢佛教为她实现政治追求而鸣锣开道，遂抬高佛教地位，大规模修寺造像，浪费民力和资源。这些行为受到人们的诟病，有着正当的理由。

然而纵观武则天的所作所为，在时代条件许可的前提下，不乏值得称道和可圈可点的历史功绩。

武则天当皇后时，假手唐高宗，改《氏族志》为《姓氏录》，以抑制士族，扶持庶族，调整社会结构。唐太宗时，江东、代北、关东士族已经没落，关陇士族掌权，因而修《氏族志》，以成文形式重新排座次。唐高宗、武则天改为《姓氏录》，其宗旨是"皇朝得五品官者，皆升士流"。武后家族定为第一等，一些以军功得五品官的庶族兵卒得以列入其中，与旧士族具有同等资格，这便冲淡了门阀士族的色彩。于是，旧士族"多耻被甄叙，皆号此书为'勋格'（功勋簿、光荣榜）"。[①]武则天后来诛杀唐宗室贵戚数百家、大臣数百家，刺史、郎将以下不计其数，多是关陇士族、海内名士。她这样做虽然含有抬高自己、稳定统治、镇压政治反对派的意图，但打击了腐朽没落的士族势力，为普通社会成员提升政治地位开拓了空间。

武则天发展科举制，安抚士人。唐太宗时期，录取进士共两百零五名，唐高宗、武则天扩大进士科规模，录取上千名。天授元年（690），武则天接连几天在神都洛成殿亲自策问常举考生，直接参与选拔人才。制举考生张说的答卷被评为最高等级的成绩，武则天指示官府批量抄写，颁发给各地来洛阳汇报工作的朝集使、外国使臣，向国内外昭示国家选拔到优秀人才。长安二年（702），武则天首创武举，拓宽了科举选拔人才的途径。她还派人到各地，对科举落第者和乡村童蒙教师授予御史、评事、拾遗、补阙等官职。此举安抚了社会基层的士人，使他们利用知识优势，安心地服务于基层。武则天对科举制倍加重视，使得这项新生的选官制度走上正规发展的道路。日积月累，到唐玄宗时期，士人将科举制看成自己跻身官吏队伍的重要途径，考取科举功名，蔚然成风。科举制代替前代的九品中正制，是历史的选择，也是历史的进步，在后来的各朝各代，都是较为合理的不可替代的选官制度，直到清朝临近灭亡，才参考西方国家的制度，将科举制废除。武则天时期，科举制处于创立不久的新制度的完善、上升时期，她大力发展科举制，是符合历史潮流的行动。

武则天注重扶持农业，发展农业生产。武则天对官僚队伍持续不断的清洗活动，没有波及社会基层，社会层面的日常生活秩序没有受到冲击。当时的国民经济以农业为主体，搞好农业，就是抓住了重点。武则天主持编成农书《兆人本业记》，颁行天下，鼓励农业生产。在武则天执政前，全国的户数是三百八十万，她去世时，增加到六百一十五万。人口、户数的大幅度增加，意味着作为生产力中最活跃因素的劳动者的数量大幅度增加，耕地面积的增多，

---

① 《旧唐书》卷八二《李义府传》，第 2769 页。

赋税兵役承担面的扩大，以及社会财富的增长，同时意味着社会活力的增强。

武则天大规模地扶持文化建设，组织编纂图书，倡导诗歌创作。上元二年，武则天建言唐高宗，广泛延请学者、文士在洛阳皇宫中编纂图书，十年间编就《玄览》《古今内范》《青宫纪要》《少阳政范》《维城典训》《凤楼新诫》《孝子传》《列女传》《内范要略》《乐书要录》《百僚新诫》《兆人本业记》《臣轨》《垂拱格》等书，共计一千余卷。圣历年间（698～700），她又组织一批学者、文士在洛阳皇宫中编撰《三教珠英》，一共一千三百卷。唐代其余帝王，没有任何一位组织编纂过这么多书籍。武则天曾在洛阳城南的伊阙香山组织诗会，东方虬诗成呈上，武则天赐以锦袍。接着宋之问呈上作品，文理兼美，武则天从东方虬那里夺回锦袍，转赐给宋之问。久视元年（700），武则天在今河南登封市东南石淙河畔组织诗会，规定创作四韵七言诗，摩崖刻碑，一共十七首。这是新兴文学体裁七律的一次大规模官方实践活动，对七律诗体的趋向成熟起到倡导和扶持的作用。

武则天当皇后时，多次偕同唐高宗驻跸洛阳。她成为皇太后以后，将东都洛阳改称神都，后来建周称帝，直到病故，二十二年间，只有一度回长安两年。朝廷设在洛阳，天下赋税的征收都辐辏于洛阳，国家和朝廷的花费，中央官员俸禄的支出，都在洛阳支付。而朝廷设在长安，各种支出往往显得窘迫。全国的人口分布和财富分布，集中在关东地区，长安的供应仰仗关东地区的输送。大型运载工具船只，装载粮食、绢帛、土特产，要沿着黄河溯流而上，要动用大量人力划船、拉纤、护送、装卸。在今河南三门峡市的黄河段，湍急的河流中有砥柱，水路运输改为二十多里陆路转运。运输过程中，翻船失事造成损失，人员日常食用消耗粮食，严重地影响运到的最终数量。武则天的儿子唐中宗将朝廷迁回长安后，景龙三年（709），运关东地区粮食入长安，抽调沿途的耕牛来拉车，耕牛十之八九在运输途中被活活累死。武则天稳定地将朝廷设在洛阳，省却了不少运输之劳，减轻了不少民众的负担。

武则天执政期间，行政效率是相当高的。当时新造的形体怪异的汉字，不管人们是否赞同，却能在神州大地畅行无阻。各地出土当时的墓志，都能见到这些新造字，即可反映国家政令贯彻执行的忠实程度和迅速程度。之所以这样，一方面在于武则天具有高超的施政能力和操控技巧，另一方面在于她多方发现人才，广泛起用人才。中唐时期政治家陆贽评论说：武太后选用人才，"进用不疑，求访无倦"，"课责既严，进退皆速，不肖者旋黜，才能者骤升。是以当代谓知人之明，累朝赖多士之用。此乃近于求才贵广，考课贵精之效也"。①

就个人层面来说，武则天有较为深厚的文化修养和较为宽阔的胸怀。她腹有诗书，能读懂艰深的骈体文，品味其中的美感。骆宾王所写讨伐她的骈体檄文，对她进行人身攻击，甚至造谣中伤。她读着文章，却微微一笑，极为欣赏骆宾王的才华，为他埋没民间而感到遗憾，说："宰相之过也。人有如此才，而使之流落不偶（遇）乎！"② 武则天给民间人士滥授官职，被人作歌谣讥讽为车载斗量。沈全交续作四句："评事不读律，博士不寻章，面糊存抚使，眯目圣神皇。"把武则天说成是眯眼瞎子。御史纪先知捉拿沈全交，定罪为诽谤朝政、败坏国风，要在朝堂施以杖刑，然后付法。武则天毫不介意，笑着说："但使卿等不滥，何虑天下人语！不须与罪，即宜放却。"③ 武则天热爱书法艺术，所书丹的《升仙太子碑》有很高的造诣。

然而这位高寿老妪走到生命尽头的时刻，发现自己终究跳不出古代礼制的窠臼。她必须按照这一套规矩同丈夫合葬，以一个正规的名号入主太庙。因此，她的遗制交代取消自己的皇帝称号，改称为"则天大圣皇后"，把自己确定到李家先妣的坐标上。第二年五月，她的灵柩在陕西乾陵同唐高宗合葬。在乾陵的朱雀门外，东西两侧对称地竖立着大小规格相当的石碑。西边的石碑是为唐高宗立的，叫"述圣记碑"，上面镌刻着长篇碑文，系武则天撰文、唐中宗手书，叙述了唐高宗的功德。东边的石碑是为武则天立的，连带碑座，通高7.53米，其中碑身高6.65米，宽2.1米，厚1.49米，重98.8吨。这座石碑，碑首刻着八条交缠的螭龙，碑身两侧各刻一条龙，长4.12米，宽0.66米，并

① （唐）陆贽：《陆贽集》卷一七《请许台省长官举荐属吏状》，王素点校，中华书局，2006，第546、547页。
② 《资治通鉴》卷二〇三，"光宅元年"条，第6424页。
③ （唐）张鷟：《朝野佥载》卷四，赵守俨点校，中华书局，1979，《隋唐嘉话》合刊本，第89页。

描绘了一匹屈着前蹄俯首就食的骏马和一只昂首站立、神态威严的雄狮。石碑上面没有镌刻文字，被称为"无字碑"。

当初张柬之酝酿军事政变时，灵武道大总管姚崇恰好从宁夏回到洛阳，遂参与政变谋划。从当时的形势来说，他只能站在军事政变者一方。政变结束后，武则天被移居上阳宫，百官王公"皆欣跃称庆"，姚崇"独呜咽流涕"。桓彦范、张柬之对他说："今日岂是啼泣时！恐公祸从此始。"姚崇回答道："事则天岁久，乍此辞违，情发于衷，非忍所得。昨预公诛凶逆者，是臣子之常道，岂敢言功；今辞违旧主悲泣者，亦臣子之终节，缘此获罪，实所甘心。"① 当那五位军事政变组织者弹冠相庆，沉浸在投机成功的喜悦中，被封为显赫的郡王爵位的时候，姚崇却没有趁机得势，反倒离开洛阳，出任亳州刺史、常州（治今江苏常州市）刺史去了。元人胡三省评论姚崇的哭泣诉说，认为："此姚元之所以为多智也。"② 政治斗争激烈残酷，波谲云诡，五位郡王随即被杀、被贬。姚崇看得远，以独特的政治亮相来显示自己与政变者们不是一伙，不是同类，拒绝分到军事政变更多的利益。他离开了政治中心，躲开了矛盾，得以平安无事，为他再次回到中央担任宰相提供了保障。

唐中宗安葬母亲后，将朝廷迁回长安。此后几年间，长安连续出现三次军事政变，李隆基参加了两次，终于戴上了皇冠。唐玄宗李隆基同这批患难与共的政治投机家们关系密切，在以皇帝独立身份进行统治之初的先天元年（712），有人提醒他："彼王琚、麻嗣宗，谲诡纵横之士，可与履危，不可得志。天下已定，宜益求纯朴经术之士。"③ 唐玄宗于是开始冷淡疏远这些"谲诡纵横"的投机分子，转而访求"纯朴经术之士"。姚崇悲泣辞主，没有同五位郡王一齐加官晋爵，撇清了自己同这类"谲诡纵横之士"的关系。他被唐玄宗任命为宰相，殚精竭虑，整顿政治，使政治走上了正轨，为开创开元之治的局面做出了贡献。

---

① 《旧唐书》卷九六《姚崇传》，第 3022～3023 页。
② 《资治通鉴》卷二〇八，"神龙元年二月"条胡三省注，第 6584 页。
③ 《旧唐书》卷一〇六《王琚传》，第 3251 页。

第五节　唐玄宗五幸洛阳

一　唐中宗拒绝巡幸东都

唐中宗在洛阳复位后，着手恢复李唐政权。神都依旧称为东都，社稷、宗庙、陵墓、郊祀、官名、行军旗帜、服色、文字等，都按唐高宗时的制度加以恢复；并迁武氏七庙神主于长安。

唐中宗尽管是在"天下思唐久矣"[①] 的情况下东山再起的，但对于自己恢复皇位却不理直气壮。二张被杀后，他不敢贸然称帝，而是以"监国"的身份祭祀武氏宗庙。尽管武则天的遗制已经交代取消自己的皇帝称号，但随后唐中宗举办登基大典，在即位诏书中仍然称呼母亲为"则天大圣皇帝"，自己复位，不过是"承先绪"而已。[②] 这时候，几乎全国都沉浸在唐室中兴的喜悦之中，唐中宗诏令天下各州设置大唐中兴寺、大唐中兴观各一所。然而称为"中兴"，便意味着唐中宗否定自己母亲的行径，以及唐朝国运遭受过劫难。因此，谏官张景源上疏反对，认为武周、李唐政权的转移，不过是母子之间权力的交接，一脉相承，其间不存在阻隔，不存在"中兴"的问题，建议改称为"龙兴"，"庶望前后君亲，俱承正统，周唐宝历，共协神聪"。[③] 这涉及孝道以及周朝和武则天皇帝地位等问题。唐中宗欣然采纳，说母亲当时执掌国政，只是适应客观形势的权宜之计，国号称唐称周，只是暂时不同，而国家的福祚并未中断，一直是绵远恒长的。因此，"中兴"提法不恰当，不许再用，寺观则改名"龙兴"。[④] 如此弥缝口径，武周时期就不必以独立朝代的形式单列出来，而是作为一个阶段划入唐朝之中。

武则天葬后五个月，唐中宗由洛阳返回长安，不敢再轻易东幸一步。景龙

---

① 《新唐书》卷一一七《吉顼传》，第 4258 页。
② （北宋）宋敏求编《唐大诏令集》卷二《中宗即位赦（敕）》，商务印书馆，1959，第 6~7 页。
③ 《唐会要》卷四八《寺》，第 993 页。
④ 唐中宗：《答张景源请改中兴寺敕》，《全唐文》卷一七，第 83 页。

三年（709），关中灾情严重，粮价暴涨，运山东、江淮粮食到长安，耕牛十之八九累死在运输途中。群臣纷纷建议巡幸洛阳。皇后韦氏出身于关中氏族，不愿意离开老家而东迁，群臣再建议时，唐中宗大发脾气，说："岂有逐粮天子邪！"① 朝廷坚持不东迁，居然也在长安渡过了难关。后从唐睿宗到唐玄宗初年，皇帝们八年不复东幸。这表明李唐皇室首崇长安政策的恢复，和对洛阳地位的调整，使它依然从属于长安。

为了确保长安的安全，唐廷把注意力集中到防范北边的突厥和西边的吐蕃寇边问题上。景龙二年（708），朔方军大总管张仁亶（后改名为张仁愿，以避唐睿宗李旦讳）奏请唐中宗，筑成三受降城。三城都在今内蒙古地区，各距四百里，南临黄河，遥相应接，牵制突厥的内犯。景龙四年（710），唐中宗以金城公主和吐蕃赞普和亲，以改善双方关系。景云二年（711），唐睿宗在凉州设置了第一个藩镇河西镇，以凉州都督贺拔延嗣领节度使。开元二年（714），唐玄宗又在鄯州置陇右节度，以陇右防御副使郭知运领使；后来又在益州置剑南节度。到唐玄宗时，一共设置了九个边镇节度使，责任是防边，防御吐蕃的就有以上这三个，长安的安全一度有了保障。

二 镇压李重福叛乱

谯王李重福是唐中宗的次子，后宫所生。神龙元年（705），韦皇后诬陷他与二张勾结谗毁，导致唐中宗同自己所生的长子李重润被杀，他因而被贬至均州（治今湖北丹江口市）。景龙三年（709），唐中宗大赦天下，被流放的人皆放还，但不许他回长安，他上表乞求，仍不予批准。次年六月，唐中宗去世，韦后封锁死讯，自总国政，派五百名士兵戍守均州，对他严加防范。韦后旋即被政变者杀掉，并废黜为庶人，唐中宗的弟弟相王李旦继位，是为唐睿宗。洛阳人张灵均对李重福说："大王地居嫡长，自合继为天子。相王虽有讨平韦氏功，安可越次而居大位！……今东都百官士庶，皆愿王来。王若潜行直诣洛阳，亦是从天上落，遣人袭杀留守，即拥兵西据陕州，东下河北，此天下

---

① 《资治通鉴》卷二〇九，"景龙三年"条，第6639页。

可图也。"① 李重福欣然采纳，派家臣王道先赴洛阳，秘密招募勇士，随后自己同张灵均假托公务，乘驿车北上。

秘书少监郑愔贬官途中滞留洛阳，等待李重福的到来。他甚至起草好了制书，内容是：李重福称帝，年号改为中元克复，睿宗退位，尊为皇季叔，张灵均为右丞相、天柱大将军知武事，自己为左丞相知内外文事。

八月，洛阳县官得知这一消息，开始搜捕，并向东都留守裴谈汇报。洛州长史崔日知已捕获数十人。李重福赶到洛阳，王道率领党羽随从准备袭取左右屯营，逼迫营兵作乱，杀留守，占东都。他们到天津桥时，队伍已达数百人，皆手持兵器，呐喊助威。留台侍御史李邕到皇城东南的左掖门，布置闭门拒敌；又到右屯营，对将士们说："重福虽先帝之子，已得罪于先帝，今者无故入城，必是作乱。君等皆委质圣朝，宜尽诚节，立功立事，以取富贵。"② 李重福来攻夺右屯营，遇到的是箭射如雨，不能如愿。他转身攻打左掖门，见闭门，就放火焚烧。左屯营将士前来镇压，他在窘迫之际，跃马自外郭城东北的上东（春）门逃出，躲藏在山谷间。次日，裴谈派兵搜索。李重福走投无路，跳入漕渠自溺身亡，时年三十一岁。尸体在洛阳车裂，弃市三日。郑愔和张灵均都在洛阳处斩。事后，崔日知被提拔为东都留守。

三　唐玄宗五幸洛阳

唐玄宗李隆基是唐睿宗的第三子，垂拱元年八月初五（685 年 9 月 8 日）生于洛阳。生母窦氏被武则天所宠幸的户婢韦团儿诬陷为搞巫术活动诅咒武则天，长寿二年正月初二（692 年 12 月 15 日，这时以十一月为正月），在东都嘉豫殿朝拜武则天后遇害。尸体被秘密埋入宫城中，人们不知道具体的处所。李旦当时是皇太子，不敢在母亲面前流露出丝毫不满情绪，居然装得神态自若。李旦即位后，因李隆基被立为太子，追谥窦氏为昭成皇后，招魂葬于洛阳城南，陵墓称为靖陵，还在长安立了一座仪坤庙用以享祀。后来，祔葬于唐睿

---

① 《旧唐书》卷八六《李重福传》，第 2836 页。
② 《旧唐书》卷八六《李重福传》，第 2836 页。

宗桥陵（在今陕西蒲城县），迁神主于太庙。

唐玄宗登极后，一共五次巡幸洛阳。他所下《幸东都制》说过："三秦九雒，咸曰帝京，五载一巡，时惟邦典。"[1] 他巡幸洛阳的时间少数因事提前，多数情况下恪守定制，间隔五年。他首次幸洛，在登极五年后的开元五年（717）正月，驻守将近两年才回长安。这次，他主要是清理武周政权的遗迹。他毁掉了武则天当年假借所谓瑞石而建置的拜洛受图坛、碑及显圣侯庙；因明堂不合古制，而且穷极奢侈，俯临宫掖，遂下令恢复为乾元殿，作为皇帝处理国家大事时临御的正殿，冬至、元日受朝贺以及季秋大享，都改在圜丘举行。他还为当年举事反对武则天篡权、失败自杀被枭首洛阳的宗室越王李贞平反，封了一位宗室子弟嗣越王以继其后。同时，唐玄宗还在洛阳处理同东北方民族的关系。奚、契丹已经内附，二族所占领的州县归还给唐朝，唐玄宗恢复在柳城（今辽宁朝阳市西）的营州都督府建置，封一位官员的女儿为固安公主，嫁给奚族首领饶乐郡王李大酺。契丹首领松漠郡王李失活来洛阳朝拜，唐玄宗以宗女为永乐公主嫁给他。唐玄宗还下令各州举荐隐居不仕的高人，并亲自召见嵩山处士卢鸿一，拜为谏议大夫，但卢鸿一不乐仕进，固辞官职，还山隐居。

唐玄宗第二次幸洛于开元十年（722）正月启程，直到次年正月北巡山西后返回长安。他在洛阳，下诏册封契丹首领松漠都督李郁干（一作于）在李失活死后继任松漠郡王，并以余姚县主的女儿慕容氏为燕郡公主，同他和亲；还册封奚族首领饶乐都督李鲁苏在其兄李大酺被契丹杀害后继任饶乐郡王。唐玄宗把乾元殿依旧题为明堂，还为《孝经》做注，颁发给全国和首都的贵族学校国子学。

唐玄宗为了东赴泰山举行封禅大典，在长安驻守不足两年，提前于开元十二年（724）十一月第三次巡幸洛阳。一年后，他将封禅付诸实践，然后返回洛阳。直到开元十五年（727）秋，吐蕃、突骑施寇掠瓜州（治今甘肃瓜州县东）、安西（治今新疆库车市），西部战事亟待部署，他才由洛阳返回长安。

---

[1] 唐玄宗：《幸东都制》，《全唐文》卷二三，第113页。

唐玄宗这次在洛阳处理军国大事，依次有以下一些事。

开元十三年（725），唐玄宗亲自挑选大理卿源光裕等十一位有声望的京官到地方上当州刺史，命宰相、诸王、中央各部门长官在天津桥边为他们饯行。唐玄宗自书十韵诗，由宦官高力士颁赐给这十一位官员。这项政治改革五年前已在长安开始进行。当时，宰相源乾曜上疏，以为形要之家多任京官，贤能之士多任外官，太不公平；自己的三个儿子都是京官，请求外出两人。唐玄宗对他大加赞扬，号召文武官员向他学习，于是公卿子弟以京官出为外官者有百余人之多。这一次外出的源光裕，就是源乾曜的侄孙。御史台长官奏请："周朝酷吏来子珣、万国俊、王弘义、侯思止、郭霸、焦仁亶、张知默、李敬仁、唐奉一、来俊臣、周兴、丘神勣、索元礼、曹仁哲、王景昭、裴籍、李秦授、刘光业、王德寿、屈贞筠、鲍思恭、刘景阳、王处贞等二十三人，残害宗枝，毒陷良善，情状尤重，子孙不许仕宦。陈嘉言、鱼承晔、皇甫文备、傅游艺四人，情状虽轻，子孙不许近任。"① 唐玄宗批准。唐玄宗在宫城中的集仙殿同张说等大臣宴饮，说："仙者凭虚之论，朕所不取。贤者济理之具，朕今与卿曹合宴，宜更名曰集贤殿。"② 遂将集仙殿改名为集贤殿。开元五年（717）唐玄宗首次幸洛时，秘书监马怀素奏称东都机构中的书籍散乱讹缺，请选学者校勘，唐玄宗于是搜访佚籍，选吏缮写，命元行冲、尹知章、韦述等二十人勘正，以左散骑常侍褚无量为使，在乾元殿前编校群书，乾元殿东廊因而称为乾元院。次年更名为丽正修书院，张说充当修书使。开元十年（722），张说奏请太常博士贺知章、秘书员外监徐坚、监察御史赵冬曦等人入丽正书院编修《唐六典》及《文纂》等书，但努力几年，没能完稿。开元十二年（724）移到明福门内，命名为丽正殿书院。唐玄宗将丽正书院中五品官以上的学者任命为集贤院学士，不够五品者为直学士，由张说知院事。集贤院不仅是编修校订书籍的处所，还是制礼作乐的机构。经过数年的努力，经史子集四部充备，由元行冲奏上《群书四部录》二百卷，稍后简化为《古今书录》四

---

① 《旧唐书》卷八《玄宗纪上》，第 187~188 页。

② 《资治通鉴》卷二一二，"开元十三年"条，第 6764 页。

十卷，共著录图书五万一千八百五十二卷，唐玄宗令百官入乾元殿东廊参观。

开元十四年（726），唐玄宗改封契丹松漠郡王李邵固为广化王，奚饶乐郡王李鲁苏为奉诚王，以从甥陈氏为东华公主，成安公主女韦氏为东光公主，分别嫁给二王。突厥和渤海遣使来朝，献方物。

开元十九年（731）十月，唐玄宗第四次巡幸洛阳，次年十月北上巡幸潞州（今山西长治市）、北都（今山西太原市），然后返回长安。唐玄宗在洛阳期间，组织民夫疏浚东都苑中那段洛水，毁掉皇津桥，与天津桥合为一桥。他以朔方节度副大使、信安王李祎为河东、河北行军副大总管，率军袭击奚、契丹。信安王大破两族，唐玄宗登临应天门城楼接受献俘。

开元二十二年（734）正月，唐玄宗第五次乘坐上东幸洛阳的车驾。初到洛阳，他遣使迎请恒山方士张果前来，恩礼甚厚。张果自称已经数千岁，有神仙术，唐玄宗授以银青光禄大夫，号通玄先生。张果还山后即去世，好事者汇报为"尸解"，即像蝉蜕那样，蜕在而蝉飞，唐玄宗从此颇信神仙。当年夏季，唐玄宗率太子及群臣在东都苑割麦，并分赐群臣，用意在于让太子等人体验种庄稼的艰辛，并参照鉴定派出视察民间收成的人所做汇报的虚实。契丹连年寇边，幽州节度使张守珪发兵讨伐。契丹牙官李过（一作遇）折自愿担当唐军的内应，乘夜勒兵杀掉契丹王屈烈和大将可突干，然后率众来降。年底，传首东都，高悬于天津桥南示众。随后的两年，新罗、吐蕃都遣使朝贡。

开元二十三年（735），唐玄宗对道教经典《道德经》和佛教经典《金刚经》做出注释，连同十三年前对儒家经典《孝经》所做的注释，儒释道三家的基本读本都在洛阳出台了御制的解释，平衡了三者的关系。这一时期，唐玄宗在全国范围内征聘精通世俗学问和宗教学问的人，入丽正书院编辑、编纂和注释图书。

唐玄宗本来预计开元二十五年（737）二月二日回长安，但在开元二十四年（736）十月，洛阳宫"闹鬼"，就召见大臣讨论西还一事。裴耀卿、张九龄认为秋收未毕，请稍缓时日。但李林甫说："长安、洛阳，陛下东西宫耳，往来行幸，何更择时！借使妨于农收，但应蠲所过租税而已。臣请宣示百司，即日西行。"① 唐玄宗大觉入耳，立即宣布回长安。

连续不断的巡幸，使唐玄宗不胜其烦。在开元二十一年（733）决定第五次幸洛之际，他召见京兆尹裴耀卿，了解改善长安的供应问题。裴耀卿先强调长安在国家政治生活中的支配性地位不可动摇，是所谓"国家帝业，本在京师，万国朝宗，百代不易之所"。② 然后，他就改革漕运问题建议分段转运，沿途修仓，疏通河道。唐玄宗任命他为江淮、河南转运使。到次年八月，他主持在河口输场东边置河阴仓，西边置柏崖仓；三门东边置集津仓，西边置盐仓；又在三门北山修陆路十八里，车运以避中流砥柱造成的黄河湍险。这样，江淮漕粮经鸿沟输纳河阴仓，又沿黄河运到洛阳含嘉仓或陕州（治今河南三门峡市陕州区）太原仓，进而经渭河运往关中。此外，其他人也对一些水道加以疏浚。经过这一改革，每年运入关中的粮食比唐高宗初年增长十多倍。同时，发展农业，增产粮食，开元二十五年（737）得以在关中推行和籴法（官府议价购买民间粮食），供应大为好转。唐玄宗于开元二十四年（736）由洛阳返回长安后，再也不东幸洛阳了。天宝三载（744），他兴冲冲地说："朕不出长安近十年，天下无事，朕欲高居无为，悉以政事委林甫。"③ 然而十年后，渔阳鼙鼓惊破了他的太平梦，使他尝到放弃洛阳所酿成的苦酒。

第六节 安史之乱在洛阳

唐玄宗主动放弃洛阳而僻居关中，也就不再观风省俗、维系东方了。这样，无异于作茧自缚，自我限制，自我孤立。放弃洛阳二十年，也就为国家的安定统一局面埋下了隐患。如果唐玄宗不曾放弃巡幸洛阳，当安史之乱爆发时，按照当时的交通和通信条件，当会较快得知消息，从而部署平叛活动。如果唐玄宗依然把洛阳作为控制东方的军事堡垒来加以经营，也不至于让几个不识干戈的文人充当留守官，使一座缺乏兵力的空城轻易地落入叛军之手。安史

---

① 《资治通鉴》卷二一四，"开元二十四年"条，第6822页。
② 《旧唐书》卷九八《裴耀卿传》，第3081页。
③ 《资治通鉴》卷二一五，"天宝三载"条，第6862页。

之乱不仅使洛阳在当时受到破坏，而且在后来还受到严重的影响。唐人李庚《东都赋》概括为：叛军"杀人如刈，焚庐若薙"；洛阳"世治则都，世乱则墟；时清则优偃，政弊则戚居"。① 这是说：安史叛军在洛阳，滥杀居民，焚烧房屋，就像收割庄稼清除野草一样净尽，像剃成光头一样彻底；洛阳在太平时期是天下翘首向往的都城，动乱年代则化为一片废墟；世道清明，洛阳人安居乐业，优哉游哉，政治败坏，洛阳人则过着悲惨的生活。

安禄山是胡族出身的唐朝将领，身兼范阳（治今北京市）、平卢（治今辽宁朝阳市）、河东（治今山西太原市）三个藩镇的节度使，拥有的兵力、马匹数量为边将之最。天宝十四载（755）十一月，他假托奉唐玄宗密诏诛伐宰相杨国忠的名义，在范阳发动叛乱，率领所属士兵及同罗、奚、契丹、室韦等族曳落何共十五万，长驱南下。这时天下承平日久，官军懈怠，缺乏训练，不具备战斗力，甚至铠甲武器封存在武库中，朽坏不堪使用。叛军所过，州县望风瓦解，郡守县令或开门出迎，或弃城逃窜，有限的抵抗极其软弱，无济于事。唐玄宗得知消息后，任命安西节度使封常清为范阳、平卢节度使，到洛阳募兵以作抵抗。

东都留守李憕，偕同留台御史中丞卢奕、河南尹达奚珣，安抚将士，完缮城郭，做遏止叛军侵逼的准备。封常清应急招募的壮丁，多是市井居民，未经训练，毫无战斗力，面对叛军铁骑奔突、飞矢如雨的架势，一个个胆战心惊，望风溃逃。封常清在洛阳上东门、都亭驿、宣仁门连遭惨败，急忙从东都苑毁墙西逃。李憕对卢奕说："吾曹荷国重任，虽知力不敌，必死之！"卢奕许诺尽力抵抗。十二月，安禄山率叛军攻入东都城，杀死数千人，箭镞呼啸着，向宫城射去。李憕召集到残兵数百人，但都临阵溃逃，只剩下自己一人坐在衙署中。卢奕已派家属怀揣官印抄小路奔赴长安，自己身着朝服，端坐御史台中。安禄山派人擒拿二人，送到自己跟前。卢奕大骂不止，数落安禄山大逆不道，并环顾叛军，说道："凡为人当知逆顺。我死不失节，夫复何恨！"② 安禄山恼

① （唐）李庚：《东都赋》，《全唐文》卷七四〇，第 3389 页。
② 《资治通鉴》卷二一七，"天宝十四载"条，第 6939 页。

羞成怒，下令把二人杀掉。卢奕面不改色，镇定自若，行北面辞别君主礼，然后从容就义。达奚珣投降了安禄山，安禄山以党羽张万顷接替河南尹职务。

安禄山急于称帝，滞留洛阳，未及西行。唐廷匆忙部署平叛，加强了在潼关的防御。在叛军的后方河北道，平原郡（治今山东平原县）太守颜真卿，联络堂兄真定郡（治今河北正定县）摄太守颜杲卿，相与起义兵，互为掎角，切断叛军的归路，以纾缓其西寇长安之势。河北十五郡纷纷响应，皆归朝廷，兵力达二十余万。安禄山有后顾之忧，急忙派史思明杀回马枪。

次年正月初一（756年2月5日），安禄山在洛阳称帝，称洛阳为中都，国号大燕，改元圣武，以达奚珣为侍中。初八，史思明攻陷常山（真定郡），执送颜杲卿入洛阳。安禄山责问颜杲卿道：你原先的职务仅仅是范阳户曹，是我奏请朝廷，让你当上营田判官，你才一步步升为光禄寺丞、太常寺丞和常山太守的。"负汝何事，而背我耶？"颜杲卿驳斥道：我家几代都是大唐的臣子，以忠义传家，我岂能因为你举荐过我，就追随你造反。"且汝本营州一牧羊羯奴耳，叨窃恩宠，致身及此。天子负汝何事，而汝反耶？"[1] 安禄山恼怒万分，把颜杲卿捆在天津桥的柱子上，一片片割肉，一节节断骨。颜杲卿忍受着巨大的疼痛，破口大骂，直到断气为止。同时，他的幼子和一个侄儿以及同事袁履谦，也以同样方式遇害。

六月中旬，叛军攻陷长安，搜捕到梨园弟子数百人，连同乐器、舞衣、舞马、犀、象等，一并送至洛阳。秋季，安禄山在东都苑的凝碧池旁同其臣僚宴集，音乐声起，梨园弟子悲不能胜，相顾落泪。乐工雷海清扔掉乐器，西向长安，痛哭不已。安禄山怒不可遏，把他捆在戏马殿前台，肢解示众。给事中王维在长安被俘，被押送到洛阳，禁闭在菩提寺中，听到这件事后，赋诗感叹，云："万户伤心生野烟，百官何日更朝天？秋槐叶落深宫里，凝碧池头奏管弦。"[2]

唐玄宗逃奔四川成都，其子李亨（唐肃宗）在灵武（今宁夏灵武市）即

① 《旧唐书》卷一八七下《忠义下·颜杲卿传》，第4897~4898页。
② （南宋）计有功：《唐诗纪事》卷一六《王维》，上海古籍出版社，1987，第236页。

位，领导平叛活动。安禄山自叛乱以来，双目渐昏，终于失明，加上身患毒疮，脾气日益暴躁，对部下动辄毒打，甚至杀戮。他的阉宦李猪儿挨打最多，心里愤愤不平。安禄山欲以宠妾段氏所生子安庆恩为继承人，引起长子安庆绪的不满，遂与李猪儿等人谋杀安禄山。至德二载正月初五（757 年 1 月 29 日）夜，安庆绪一伙人手持兵器站在帐外，李猪儿持刀直奔帐中，猛砍安禄山的腹部。侍奉安禄山的下人吓得魂不附体，待在一边不敢动。安禄山摸不着床头的佩刀，手摇帐竿喊道："必家贼也。"① 片刻工夫，肠子流出，一命呜呼。安庆绪接替帝位。

十月，唐肃宗长子广平王李俶名义上任唐军元帅，副元帅郭子仪具体指挥，率领回纥援军，继收复长安之后，前来收复洛阳。叛军大败，安庆绪从东都苑门仓皇逃向河北。回纥进洛阳后，径直进入府库收财帛，在市区、农村抢劫三天，所得财物不可胜计。百官受安氏父子伪署者三百余人，皆身着素服，悲泣请罪。广平王将他们送往长安处理。王维写有上述诗表明政治态度，为唐肃宗所知。王维的弟弟王缙，平叛有功，升任刑部侍郎。王缙请求削职为兄赎罪，王维被免于治罪。十一月，广平王、郭子仪由洛阳回长安，唐肃宗慰劳郭子仪，说："吾之家国，由卿再造。"② 为了经营河北，郭子仪又被指派还东都。乾元元年（758），唐肃宗以宗室嗣虢王李巨为河南尹，充东京留守，征郭子仪入朝，同李光弼一道赴相州（治今河南安阳市）抗击安庆绪。

乾元二年（759），史思明杀安庆绪，自称大燕皇帝。相州一战，官军失利，郭子仪被召回长安，李光弼代为兵马元帅，赴东都。九月，史思明引兵向洛阳逼来。李光弼动员东都留守韦陟率官属西奔入关，河南尹李若幽率吏民出城避乱，自己到洛阳北面的河阳组织抵抗。史思明入洛阳，城中空无所得，担心李光弼从北边来攻，自己不敢入宫，退屯白马寺南，以拒官军。史思明引兵攻河阳，损失惨重。上元元年（760）闰三月，他由白马寺移军入洛阳城。他派间谍放出风声，说："洛中将士皆燕人，久戍思归，上下离心，击之可破也。"③

① 《资治通鉴》卷二一九，"至德二载"条，第 7012 页。
② 《资治通鉴》卷二二〇，"至德二载"条，第 7044 页。
③ 《资治通鉴》卷二二二，"上元二年"条，第 7105 页。

105

唐廷信以为真，命李光弼等收复洛阳。上元二年（761）二月，双方在邙山交战。史思明趁官军未及列阵，率军突入其中，官军大败，死数千人，军资器械全部遗弃。三月，史思明被其子史朝义杀掉，史朝义继称皇帝。

宝应元年（762），将天宝元年（742）改称的东京复称为东都。十月，唐军和回纥再度收复洛阳。战斗在洛阳北邙激烈地进行，杀叛军六万，捕获两万，史朝义率轻骑数百仓皇东逃。回纥兵进入洛阳城，士女惧怕，躲到圣善寺、白马寺的阁楼上，回纥就纵火焚烧阁楼。回纥肆意抢掠士女、财物，死伤数以万计，几十天火焰不灭。同时，官军借口东都及东面和南面一带皆为贼境，大抢三月，残存人家荡然一空，只能以纸遮身。

洛阳本是一座美丽的都市，地处天下之中。西周初年周公选择这里营建都城洛邑，先到嵩洛地区东端的嵩山附近的阳城（今登封市告成镇）设置一座测影台，立圭表，测日影，观测天象，制定节气。隋唐又选择在这里营建东都，成为传国重器鼎之所在地。崇高的首都地位，使得无论全国其他地区抑或周边民族，都如同众星拱月一般地环绕着洛阳。洛阳城北是风水宝地北邙山。洛河横穿洛阳城，俨然一派银河气象，使得都市充满了灵气。在城区的显要位置，巍峨的皇宫建筑群美轮美奂；城中里坊，是整齐的居民区。自大运河开通后，水运并网，连遥远地区岭南的贡赋都运到这里。晴和的日子里，泛着鱼肚白的天空渐渐变红，朝霞捧持一轮旭日冉冉升起。人们在祥和的气氛中过着安定的日子。然而安史之乱爆发，洛阳成了鏖兵的战场，兵士来往，干戈云屯。这方中州奥壤，昔日桑麻蔚然的景象消失了，到处长满了荆棘；家家户户只剩下残垣断壁，狐兔自由出没。安史之乱刚刚过去，长安人韦应物来洛阳担任县丞。他登上高台，远望四周，再俯视洛阳城。其面对治乱兴衰的巨大变化，自己所熟知的前贤关于经邦济世的论述，一时涌上心头。他感叹自己不能兼济天下，只有旦夕徘徊，浮想联翩，写下一首《登高望洛城作》来宣泄愤懑。这首诗说：

> 高台造云端，遐瞰周四垠。雄都定鼎地，势据万国尊。河岳出云雨，
> 土圭酌乾坤。舟通南越贡，城背北邙原。帝宅夹清洛，丹霞捧朝暾。葱茏

瑶台榭，窈窕双阙门。十载构屯难，兵戈若云屯。膏腴满榛芜，比屋空毁
垣。……坐感理乱迹，永怀经济言。吾生自不达，空鸟何翩翩。天高水流
远，日晏城郭昏。裴回讫旦夕，聊用写忧烦。①

自从唐玄宗第五次巡幸洛阳返回长安，直到唐朝灭亡前夕唐昭宗被挟持到
洛阳，唐朝诸帝再未巡幸东都。这里的宫城由民夫加以维修，卫兵礼仪式地加
以宿卫，但宫殿空空，大门紧锁，只有燕子在梁檐下筑巢栖息，蜘蛛在柱子间
结网奔走。

乾元二年（759）十月，唐肃宗曾下制，声称自己要巡幸东京，亲征史思
明，苏源明等群臣上疏谏止，认为大河南北尽为贼境，淮东江西又起叛乱，皇
帝不宜东幸。广德元年（763），吐蕃利用唐朝平叛时出现的混乱软弱局面，
深入京畿地区，致使唐代宗仓皇东逃至陕州。唐代宗一伙担心郭子仪功高难
制，不想让他再次立下收复长安的赫赫战功，就下诏表示放弃长安，迁都洛
阳，以避吐蕃。郭子仪为这一选择都城的举措深感忧虑，上疏先指出长安所在
地关中地势险要，洛阳则相差甚远，然后描绘自己目睹的洛阳地区情况：东都
久陷叛军手中，宫殿遭焚烧，残存者不足十分之一，留守官署也被破坏得连一
根椽子都没有保住。都畿地区，不满千户人家，断壁残垣，荒田秽土，杂草丛
生，豺狼出没。这里既没有粮食，又没有人手，怎么给皇上奉献膳食，怎么给
百官提供住处？因此，"愿时迈顺动，回銮上都，再造邦家，唯新庶政"。② 唐
代宗表示立即返回长安。

宝历二年（826）正月，唐敬宗提出要巡幸洛阳，宰相李逢吉和谏官接连
上疏阻止。这位十七岁的皇帝孩子气十足，板着脸说："朕去意已定。其从官
宫人，悉令自备糗粮，不劳百姓供馈。"李逢吉叩头进谏，认为东都离长安不
足千里，宫阙俱在，按时巡幸，本来就是先王制定的规矩。但是，巡幸要遵行
礼仪，千乘万骑，不可随便减少，自备干粮，更是有失体统。"今干戈未甚

① 《全唐诗》卷一九二，第449页。
② 《旧唐书》卷一二〇《郭子仪传》，第3457~3458页。

戡，边鄙未甚宁，恐人心动摇，伏乞稍回宸虑。"唐敬宗不听，派一位度支员外郎到东都察看宫城及沿途行宫。这时，山南西道节度使裴度由治所兴元（今陕西汉中市）来长安朝觐，在延英殿奏事时对唐敬宗说：国家设置两都，就是为了提供巡幸的方便。但从安史之乱以来，巡幸不再施行。东都的宫阙以及六军营垒、百司衙署，多已荒废。"陛下必欲行幸，亦须稍稍修葺。一年半岁后，方可议行。"唐敬宗说："群臣意不及此，但云不合去。若如卿奏，不行亦得，何止后期。"① 不久，河北跋扈藩镇上奏出丁匠一万，助修东都宫阙，实则别有用心。经裴度分析实情，唐敬宗最终打消了东幸的念头。

第七节　晚唐洛阳

一　唐末战乱中的洛阳

到了晚唐，统治阶级骄奢淫逸，劳苦大众饥寒交迫，社会矛盾日趋激化。乾符二年（875），濮州（治今山东鄄城县北）人王仙芝在长垣（今河南长垣市）聚众起义，曹州冤句（今山东菏泽市西南）人黄巢集众响应。次年，这支农民军发展到数万人，转战于河南十五州，八月，攻陷了阳翟（今河南禹州市）、郏城（今河南郏县）。唐廷为农民军迫近东都而担忧，派左散骑常侍曾元裕守东都，同时，大量征调藩镇军队，用以防卫东都宫阙，扼守汝州（治今河南汝州市）、邓州（治今河南邓州市）的要道，增防陕州、潼关，并出击农民军。九月，汝州被农民军攻克，东都大震，百官士民纷纷逃奔。但这时农民军尚无力量攻占洛阳，因而向周围发展。乾符五年（878），黄巢又攻阳翟。唐廷调河阳镇士兵千人赴洛阳，与两千名来自宣武镇（驻今河南开封市）和昭义镇（驻今山西长治市）的士兵共同保卫东都宫阙。唐廷任命左神武大将军刘景仁为东都应援防遏使，统领这三个藩镇的士兵，并在洛阳募兵两千；还将在外同农民军打仗的曾元裕调回洛阳，再征发藩镇士兵三千扼守洛阳

---

① 《旧唐书》卷一七〇《裴度传》，第 4428 页。

周围的要塞。

王仙芝死后，黄巢率领大军经淮南，渡长江，一直转战到岭南，然后挥师北上。这时，农民军发展到百万人。广明元年（880）十一月，黄巢率军攻汝州，唐朝守将仓皇撤退，东都又处在农民军的威慑之下。这时的皇帝唐僖宗是个十八岁的青年，面对紧急情况，不知所措，在长安延英殿召集大臣商议对策，竟然泣不成声。宰相们建议组织中央禁军神策军和关内藩镇兵十五万扼守潼关。事后，宦官田令孜怂恿唐僖宗逃奔四川。十一月十七日（880 年 12 月22 日），黄巢顿兵于洛阳城下，东都留守刘允章率领留守官吏，打开城门，迎接农民军。黄巢入城后，不曾烧杀抢掠，洛阳城没有遭受破坏，人心安定。农民军没有占据洛阳，随即向西挺进，唐僖宗仓皇出逃。十二月初五（881 年 1月 8 日），农民军进入长安。十二月十三日（881 年 1 月 16 日），黄巢在含元殿即皇帝位，国号大齐，年号金统。

这时天下大乱，地方军阀肆虐一方，东都洛阳遭到周围军阀的蹂躏。中和四年（884），李罕之担任河南尹、东都留守，有官军三千人，以圣善寺为军府。光启元年（885），蔡州（治今河南汝南县）节度使秦宗权派遣部将孙儒攻打洛阳，李罕之率领官军抵抗数月，扭转不了败局，遂放弃洛阳城，西逃到渑池县以保存实力。孙儒占据洛阳城一个多月，焚烧宫殿，抢劫居民，然后带着战利品撤走。次年，河阳镇军阀刘经领兵进入洛阳，并西赴渑池，攻打李罕之。双方交锋，刘经不利，李罕之乘胜追至洛阳。刘经驻军于敬爱寺中，李罕之驻军于西苑的飞龙厩中。李罕之激励部众攻打敬爱寺，纵火焚烧，刘经率众逃跑，李罕之追斩殆尽。

驻守东都的官军纪律败坏，到处抢掠，畿县百姓生活无着，十分艰辛。韦庄的诗作《秦妇吟》中，一位都畿老翁述说道："岁种良田二百廛，年输户税三千万。……千间仓兮万斯箱，黄巢过后犹藏半。自从洛下屯师旅，日夜巡兵入村坞。……入门下马若旋风，磬室倾囊如卷土。家财既尽骨肉离，今日残年一身苦。一身苦兮何足嗟，山中更有千万家，朝饥山草寻蓬子，夜宿霜中卧荻花。"[1]

---

① 王重民等辑录《全唐诗外编》上册，中华书局，1982，第 35 页。

一塱为二亩半，这位老翁一家种了五百亩地，可见家产殷富。逃往山中的千万家，艰难到寻觅草籽充饥、栖身芦苇丛中的地步，那便是备受官兵荼毒的贫苦百姓了。

二　朱全忠劫持唐昭宗迁都洛阳

镇压黄巢的唐军从各地向长安涌来，一度投降黄巢的藩镇纷纷倒向唐王朝一边。黄巢军队滞留长安，粮食匮乏，处境困难。中和二年（882）九月，担任同州（治今陕西大荔县）防御使的黄巢农民军将领朱温投降唐朝，被赐名朱全忠，授以右金吾大将军、河中行营招讨副使的职务，倒戈镇压黄巢。唐廷还联络代北（今山西省北部）沙陀族李克用，以部族强兵参与镇压。黄巢率军队撤离长安，到中和四年（884）六月退到山东莱芜，自杀身亡，历时十年的大起义最终失败。此后，藩镇之间连年攻战，只剩下十多个。在北方，围绕着帝位的争夺，形成了宣武镇朱全忠、河东镇（驻今山西太原市）李克用、凤翔镇（驻今陕西宝鸡市凤翔区）李茂贞三支敌对的劲旅。

唐僖宗死后，其弟李晔（唐昭宗）继位，成为篡权者为了号令天下而争夺和挟持的对象。乾宁三年（896），朱全忠和河南尹张全义上表，请唐昭宗迁都洛阳，愿以两万士兵护驾。唐昭宗没有答应，但朱全忠命张全义修缮东都宫室，以做准备。天复元年（901），朱全忠想把唐昭宗抢到洛阳，李茂贞则想抢到凤翔。宦官韩全诲与李茂贞勾结，抢先下手，达到目的。宰相崔胤勾结朱全忠，让他带兵入关劫夺。随后一两年，朱全忠打败李克用和李茂贞，唐昭宗落入自己手中，被带回长安。

天复四年（904）正月，朱全忠派牙将寇彦卿奉表，请唐昭宗迁都洛阳。自开元二十四年（736）唐玄宗由洛阳返回长安以来，一百六十八年间，再也没有唐代帝王东幸过洛阳。朱全忠迫使唐昭宗迁都洛阳，乘机安插私党，全方位控制唐昭宗，把他变成自己股掌上的玩物。他假借唐昭宗的命令，责成各藩镇派遣工匠、士兵赴洛阳从事修建活动。天雄军（藩镇魏博改名，驻魏州，今河北大名县东北）节度使罗绍威，已累加检校太尉、兼侍中，封爵长沙郡王。他是朱全忠的亲家，受到朱全忠的信任，负责修建洛阳太庙，被任命为守侍中，进封邺王。唐昭宗被迫率领百官离开长安东迁洛阳，朱全忠以部将张廷范为御营使。强行拆毁长安的宫阙衙署和里坊民宅，材料一并东运。二月，唐昭宗一行来到陕州，因东都宫室修缮未毕而就地驻留。朱全忠从河中（今山西永济市西蒲州镇）来朝，旋即赴洛阳督修宫室。四月，朱全忠奏称宫室竣工，请辇舆早日上路。唐昭宗借口皇后刚刚分娩，经不住长途奔波，希望推迟半年。朱全忠大怒，派寇彦卿赴陕州催促。闰四月，唐昭宗启程，经七天抵达洛阳。这时，唐昭宗已经成为孤家寡人了，没有六军诸卫将士扈从，随行的只有十几个小宦官，以及打球供奉和内园小儿等二百余人。当他们到达洛阳城西侧的穀水时，朱全忠指使医官许昭远诬告他们谋反，将其全部杀死。朱全忠乘机安排自己的人代替他们，将唐昭宗团团包围。朱全忠的养子、部将朱友恭充任徐州武宁军留后，这时征拜为左龙虎统军，负责保卫洛阳宫阙。朱全忠的部将氏叔琮充任鄜州（治今陕西富县）保大军节度使，这时征拜为右龙虎统军，负责保卫洛阳。朱全忠的谋士、判官李振往返于唐昭宗和朱全忠之间，向朱全忠汇报洛阳动态，来洛阳贯彻朱全忠的指令，李振"颐指气使，旁若无人，朋附者非次奖升，私恶者沈弃。振每自汴入洛，朝中必有贬窜，故唐朝人士目为'鸱枭'"。①

李茂贞、李克用等八位藩镇节帅互相联络，以匡复唐室为辞，欲连兵讨伐朱全忠。朱全忠在河中，想杀掉唐昭宗，立一个幼主，以谋禅代，就派李振赴洛阳，与枢密使蒋玄晖及朱友恭、氏叔琮秘密行事。八月的一个夜晚，唐昭宗醉卧皇后椒殿，蒋玄晖选出百名将士连叩宫门，口称有紧急军情亟待御前面奏。唐昭宗起身，绕着柱子逃命，没能躲过厄运，被政变军人杀掉。蒋玄晖宣布两个妃嫔是杀害唐昭宗的凶手。唐昭宗十三岁的儿子辉王李祚被推出来继任皇帝，史称哀帝或昭宣帝。

朱全忠得知唐昭宗已被杀掉，去了一块心病，却装出一副十分震惊、悲恸的样子。十月，他来到洛阳，伏在唐昭宗灵柩上哭得死去活来。紧接着，他借口护驾士兵在街市抢米，奏称朱友恭、氏叔琮不管束士兵，把二人贬至外地，

① （北宋）薛居正等：《旧五代史》卷一八《梁书·李振传》，中华书局，1976，第253页。

图 3-3　唐哀帝即位玉册（唐洛阳城宫城遗址出土）

未及动身，皆赐自尽。朱友恭就刑时大声骂道："卖我以塞天下之谤，如鬼神何！行事如此，望有后乎！"[1] 氏叔琮临刑大声呼喊道："卖我性命，欲塞天下之谤，其如神理何！"[2] 稍后，朱全忠去了宣武镇治所开封。

第二年，唐昭宗葬在缑氏县太平山和陵。

三　唐梁禅代

经过多年的经营，朱全忠不但控制了大量地盘，而且在东都小朝廷中布满了心腹，在为改朝换代紧锣密鼓地做着准备。按照惯例，通过禅让的方式改朝换代有一套程序。首先封大国，由将要退位的旧朝代皇帝进封将要接替皇位建立新朝代的人为大国国王，让他在过渡政权中"总百揆"，即统领文武百官，居于一人之下万人之上的地位。其次加九锡，即帝王为尊奉礼敬大臣而赐予九

---

① 《资治通鉴》卷二六五，"天祐元年"条，第 8637 页。
② 《旧五代史》卷一九《梁书·氏叔琮传》，第 256 页。

种器物，是最高的礼遇。九种器物历代不同，最早的规定是西周礼制，得到长期执行。它们分别是：（1）车马，车为金车大辂（车辕上用来挽车的横木）和兵车戎辂，马为玄牡二驷，即八匹黑色公马；（2）衣服，指衮冕之服，加上配套的赤舄（鞋）一双；（3）乐悬，指定音、校音的器具；（4）朱户，指红漆大门；（5）纳陛，上朝登殿的专用特别通道；（6）虎贲，门卫士兵队伍及武器；（7）斧钺，体现征讨诛杀特权的仪仗式武器；（8）弓矢，红色和黑色的专用弓箭，体现征讨特权；（9）秬鬯，用黑黍和郁金草酿造的专供祭礼的美酒。再次行殊礼，准备接替皇位的人，上朝时遵行区别于其余大臣的仪式，入朝不趋，剑履上殿，赞拜不名。即上朝时佩剑穿鞋，悠然缓步，朝拜帝王时，在场的赞礼官不直呼其姓名，只称官职。最后受禅，旧皇帝再三表示让出皇位，新皇帝谦让几次，最终完成。

枢密使蒋玄晖、宰相柳璨、太常卿张廷范等人朝夕聚会，商量按照这套程序让朱全忠坐到龙椅上，但朱全忠对于这些繁文缛节没有耐心，妄图一步到位。唐昭宗在世时，已进封他为梁王。天祐二年十一月辛巳（二十七日，905年12月25日），哀帝任命他为相国，总百揆，并进封他为魏王，以宣武、宣义、天平、护国、天雄、武顺、佑国、河阳、义武、昭义、保义、戎昭、武定、泰宁、平卢、忠武、匡国、镇国、武宁、忠义、荆南等二十一道为魏国，包括今河南省大部地盘和河北、山东、陕西、湖北、江苏等省的部分地盘。朱全忠认为这是唐廷一方故意拖延，盛怒不解，连上三表，辞去魏王、九锡之命。朱全忠反而认为蒋玄晖、柳璨、张廷范故意从中作梗，以便唐朝苟延残喘。于是他派人诬告蒋玄晖与何太后私通，将蒋玄晖关押于河南府监狱中，然后杀掉，并在何太后的居所积善宫中将她杀掉。接着，他将张廷范在洛阳市场车裂示众，将柳璨处死于洛阳城东垣上东门外。柳璨临刑，后悔自己变节求荣，大声呼喊道："负国贼柳璨，死其宜矣！"①

天祐四年（907）伊始，哀帝两度派御史大夫薛贻矩赴大梁（开封）向朱

① 《资治通鉴》卷二六五，"天祐二年"条，第8655页。

全忠宣布禅位的事，又让宰相、百官致函劝说朱全忠接受禅让，朱全忠假惺惺辞让一番。三月，哀帝下达御札禅位于朱全忠，派出官员充当册礼使、押传国宝使、押金宝使，由他们率百官备法驾赴大梁。四月甲子（十八日，907 年 6 月 1 日），朱全忠在大梁即皇帝位，国号大梁。哀帝被封为济阴王，幽禁于曹州（治今山东菏泽市南），次年被毒死，谥为哀帝，后唐时改谥为昭宣帝。

第四章

唐代洛阳的行政管理

洛阳既是李唐的东都、武周的神都，又是洛阳地区的首府；当地既设置中央机构，又设置地方机构。当唐朝皇帝巡幸、驻跸东都时，他们在这里处理朝政，随同而来的中央官员开展各自机构的工作。在唐朝皇帝离开东都时，身荷临制东夏重任的东都留守，统领东都中央机构，行使中央职能，并按时向长安朝廷汇报工作。同时，唐朝常常以分司东都的名义安置官吏。武则天在洛阳以太后身份临朝称制，进而称帝，黜唐建周，洛阳地位扶摇直上，成为头号政治中心；而长安相形见绌，由留守官员加以管理。洛阳地区的称谓，由"洛州"而为"河南府"，所辖诸县分布于黄河南北。府县机构各司其职，处理各种行政事务。

第一节 唐代东都留守官

洛阳作为唐朝的东都，同京师长安一样，设置了一套中央机构。皇帝离开洛阳时，委派官吏担任东都留守，统领这套机构，保障其正常运作；官吏视情况的缓急，定期或飞速向皇帝汇报工作。唐玄宗之后，皇帝不再巡幸洛阳，东都留守成为常设职务，代表中央在洛阳主持日常工作。东都留守职责重要、地位显赫，如刘禹锡称颂东都留守裴度"万乘旌旗分一半，八方风雨会中央"。①

---

① （唐）刘禹锡：《郡内书情献裴侍中留守》，《全唐诗》卷三六〇，第901页。

安史乱后，东部不稳，东都留守往往兼任防御使一职。该职务通常任用文臣，其基本条件要求两点：一是忠诚可靠，便于驾驭；二是资深望重，临事有威。贞元元年（785），唐德宗任命贾耽为东都留守、都畿汝州防御使。唐德宗下制文，说自唐玄宗返还长安以来，五十年间皇帝都再没巡幸驻守东都。近年关东地区藩镇联合叛乱，淮西（驻蔡州）节度使李希烈攻陷汝州，竟然在汴州（开封）僭称皇帝，国号大楚。国家不得不在东都一带增设军府，委派信臣担任东都留守，负起保卫东都、控制东方的重责。遂命贾耽"分我忧寄，实惟其人。董制军师，安集疲瘵，统御都邑，握持纪纲，懋昭厥猷，无替朕命"。① 长庆二年（822），唐穆宗任命韩皋为东都留守，制文也是同样的宗旨："国之都府，半在东州，未遑时巡，方委留镇，非位望崇盛加之勋旧者，则不足以允佥属而副重寄也。"② 有时情况紧急，东都留守也会由武臣充任，韩皋之前的陈楚就是这样。当时，汴州发生兵变，赶跑节度使李愿，拥立一个牙将，唐穆宗立即任命义武军（驻今河北定州市）节度使陈楚出任东都留守、判尚书省事、东畿汝防御使。"本朝故事，东都留守罕用武臣"，所以起用陈楚，是因为士兵叛乱，"扰汴宋故也"。③

东都留守的任命仪式相当隆重，其衙门也相当有派头。元和元年（806），唐宪宗批准东都留守等重要官员的除授，允其入阁谢恩，面辞皇帝，而其他官员的除授，只在宣政殿南列队行拜谢礼，皇帝不接见。但后来唐宪宗试图缩小东都留守的事权，降低任命仪式的规格。元和三年（808），他一度取消东都留守所兼防御使一职，下诏说："承前东都留守无防御使名，往因权宜，遂有制置。俾从省便，以复旧章，其东都畿汝州都防御使及副使，宜停。"④ 但不久又恢复。旧制规定，任命东都留守须赐旗甲，同藩镇节度使一样。元和九年（814），他任命吕元膺担任东都留守时，竟无所赐。朝臣议论纷纷，"以东有

① （唐）陆贽：《贾耽东都留守制》，《全唐文》卷四六二，第2088~2089页。
② （唐）白居易：《除韩皋东都留守制》，《全唐文》卷六六○，第2975页。
③ 《旧唐书》卷一六《穆宗纪》，第498页。
④ 《唐会要》卷六七《留守》，第1401页。

寇虞，特用元膺，尤不当削其仪，以沮威望"。① 唐宪宗之所以这样，是由于他以削平藩镇为务，担心东都留守兼领兵权或威望过高，也会同跋扈藩镇一样，起而与朝廷作对。唐宪宗的这种做法未能持久。令狐楚在大和三年（829）被唐文宗任命为东都留守、东畿汝都防御使。姚合《和东都令狐留守相公》诗说："除官东守洛阳宫，恩比藩方任更雄（东都留守比藩镇节度使，任务还要重大）。拜表（东都留守每月派使者赴长安朝廷进上起居表，汇报日常工作）出时传七刻（凌晨），排班衙日有三公（上衙之日，下属官吏排班参见留守大人，三公指太尉、司徒、司空，高级别官员）。旌旗严重临关外（函谷关以东），庭宇清深接禁中（东都的中央衙署庭院深深，与洛阳宫连成一体）。三十六峰（嵩山山脉）诗酒思，朝朝闲望与谁同。"② 这是由于东都留守是第二号政治中心的首席负责人，责任重大，对他的尊重不过意味着朝廷的自尊自重。

东都留守在安史乱后的政治生活中发挥着重要的作用。元和八年（813）被任命为东都留守的权德舆，在给唐宪宗的奏状中概括为"保安洛土"，"临制东夏"。③ 元和九年（814），洛阳南面的淮西节度使吴少阳死，其子吴元济隐瞒死讯，擅自总领兵权，在周围地区烧杀抢掠，不仅严重危害社会治安，而且威胁到东都的安全。权德舆多次上疏指出事态的严重程度，说："自舞阳劫杀以来，臣夙夜忧切。阳翟只隔襄城，便与郾城接界，寇盗侵轶，事资提防。"④ 又说："臣伏以都畿宫阙之重，四方水陆之冲，密迩淮夷，兵数鲜少，安危之计，责在微臣，夙夜忧惶，逼扰是惧。"⑤ 当时东都留守所管将士只有三千八百九十五人，其中一部分驻守洛阳附近的偃师、阳翟、登封、告成（在今河南登封市境内）等县，留在洛阳城内不足两千人，难以应付局面。权德舆日夜忧惧，担心洛阳的安危，再三上疏，请求增补士兵。

---

① 《唐会要》卷六七《留守》，第 1401 页。
② 《全唐诗》卷五〇一，第 1267 页。
③ （唐）权德舆：《权德舆诗文集》卷四六《留镇将士加置二千人状》《请置防御军状》，郭广伟点校，上海古籍出版社，2008，第 727、722 页。
④ 《权德舆诗文集》卷四六《请加置留镇兵二千人状》，第 726 页。
⑤ 《权德舆诗文集》卷四六《留镇将士加置二千人状》，第 727 页。

　　朝廷对吴元济加以宣慰、警告，迄无成效，不得不考虑诉诸武力。河北、山东地区的跋扈藩镇，为了保住共同的利益，就和淮西镇勾结，极力阻挠朝廷用兵。他们派刺客在长安谋杀主战派大臣武元衡、裴度，同时还在洛阳焚毁了河阴转运院的大量钱帛粮食，并与安史故将嵩山僧人圆净策划焚烧东都宫殿，肆行杀掠。东都留守吕元膺闻讯，组织兵力，进行镇压。圆净被捕，临刑叹道："误我事，不得使洛城流血！"①　此番镇压为解决淮西问题奠定了基础。元和十二年（817），宰相裴度平定了淮西镇。这对河北、山东、河南地区的跋扈藩镇造成极大的震慑，他们纷纷向朝廷上表，表示要输税献地、纳质入朝。安史之乱以来六十年间藩镇自除官吏、不输贡赋的局面得以扭转。

　　东都留守统领的中央衙署，有尚书省及所属六部、御史台、国子监等。各州县的民众编为户籍，抄成一式四份。东都的尚书省、户部同京师长安的同名机构一样，各藏一份，按户籍征收赋税，以备皇帝巡幸时花费，减省运输之劳。东都的御史台负责监察东都留守官（京官）和洛阳地方官（外官）。开元七年（719），监察御史分为左右巡，纠察违失，左巡主管两京以内，右巡主管两京以外，包括两京所在地的京畿、都畿全境。开元二十五年（737），以监察御史察看两京的馆驿。大历十四年（779），两京以御史一人主管馆驿，称为馆驿使。另，龙朔二年（662），在东都设置国子监，号称东监。后来，又设置了国子馆、太学、四门馆、广文馆、律馆、书馆、算馆和崇玄学等学校，由官员管理，教师授课，培养人才。

　　此外，唐廷还以分司东都的散秩安置高级官员。白居易曾先后以太子左庶子、太子宾客、太子少傅的闲职分司东都，享受高级官员的待遇，过着闲散、惬意的生活。他住在外郭城东南隅履道里宅院里，离龙门石窟很近。会昌年间（841~846），他与龙门香山寺僧如满等人结为香火社，每每乘肩舆往来，饮酒品茶，谈禅咏古，游赏终日，因此，自号香山居士、醉吟先生。他得知龙门伊河中的八节滩峭石耸立，不利舟楫，曾捐资开凿，以纾缓险情。白居易死后，家属遵照他的嘱咐，把他安葬在香山如满禅师的塔侧。

---

　　① 《资治通鉴》卷二三九，"元和十年"条，第7717页。

东都的驻军是金吾卫将士，负责城区的昼夜巡警。晓鼓声起，居民才可以出动。暮鼓响后，即开始实行夜禁，要关闭里坊大门，禁止居民无证夜出。这时，金吾卫将士在各条街上巡行，暗中查探。但在正月十五日上元节，官府允许前后三天取消夜禁，敞开坊市门，听凭居民出入，在市区观赏燃灯娱乐。开元二十三年（735），唐玄宗在洛阳五凤楼前举行大型宴饮聚会活动，群众拥挤喧闹，都想进去分享一杯羹，金吾卫将士棍棒乱下如雨，仍然不能阻止。宦官高力士认为河南县丞严安之果断严厉，可由他出面维持秩序。严安之到现场，以手板画地，说："逾此者死。"宴饮三天，围观群众都不敢逾越严安之所画界线，称之为"严公界境"。[1] 这反映出金吾卫维持洛阳秩序的情况。李正封《洛阳清明日雨霁》诗云："酒绿河桥春，漏闲宫殿午。游人恋芳草，半犯严城鼓。"[2] 张籍《洛阳行》诗云："洛阳宫阙当中州，城上峨峨十二楼。翠华西去几时返？枭巢乳鸟藏蛰燕。御门空锁五十年，税彼农夫修玉殿。六街朝暮鼓冬冬，禁兵持戟守空宫。……上阳宫树黄复绿，野豺入苑食麋鹿。陌上老翁双泪垂，共说武皇（唐玄宗）巡幸时。"[3] 这两首诗反映出安史乱后皇帝不再巡幸、驻守洛阳，洛阳依然维修宫殿，严兵把守，以及城区由街鼓晨暮警众的情况。

第二节 唐代洛阳地方行政机构

洛阳地方行政机构的名称，以及辖区的范围和属县的分合省并，在李唐、武周递次统治时期，多所变化，这里只叙其大要。

洛阳地方最高行政机构管辖洛阳市区和洛阳地区。武德四年（621），唐廷讨平王世充，置洛州总管府，统领洛州等九州，洛州领有河南、洛阳、偃师、巩县、阳城、缑氏、嵩阳、陆浑、伊阙等九县。五年后，洛州总管府降为

---

[1] （唐）郑綮：《开天传信记》，《开元天宝遗事十种》，上海古籍出版社，1985，第 52 页。年代、地点从《资治通鉴》卷二一四"开元二十三年"条说。

[2] 《全唐诗》卷三四七，第 858 页。

[3] 《全唐诗》卷三八二，第 950 页。

洛州都督府，统领洛州等四州。贞观十八年（644），废洛州都督府。显庆二年（657），以洛阳为东都，洛州官员品阶一准长安所在地雍州。光宅元年（684），东都改称神都，此后，在市区的河南、洛阳县界，或分或改，置永昌、来庭、合宫县。开元元年（713），洛州改为河南府，到天宝年间（742~756）领有二十县，它们是河南、洛阳、偃师、巩、缑氏、阳城、登封、陆浑、伊阙、新安、渑池、福昌、长水、永宁、寿安、密、河清、颍阳、伊阳、王屋，分布于黄河南北。这一区域共有十九万四千七百四十六户，一百一十八万三千零九十三口。伴随着这一系列的变化，最高临事长官的称谓也有都督、刺史、尹等变化。其下设有少尹、别驾、长史、司马，是副长官；还有司录、录事参军，功曹、司功，仓曹、司仓，户曹、司户，兵曹、司兵，法曹、司法，士曹、司士，市令，以及执刀、白直、典狱、佐史等属官。

河南府的正长官是河南尹，全面掌管辖区内的工作，每年视察一次属县。孟郊《寒地百姓吟》说："无火炙地眠，半夜皆立号。冷箭何处来，棘针风骚劳。霜吹破四壁，苦痛不可逃。高堂捶钟饮，到晓闻烹炮。寒者愿为蛾，烧死彼华膏（灯烛）。华膏隔仙罗（绸缎做的灯罩），虚绕千万遭。到头落地死，踏地为游遨。游遨者是谁，君子为郁陶（悲愤聚积）。"孟郊在诗题下自注说："为郑相，其年居河南，畿内百姓大蒙矜恤。"① 郑相指郑余庆，时任河南尹。元和元年（806），郑余庆召孟郊来洛阳任水陆转运使。这首诗是孟郊在洛阳供职时为郑余庆写的。诗中描写穷苦百姓没有床板，睡在地上，冬天没条件御寒，只好以柴火烘烤地面，半夜地面的热气散发，百姓冻得哀号。冷风穿过残破的墙壁，像冷箭射中身体，像荆棘扎破皮肤。而富贵人家鸣钟夜宴，烹饪美味佳肴，彻夜香气氤氲缭绕。百姓希望自己能变成扑灯蛾，宁可被灯火烧死，也不愿被冻死，但富贵人家的灯烛被绫罗绸缎做成的灯罩遮蔽，即便在灯烛外围飞上千遭万遍，也不能挨近灯烛。扑灯蛾到头来只有落地冻死，被游乐者所践踏。郑余庆读了这首诗，遂在辖区内开展救济。李绅《拜三川守》诗序披露洛阳的治安情况，说："里巷比多恶少，皆免（一作危）帽散衣，聚为群

---

① 《全唐诗》卷三七四，第930页。

斗。或差肩追绕击大球，里言谓之打棍谐论。士庶苦之，车马逢者不敢前，都城为患日久。"开成元年（836），李绅被任命为河南尹，"诏下之日，此辈皆失所在，却归负贩之业，闾里间无复前患"。因而这首诗中说："风变市儿惊僵草。"①

洛州或河南府所领的县分为两类：一类是东都市区的县，叫作京县；一类是周围的县，叫作畿县。县的正长官叫作令，还有丞、主簿、录事、佐、史、尉、司功、司仓、司户、司兵、司法、司士、典狱、问事、白直、市令等。官府对百姓加以编组，四家为邻，五家为保，百户为里，乡居者为村，城居者为坊。在河南、洛阳这样的京县，市民居住区是外郭城的里坊。官府用封闭式的居住结构和严格的管理，来实现联保互防、加强控制的目的。

东都机构和洛阳地方机构同在一个地界上，分属两个系统，有所分工，但参互为用。上节所述金吾卫将士在洛阳维持社会秩序未能奏效，宦官高力士就推荐地方官河南县丞严安之出面解决问题，便是其例。

另外，河南府辖区内也有军府。唐前期全国实行府兵制，各地的军府统一叫作折冲府。折冲府虽然设置在各地，但归中央管辖，士兵的调动、军官的任免，都由中央机构操办，当地地方官府无权插手。到唐玄宗开元初年，河南府各地先后有过四十多个折冲府，如郑鄜府、宝图府，都在河南县，鹤台府在洛阳县，通谷府、轘辕府在缑氏县，宜阳府在福昌县。安史乱前，为了防范少数民族内犯，确保国防安全，在沿边地区设置了九个藩镇。藩镇地盘是军事特区，最高长官是节度使，集军权、行政权于一身，辖区内的兵刑钱谷，无所不管。安史乱后，内地也设置藩镇。但东都所在的洛阳地区，很长时期内不曾设立军镇。到了晚唐时期，天下大乱，军阀混战。文德元年（888）六月，实力雄厚的军阀朱全忠，勾结、拉拢河南尹张全义，专门在河南府设置佑国军，以张全义为节度使。这就使得洛阳地方官府兼具军事职能。

① 《全唐诗》卷四八二，第1224页。

第五章

唐代洛阳的经济

唐代延续着以农为本的传统,农业是社会经济的主体。洛阳地区自然条件优越,粮仓众多。正常年景往往风调雨顺,五谷丰登,仓廪丰实,粮价适中。唐代几位皇帝多次驻跸东都,就是为了趁便就食,缓解运输压力。但出于政治考虑,唐朝视长安为帝业开基的圣地,固守首崇长安的基本国策,不肯径直迁都洛阳。洛阳地区桑麻蔚然,纺织业繁荣,又是关东广袤地区丝绵绢帛的集散地,这些条件骎骎乎驾于长安之上,洛阳作为丝绸之路的东端起点,实至名归。洛阳手工业门类众多,匠人技艺精湛;尤其陶瓷业中的唐三彩制品,异彩纷呈。城中市场庞大,商品琳琅满目,商品交易不仅在本国中进行,还有西域各国商贾积极参与。在洛阳流通着官方的法定钱币,还发现有波斯、东罗马、日本的钱币。

第一节 农业

洛阳地区的农业,安史乱前在全国处于领先地位。丰年粮价普遍低贱,东都人口密集,粮食需求量大,粮价有时会比其他地区偏高一些。永徽五年(654)丰收,洛州粟米每斗价为两钱半,粳米每斗十一钱。开元十三年(725),今山东省一带米每斗五钱,东都为十五钱。开元十九年十月初四(731年11月7日),唐玄宗提前一年巡幸东都,所下《幸东都制》解释原因说："顷京辅近甸，膏泽未均"，而"河汴频稔"，"陕雒之交，稼穑亦盛"。①
即长安地区旱情严重，洛阳一带连年丰收。大和六年（832），河南尹白居易
作《六年寒食洛下宴游，赠冯、李二少尹》诗说："丰年寒食节，美景洛阳
城。……米价贱如土，酒味浓于饧（糖稀）。"② 唐代洛阳地区水环境非常好，
除了种植北方传统的农作物，水稻也是常见品种。李贺《昌谷诗》描写家乡
福昌县昌谷的风光说："昌谷五月稻，细青满平水。"③ 洛阳自古便是蚕乡，向
朝廷进贡文绫、缯、縠、丝等。唐太宗命监察御史萧翼到越州（治今浙江绍
兴市）永兴寺找僧人辩才，谋取他所珍藏的王羲之《兰亭集序》墨迹。萧翼
装扮成书生，从洛阳搭商船沿运河南下，见辩才后诡称自己前来出售蚕种。由
此可见，唐代洛阳依然以蚕桑纺绩闻名遐迩。因此，唐玄宗曾下诏让河南地区
缴纳绢帛以代租米。

图 5-1　唐洛阳城石筑水利设施遗址（局部）

---

① 《全唐文》卷二三，第 113 页。
② 《全唐诗》卷四四五，第 1116 页。
③ 《全唐诗》卷三九二，第 980 页。

随着均田制的破坏，洛阳周围的土地逐渐兼并到官僚地主手里。唐高宗时，洛州刺史贾敦颐鉴于富室强宗籍外占田，括得三千余顷，授予贫乏农家。唐玄宗时，东都留守李憕"丰于产业，伊川膏腴，水陆上田，修竹茂树，自城及阙口，别业相望"，被人们讥讽为"有地癖"。[①] 安史战乱过后，都畿一带不满千户，田地荒芜，长满草莱。

唐末中原板荡，黄巢军过洛阳，遗民聚为三城以相保。后来，驻守东都的官军经常到畿县抢夺财物。蔡州节度使秦宗权也纵兵四处掳掠，其部将孙儒于光启元年（885）攻陷东都，焚烧宫室、衙署、民居，抢得鸡犬不留，月余而去。东都城只剩下残垣断壁，白骨蔽地，荆棘丛生，偌大的都市中，居民不满百户。

光启三年（887），张全义赴任河南尹，麾下只有数百人，相与据守三城中的中州城，周围荒地无人耕种。张全义选出十八位精明能干的部下，每人给一旗一榜，除城区的河南、洛阳二县以外，分赴河南府所属十八县，充当屯将。他们树旗张榜，招徕流亡，劝课农桑，免收租税，杀人者处死，其余犯罪只处以笞刑杖刑，于是流民归之如市。几年间，城坊逐渐恢复，周围农田桑麻蔚然，大县男丁七千，小县也不少于两千。张全义外出巡视，看见田畴开垦，便以酒食犒赏田主，有农桑丰收者，亲至其家，慰劳老小，赐给绢帛衣物。百姓纷纷颂扬道："张公不喜声伎，见之未尝笑；独见佳麦良茧则笑耳。"[②] 他看到田野荒秽，就集合百姓，杖打田主；得知是由于缺乏劳力、耕牛所致，就批评邻里不予提供帮助。从此，乡民互相帮助，勤力耕作，家家积粮，灾年不饥。

洛阳是大运河一线的中心城市，市区和周边地段设置了一些大型粮仓，关东地区缴纳的税粮大部分运到这里。武则天长安四年（704），洛阳县尉杨齐哲指出："神都帑藏储粟，积年充实，淮海漕运，日夕流衍。地当六合之中，人悦四方之会。……长安府库及仓，庶事空缺，皆借洛京。"[③] 开元十四年（726）七月十四日，瀍河暴涨，市区漕渠泛滥成灾，漂没诸州运送税粮的船

---

① 《旧唐书》卷一八七下《忠义下·李憕传》，第4889页。
② 《资治通鉴》卷二五七，"光启三年"条，第8359~8360页。
③ 《唐会要》卷二七《行幸》，第603页。

只数百艘，计有今江苏、安徽、河南、浙江、河北的扬州、寿州、光州、和州、庐州、杭州、瀛州、棣州"租米一十七万二千八百九十六石，并钱绢杂物等"。于是开启斗门，泄洪水入洛河，"以搜漉官物，十收四五焉"。[1] 洛阳粮仓储备粮食的数量相当大。唐玄宗天宝八载（749），北仓、太仓、含嘉仓、太原仓、永丰仓、龙门仓六处总共储存粮食一千二百六十五万六千六百二十石，其中洛阳市区的含嘉仓就占了将近一半，为"五百八十三万三千四百石"。[2]

第二节　手工业

《新唐书》记载河南府给朝廷进贡的土特产，其中有"文绫、缯、縠、丝葛"等丝麻类纺织品，"埏埴盎缶"等陶瓷类烧制品。[3] 唐前期的赋税，主要是租、调、徭役三项。田租是土地税，丁男向官府缴纳粮食。户调是家庭财产税，家庭向官府缴纳绢帛、丝绵或麻布、麻。丁男在徭役期间若不到服役现场干活，允许以庸代役，即折合缴纳绢帛或麻布代替劳役。开元二十五年（737）三月，唐玄宗下诏说："关辅庸调，所税非少，既寡蚕桑，皆资菽粟，常贱粜贵买，损费逾深。……自今已后，关内诸州庸调资课，并宜准时价变粟取米，送至京逐要支用。……其河南、河北有不通水利，宜折租造绢，以代关中调课。"[4] 诏令披露长安所在的关中地区，户调和庸本来应该缴纳丝麻纺织品，由于当地不是蚕桑区，纺织品匮乏，可以按时价折合缴纳粮食代替。而洛阳所在的河南地区是蚕桑区，则可以将田租折合成绢帛，代替缴纳粮食，以调剂关中地区户调和庸收入的欠缺。由此可见唐代洛阳地区盛产桑蚕，以及纺织业繁荣，再加上洛阳是丝绵绢帛的集散地，更具备条件成为丝绸之路的东端起点。

洛阳的手工业门类众多。在官营手工业方面，这里设有将作监、少府监、

① 《旧唐书》卷三七《五行志》，第1357~1358页。
② 《通典》卷一二《食货典十二》，第292页。
③ 《新唐书》卷三八《地理志二》，第982页。
④ 《旧唐书》卷四八《食货志上》，第2090~2091页。

图 5-2　洛阳市区瀍河段西岸　　　　图 5-3　洛阳关林皂角树
　　　唐代砖瓦窑址　　　　　　　　　　唐代窑址

织染署、官锦坊等机构。在私营手工业方面，当地有丝行、彩帛行、金银行、车行等上百种行业组织。能工巧匠会集其间，制造各种精美产品。

武则天时期，少府监有绫锦坊巧儿（工匠）三百六十五人，内作使绫匠八十三人，掖庭绫匠一百五十人，内作巧儿四十二人。唐中宗的女儿安乐公主有一件百鸟毛裙，用料为奇禽羽毛，正面看，侧面看，日中看，影中看，裙子色泽变幻迥异，值钱一亿。东都内库的瑞锦，纹样有对雉、斗凤、游麟等。一个姓李的工匠，世代以织绫锦为业，安史乱前隶属东都官锦坊，为织宫锦巧儿，由于"如今花样与前不同"，自己的技艺不再受社会重视，遂"东归去"。[①] 可见此一时期工艺技术更新迅速。洛阳的农家丝织业极为普及。晚唐韦庄《秦妇吟》诗中，一个"乡园本贯东畿县"的老翁，自称家中"小姑惯织褐绝袍"。[②]

其他手工业的工艺水平也达到相当高的程度。武则天时期的大周万国颂德天枢，是一座巨大的铜铁铸件，由三部分组成：中间是棱柱，高一百零五尺，径十二尺，八面，各宽五尺；下面为铁山，周长一百七十尺，高二丈，用铜和石头做成蟠龙麒麟萦绕状；上面为云盖，径三丈，云盖上做成四条长一丈二尺的龙，像人一样立着，捧持着一个直径一丈的火珠。如此巨大的金属建筑物，

---

① 《太平广记》卷二五七《织锦人》，第 2005 页。
② 《全唐诗外编》上册，第 35 页。

很多部件是造型不同的优美艺术品，用数百万斤铜铁分别铸造，然后焊接、合成，打磨光滑，需要通盘考虑，设计模型，分别冶炼、浇铸、上架、拼接，其高超的金属铸造工艺技术，可以想见。张易之责成工匠为其母造七宝帐，所用材料为金、银、珠、玉之类，象牙为床，犀角为簟，貂鼠为褥，蜜蚊为毯，龙须、凤翮为席。其精美程度，旷古所无。洛阳昭成寺有唐中宗的女儿安乐公主托人雕造的百宝香炉。香炉高三尺，开四门，表面雕镂缭桥勾栏、花草、飞禽、走兽、诸天伎乐、飞仙种种艺术形象。其表现手法富于变化，"丝来线去，鬼出神入，隐起钣镂，窈窕便娟"。① 这个香炉不纯粹是金属铸造，综合使用了百宝原料，有珍珠、玛瑙、琉璃、琥珀、玻璃、珊瑚、贝壳、美玉等，因而工艺非常复杂，耗费三万铜钱。

洛阳唐墓出土一面螺钿镶嵌镜，工艺极其精致。背面镂刻高士宴乐图。图的上部为一株花树，树梢悬挂明月，树丛两侧飞鸟翱翔，树旁小鹿蹲卧，树干两侧一对鹦鹉学舌。中间圆钮两侧各坐一位长者，一位弹拨阮咸，另一位手持酒杯，面前摆设鼎、壶各一具，背后侍立一个手捧食盒的婢女。下部饰有仙鹤飞舞、鸳鸯戏水的图案。关林唐墓出土一位州郡别驾给女儿的陪葬品，是一面制作精细的金银平脱鸾凤花鸟铜镜。洛阳唐墓出土的铜镜，打破了传统的圆形，出现了八棱、弧形的菱花镜。从花纹来看，高浮雕的海兽葡萄纹，带有西域民族文化的痕迹。

陶瓷业以唐三彩为代表，许多制品风格为中西合璧。唐三彩指唐代流行的低温铅釉陶器，其工艺程序是，选用高岭土做胎，胎体成型晾干后，放入窑中以1100℃素烧，等到白色胎体冷却后，涂上铜、铁、钴、锰等元素和铅的氧化物作为釉料的着色剂和助溶剂，再以900℃烧制。在烧制过程中，由于铅的流动性与易熔性，器物的表面出现多种颜色，以黄、绿、白或黄、绿、蓝为基本色调。由于唐三彩陶器胎质松脆，防水性能差，它的实用性远不如瓷器，因而只能作为明器用于随葬。

"唐三彩"的名称是20世纪初叶才出现的。清朝末年修筑陇海铁路，施

① 《朝野金载》卷三，《隋唐嘉话》合刊本，第70页。

图 5-4　唐螺钿镶嵌铜镜、海兽葡萄纹铜镜（洛阳出土）

图 5-5　唐三彩黑釉马　　　　　图 5-6　唐三彩骆驼

图 5-7　唐三彩龙首杯　　　　　图 5-8　唐三彩枕

工到洛阳城北邙山脚下时，破坏了一些唐代墓葬，出土了许多人物、动物陶俑和器皿。由于它们的釉色为红、绿、白三种，遂被人们称为唐三彩。后来发现的陶俑器皿，带有黄、褐、蓝、黑多种釉色，但也套用了唐三彩的名称。就考古发掘来看，唐三彩制品在很多省份都有出土，其中出土时间最早、数量最大的则是河南洛阳和陕西西安。

河南府巩县（今河南巩义市）是唐三彩产地，1976 年在当地大、小黄冶村发现了唐代烧制三彩制品的窑址和作坊。洛阳唐墓出土的唐三彩制品中，有凤首壶、龙首杯、鸭形杯、高颈瓶等，是仿照西域金银器烧制而成的；背驮丝绸的骆驼俑和高鼻深目的胡商俑，是西域商人沿着丝绸之路来洛阳从事贸易交流的写照。现在，在欧洲、亚洲、非洲，都发现有唐三彩文物。那时的新罗、日本也学会了烧制三彩制品的技术，分别称为新罗三彩、奈良三彩。

2008 年 6 月，洛阳唐三彩烧制技艺被列入第二批国家级非物质文化遗产名录。

第三节　商业

洛阳不仅是国内商业中心城市，也是国际性的商业都市。交易在三市内进行。南市一百二十行，三千多肆，四壁有四百多家店铺，货物堆积如山。西市有邸店一百四十一区，资货六十六行。国内商贾云集辐辏，货船鳞次栉比。吕温《上官昭容书楼歌》披露洛阳商业中有书肆，该诗序言说："贞元十四年（798），友人崔仁亮于东都买得《研神记》一卷，有昭容（上官婉儿）列名书缝处。"诗中描写这位武则天时期的宫廷才女在洛阳读书写作，死后萧条，留有她署名的书偶然流落洛阳书肆："君不见洛阳南市卖书肆，有人买得《研神记》。纸上香多蠹不成，昭容题处犹分明，令人惆怅难为情。"①

唐代洛阳使用的钱币，除了唐朝的通用钱币，还有安史之乱中大燕政权的钱币。史思明再陷洛阳时铸造铜钱，起初，钱面文字为"得壹"，后来觉得不

---

① 《全唐诗》卷三七一，第 924 页。

是佳号，遂改为"顺天"。后唐同光三年（925），洛阳城区内进行修建，在工地出土一批铜钱，二十六枚面文作"得壹元宝"，四百四十枚面文作"顺天元宝"。①

外国商贾也梯山航海，前来贸易。特别是西域胡商，驱赶着明驼骏马，间关万里来到丝绸之路的这座东端起点城市，带来香料珠宝，贩回丝绸瓷器。武则天专门划出河南、洛阳两县的部分地区设立来庭县，安置和管理"慕义蕃胡"。在铸造天枢时，旅居洛阳的蕃客胡商捐钱多达百万亿，可想见人数之众和财富之殷。丝绸之路上的昭武九姓，均来自善于经商的中亚国家。这些国家的粟特商人来华后，往往依国名取为自己的姓氏，有安、康、史、石等。洛阳唐墓出土墓志，不少墓主是这些姓氏。龙门石窟古阳洞北永昌元年（689）的造像题记，有南市香行社官安僧达、录事史玄策、康惠澄等一心供奉的字样。

1955 年在洛阳北郊唐墓中发现了波斯银币十五枚，主要为萨珊朝卑路斯银币。1990 年在洛阳马沟村邙山 133 号唐墓中发现了波斯库思老二世银币一枚。1991 年，在河南伊川县司马沟村挖出装在木盒中的波斯卑路斯银币三百多枚。尤可称说者，1981 年在龙门东山北麓发掘唐定远将军安菩及其妻何氏的合葬墓，其中西棺床死者右手中握着一枚东罗马帝国（拜占庭）的金币。

图 5-9　波斯银币、东罗马金币（洛阳出土）

---

① 《旧五代史》卷三二《唐书·庄宗纪六》，第 446 页。此处记载作"得一"，实物作"得壹"，据改。

这枚金币为圆形片状，直径 2.2 厘米，重 4.3 克。金币的正面为一头戴王冠、留着胡须的半身男装像，两侧有十字架，冠顶正中有五角星纹，左边缘处有拉丁铭文 FOCAS。背面正中为有翅膀的胜利女神像，女神右手持长柄钩状器，左手持一上立十字架的球体，左边缘处有拉丁铭文 CTOPIA。由此可知，这枚金币是东罗马帝国查士丁尼王朝第六位皇帝福卡斯时期的货币。福卡斯在位年代为公元 602~610 年，相当于我国隋朝的后期。1991 年在洛阳北郊马坡村一砖厂出土了五枚日本 "和同开珎" 钱币。1993 年在洛阳东郊金村出土了一枚突骑施铜钱，一面是粟特铭文，一面是弓形族徽。这种钱币是由粟特商人仿照唐朝的 "开元通宝" 钱币样式制造的，广泛流行于中亚地区。

第六章

唐代洛阳的建筑布局

　　东都城有特殊的地理条件，唐朝承继隋朝的余绪，继续规划、建设，使它以宏伟、大气、坚固、美丽而闻名遐迩，为邻国日本所借鉴、仿效。周边国家的人士定居洛阳者为数众多，他们在武周权臣的动员下，集资建造巨型金属纪念柱"大周万国颂德天枢"，塑造出女皇武则天备受世界各国拥戴的天可汗形象，也表明当时的中国以其高度的文明为世界所钦羡。洛阳的私家园林，或是城内的宅院，或是城外的山庄，川原有别，地势不同，设计各具匠心，花木奇石呈彩，鸟喧鱼跃添声，集自然、人工于一体，动、静和谐，艺术而舒适。唐代洛阳园林的建筑理念，影响及于后世。

第一节　唐代东都的建筑布局

　　唐代东都由城区的宫城、皇城、含嘉仓城、东城、圆璧城、曜仪城、外郭城，以及城西的上阳宫、东都苑几部分组成。

　　都城北据邙山，南临龙门，西至穀水，东跨瀍河，洛河横贯城中。隋代外郭城只有短垣，武周长寿二年（693）改修外郭城墙以及定鼎、上东诸门，由宰相李昭德设计、规划，颇受推许。天宝二年正月二十八日（743 年 2 月 26 日），"筑神都罗城（外郭城），号曰金城"。[①] 唐人韦述说，洛阳外郭城

---

① 《唐会要》卷八六《城郭》，第 1877 页。

"东面十五里二百一十步，南面十五里七十步，西面十二里一百二十步，北面七里二十步，周回六十九里二百一十步"，"城高一丈八尺"。① 据考古实测，城的东北角在今唐寺门村，东南角在今城角村，西南角在今古城村，西北角在今苗沟村西南。东城墙长 7312 米，南城墙长 7290 米，西城墙长 6776 米，北城墙微呈东北—西南走向，长 6138 米，周长共计 27516 米。整个城市并不是完全的正方形，南北两面城垣都偏向东北，东城垣则偏向西北，总面积约 47 平方公里。

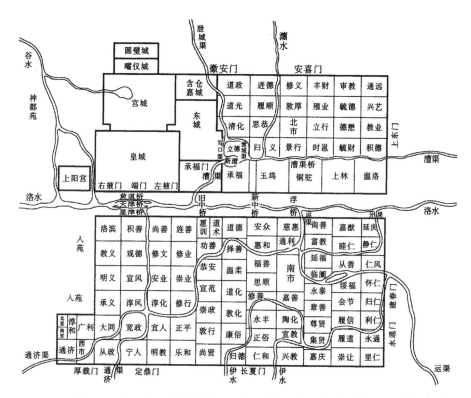

图 6-1　唐代洛阳城示意图［采自李健超增订《增订唐两京城坊考（修订本）》］

东都城周围共有十座城门。南城墙有三座门：中间是定鼎门，由隋代的建国门改称；定鼎门的东面有长夏门；西面有厚载门，由白虎门改称。东城墙有

---

① 《两京新记辑校》卷五，《大业杂记辑校》合刊本，第 80 页。

图 6-2　定鼎门遗址博物馆

三座门:中间是建春门,由建阳门改称;南面是永通门;北面是上东门,由上春门改称。西城墙即皇城墙,有两座门:南面是丽景门,北面是宣辉门,由西太阳门、西明门改称。北城墙有两座门:东面是安喜门,由喜宁门改称;西面是徽安门。1997~1999 年,考古工作者对定鼎门遗址进行了发掘,确定有三个门道,中门宽 8 米,进深 21.04 米,东西两侧 3 米外分别开设一门,各宽 7 米,还有东西墩台、隔墙、飞廊、阙台、马道等设施。① 2007 年,在定鼎门遗址的门外道路上,清理出许多骆驼的蹄印,为洛阳是丝绸之路的东端起点,又一次提供了物证。

　　宫城又名紫微城、洛阳宫、太初宫,在城区的西北隅。史载宫城墙高四丈八尺,南北长二里八十五步,东西长四里一百八十八步。考古实测东墙长 1275 米,南墙 1710 米,西墙 1270 米,北墙 1400 米,系外包砖内夯土结构,厚 16 米左右,最厚处达 20 米。周围共开九个城门。南墙四门:中为应天门,由则天门改称;东为明德门,由兴教门改称;西为长乐门,由光政门改称;西

---

① 中国社科院考古所洛阳唐城队、洛阳市文物工作队:《定鼎门遗址发掘报告》,《考古学报》2004 年第 1 期。

南隅为雒城南门。东墙一门，即重光北门。西墙二门：北为嘉豫门，由宝城门改称；南为雒城西门。北墙二门：西为玄武门，东为安宁门。应天门是一组规模宏大、雄伟壮观的组合式建筑群，其主体是位居中间的城门楼紫微观，城门楼的东西两侧，辅以对称的垛楼，东、西垛楼各自向南延伸，连接东西对称的阙楼，建筑群以廊庑相连，整体构成 U 字形。1980 年，考古工作者对应天门遗址进行了勘察发掘，东阙楼遗址东邻今洛阳周公庙博物馆，门址中部在今定鼎南路中，勘察中发现了门道基石、城门墩基和西阙台基，推算出应天门下部台基范围东西达 150 米以上，南北达 60 米以上，城门进深 25 米。再结合文献记载，城门两阙的高度为 35 米多。

宫城是皇帝办公和生活的处所，有别殿、台、馆数十所，街衢纵横，池渠交错，花木掩映，鸟喧鱼游。宫城的正殿是含元殿，用以举行大典和接见外国使节。含元殿的前身是隋朝的乾阳殿，李世民破王世充后付之一炬。显庆元年（656），唐高宗诏令在旧址修建新殿，到麟德二年（665），由司农少卿田仁汪主持竣工，高一百二十尺，东西三百四十五尺，南北一百七十六尺，改称为乾元殿。垂拱四年（688），武则天令拆毁乾元殿，就地改造为明堂，号为万象

图 6-3 宫城应天门东阙遗址

神宫。明堂是礼制建筑，体现天人合一原则，是帝王祭祀、朝会、庆赏、选士、颁布政令的场所。"天子立明堂者，所以通神灵，感天地，正四时，出教化，宗有德，重有道，显有能，褒有行者也。明堂上圆下方，八窗四闼，布政之宫。……上圆法天，下方法地，八窗象八风，四闼法四时，九室法九州，十二坐法十二月，三十六户［法］三十六雨，七十二牖法七十二风。"[①] 武则天时改建的明堂体现了这种设计理念，上圆下方，法天象地，一共三层，高二百九十四尺，方三百尺。下层四面，东、南、西、北墙壁分别涂上青、红、白、黑四种颜色，象征四季。中间象征十二时辰。上层为九龙捧持的圆盖，盖上安装高一丈的铁凤，饰以黄金。同时，在明堂西北约 150 米处修建天堂，规模又大于明堂，五层，以贮夹纻大佛像，号为功德堂。延载二年（695），天堂、明堂都被薛怀义泄愤烧毁。万岁通天元年（696），建成新明堂，规模略小于旧，改称为通天宫。次年，铸成九州鼎，放在通天宫内。开元五年（717），唐玄宗以明堂不合古制，改称为乾元殿。开元二十五年（737），他命毁掉明堂，官员认为这会劳民伤财，不如去掉上层，高度缩减九十五尺，仍旧为乾元殿，玄宗同意。开元二十七年（739），改修完成，次年改称为含元殿。

图 6-4　天堂遗址中心柱坑

图 6-5　明堂遗址中心柱坑

在含元殿的四周，还有贞观殿、辉猷殿、宣政殿（武成殿）、仁寿殿、观文殿、安福殿、集贤（仙）殿、亿岁殿、仙居殿、雒城殿、饮羽殿、德昌殿、

---

① （东汉）班固：《白虎通德论》卷四《辟雍》，上海古籍出版社，1990，第 41 页。

大仪殿、流杯殿、弘徽殿、文思殿、庄敬殿、飞香殿、延祥殿、延寿殿、六合殿、崇福殿、含章殿等。此外，还有中书省、史馆、集贤殿书院、门下省、弘文馆、百戏台、映日台、望景台、上清观，以及陶光园、同心阁、临波阁、登春阁、花光院、神居院等。

天堂烧毁后，不复修造，就地建为佛光寺。武则天生李显（唐中宗）时，这位刚出生的婴儿由玄奘收作徒儿，号为"佛光王"。佛光寺遗址出土了铜质鎏金造像题记，说："维大唐神龙元年岁次己巳四月庚午朔八日丁巳，奉为皇帝皇后敬造释迦牟尼佛一铺。用此功德，滋助皇帝皇后圣化无穷，永久供养。"神龙元年（705）正月，张柬之等人在洛阳发动政变，唐中宗被翊戴复位。四月初八是佛诞节，寺中安放铜质鎏金造像，必定是皇亲贵戚所作功德，为唐中宗及皇后韦氏祈求佛的佑护。

图 6-6　铜质鎏金造像题记（宫城佛光寺遗址出土）

宫城内的西北部是园林九洲池，占地十顷，水深一丈。池中岛屿象征东海中的九洲，岛上建造瑶光殿、琉璃亭、一柱观。九洲池景区遍植树木花草，游鱼穿行，飞鸟翔集，生机盎然。九洲池的四周，是花光院、山斋院、翔龙院、神居院、仙居院、仁智院、望景台等建筑。1960 年以后，考古工作者在九洲池遗址探出五座椭圆形或近圆形的小岛屿，均为生土台基。其中三座岛屿各发现一处亭台建筑，出土了一些唐代的瓦当和砖瓦。九洲池西南侧，发现一处大型廊房建筑，还有四条砖砌甬道和两条并列的下水道，水流便是通过这些下水道注入九洲池内的。

宫城北面是曜仪城，曜仪城的北面是圆璧城。1960 年，考古工作者在外郭城西北角顺西墙往南约 460 米处，发现一道宽 15～16 米的东西方向城垣，长 1415 米。这道城垣将宫城以北地区划分为两座小城。北边一城为矩形，东西长 2110 米，东端南北宽 590 米，西端南北宽 460 米，确定为圆璧城遗址。南边一城为狭长形，东西长 2110 米，南北宽 120 米，确定为曜仪城遗址。圆璧城的北墙即外郭城北墙西段，其龙光门经过发掘，距离外郭城西北角 1050 米，为单门道结构，宽 6.5 米。

图 6-7 含嘉仓唐代刻铭砖（洛阳出土）

宫城的东面是东城，司农寺、光禄寺、太常寺、尚书省、少府监、军器监、大理寺等中央机构设在其中。东城一共三门，东门是宣仁门，南门是承福门，北门是含嘉门。东城中有两条南北街，三条东西街。史载东城东西各长四里一百九十七步，南北各一里二百三十步，城墙高三丈五尺。1960 年考古实测，东城呈长方形，东西长 620 米，南北长 1270 米。1996 年 10 月至次年 1 月，考古发掘宣仁门遗址，位于洛阳老城区西大街，共有三个门道，已发掘南门道和中门道，门道下层是土筑路面，上层是砖石铺路。

东城的北面是含嘉仓城，隋炀帝大业元年（605）始建，用来储存粮食，为唐朝所继承。

皇城又名太微城、宝城。史载皇城墙高三丈七尺，东西长五里一十七步，南北三里二百九十八步，周围共长十三里二百五十步。皇城墙共有六个城门。南面三门：正南是端门，北与宫城应天门遥相对应，南与外郭城定鼎门一线贯通；端门东是左掖门，西是右掖门。东面一门，即宾耀门，由东太阳门、东明门改称。西面二门，即都城的西门，南是丽景门，北是宣辉门。皇城是中央衙署所在地。城内南北四街、东西四街，列置文武百司的办公机构。北起第一排，中间是东朝堂、西朝堂。东朝堂以东依次为：门下外省、殿中省、左监门卫、左卫、左卫率府、尚辇局。西朝堂以西依次为：中书外省、四方馆、右卫率府、右监门卫、右卫。北起第二排的机构从东向西依次为：左司御率府、左领军卫、左监门率府、左威卫、左武卫、家令寺、左千牛卫、左骁卫、右春坊、右司御率府、右骁卫、右千牛卫、右武卫、右监门、知甋使、右威卫、内侍省、右领军、内坊。北起第三排的机构从东向西依次为：太府寺、卫尉寺、鸿胪寺、御史台、秘书省、尚舍局、太仆寺。

20 世纪 60 年代，考古工作者对皇城遗址进行了勘察，得知皇城处于宫城的南面，是从东、南、西三个方位包围着宫城，北面则将宫城套入其中。由于洛河河道北移，皇城东南部被水冲毁，南墙仅存西段，长约 540 米，东墙存 1115 米，西墙存 1670 米，北墙存 360 米。已勘察出宾耀门、宣辉门和右掖门遗址。右掖门残高 2.15 米，进深 17.5 米，为一门三道，每个门道宽 6 米。左、右门道外侧各有十三根立柱，采用上架过梁的形式，其上修造门楼；内有宽 1.25 米的车辙痕迹。在皇城内，发掘了隋代的子罗仓。

在流经城区的洛河上，自西向东相继修建了天津桥、中桥和利涉桥，其中天津桥最为重要。北自皇城的正南门端门，南到外郭城的定鼎门，有一条七里多长的大街，叫作定鼎街或天门街、天街，天津桥在这条街的北端。当时认为洛河横贯都城，有河汉（天河、银河）之象，天津桥因而得名，定鼎街也便有了天津街的别称。天津桥是隋炀帝大业元年（605）营建东京时开始修造的。最初，它是一座浮桥，由铁锁勾连大船而成，跨水长一百三十步。这是我国关于铁链联结船只架成浮桥的首次记载。桥的南北两端，还修建了对称的四所重楼，为日月表胜之象。但这座浮桥耐用程度不够，大业十三年（617）曾被瓦岗军烧毁，遇到洛河涨水也会冲坏。唐朝建立后，不断加以改建。贞观十四年（640），唐政府"更令石工累方石为脚"，[①] 把天津桥改建成了石础桥。永徽六年（655）、永淳元年（682）、神龙二年（706）、开元十八年（730），天津桥都被冲坏。洛河流经天津桥地带，为了加以疏通，曾开渠分作三股，因而分设三桥，天津桥居中，北边是黄道桥，南边是皇津桥。开元二十年

---

① 《元和郡县图志》卷五《河南道一》，第 132 页。

（732）四月，"改造天津桥，毁皇津桥，合为一桥"。^① 通过这次改建，天津桥与其南边的皇津桥合二为一，交通更加便利顺畅。但天津桥没能因此而安然无恙，开元二十九年（741）又毁于洪水，不过时坏时修罢了。天宝元年（742）二月，"广东都天津桥、中桥石脚两眼，以便水势"。^② 此后，天津桥桥墩之间的距离加大了，更有利于泄洪。2000 年，洛阳文物工作队在今天洛阳市洛阳桥西侧约 200 米的洛河南北两岸发掘了隋唐天津桥的遗址，共发掘出连续排列的四个桥墩，跨度为 15 米，桥墩长度为 20 余米，估计桥的宽度为 20 余米。虽然此遗址有宋代改建的痕迹，但不难想见隋唐时期天津桥的规模与风采。

图 6-8　天津桥遗址

利涉桥正对着南北两个市场，原是隋代的一座浮桥，唐初废坏。天津桥和利涉桥之间，北对徽安门，濒临斗门亭。隋代设置了立德桥，唐初称作中桥，曾毁于洪水。显庆二年（657），唐高宗幸洛阳，改洛阳宫为东都，次年修建东都，中桥和利涉桥同时加以修复。咸亨三年（672），司农卿韦机负责规划、

① 《旧唐书》卷八《玄宗纪上》，第 198 页。《唐会要》卷八六《桥梁》亦作"皇津"，而《唐两京城坊考》卷五及所附地图作"星津"，《大业杂记》及乾隆十年《洛阳县志》卷一一皆作"重津"。"皇""星""重"三字形似，疑"重津"近是。
② 《唐会要》卷八六《桥梁》，第 1869 页。

营建东都宫室，把中桥新址确定在原中桥的东边，南对外郭城长夏门，北近漕渠。这样，就有了旧中桥和新中桥的称谓。新中桥长三百步，利涉桥因相距太近而被废弃。新中桥常被洛水冲毁，永昌元年（689），武则天命将作监少匠刘仁景加以修缮，宰相李昭德统领，修成后命名为永昌桥，不久复称中桥。李昭德"创意积石为脚，锐其前以分水势"。[①]他将桥墩的方石改为龟背形石头桥基，迎水面形成尖角，使得桥墩减弱了水流的冲击，延长了石桥的寿命。圣历年间（698~700）桥坏，曾加以修理。

外郭城有一百多个里坊和三个市场，三分之一分布在洛河以北，其余在洛河以南。里坊是居民宅院、宗教寺庙以及中央或当地行政机构的所在地。在洛河以北，大抵贫寒人家居多。这里的北市由隋代的通远市移至临德坊而设置，张仁亶早年贫乏，曾在这里寓居。贺知章见附近多住贫民，目之为糠市。洛河以南多是达官贵人的邸宅，不少被精心营建为园林。一些纨绔子弟，傅粉施朱，熏衣剃面，出没于街衢。在仁和坊，有兵部侍郎许钦明的宅院。他的子弟和中书令郝处俊的子弟，其貌不扬，却喜欢盛饰车马，优游里巷，当时有顺口溜讽刺他们："衣裳好，仪观恶，不姓许，即姓郝。"[②]这里有南市和西市。南市即隋代的东市（丰都市），但规模缩小一半。西市在隋代的南市西南边设置，几经兴废，最终在开元十三年（725）再次废置。

上阳宫在城外，南临洛河，西至穀水，北连西苑，东接皇城。唐高宗曾登临洛河高岸，远眺山川风光，感到很惬意，于是命韦机就地修造上阳宫。调露元年（679），上阳宫修成，制度壮丽，唐高宗移入其中办公。上阳宫周围共设七门。东面二门：北为星躔门，南为上阳宫的正衙门提象门。南面二门：东为仙雒门，西为通仙门。北面一门为芬芳门。西面二门佚名。宫内的正殿是观风殿，东向。其余宫殿有丽春殿、麟趾殿、甘露殿、仙居殿、芬芳殿等，还有亭阁多处。在上阳宫的西南，修有西上阳宫，在西苑中。两宫夹水相对，架设虹桥以通往来。

---

① 《旧唐书》卷八七《李昭德传》，第 2854 页。
② 《两京新记辑校》卷五，《大业杂记辑校》合刊本，第 85 页。

唐人赋诗撰文，描写上阳宫的雄伟气势和美丽风光。贾登《上阳宫赋》说："开上阳之别馆，取大壮之规模。尔其则以三象（取则于日、月、星），当乎四术（四通八达的道路）。沓云构而承天（高楼耸入云霄），擎露盘而洗日；俯驰道而将半，临御沟而对出。疑海上之仙家，似河边之织室（银河边织女的住处）。"① 宗楚客《奉和幸上阳宫侍宴应制》云："紫庭金凤阙，丹禁玉鸡川（洛河上的地名）。似立蓬瀛（海上仙山蓬莱、瀛洲）上，疑游昆阆（昆仑山巅西王母等神仙住处阆风苑）前。鸟将歌合转，花共锦争鲜。……水光摇落日，树色带晴烟。向夕（黄昏）回珊辇（皇帝车辇，珊同彤），佳气满岩泉。"② 王建《上阳宫》诗云："上阳花木不曾秋，洛水穿宫处处流。画阁红楼宫女笑，玉箫金管路人愁。幔城入涧橙花发，玉辇登山桂叶稠。曾读列仙王母传，九天未胜此中游。"③

1989～1993 年，考古工作者发掘了位于洛阳市玻璃厂南路（今改名嘉豫门大街）西侧的一处唐代园林遗址，位于唐代上阳宫的范围之内。该遗址由水池、廊房、水榭、假山、石子路组成，水池东西长 53 米以上，南北宽 3～5 米，旁边还有六处假山和两条五彩卵石铺成的石子路。这里出土了瓷器、砖瓦、垂兽、螭首、鸱尾和铜饰等建筑构件，还有许多黄、绿色的琉璃瓦。在水池淤土中发现了一件石制螭首，是水池的入水口，用整块青石精雕而成，龙首张口卷鼻，獠牙外露，气韵生动，栩栩如生，是一件精美的建筑艺术品。而出土的铜质建筑构件，精巧美观，有些表面还鎏金，可见当时上阳宫建筑的奢华。从整个遗址来看，布局谨严，构思精巧，廊房水榭，错落有致，山与水很好地结合起来，体现了唐代高超的造园工艺。④

1980 年夏，在洛阳市西工区中州中路南侧解放路口上阳宫遗址出土了一件大型石雕蟾蜍，长 100 厘米，宽 76 厘米，高 45 厘米。这件石蟾蜍"腹部外

---

① 《全唐文》卷四〇〇，第 1809～1810 页。

② 《全唐诗》卷四六，第 142 页。

③ 《全唐诗》卷三〇〇，第 756 页。

④ 中国社会科学院考古研究所洛阳唐城队：《洛阳唐东都上阳宫园林遗址发掘简报》，《考古》1998 年第 2 期。

鼓，作蹲卧状，头上双目呈三角形，两眉凸起，眉上线刻双角，目、眉、角内端刻疣，背上脊椎骨刻划清楚，末端有一卷曲的小尾，张口方唇，腹内空，从口内通向臀部形成一个孔道"。"1959 年，修洛阳中州大渠时，曾出土过一个石泻口，是用 80 厘米×60 厘米的大石块砌成的，两石之间用铁细腰相连，这个石泻口位于石蟾蜍东南 300 余米。在石泻口之南即是地势低凹的下池村，相传下池村名是因这里为上阳宫泻水池而得名。由此看来，石蟾蜍应是上阳宫中溪流上的泻水装饰。"①

图 6-9　上阳宫遗址出土的唐石螭首、石蟾蜍

都城的西边是东都苑，又名西苑、会通苑、上林苑、芳华苑、神都苑。隋代西苑周围长二百二十九里一百三十八步，唐太宗嫌其广阔，毁之以赐居民，周围缩小到一百二十六里。具体情况是：东面十七里，南面三十九里，西面五十里，北面二十里，墙高一丈九尺。围墙共开十七道门。东面四门，从北至南依次为嘉豫门、上阳门、新开门、望春门。南面三门，从东至西依次为兴善门（由清夏门改称）、兴安门、灵光门（由昭仁门改称）。西面五门，从南至北依次为迎秋门、游义门、笼烟门、灵溪门、风和门。北面五门，从西至东依次为朝阳门、灵圃门、玄圃门、御冬门、膺福门。东都苑中，榖水、洛河交汇，时常泛滥成灾。开元十九年（731），唐玄宗命疏浚苑中洛河，两个月完工。开元二十四年（736），唐玄宗又以内库资财雇人修了积翠、月陂、上阳三道堤

① 陈长安：《唐东都上阳宫内出土石蟾蜍》，《中原文物》1986 年第 2 期。

岸，以保障离宫亭馆免遭洪水冲淹。苑中有十多所离宫，如合璧宫（由八关宫改称）、龙麟宫、明德宫（由显仁宫改称）、黄女宫、高山宫、宿羽宫、望春宫、冷泉宫、翠微宫（由积翠宫改称）、青城宫、凌波宫、朝阳宫、栖云宫、景华宫等。此外，还有一些殿堂亭阁。

在东都城的周围，还修造了一些避暑行宫。汝州西山有襄城宫，因烦热多蛇，半年后即拆毁。渑池县西有紫桂宫。告成县石淙有三阳宫，后来毁掉，以其材料在嵩岳万安山建兴泰宫。洛阳城北邙山翠云峰有避暑宫，今为上清宫。

第二节　大周万国颂德天枢

天授元年（690）重阳节，武则天在神都洛阳宣布废除唐朝，建立周朝，以女性身份当皇帝。这一时期，洛阳居住着很多周边民族政权来华的人士。为了彰显武周政权为全世界所承认和拥护，武则天的侄儿武三思动员"四夷酋长"聚钱百万亿，购买铜铁数百万斤，铸成天枢，竖立于皇城正南门端门之外，用以"铭纪功德，黜唐颂周"。[①] 天册万岁元年（695）四月，天枢落成，上面镌刻武则天题写的"大周万国颂德天枢"榜额，武三思撰写的记文，以及百官和四夷酋长的姓名。

四夷酋长参与制造天枢，各负其责，分头开展工作。这一工程的总负责人是波斯国来华的高官阿罗撼，他承担联络在洛阳的外族首领的任务。《阿罗撼墓志》说唐高宗召他来华，授予将军，"又为则天大圣皇后召诸蕃王建造天枢"。[②] 工程施工的负责人，是归服唐朝的高句丽权臣泉献诚。《泉献诚墓志》说他被武则天任命为左卫大将军，天授"二年二月，奉敕充检校天枢子来使"。[③] 使职是临时差遣性的职务，完成使命便予以撤销。"子来"出典于《诗经·大雅·灵台》："经始灵台，经之营之。庶民攻之，不日成之。经始勿

---

① 《资治通鉴》卷二〇五，"延载元年"条，第6496页。
② 周绍良主编《唐代墓志汇编》上册，上海古籍出版社，1992，第1116页。
③ 《唐代墓志汇编》上册，第985页。

亟，庶民子来。"① 这是说周文王勤政爱民，深得人心，修造灵台时，百姓不召自来，像亲生儿子为父亲干活一样，以至于几天工夫就竣工了。工程的设计师是毛婆罗，负责设计方案、制作铸件模具。《资治通鉴》说天枢"由工人毛婆罗造模"。② 唐人张彦远介绍几位擅长塑像者"皆巧绝过人"，其中有毛婆罗，是"天后时尚方丞"。③ 《新唐书·五行志一》提到唐中宗时有"中郎将东夷人毛婆罗"，④ 可知他是高句丽或新罗人。高句丽人高足酉，也是参与建造天枢的四夷酋长中的重要成员。1990 年河南伊川县平等乡楼子沟村出土的《高足酉墓志》，说他是"辽东平壤人"，来洛阳后拜为镇军大将军、行左豹韬卫大将军，"证圣元年造天枢成，悦豫子来，雕镌乃就。……即封高丽蕃长、渔阳郡开国公，食邑二千户"。⑤

天枢是一座金属纪念柱。下部是铁山，高二丈，以铜雕镂出蟠龙、麒麟等瑞兽。中部是八面体棱柱，高一百零五尺。上部是圆形云盖，直径三丈，四条龙像人一样立着捧持火珠，总高一丈余。整体耗费铜铁数百万斤。《高足酉墓志》描述天枢说："干青霄而直上，表皇王而自得。明珠吐耀，将日月而连辉；祥龙下游，凭烟云而矫首。"李峤《奉和天枢成宴夷夏群寮应制》诗，描绘天枢说："灼灼临黄道（端门南百步处有黄道渠，上有黄道桥），迢迢入紫烟。仙盘（天枢上的云盖）正下露，高柱欲承天。山类丛云起，珠（天枢上的大珠）疑大火（大火星，即心宿）悬。"⑥

天枢（Dubhe）是北斗七星中斗身第一星的名称，第二星叫天璇（Merak）。从天璇用直线连接天枢，延伸至两星间长度五倍以外有一颗星，即北极星（Polaris）。北斗七星在不同季节和夜晚不同时间，转动到天空的不同方位，但无论怎样转动，天璇和天枢始终对着北极星，因此，天璇和天枢被称

---

① 程俊英、蒋见元注析《诗经注析》，中华书局，1991，第 788 页。
② 《资治通鉴》卷二〇五，"天册万岁元年"条，第 6503 页。
③ （唐）张彦远：《历代名画记》卷九《唐朝上》，《中国书画全书》第 1 册，第 153 页。
④ 《新唐书》卷三四《五行志一》，第 893 页。
⑤ 郭引强、李献奇编《洛阳新获墓志》，文物出版社，1996，第 219~221 页。
⑥ 《全唐诗》卷六一，第 175 页。

为指极星。《尔雅·释天·星名》说:"北极,谓之北辰。"① 《论语·为政》载孔子话说:"为政以德,譬如北辰,居其所而众星共之。"② "大周万国颂德天枢"的寓意,在于颂扬武则天以道德感化天下,周边民族像指极星始终朝着北极星一样,对她感恩戴德,忠贞不贰。唐初,唐太宗被北面各游牧民族的首领可汗尊奉为天可汗,即世界各国的共同领袖。大周万国颂德天枢的建造,旨在证明武则天的天可汗身份。

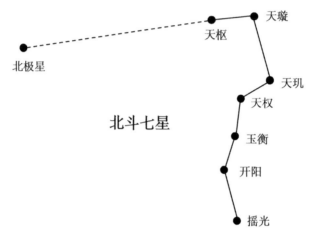

图 6-10　北斗七星和北极星

神龙元年(705)的政变推翻了武则天的大周政权,此后唐中宗、唐睿宗兄弟相继当政,国号恢复为唐,迁回长安。作为武后之子,他们都不敢否定自己生母废唐建周的行为。唐睿宗子李隆基(唐玄宗)即位后,才大刀阔斧地解决武则天时期的遗留问题。开元二年(714),唐玄宗下诏销毁天枢。

第三节　唐代洛阳的私家园林

洛阳城内外,不少官僚士大夫把宅院精心营造成美丽舒适的园林。其中,

---

① 周祖谟校笺《尔雅校笺》,江苏教育出版社,1984,第 83 页。
② 杨伯峻译注《论语译注》,中华书局,1980,第 11 页。

白居易、裴度、李德裕、牛僧孺的宅院最负盛名。

长庆四年（824），白居易罢杭州刺史，再次移居洛阳，买到已故散骑常侍杨凭在外郭城东南隅履道里的宅院，居住二十年，营建成惬意的园林。履道里占地十七亩（唐制），其中房屋建筑占三分之一，水域占五分之一，竹林占九分之一，道路、小岛、桥梁，或隔或连。宅院中花木繁多，有国槐、梧桐、榆树、杨树、柳树、枣树、桃树、梨树、杏树、桂花、樱桃、藤萝、木槿花、芍药、牡丹、菊花、兰花、莲花、夜合花、迎春花等。许多植物是白居易带领家人种植的，还有三位府僚曾参与植树。河南尹王起资助他修造池桥。院落的东北是廊院，由多所粉墙朱门青瓦的房舍组成。廊院以南为南园，有一方池塘，池中筑岛，岛上建亭，水边造阁。池东修建粮仓，池北修建书库，池西修建琴亭。廊院以西为西园，引伊河水穿越而过，置有水斋。廊院以北为北院，是厨房，人迹罕至。此外，还有菜地、沙滩等。在这所园林中，置放着天竺石、太湖石，饲养着鹰犬鸡鹤，春兰秋菊，次第绽放，修竹茂树，摇曳生姿。每到水香莲开的清晨，或是露清鹤唳的夜晚，白居易总要在池亭里饮酒抚琴，欣赏乐童演奏乐曲，以作为读书作诗之余的消遣。他作《池上篇并序》说："思颓然自适，不知其他"，"优哉游哉，吾将终老乎其间"。[1]

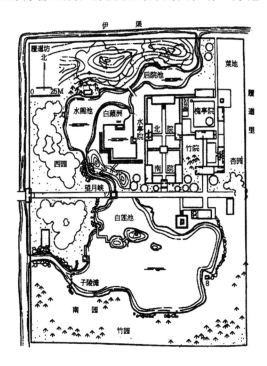

图 6-11 履道里宅院想象平面图
（据白居易诗文和部分考古发掘简报绘制）

---

[1] 《全唐诗》卷四六一，第 1172 页。

　　白居易这所宅第中，房舍与观赏、休闲、娱乐景点的空间划分，按照人口所需，采取合理的比例，巧妙布局，有借有补，有藏有露，使得实用功能与游赏功能紧密结合，相得益彰。园宅的景观丰富，层次分明。波光粼粼的广阔水面上建设小岛，分隔了水面，丰富了水面景观；流动的渠道传出淙淙水声。为了使得水面有声有色，白居易做出特别处理。一方面，他在水势湍急的地方竖立大石头，使得水流冲击石头，发出声响。他在《亭西墙下伊渠水中置石激流，潺湲成韵，颇有幽趣，以诗记之》诗中说："嵌巉嵩石峭，皎洁伊流清。立为远峰势，激作寒玉声。……是时群动息，风静微月明。高枕夜悄悄，满耳秋泠泠。"① 另一方面，他在水浅的地方铺上小石头，可观赏水下石头和水中游鱼，聆听潺潺流水声。他在《李卢二中丞各创山居，俱夸胜绝，然去城稍远，来往颇劳。弊居新泉，实在宇下。偶题十五韵，聊戏二君》诗中说："凿凿复溅溅，昼夜流不已。洛石千万拳，衬波铺锦绮。海珉一两片，激濑含宫徵。绿宜春濯足，净可朝漱齿。绕砌紫鳞游，拂帘白鸟起。"② 大片竹木花草一年四季呈现出各种色调，形成园林生态景象。加上水岸、路旁的天竺石、太湖石、青方石等石景点缀，白鹤栖息，飞鸟翔集，丝竹歌声盈耳不绝，美酒佳肴香气飘荡，使得人工建筑和自然景观的融合达到了完美的和谐。1992～1993年，洛阳唐城考古队对白居易履道里故居进行发掘，出土了大量的遗物，有罐、壶、碗、杯、茶碾、茶托、砚台等生活用具以及文房用品，还有陀罗尼经幢等。

　　裴度晚年居住洛阳，在城区内的集贤里宅院中筑山凿池，修造风亭水榭，阁楼桥梁，竹木掩映，岛屿回环，蹊径盘曲，号为都城的胜景。白居易将这所园林中的十来处景点的名称化为诗句，写入《裴侍中晋公以集贤林亭即事诗三十六韵见赠，狠蒙征和，才拙词繁，辄广为五百言，以伸酬献》一诗中。这首诗说："何如集贤第，中有平津池！池胜主见觉，景新人未知。竹森翠琅玕，水深洞琉璃。水竹以为质，质立而文随。文之者何人，公来亲指麾。疏凿

---

① 《全唐诗》卷四五九，第1165页。
② 《全唐诗》卷四五九，第1165页。

图 6-12　白居易履道里故居遗址出土的辟雍瓷砚、绿釉菱形印花盘

出人意，结构得地宜。灵襟一搜索，胜概无遁遗。因下张沼沚，依高筑阶基。嵩峰见数片，伊水分一支。南溪修且直，长波碧逶迤。北馆壮复丽，倒影红参差。东岛号晨光，杲曜迎朝曦。西岭名夕阳，杳霭留落晖。前有水心亭，动荡架涟漪。后有开阖堂，寒温变天时。幽泉镜泓澄，怪石山敧危（原注：以上八所，各具本名）。春葩雪漠漠（原注：谓杏花岛），夏果珠离离（原注：谓樱桃岛）。主人命方舟，宛在水中坻。亲宾次第至，酒乐前后施。解缆始登泛，山游仍水嬉。沿洄无滞碍，向背穷幽奇。暂过远桥下，飘旋深涧陲。管弦去缥缈，罗绮来霏微。棹风逐舞回，梁尘随歌飞。宴余日云暮，醉客未放归。高声索彩笺，大笑催金卮。唱和笔走疾，问答杯行迟。一咏清两耳，一酣畅四肢。主客忘贵贱，不知俱是谁。"① 裴度还在城南的午桥庄修建别墅，培植万株花木，凉台暑馆隐藏其中，名叫绿野堂，旁边是人工引来的渠水，潺潺流动。白居易《奉和裴令公新成午桥庄绿野堂即事》诗、刘禹锡《奉和裴令公新成绿野堂即书》诗、姚合《和裴令公新成绿野堂即事》诗，从不同的角度，对午桥别墅和绿野堂的环境、景观以及所酿造出的情趣，予以生动的描写。

宝历元年（825），李德裕把所购买的龙门之西的荒榛之地营建成平泉庄。平泉庄在今伊川县梁村沟，内有台榭百余所。李德裕位极人臣，巴结他的人所

---

① 《全唐诗》卷四五二，第 1142 页。

在多有。当时有文人题平泉诗说:"陇右诸侯供语鸟,日南太守送名花。"[①] 珍稀花木有天台山的金松、琪树、海石楠,嵇山的海棠、榧桧、四时杜鹃、相思、紫苑、贞桐、山茗、重台蔷薇、黄槿,剡溪的红桂、厚朴、真红桂,海峤的香桂、木兰,天目山的青神、凤集,钟山的月桂、青飕、杨梅,曲房的山桂、温树,金陵的珠柏、栾荆、杜鹃,茆山的山桃、侧柏、南烛,宜春的柳柏、红豆、山樱,蓝田的栗梨、龙柏,蘋洲的重台莲,芙蓉湖的白莲,茅山东溪的芳荪,番禺的山茶,宛陵的紫丁香,会稽的百叶木芙蓉、百叶蔷薇,永嘉的紫桂、簇蝶,桂林的俱那卫,钟陵的同心木芙蓉,东阳的牡桂、紫石楠,九华山的药树天蓼、青栃、朱杉,宜春的笔树、楠稚子、金荆、红笔、密蒙、勾栗木,等等。珍奇石头有日观、震泽、巫岭、罗浮、桂水、严湍、庐山、漏泽等地的奇石,台岭、八公山的怪石,巫山、严湍、琅琊台的水石,仙人迹、鹿迹的美石,等等。园林中奇石纹理各异。有平石,以手摩挲,石面上隐隐现出云霞、龙凤、草树等形象。有醒酒石,李德裕醉酒后倚靠着它,可以醒酒。有礼星石,纵广一丈,长一丈多,上面的纹理呈现北斗星拱卫北极星的样子。有狮子石,状如狮子,首尾眼鼻皆具,高三四尺,孔窍千万,互相贯通。平泉庄中楼阁台榭美轮美奂,花木繁多,四季香艳,简直如同神仙洞府。山庄中大规模造景,架置管道,引泉水萦回缭绕,造出巴峡巫山、洞庭十二峰、茫茫九派汇入大海的景致。

牛僧孺在洛阳城东门内归仁里修建宅院,还在城南建造别墅。他的园林以花木奇石取胜。他将同僚四五年间远道馈赠的一大批太湖石,安置在宅院和别墅中。白居易《太湖石记》说牛僧孺"嗜石","与石为伍"。这些太湖石奇形怪状,有的盘拗秀出如灵丘鲜云,有的端严挺立像道教神仙,有的缜润削成如同美玉,有的棱角锐利好似剑戟。有的像虬龙、像凤凰,或蜷伏或飞翔;有的像鬼怪、像走兽,或行走或狂奔,似乎即将互相搏斗。阴晴朝夕,情状各异。"撮要而言,则三山五岳、百洞千壑,觚缕蔟缩,尽在其中。百仞一拳,

---

① 《太平广记》卷四〇五《李德裕》,第3271页。

千里一瞬，坐而得之。"① 白居易《题牛相公归仁里宅新成小滩》诗描绘牛僧孺宅院中的水景说："平生见流水，见此转留连。况此朱门内，君家新引泉。伊流决一带，洛石砌千拳。与君三伏月，满耳作潺湲。深处碧磷磷，浅处清溅溅。碕岸束鸣咽，沙汀散沦涟。翻浪雪不尽，澄波空共鲜。两岸滟滪口，一泊潇湘天。曾作天南客，漂流六七年。何山不倚杖，何水不停船。巴峡声心里，松江色眼前。今朝小滩上，能不思悠然。"② 可以想见，牛僧孺的宅院引入伊河水，与洛河石头砌成的假山组合成小环境山水景观，即便在酷暑季节，也让人感到阵阵凉意。

洛阳的私家园林，建筑与环境搭配，错落有致，咫尺万里，小中见大，淡雅与浓艳巧妙结合。园林主人注意水流的设计，引入水源，鱼鳖成群，激活生机；注重植被的覆盖，遍植花木，藏莺歇鸟，穿行动物。在假山的布置方面，由过去的叠土为山转变为叠石成山，千姿百态的奇石，逗引出人们的种种联想。园林主人调动种种心思，将园林的人工营造和自然美很好地结合起来，使得客观存在与主观感受水乳交融，既利于休闲，又产生审美愉悦，大大提高了生活质量。到了北宋时期，洛阳的一些园林依据原来的布局加以维修，可见唐代的造园理念对后世产生了深远的影响。

---

① 《全唐文》卷六七六，第 3061 页。
② 《全唐诗》卷四五九，第 1164 页。

第七章

唐代洛阳的教育和科举

　　洛阳地区有东都中央学校，也有县乡地方学校，嵩山、缑山、王屋山还是士子自学的场所。公私教育与科举考试接轨，是士人跻身仕途的跳板。隋代创立科举取士制度，唐代加以完善、规范，一些科举制度在洛阳制定。唐高宗、武则天在洛阳执政期间，各地举子麇集洛阳科举考场，挥笔答题；普天下士人选定科举出路，蔚然成风。安史之乱以后迄唐朝灭亡，唐朝曾几度在洛阳举办科举考试。考试科目、内容、方法，洛阳同长安一样，但洛阳试题带有地方特色。科举制起初只是国家级选拔文职官吏和技术人才的制度，武则天创办武举，遂增加选拔军事官吏的一个途径。

第一节　唐代洛阳地区的教育活动

一　为科举制服务的各类教育

　　唐代实行的科举制是国家级正规选拔官吏的制度。考生来源有两条途径：中央各类学馆的在校生叫作生徒；州县输送的考生叫作乡贡，乡贡除了自学者，多数由地方学校培养。各级学校的办学目的都是给国家输送科举考生，学校成了科举制的附庸和阶梯。从此，读书、应试、当官，三者融为一体，长期影响中国社会。

学校教育绝大多数属于官办教育，在中央和地方，设立了不同级别、不同专业的学校。地方学校有府学、州（郡）学、县学、乡学，都学习儒家经典，每年十一月，将优秀学生贡送到中央应试。唐代国子监助教张简是河南缑氏人，"曾为乡学讲《文选》"，① 培养考生应对诗赋考试的能力。

河南府辖区内的私人教育和个人自学，分布零散，进度自由。岑参在《感旧赋》中说："志学集其荼蓼，弱冠干于王侯。荷仁兄之教导，方励己以增修。无负郭之数亩，有嵩阳之一丘。"② 这是说自己到了十有五而志于学的年龄，父母双亡，隐居于今河南登封市嵩山，由哥哥教自己学习。他还隐居缑山（在今河南洛阳市偃师区南）、王屋山（在今河南济源市）、陆浑，都是自学读书，为科举考试做准备的。元结年少时，其宗兄元德秀曾任鲁山（今河南鲁山县）县令，后定居陆浑，元结曾跟随他读书习文，这为后来进士及第和创作诗文奠定下基础。安史之乱以后，河北地区藩镇割据，这里没有内地那样的文化氛围。生养在成德镇（驻今河北正定县）的青年卢需，其曾祖和祖父曾在幽州镇（驻今北京市）当州刺史，父亲在成德镇当县令。然而这位文职官员的子孙，"生年二十，未知古有人曰周公、孔夫子者，击球饮酒，马射走兔，语言习尚，无非攻守战斗之事"。后来，有人动员他赴内地学习先王儒学之道，应进士举，跻身仕途。他来到王屋山道观，才开始学习发蒙读物《孝经》《论语》。通过十年苦读，与以前相比判若两人，"有文有学，日闲习人事，诚敬通达"。③ 这属于基础教育开始较晚，成年后才从头学起。还有一种情况，一族的子弟聚集在自家别墅中读书学习。黄河北岸的济源县同王屋县一样，唐代属于洛阳地区，归河南府管辖。裴休"童龀时，兄弟同学于济源别墅。休经年不出墅门，昼讲经籍，夜课诗赋"。唐穆宗时期，他"从乡赋登第，又应贤良方正，升甲科"。④

---

① 《太平广记》卷四四七《张简》，第 3658 页。
② 《全唐文》卷三五八，第 1608 页。
③ （唐）杜牧：《樊川文集》卷九《唐故范阳卢秀才墓志》，陈允吉点校，上海古籍出版社，1978，第 144 页。
④ 《旧唐书》卷一七七《裴休传》，第 4593 页。

二 唐代东都的教育

长安、洛阳两京，皆设立中央直属学校。唐朝管理教育的中央行政机构是国子监，设国子祭酒一人，类似国家教育部长兼中央大学校长，国子司业一二人，类似大学教务长。国子监下面设置国子学、太学、四门学、律学、书学、算学六学，六学各设置级别不同的专业师资，有博士、助教、直讲。国子学招收三品以上贵族官僚的子孙三百名；太学招收四、五品贵族官僚子孙五百名；四门学招收六、七品贵族官僚子孙五百名和平民家的聪明子弟八百名；律学五十名，书学三十名，算学三十名，皆招收八、九品官僚子弟和平民家子弟。同时，六学还接受周边民族政权的留学生。此外，门下省设弘文馆，东宫设崇文馆，招收公卿大臣和皇亲国戚的子弟，前者三十名，后者二十名。六学二馆都是中央直属学校。学生入学年龄是十四至十九岁，学制九年；只有律学规定入学年龄是十八至二十五岁，学制六年。

律学、书学、算学是高等专科学校。律学的学生以律令为专业，兼习格式法例。书学的学生学书，每天写字一幅，开设的课程有时务策（时事政治），其余则为《国语》《说文》《字林》《三苍》《尔雅》。在校学习时间分配是：石经三体限三年，《说文》两年，《字林》一年。算学的学生在校学习《孙子》《五曹》《九章》《海岛》《张丘建》《夏侯阳》《周髀》《五经算》《缀术》《缉古》《记遗》《三等数》等，各分配学习年限。

其他学校以儒家经典作教材。当时规定九部儒家经典为“正经”，按照字数多寡，分为大经、中经、小经三类：《礼记》《春秋左氏传》为大经，《毛诗》《周礼》《仪礼》为中经，《周易》《尚书》《春秋公羊传》《春秋穀梁传》为小经。应明经科考试的学生有所偏向，通二经者通大经、小经各一部，或者中经两部；通三经者通大经、中经、小经各一部；通五经者大经皆通，其余经各一部。各类学生的共修课是《孝经》《论语》，是儒家基础知识，学习必须合格。学习时间的分配是：治《孝经》《论语》共限一年；《尚书》《公羊传》《穀梁传》各一年半；《周易》《毛诗》《周礼》《仪礼》各两年，《礼记》《左传》各三年。

学生每十天放假一天。放假前一天，博士主持考试。考试有两种类型，一种类似今日的填空题，在一千字的经文内，用纸片盖住三个字，让学生读出这三个字来。另一种是问答题，让学生讲解经文大义，每两千字的经文提问大义一条，一共三题，三分之二通过为合格，不及格者受罚。到了年底，对这一年的学习进行总的考试，教师口问大义十条，学生答对八条，为上等成绩，六条为中等，五条为下等。下等成绩总计三门，以及在校学习期满达不到推荐参加科举考试程度者，一律除名离校。各校学生通二经、俊士通三经已及第而愿留者，四门学的学生可以上补到太学中学习，太学生则上补到国子学中学习。各校学生，每年五月放田假，九月放授衣假，二百里外给程。超过了放假或请假期限还没有返校，则取消学籍。但对于官僚子弟予以照顾，五品以上官僚的子孙送交兵部，按照其父祖辈的级别安排职务。

唐玄宗开元二十九年（741），在长安创立崇玄学，是道教高等专科学校。天宝元年（742），东、西两京各置崇玄学博士一人、助教一人，学生各一百人。崇玄学开设的课程是道教经典《老子》（《道德经》）、《庄子》（《南华经》）、《文子》、《列子》，所应试的科举科目是道举。

东都国子监是唐高宗于龙朔二年（662）设置的，和长安的国子监分别称为东监、西监。开元六年（718），国子博士尹知章去世，其学生河南府偃师人孙季良等"立碑于东都国子监之门外，以颂其德"。[①] 安史之乱以后，学校遭到破坏，生徒流散，到唐宪宗元和二年（807），规定两京崇玄学以外各学馆生员的人数，"西京国子馆生八十人，太学七十人，四门三百人，广文六十人，律馆二十人，书、算馆各十人；东都国子馆十人，太学十五人，四门五十人，广文十人，律馆十人，书馆三人，算馆二人而已"。[②] 东都各中央学校的课程设置、师资配备、修业期限、考试方法和要求、放假制度，以及其他管理，都按照上述规定实施。特殊情况，灵活处理。天授二年（691），在神都洛阳的太学生王修之上表，"以乡有水涝，乞假还"，女皇武则天因"情有所切，特宜许之"。[③]

---

① 《旧唐书》卷一八九下《儒学下·尹知章传》，第4975页。
② 《新唐书》卷四四《选举志上》，第1165页。
③ 《唐会要》卷五一《识量上》，第1042页。

在学校教育之外，还有宫廷的特殊教育。一种是聘请学者充当皇太子的侍读，在东宫培养太子传统文化学养。皇太子上学年龄过后，这种教育还在继续，直到当上皇帝为止。扬州人王绍宗，"少勤学，遍览经史，尤工草隶（唐代称楷书为隶书，隶书为八分）"。他拒绝参与徐敬业扬州叛乱，叛乱平定后，武则天将他请到洛阳，在皇宫中接见他，"擢拜太子文学，累转秘书少监，仍侍皇太子读书"。① 其余皇子的教育与太子相同。汝州人孟诜，武则天时期在洛阳当过凤阁舍人、春官侍郎，"睿宗在藩（时为相王），召充侍读"。② 另一种是聘请学者充当内教学士、博士，到宫中教授宫女学习书算众艺。唐初，管理这项教育活动的机构叫"内文学馆"，武则天在洛阳执政期间，先后改名为"习艺馆""万林内教坊"。③ 宋之问、杨炯曾"分直内教"。④ 宋之问《秋莲赋》的序言说他们是天授元年（690）受敕担任这一职务的，每天黎明起床，去西城宫掖的习艺馆从事教学活动。到了宫掖门前，羽林军检查他们的随身物品，门岗检验他们的通行证。然后，他们立于御桥之西，春去秋来，看着池沼中的莲花如何生长变化，以打发等待上课的时辰。

此外，佛教师傅们带徒弟，在佛寺指导他们学习本宗的知识、语言文字等，举办学术研讨会，互相交锋、切磋，是另一条线上的教育活动。显庆五年（660），唐高宗迎请长安大慈恩寺僧义褒、西明寺僧慧立等，"停东都净土寺，褒即于彼讲《大品》《三论》"；⑤ 龙朔元年（661），义褒被"别召追往……乃于净土讲解经论"。⑥ 义褒成年累月地在净土寺讲授《大品般若经》《中论》《百论》《十二门论》等，听讲的人不但有僧众，还有百官。但这些宗教学习活动不同于作为职业的教育活动，不像学校教育那样统一教材、规定学制、制定考试标准，以及缴纳学费、聘请教师，实施奖惩、请假、放假等制度。

---

① 《旧唐书》卷一八九下《儒学下·王绍宗传》，第 4963～4964 页。

② 《旧唐书》卷一九一《方伎·孟诜传》，第 5101 页。

③ 《新唐书》卷四七《百官志二》，第 1222 页。

④ 《旧唐书》卷一九〇中《文苑中·宋之问传》，第 5025 页。

⑤ （唐）道宣：《集古今佛道论衡》卷丁，《大正藏》第 52 册，第 391 页。

⑥ 《续高僧传》卷一五《唐京师慈恩寺释义褒传》，第 546 页。

第二节　唐代洛阳的科举活动

科举制创始于隋代，在唐代完善和程式化。科举制分为常举和制举两大类。常举主要有明经科和进士科，一般固定在春天举行。制举是根据实际需要，以皇帝的名义临时设立的科目。

唐高宗时期，洛阳的科举活动开始活跃起来。上元元年（674），唐高宗幸洛阳，年底武则天建议明经科按照策问《孝经》《论语》的办法加试《老子》，次年唐高宗批准，并推广到进士科考试中。虽然武则天建周后取消了这一做法，但唐玄宗时又发展成为道举，可见洛阳科举的重要影响。制举须皇帝亲自过问，调露元年（679）十二月，唐高宗在洛阳武成殿接见岳牧举人，问天阵、地阵、人阵是什么意思。武陟（今河南武陟县）县尉员半千答道，兵书多说天阵指的是星宿孤虚这一类天象，地阵指的是山川形势的利弊，人阵指的是军队排列阵势时的主次和配合，自己则以为不然："夫师出以义，有若时雨，得天之时，此天阵也；兵在足食，且耕且战，得地之利，此地阵也；三军使士兵如父子兄弟，得人之利，此人阵也。三者去矣，将何以战？"[1] 唐高宗对这个说法非常欣赏，以上等名次录取他。次年，唐高宗在洛阳采纳吏部考功员外郎刘思立关于明经、进士加试帖经的建议，作为制度，一直贯彻执行。至迟在这一年，洛阳已举行常举考试。据彭庆生《陈子昂诗注》所附《陈子昂年谱》：调露元年，陈子昂由家乡梓州射洪县赴京师长安，游太学，次年在东都洛阳应进士举落第，著有《落第西还别刘祭酒高明府》《落第西还别魏四懔》等诗。[2]

武则天执政后把政治中心稳定在洛阳，常举、制举都在洛阳举行。垂拱元年（685），武则天刚临朝称制一年，策问进士时，就批评前代轻视中土，弃洛阳而不就地营建都城，还以《九河铭》为试题。九河是黄河下游诸多支流的总称，而洛阳城北的孟津是黄河下游的起点。从此，武则天年年在洛阳举行

---

① （北宋）王钦若等编《册府元龟》卷六四三《贡举部·考试》，周勋初等校订，凤凰出版社，2006，第 7426 页。

② （唐）陈子昂著，彭庆生注释《陈子昂诗注》，四川人民出版社，1981，第 282~283 页。

科举考试。

首先，武则天把科举活动同执政柄革唐命紧密结合起来，以考察舆论，收买人心。她以皇太后身份临朝称制之初，策问时就自称"朕"，说金木水火土五运因循替代，英明的国君乘时革命，还多次以"周""汉"对举。她后来改唐为周，固然有其父曾封为周国公的因素，然而她的心迹由来已久。应试者的对策，口径不一致。皇甫伯琼称她为"圣母皇帝陛下"，将其置于权力顶峰，远在开天辟地时期的女娲和周室姬姓天子之上。但不少人口气很谨慎。吴师道称她为"皇太后陛下"，张说说她"母临黔首，子育苍生"。① 可见立即改朝换代，条件还不成熟。她于是考虑收买人心。载初元年（690），她广泛搜罗所谓被埋没的贤才，各地近万人来洛阳应制举。她到洛城南门楼亲自临试，还要求把最好的答卷复写很多份，颁示给各地朝集使和外宾，"以光大国得贤之美"。② 她还在洛城殿策问贡士数日，开贡士殿试的先河。不过，这只是在宫殿里行吏部考功员外郎之事，与后代省试之上的殿试做法不同。她称帝年余，又接见各地贡士，不论贤愚，一律提拔，授予试凤阁舍人、给事中、试员外郎、侍御史、补阙、拾遗、校书郎等，以至于当时有"补阙连车载，拾遗平斗量"③ 之诮。长寿二年（693），左拾遗刘承庆上书说，近年来各地所贡物品，元日都陈列在御前，而贡士却在朝堂列队拜谢，这是"贵材而贱义，重物而轻人"，因而"请贡举人至元日引见，列在方物之前"。④ 她接受这一批评建议，表示出对人才的尊重。武则天的这些做法实际上突破了参政夺权的狭隘目的，使科举制发扬光大，增强了它在社会生活中的作用。

其次，武则天注意调整儒释道三教关系，突出儒学的经世致用功效。她当初建议科举加试《老子》，说老子李耳是李唐皇室的始祖，《老子》是"圣教"，这有媚唐的成分。改唐为周后，她便调整政策，长寿二年（693）令贡举人学习她自己编撰的《臣轨》，而停试《老子》。《臣轨》的内容是当臣子

---

① 《登科记考补正》卷三，第 91、95、98、100、118 页。
② （唐）刘肃：《大唐新语》卷八《文章》，许德楠、李鼎霞点校，中华书局，1984，第 127 页。
③ 《资治通鉴》卷二〇五，"长寿元年"条，第 6477 页。
④ 《册府元龟》卷六三九《贡举部·条制》，第 7389 页。

的行为准则，这是儒家的君臣关系规范。她因佛教制造理论依据而登极，但对佛教偏重于利用，从属于世俗利益，并非单纯信仰偏祖。长寿三年（694）制举策问说：佛教僧侣"兰艾因而或糅，玉石由是难甄"，若令沙汰，"恐乖智海之宏规"，但为了"王化"，请问"施张之术，去就何从？"薛稷答道：对于混入僧籍中的不良分子，要让他们自新、还俗，国家应控制佛教的发展，提倡在家出家当居士。① 这体现了国家对宗教的管理政策。这样，儒学在科举活动中的统治地位便牢不可破，用以选拔经世致用的人才。

再次，武则天首创武举，拓宽了科举制的领域。唐高宗初幸洛阳，曾诏令官吏举荐"勇冠三军，翘关拔山之力；智兼百胜，纬地经天之才"，以及"赏纤善而万众悦，罚片恶而一军惧"② 的人才。这是选拔武将的制举。长安二年（702），武则天在长安下令各州练习武艺者，每年按明经、进士例举送，由兵部负责组织考试录取，这便成了常举。这时，她刚幸临长安不久，次年回洛阳，武举的具体实施便是在洛阳。

最后，武则天强调和发挥了河洛地区产生和保存的传统文化的主导作用。她批评前代定都不重视洛阳，然后就定都神都事征求应试者的意见。载初元年（690）制举策问说："河洛建受图之所"，"定都考室，斯焉是崇"。③ 这与李唐首崇长安的关中本位政策截然不同，是政权更迭中难免出现的现象。考生紧扣试题含义，围绕着中华文明的滥觞河图洛书、黄帝立都河洛地区、周公营建洛邑等内容作答。张说答道："陛下……据河洛之规模"，"轩后（轩辕黄帝）鱼图之水，建邦设都；周公龟墨之地，考堂作室"。④ 证圣元年（695），孙嘉之进士对策又说："自龙马出河，爰分八卦，灵龟荐洛，乃见九畴。文字以兴，典谟斯起。"⑤ 唐人沈既济说，武则天参政执政几十年间，"公卿百辟无不以文章达，因循遽久，浸以成风"，以至于到唐玄宗时期，"太平君子唯门调

---

① （北宋）李昉等编《文苑英华》卷四七九，中华书局，1966，第2444页。
② 《全唐文》卷一二《令百官各举所知诏》，第58页。
③ 《文苑英华》卷四七七，第2435页。
④ 《张燕公集》卷一一，《丛书集成初编》第1847册，第127页。
⑤ 《登科记考补正》卷四，第137页。

户选，征文射策，以取禄位，此行己立身之美者也。父教其子，兄教其弟，无所易业。大者登台阁，小者仕郡县，资身奉家，各得其足。五尺童子，耻不言文墨焉。是以进士为士林华选，四方观听，希其风采，每岁得第之人，不浃辰而周闻天下"。① 可见科举制在武则天时期臻于完备，形成规模，社会上选定进士出路蔚成风气。进士科作为科举制的重要组成部分，影响中国政治生活长达一千余年。

唐玄宗驻跸洛阳期间，制定了几项科举制度。开元五年（717），他诏令各州所贡明经、进士考生赴长安后，应组织起来到国子监拜谒先师孔子像，学官为他们讲解儒经，解答疑问，五品以上的朝请官和朝集使前往观礼。开元二十四年（736），举子和主考官闹纠纷，他诏令主考机构由吏部改为礼部，官员由吏部考功员外郎改为礼部侍郎充任。他还多次在洛城南门楼亲试制举人，有文藻宏丽、贤良方正、武足安边、高才沉沦草泽自举、智谋将帅等科。此外，他在洛阳为科举考试课目《孝经》作注，颁行全国。

唐代宗在吐蕃深入京畿时东避陕州，曾考虑迁都洛阳，因郭子仪等人谏阻而罢休。礼部侍郎贾至鉴于时艰岁歉，奏请应举士人分赴两都考试，这与唐代宗重视洛阳的想法合拍，唐代宗予以批准。永泰元年（765），置两都贡举，贾至改授尚书右丞，主持长安贡举，洛阳贡举由礼部侍郎杨绾主持。后来长安贡举由礼部侍郎负责，洛阳贡举则由东都留守负责。这样实行了十一年，到大历十年（775），礼部侍郎常衮上疏，以为常举和制举不同，应该按照已有规章制度谒见有关部门长官、先师孔子像和皇帝，而在洛阳无法做到，建议取消洛阳贡举，贡士一律集中到长安考试。唐代宗批准，从次年起，停止了洛阳的常举活动。

大和元年（827）七月，唐文宗下敕："今年权于东都置举，其明经进士任便东都赴集。"② 于是，次年春由礼部侍郎崔郾在洛阳主持考试，所出试题为《缑山月夜闻王子晋吹笙》诗。缑山属河南府缑氏县，王子晋是所谓仙人，

---

① 《通典》卷一五《选举典三》，第358页。
② 《册府元龟》卷六四一《贡举部·条制三》，第7402页。

飞到缑山上。这次考试长安人杜牧被录取为进士，立即赶回长安，又考中制举贤良方正能直言极谏科。但这次洛阳贡举只是权宜之计，并没有坚持下去。

唐代洛阳最后的科举活动是在朱全忠挟持唐昭宗迁都洛阳后。天复四年（904），朱全忠杀唐昭宗立唐哀帝，从次年起直至唐亡，连续三年在洛阳开科取士。这名义上是唐朝皇帝在选拔人才，实际上是朱全忠在重组势力，彰显自己的实力。他曾奏称高第进士刘匡图是河中镇判官刘崇之子，他的录取会引起人们的怀疑和议论，建议礼部取消其资格，礼部只好照办。

第三节　唐代洛阳科举考试的内容和方法

一　进士科考试的内容和方法

唐朝进士科起初只考时务策五道，贞观八年（634）加读经史各一部，其考法与时务策同，属于问答题。调露二年（680），唐高宗在洛阳，主考官刘思立奏请进士科、明经科皆加帖经，进士科再加杂文。到神龙元年（705），唐中宗在洛阳恢复皇位，进士科确定为三场试。帖经有时作为第一场，有时第二场。帖经属于填空题，比明经科分量小、要求低，由考官用纸片遮住所考儒家经书的几个字，让考生答出何字。起初帖一部小经，包括经文和注疏，答对六成以上，并帖《老子》正文和注疏，答对三成以上，算作及格。开元二十五年（737）规定，进士科依明经科例，帖一部大经，答对四成为及格。杂文有时作为第二场，有时第一场，所作诗赋以符合格律、文笔优美、内容充实为合格。第三场试时务策，一共五道题，比明经科多两道，要求也高一些，以条理清晰、说理透彻为合格。每场考试限定一天，从卯时到酉时，即从清晨五点钟至七点钟到傍晚五点钟至七点钟。如果考生不能按时交卷，延长时间以燃完三支蜡烛为限。

进士科考试中，帖经越来越难。考官往往不提供经书的前后语言环境，让考生背出几个被纸片遮住的字，或者取者也乎这些相似的文言虚词作为帖经的内容，或者选择对经文或注疏不能产生因果联想的年月日，以及与前后语境不相搭配的孤立句子，作为帖经的内容，甚至遮住对上面正文的注疏文字，露出下面正文一两个字，让考生背出其下几个字。但当时规定进士科考试可用杂文替代帖经，于是一些考生避难就易，以此代彼。大历九年（774），阎济美在东都参加进士科考试，申请作诗代替帖经，考官遂出试题《天津桥望洛城残雪》诗。阎济美只作出四句便交卷，诗云："新霁洛城端，千家积雪寒。未收清禁色，偏向上阳残。"这不符合五言排律的格式和篇幅的要求，但考官没有挑剔，"称赏再三，遂唱过"。①

正规的杂文考试，是由考生作一首诗、一篇赋。诗体是五言排律，六联共十二句，中间四联对仗，用字符合平仄规定。诗由考官命题并限韵，往往要求考生自选诗题中的平声字作为韵部。赋由考官命题，并限定八个平仄相间的字为韵，依照它们的顺序作赋，赋文的篇幅为三四百字。诗赋用韵、平仄出现错误，则为不合格，不能录取。

大和二年（828），东都进士科考试的试题是《缑山月夜闻王子晋吹笙》诗，题目中的平声字有"缑""山""闻""王""笙"和动词"吹"（名词如"鼓吹"则为仄声）六个字，都可以用来作为押韵的字。考生厉玄的诗写道："缑山明月夜，岑寂（寂静）隔尘氛。紫府（仙人居所）参差曲（吹奏笙声），清宵次第闻。韵流多入洞，声度半和云。拂竹鸾惊侣，经松鹤舞（一作对）群。蟾光（月光）听处合，仙路望中分。坐惜千岩曙，遗香过汝坟（汝州地面）。"② 厉玄选择诗题中的"闻"字为韵，属于平水韵上平声十二"文"部。

大历十年（775），东都进士科考试的赋题是《日观赋》，要求以"千载之统，平上去入"为韵。丁泽（一作丁春泽）考取第一名，其赋写道："日之升也，浴海而丽天（太阳从东海升起，附着于天上）；岳之峻也，切汉（天汉，即银河）而临边。登高者以致九霄之上，爱景者欲在万人之先。其所惟一，其仞惟千。伊风灵之有载，彼日观之存焉。"这一段以"千"字为韵，属于下平声一"先"部。赋文接着说："夫其夜刻未终，曙色犹昧（昏暗）。彼穷高

---

① 《太平广记》卷一七九《阎济美》，第 1335~1336 页。
② 《登科记考补正》卷二〇，第 838 页。

之极远，此有进而无退。未辨昏明，斯分覆载。屡闻鸣雁，犹阴沉而不睹；忽听晨鸡，即曈昽（由暗渐明）而可爱。"这一段换为"载"韵，属于去声十一"队"部。赋文接着说："于是渐出旸谷（日出处），将离地维。岩峦既秀，草树生姿。气则赫赮（红彤彤），人皆仰之。其望也如烛，其照也无私。"这一段换为"之"韵，属于上平声四"支"部。赋文接着说："昔者帝王御宇（统治天下），立极垂统（确立最高准则，代代施政）。封禅及此成功（帝王赴泰山举办封禅大典，向上天汇报治理国家取得成功），巡狩（巡幸）应其春仲。"这几句换韵，"统"字属于去声二"宋"部，"仲"字属于其邻韵一"送"部，二者合韵。赋文接着说："莫不登兹绝顶（登上泰山最高处），遐烛大明；思煦妪（抚养，指天地覆育万物）之义，穷造化之精。以为日象一人（国君，殷商国君自称'予一人'）之德，岳是三公（最高官员）之名。信王侯之设险，俾（使得）夷狄（外族）之来平。"这一段换为"平"韵，属于下平声八"庚"部。赋文接着说："方今一德无为（无为而治），三光（日月星）有象；动植昭泰，神祇胗釁（散布，弥漫）。千岩瑞色，思效祉（献上福祉）以爰（乃）升；万壑春云，欲入封而空上。"这一段换为"上"韵，属于上声二十二"养"部。赋文接着说："客有才乏羽仪（没有巨大有力的翅膀），心思骞翥（却想飞翔高远），每积聚萤（积攒萤火虫以发出较大光亮）之志，难登望日之处。引领终夕，含情达曙。知照烛之有期，故踌躇而不去。"这一段换为"去"韵，属于去声六"御"部。赋文最后说："重曰：日有观兮，绝代独立；登之望兮，无远不及。何太阳之至精，莫不专于出入。"[①]最后换为"入"韵，属于入声十四"缉"部。

诗赋是命题作文，所限韵实际上是提供了一些关键词，启发考生的思路而又约束其不至于漫衍无归，以便切题。汉字一字多义，一义多字，构词力强，语序灵活，修辞手段丰富，对于调整平仄、限韵写作，具有极大的回旋余地。诗赋是文学作品，需要考生具备创造性，这同时便意味着含有灵活性和随意性，因而在相当大的程度上是表达作者自己的想法，可以挥洒自如，酣畅淋

---

① 《登科记考补正》卷一一，第449、453~454页。

漓。考官不可能对诗赋拟出绝对的标准答案来对照衡量，评定成绩便含有相当的不确定性。久而久之，形成风格，官员从事政务活动，便会比较恰当地处理原则性和灵活性的关系。

时务策属于时政理论分析，其内容是揭露和分析时弊，提出解决方案，其格式是官方通用文体骈体文。例如垂拱元年（685）在洛阳举办进士科考试，以武则天的口气提出五道策问，涉及国家的全面施政方略。第一道说："欲使吏洁冰霜（官吏廉洁），俗忘贪鄙（百姓不贪婪），家给人足，礼备乐和，庠序（学校）交兴，农桑竞劝（鼓励农业生产）。善师期于不阵（不打仗即能取胜），上将先于伐谋（临战精密制定方案）。未待干戈（不动用战争手段），遽（快速）清金庭（金山，今阿尔泰山）之祲（妖氛）；无劳转运，长销玉塞（玉门关）之尘。利国安边，伫闻良算（等着听考生们的高见）。"第二道说："欲使……河荐萧、张（西汉谋臣萧何、张良）之名，山降申、甫（西周诸侯申侯、辅臣仲山甫）之佐，垂衣伫化，端拱仰成，多士溢于周朝，得人过于汉日。行何政道，可以至斯？"第三道说："明王阐化，化感人灵之心；圣后（英明的国君）宣风，风移动植之性，遂使祥龙荐检，鸣凤司晨（凤凰报晓），兽解触邪（独角兽獬豸能辨别邪正，以角顶向坏人），草能指佞（黄帝时有草生于帝阶，奸邪佞人入朝，则草屈而指之）。仰惟前烈，何德而臻（达到）此乎？"考生吴师道对第一道题回答道："察洗帧布衣之士，任以台衡（中央职官），擢（提拔）委金让玉之夫，居其令守（县令、郡太守），则俗忘贪鄙，吏洁冰霜矣。旌（表彰）好学之流，赏力田之伍，则家罕贫惰，位列文儒矣。降通亲之使（向周边民族政权派出使者以搞好关系），喻彼枭心（向他们讲清道理，纠正他们的错误想法），发和戎之官，收其鸡肋，则四夷左衽（各族）颠倒来王（争先恐后前来归顺），三边元恶讴谣仰化矣。"如此这般，"自然笼羲驾昊，六五帝而四三皇（继三皇五帝后的英明君主）；远肃迩安，飞英声而腾茂实"。对第二道题，他回答说应该"发德音，下明诏，咨列岳（州郡长官），访群公。举尔所知，不遗于侧陋（不遗漏躲到偏远角落里的人才）；知人不易，无轻于慎择。下僚必录，上赏频沾，则叶县游龙自九天而下降（用叶公好龙故事中真龙的典故），燕郊骏马赴千金而遥集（战国燕昭王求贤，郭隗说古代人君让下人用千金买千里马，下人以五百金买死千里马首而归，活千里马则再三而来，燕昭王遂筑黄金台拜郭隗为师，而乐毅、剧辛等人才果来燕国）"。他对第三道题的回答流露出反对祥瑞、重视人事的唯物主义倾向，说皇上应该"崇谦让之道，守冲挹（谦虚）之德，抑斯天瑞，访此人谋"。[1]

进士科考试的这三部分内容，帖经用以考察考生对于儒家经典的熟悉程度，时务策考察考生对于国家政治和现实生活的关注程度和解决问题的思路、方案，杂文考察考生的文化素养、情怀襟抱、灵活应变能力。国家录取进士，是为了吸纳社会精英，补充官僚队伍，让他们治理国家，为政一方。处理国家和社会的具体问题是官员的基本职责，需要他们理论联系实际，儒家经典是施政的基本理论，官员必须掌握，深入了解社会，才能避免闭门造车、纸上谈兵。而社会问题千丝万缕，纷繁复杂，官员要有开拓创新精神，要有气魄胆略，要有远见卓识，才能应付裕如，个人的文化素养便显得十分重要。诗赋创作，是培养上述能力和素质的一条有效途径。唐代进士科出身的官员，相当一部分有所作为，不是那么死板、乏味、低能，应该说与进士科考试的训练不无关系。

科举制考生资格的确定，需要地方官府按照中央分配的名额，对申请者进行政治审查和考试选拔。基层选拔考试叫作"解试"，模仿科举考试的格式和做法。晚唐时期黄滔在洛阳参加解试，答卷《河南府试秋夕闻新雁》诗说："湘南飞去日（秋天大雁飞至湖南衡阳），蓟北（北京以北）乍惊秋。叫出陇云夜，闻为客子愁。一声初触梦，半白已侵头。旅馆移欹（倾斜）枕，江城起倚楼。余灯依古壁，片月下沧洲（临水陆地）。寂听良宵彻，踌躇感岁流。"[2] 这首诗选择题目中的"秋"字为韵，平仄（"听"字一作去声，属于"径"部）和对偶完全符合五言排律的格律。

二　明经科考试的内容和方法

调露二年（680），刘思立奏请明经、进士两科皆加帖经。明经科中通二

---

① 《文苑英华》卷四八二，第 2461~2463 页。
② 《全唐诗》卷七〇六，第 1780 页。

经者，通大经一部和小经一部，或中经两部；通三经者，大、中、小经各一部；通五经者，大经皆通，中、小经各一部。具体经书皆由明经考生自选。九部正经以外，《孝经》《论语》是明经、进士等科的共修课，因而是必考课目，还加试过《老子》《尔雅》。明经科考试分为三场。第一场帖经，比进士科分量大、要求高，规定正经两部，每部十帖，另有《孝经》二帖、《论语》八帖，答对六成及格。第二场试义。唐高宗、武则天时期是"口义"，即口试经书大义。考官就儒经的正文和注疏出题，《礼记》《左传》《周礼》各四题，其余正经各三题，《孝经》《论语》共三题。通二、三、五经的举子，按照不同标准，就自选经书和共修课回答，以辨明义理为符合要求，多数题答对为及格。第三场试时务策。这是开元二十五年（737）开始实行的，当时规定适当减少帖经和口义的题量，"答时务策三道，取粗有文理者与及第"。① 时务策比进士科少两道题，要求标准也低一些。

唐高宗、武则天之后，明经考试曾两度短暂地将口试经书大义改成笔试经书大义，称为"墨义"。我们可以参考长安的"墨义"来揣度洛阳的"口义"。权德舆在长安主持科举考试，所出墨义《毛诗》题问道："风化天下，形于咏歌，辨理代之音，厚人伦之道。邶（西周小诸侯国，在朝歌以北，朝歌在今河南淇县）、鄘（周小诸侯国，在朝歌以南）褊小，尚列于篇，楚、宋奥区，岂无其什？变风雅者，起于何代，动天地者，本自何诗？《南陔》《白华》，亡其辞而不获；《谷风》《黄鸟》，同其目而不刊。举毛、郑之异同，辨《齐》《鲁》之传授。"② 这里问到《诗经》中十五国风多达一百六十篇，小国邶、鄘的诗歌尚且收入，何以偏偏没有楚、宋这些泱泱大国的诗歌？《小雅》中的《南陔》《白华》，为什么只留下篇名，诗却未留下来？《国风·邶风》收有《谷风》，《小雅·小旻之什》也收了一首《谷风》，都是弃妇之词。《国风·秦风》收有《黄鸟》，《小雅·祈父之什》也收了一首《黄鸟》，内容不同。编辑《诗经》时为什么不对它们加以刊削改订？这些问题可以提出来，但不可能解

---

① 《唐会要》卷七五《帖经条例》，第 1631 页。
② 《权德舆诗文集》卷四〇《明经策问七道·毛氏诗》，第 619 页。

决，只能做些推测。"变风雅者起于何代，动天地者本自何诗？"这是大问题，若不熟悉文学史，举不出实例，根本无法作答。至于毛、郑、《齐》、《鲁》，是注疏和经学史方面的问题。唐人利用的仅仅是西汉毛亨传、东汉郑玄笺、唐孔颖达疏的《毛诗正义》，"举毛、郑之异同"，题目甚大，从何下手？答出哪些方面才算合乎要求？而《齐诗》亡于曹魏，《鲁诗》亡于东晋，唐人已无缘见到，怎么去"辨《齐》《鲁》之传授？"窥豹一斑，据此可见明经考试并不轻松。

明经考生擅长死记硬背，对儒家经典的精神的理解和发挥稍弱。国家把儒家学说奉为治理国家的指导思想，使得儒家学说神圣化、宗教化，用以钳制人们的思想，因而颁布标准说法来统一口径。明经考生不得不用自己的头脑去追随别人的思想，用自己的嘴巴去复述别人的说法。他们必须认同、理解和吃透那些遥远年代传下来的经文和注疏，才能避免纰漏，符合规范，其间不能藏拙，不能回避，不能独出心裁，考生几乎失掉了自我。因此，明经出身的人，政绩杰出、文辞秀丽者远比进士出身者为少。除了考试的难度以外，明经考生比进士考生人数多得多，层层筛选，其中第同进士一样极不容易。

三　制举考试的内容和方法

武则天执政期间在洛阳所开的制举科目有：词标文苑科，抱儒素之业科，韬钤科，贤良方正科，拔萃科，蓄文藻之思科，英才杰出、业奥大经科，孝弟（悌）耿直科，武艺超伦科，临难不顾、殉节宁邦科，超拔群类科，长才广度、沉迹下僚科，文艺优长科，迹隐缠（廛）肆科，疾恶科，文擅词场科，等等。制举都要举行策试，考试内容和方法与进士科的策试基本一致，只是有时命题的内容与所开科目的名称贴得更近一些。

载初元年（690）在洛阳开词标文苑科，策试内容涉及一系列重大问题。关于国家施政的大政方针，第一道策问说："适时之务何先，经国之图何最？帝皇之道奚（何，什么）是，王霸之理奚非？"第三道策问又说："未知何代之政，参酌适中？何礼之规，施用为切？务从必简之道，式崇可久之基。"①

————————

① 《文苑英华》卷四七七，第 2434 页。

考生张说对第一道题回答道："夫人者，理得则气和，业安则心固，崇让则不竞，知耻则远刑。"他强调"将行美政，必先择人"，认为"画一成歌，此适时之务也；慎贤而用，此经国之图也"，希望皇帝"进经术之士，退掊克（横征暴敛）之臣，崇简易之化，流恺悌（和乐简易）之风"。至于"帝皇之道""王霸之理"的是与非，他认为"圣人御历（皇帝统治国家），上淳而下信；帝者膺期，君明而臣哲。周用王道，教化一而人从；汉杂霸政，刑政严而俗伪"。那么，实行王道还是霸道，毋庸赘述。对于第三道题，张说回答道：不论何代，"未有反义悖德（违反仁义道德），而至升平之政；弃礼违经，克（能够）以永终之禄。莫不发号施令，法乾坤之动静；执契县（悬）衡，顺金木之刑政"。只要"养老用上庠之礼，教胄取《大学》之义，环水著辟雍（高等学府）之名，向阳表明堂之位"，就能得以"享群瑞，朝诸侯（使诸侯来朝），颁正朔（向全国颁布年历，以表示统治权），调景纬，成简易之业，崇久大之业也"。① 第三道策问还涉及武周以洛阳代替长安的上京地位问题，说："俯察坤元（地理），河、洛建受图之所。是以上稽珠纬，得风雨之和；下表圭蠡，均远近之节。定都考室，斯焉是崇。"② 张说在对策中叙述了洛阳优越的地理位置、自然条件和周公测影建雒邑的都城历史，对武则天确定洛阳为全国第一位的政治中心流露出赞同的意思，说："据河洛之规模，总风雨之交会。轩后鱼图之水，建邦设都；周公龟墨之地，考堂作室。……加以八风攸序，四时克谐，无得而称，能事毕矣。"③ 第二道策问是关于如何恰当处置徐敬业等叛乱分子余党的，张说对策说："有司既纠之以猛"，"陛下宜济之以宽"，"明肆赦之渥恩（大赦以示大恩大德），安万人之反侧（安定万民的不安心理）"，"刑在必澄，不在必惨；政在必信，不在必苛"。④

制举策试的内容涉及社会生活的方方面面，考生的建议凡是有道理又可行者，朝廷尽量予以采纳并付诸实施。可见唐代科举考试具有批判现实的性质和

---

① 《张燕公集》卷一一，《丛书集成初编》第 1847 册，第 126、128 页。
② 《文苑英华》卷四七七，第 2435、2436 页。
③ 《张燕公集》卷一一，《丛书集成初编》第 1847 册，第 127 页。
④ 《文苑英华》卷四七七，第 2435 页。

风格，具有相当的匡时济俗作用。国家几乎每年都举行科举考试，考生实际上是由国家组织起来商讨国是。考生有价值的答卷无疑相当于政治磋商活动中的种种提案。而他们参政议政的资格并不需要官府分配指标加以认定，只消报名参加考试即自动取得。因此，士人只要对政治感兴趣，便不至于被排除在政治之外，这可以最大限度地调动士人的主动性。考生答卷中所提出的应对现实问题的种种方案，对于扫除前进中的障碍总会有一些参考价值。于是，年年发现问题，年年解决问题，唐代社会的整合、修复能力得以持续不断地提高和更新，唐代社会也得以不断地蜕变和新生。

四 武举考试的内容和方法

武则天首创武举，是长安二年（702）正月在长安下令实行的，次年十月她回到洛阳，洛阳是武举的早期实施地点。

《新唐书·选举志上》介绍武举说："其制，有长垛、马射、步射、平射、筒射，又有马枪、翘关、负重、身材之选。翘关，长丈七尺，径三寸半，凡十举后，手持关距，出处无过一尺；负重者，负米五斛，行二十步，皆为中第。亦以乡饮酒礼送兵部。"①《唐六典》卷五记载了尚书省兵部铨选军事人才的具体情况，和《新唐书》的武举内容一致。应选人员根据距离京师的远近分期来京，五百里以内者在夏历十月上旬，五百里以外至一千里者在中旬，一千里以外者在下旬。届时由兵部尚书任中铨（尚书铨），两位兵部侍郎分别任东铨、西铨，主持其事。首先进行长垛、马射、马枪、步射、应对等项考试。长垛为连续射三十支箭。箭靶子的圆心部位叫作中院，中院外围部位叫作次院，次院以外直至靶子边缘的部位叫作外院。射中中院者为上，射中次院者为次上，射中外院者为次。三十支箭均射中靶子为合格，再统计各支箭中的等级综合评定出成绩。马射即骑马射箭，箭皆射中靶子为上，或中或不中为次上，皆不中为次。马枪刺中三四次为上，两次为次上，一次为次。步射为射草人，射中者为次上，虽射中但不符合规则，或符合规则但未射中，均为次等。《新

---

① 《新唐书》卷四四《选举志上》，第 1170 页。

唐书》中提到的平射、筒射，据《唐六典》可知是长垛的变通。所谓平射，指射出的箭平直，十支箭皆中的，一半中院，一半次院，为上等成绩；三支中院，七支次院，为下等成绩。所谓筒射，指远距离射箭，十支箭皆中的，四支中院，六支次院，为上等成绩；三支中院，七支次院，为下等成绩。无论平射、筒射，达不到下等成绩者落选。应对，可能是回答问题。考试完毕，以"三奇"衡量，一是骁勇，二是材艺（武艺），三是可为统领之用。不符合条件者退回不用，优秀者授予职务。五品以上职务须上报朝廷，由皇帝下制任命；不超过五品则由兵部自行登记授官。

第八章

唐代洛阳的图书编纂与注疏

　　唐朝皇帝驻跸东都期间，遴选饱学官员、文史行家进入宫廷中，或编撰种种书籍，或编修帝王实录。唐玄宗在宫中设置丽正修书院，从事整理图书、编辑目录等工作。他利用丽正修书院的书籍，在洛阳先后完成对儒释道三教基本典籍《孝经》《金刚经》《道德经》的注释。在洛阳的私家著作，流传下来的有刘知幾的史学理论著作《史通》、李筌的军事学著作《太白阴经》和哲学注疏《黄帝阴符经疏》、南卓的音乐著作《羯鼓录》，以及僧人法藏的哲学著作《金师子章》、僧人明佺的佛教目录著作《大周刊定众经目录》。

第一节　唐代洛阳的官方修书

　　上元二年（675），皇后武则天劝告唐高宗"广召文词之士入禁中修撰"。此后著作郎洛阳人元万顷，左史刘祎之、范履冰、苗楚客，右史周思茂、胡楚宾等人，先后召入洛阳皇宫中从事撰著，十年间出现一大批著作，有《玄览》《古今内范》《青宫纪要》《少阳政范》《维城典训》《凤楼新诫》《孝子传》《列女传》《内范要略》《乐书要录》《百僚新诫》《兆人本业记》《臣轨》《垂拱格》等，一共千余卷。这些文人并未局限于编撰图书，还被皇帝拉来参决朝政，处理表疏，成为分割宰相权力的内朝，被人们称为"北门学士"。① 唐初设置起居郎和起居舍人，记录当朝皇帝的行动和言论，相当于前代的左史和右史。他们追随皇帝的行踪，现场记录，退场后按月日记事，编纂成皇帝的起居注，并将资料交付史馆，供编纂皇帝实录和国史之用。唐高宗时，许敬宗、李义府当宰相，奏请内容不肯让人知道，起居郎、起居舍人不能在场，致使国家机密政务缺失记载。这样实行了四十年，到长寿二年（693），姚璹在洛阳任宰相，他建议由宰相一人专事记录皇帝与宰臣"所言军国政要"，"每月封送史馆"，称为"时政记"。武则天批准实行这项新制度，"宰相之撰时政记，自璹始也"。② 圣历年间（698～700），武则天认为《御览》《文思博要》等书内容多未周备，就让控鹤监内供奉张昌宗充修书使，召集李峤、阎朝隐、徐彦伯、薛曜、员半千、魏知古、于季子、王无竞、沈佺期、王适、徐坚、尹元凯、张说、马吉甫、元希声、李处正、高备、刘知幾、房元阳、宋之问、崔湜、常元旦、杨齐哲、富嘉谟、蒋凤等文学之士，一共二十六人，在洛阳皇宫中编撰《三教珠英》。这部大型类书一共一千三百卷，于大足元年十一月十二日（701年12月15日）完成奏上。他们在旧书的基础上，拓宽范围，补充了佛教、道教的内容，所列的门类增加了亲属、姓名、方城等，这体现出佛教、道教在当时的发展和对社会生活的渗透。该时期还有私人著书献给朝廷，左卫长史员半千被任命为弘文馆直学士，与其余直学士"分日于显福门待制，半千因撰《明堂新礼》三卷，上之"。③

流传至今的《后汉书》章怀太子注，是仪凤元年十二月上呈唐高宗的，这时唐高宗从洛阳回到长安已有九个月。章怀太子长期居住洛阳，参与注书的学者，太子左庶子张大安、太子洗马刘讷言是东宫属官，许叔牙、成玄一、史藏诸、周宝宁是学士，洛州司户格希元是洛阳地方官。为《后汉书》作注，不是朝夕可成的事，需要稳定的团队在稳定的场所参阅大量图书，应该是在洛阳开展工作的。

神龙元年（705）正月，唐中宗在洛阳复位，下诏编撰《则天大圣皇后实

---

① 《旧唐书》卷一九○中《文苑中·元万顷传》，第5011页。
② 《旧唐书》卷八九《姚璹传》，第2902页。
③ 《旧唐书》卷一九○中《文苑中·员半千传》，第5015页。

录》。第二年五月九日（706 年 6 月 23 日），由武三思、魏元忠、祝钦明、徐彦伯、柳冲、韦承庆、崔融、岑羲、刘知幾、徐坚、吴兢等人操笔，成书二十卷奏上。其中吴兢在武则天时期开始在洛阳"直史馆，修国史"。他在洛阳参与"撰《则天实录》成，转起居郎"。① 在《请总成国史奏》中，他指出武则天、唐中宗时期，权臣武三思、张易之、张昌宗、纪处讷、宗楚客、韦温等人依次监领修史，"三思等立性邪佞，不修宪章，苟饰虚词，殊非直笔"。② 吴兢的史学著作只传下来《贞观政要》一种。黄永年先生认为，《贞观政要》大部分内容系节录《太宗实录》，同时还吸收了起居注、国史等内容，"其中颇多不见于两《唐书》、《通鉴》者（如贞观十三年魏徵疏旧传不录，新传虽有却大事删改，十四年魏徵事新、旧传皆不录）"。四库馆臣推测该书是吴兢于开元八年（720）修撰的，而"此书本有景龙三年（709）正月上书表，是早在中宗时即已撰成，至开元年间稍事修订重撰序文进上而已"。③ 那么，吴兢在洛阳史馆时即着手编纂该书。

唐玄宗开元五年（717）巡幸东都，秘书监马怀素鉴于"秘书省典籍散落，条流无叙"，奏请挑选学士"分部撰录，并刊正经史"。④ 唐玄宗于是以左散骑常侍褚无量为使，在全国范围内搜访逸书、异本，组织元行冲、尹知章、韦述等二十多人在洛阳乾元殿前编校群书，称为乾元院。次年更名为丽正修书院，张说充当修书使。开元十年（722），张说奏请太常博士贺知章、秘书员外监徐坚、监察御史赵冬曦等人，入丽正书院编修《唐六典》及《文纂》等书，但几年努力，未能成书。开元十二年（724）移到明福门内，命名为丽正殿书院。这一时期，唐玄宗"方辟图书之府，征内外之学"。崔藏之曾"结庐嵩山，著书数万言"，并向北宗禅大师普寂请教佛学，于是经"丽正学士、左常侍元公行冲与沙门一行特表闻荐，召入丽正殿，详注《庄》《老》"。⑤ 经

---

① 《旧唐书》卷一〇二《吴兢传》，第 3182 页。
② 《全唐文》卷二九八，第 1337 页。
③ 黄永年：《唐史史料学》，上海书店出版社，2002，第 131~132 页。
④ 《旧唐书》卷一〇二《马怀素传》，第 3164 页。
⑤ （唐）徐浩：《唐故朝议大夫行尚书膳部员外郎上柱国崔府君（藏之）墓志铭并序》，王素主编《新中国出土墓志·河南叁·千唐志斋壹》下册，文物出版社，2008，第 127 页。

过数年的努力，经史子集四部充备，由元行冲奏上《群书四部录》二百卷，稍后简化为《古今书录》四十卷，共著录图书五万一千八百五十二卷，唐玄宗"令百官入乾元殿东廊观之，无不骇其广"。① 唐玄宗后来巡幸东都时，利用这里的藏书，对儒释道三教代表性经典作注释。开元十年六月初二（722 年 7 月 19 日），他完成对儒家经典《孝经》的注释，颁发给全国和长安的国子学。开元二十三年三月二十七日（735 年 4 月 24 日），他完成对道教经典《道德经》的注释，共有疏义八卷。同时，他对佛教经典《金刚经》作注释，以使"三教无阙"。② 唐玄宗的著述，实际上是由他挂名，多人参与。开元二十年（732）唐玄宗在洛阳，东都副留守崔沔"奉敕撰《龙门公宴诗序》"，接着，"延入集贤院（丽正书院开元十三年改名），修《老子道德经疏》，行于天下"。③ 宋州（治今河南商丘市）人陈希烈"精玄学，书无不览"，常被召入皇宫讲授《道德经》《周易》，担任秘书少监。"玄宗凡有撰述，必经希烈之手。"④

第二节　唐代洛阳的私家著述

一　刘知幾的史学理论著作《史通》

刘知幾（661~721），武则天时期在洛阳任定王府仓曹、著作佐郎、左史、凤阁舍人等职，以本官兼修国史。神龙元年（705）正月唐中宗在洛阳复辟后，诏令编纂《则天大圣皇后实录》，他参与撰写。他的主张与监修权臣武三思不合，于是私下整理历年所写的札记，撰成《史通》一书。他被贬为安州（治今湖北安陆市）别驾后去世，"玄宗敕河南府就家写《史通》以进，读而善之"。⑤ 这部凝聚着刘知幾数十年心血的不朽著作，确立了我国古代历史编纂学的体系。

---

① 《旧唐书》卷四六《经籍志上》，第 1962 页。

② 唐玄宗：《答张九龄贺御注金刚经批》，《全唐文》卷三七，第 173 页。

③ （唐）颜真卿：《通议大夫守太子宾客东都副留守云骑尉赠尚书左仆射博陵崔孝公宅陋室铭记》，《全唐文》卷三三八，第 1515 页。

④ 《旧唐书》卷九七附《陈希烈传》，第 3059 页。

⑤ 《旧唐书》卷一〇二《刘知幾传》，第 3173~3174 页。

刘知幾认为修史者须有才、学、识三长。史才指修史者的文字驾驭能力，史学指历史知识学养，史识指资料鉴别能力和对人物、事件的判定能力。同时，他还提出了编纂者的职业道德问题，倡导公正客观，不虚美，不隐恶。他发现官方组织集体修史存在诸多弊病：班子成员不具备史才，尸位素餐；监修官瞎指挥，遇到问题拿不出处理意见；修史工作的独立性没有保障，评论入史人物，往往泄密，遇到干扰；效率低下，绵延时日，不出成果。因此，他反对群体编书。

关于史书的体裁，刘知幾提出了六家二体的说法。他把已有的史书分为《尚书》家、《春秋》家、《左传》家、《国语》家、《史记》家、《汉书》家六家，认为其中《左传》《汉书》二家的体裁一直为历代沿用，是编年、纪传二体。编年体的长处在于："系日月而为次，列岁时以相续。中国外夷，同年共世，莫不备载其事，形于目前。理尽一言，语无重出。"其缺点是："至于贤士贞女，高才俊德，事当冲要者，必盱衡而备言，迹在沉冥者，不枉道而详说。……故论其细也，则纤芥无遗，语其粗也，则丘山是弃。"虽然脉络清晰，但难以立体地反映历史全貌。纪传体的缺点在于："若乃同为一事，分在数篇，断续相离，前后屡出。……编次同类，不求年月，后生而擢居首帙，先辈而抑归末章。"① 虽能包举万象，取事该富，但文字不经济，头绪不清楚。总之，二体各有得失，不可偏废。自司马迁《史记》以来，纪传体史书的体例，有过本纪、世家、列传、书志、表历、论赞，刘知幾就各自的长短优劣、内容的取舍标准、文字的互补或重复冗余等，条分缕析，指出修史的门径。此外，他还对书篇题目、序例、称谓、补注等问题，从体例的角度提出了一些说法。

对于文字表达，刘知幾提出四点要求："文约而事丰"；② "文而不丽，质而非野"；③ "当世口语"，"从实而书"；④ 清晰明了，逻辑一致。这四点要求，

---

① （唐）刘知幾著，（清）浦起龙释《史通通释》卷二《二体》，上海古籍出版社，1978，第27~28页。
② 《史通通释》卷六《叙事》，第168页。
③ 《史通通释》卷六《叙事》，第165页。
④ 《史通通释》卷六《言语》，第150页。

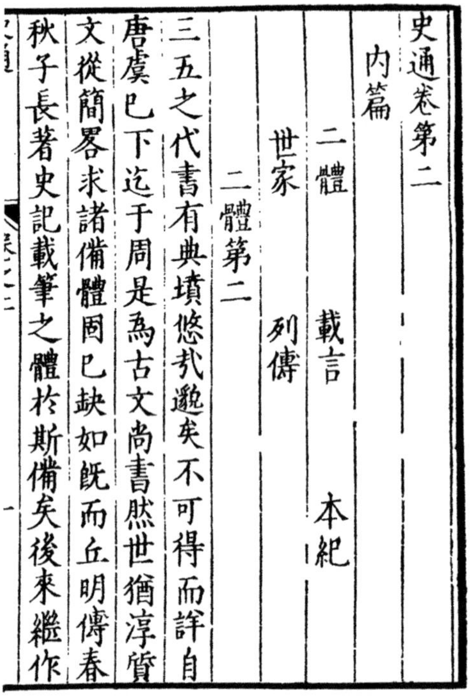
史通卷第二
内篇
二體　載言　本紀
世家　列傳
二體第二
三五之代書有典墳悠哉邈矣不可得而詳自
唐虞已下迄于周是爲古文尚書然世猶淳質
文從簡畧求諸備體固已缺如既而丘明傳春
秋子長著史記載筆之體於斯備矣後來繼作

图 8-1　影明本《史通》书影
（采自《四部丛刊》本）

包括文字技巧和思想方法两方面的内容。

《史通》一书在提出历史编纂学理论的过程中，认真详细地清理了古代史学发展的历程，审视千古，评品百家，刘知幾从而享有崇高的学术地位。

《史通》“虽以史为主，而余波所及，上穷王道，下掞人伦，总括万殊，包吞千有”，[①] 对古代文化进行了一次全面清理。刘知幾的时代，经史子集四部分类法依然流行。他讨论史书体裁，六家中包括经部著作。他把史才、史学、史识作为编纂者的素质要求，也谈到职业道德问题。明人王守仁、胡应麟和清人章学诚阐明“六经皆史”之旨，后二人倡导史家应有“史德”，可以认为刘知幾早已开其先河。刘知幾六家二体的分类虽然不够合理，但在政书体、纪事本末体等创立之前，各种体裁都已囊括无遗。

《史通》一书处处体现出刘知幾独具只眼。他批评《史记》体例不纯，叙事杂乱。本纪是由帝王领衔，按时间顺序记载国家大事的文本，因而只可为名实相副的帝王立本纪以显国统，司马迁却为项羽立本纪，项羽是西楚霸王，“即当时诸侯”，“求名责实，再三乖谬”。[②] 世家是为“开国承家，世代相续”的诸侯所立的传，司马迁为陈涉立世家。陈涉“起自群盗，称王六月而死，

① 《史通通释》卷一〇《自叙》，第 292 页。
② 《史通通释》卷二《本纪》，第 37 页。

子孙不嗣，社稷靡闻，无世可传，无家可宅，而以世家为称，岂当然乎?"① 司马迁自称："遭李陵之祸，幽于缧绁。"这让人搞不清是"同陵陷没，以置于刑"，还是"为陵所间，获罪于国"。幸好《汉书》本传载其《与任安书》，备述受刑原因，才使人"克明其事"。② 这些批评具有很强的说服力。自鲁迅在《汉文学史纲要》中盛赞《史记》为"史家之绝唱，无韵之《离骚》"以来，几成定论，相比之下，刘知幾要高明得多。而对于宋孝王《关东风俗传》、王劭《齐志》那样受到人们普遍诋毁和贬低的史书，刘知幾却给予了高度评价，摆出了令人信服的理由。对于孔子修《春秋》为鲁国的事情曲为讳饰，也予以发覆、批评。

《史通》的主张，或被后世遵循，或予后世以启迪。刘知幾批评赞语写成韵体，重复论语的意思，唐后诸史皆有论无赞。他建议增修《都邑志》，新旧《唐书》虽未单列成篇，但《地理志》都在相关地区中首先叙述长安、洛阳的建都梗概和制度规模。《氏族志》也未成篇，但南宋郑樵编纂《通志》，专门辟有《氏族略》。刘知幾建议增设制册、章表、诗颂书论等篇，虽然史书篇幅有限，难以包容，但后来所出《唐大诏令集》《陆宣公翰苑集》《文苑英华》等，不妨看作内失外补。清代编修《四库全书》，史部即有诏令、奏议一类。其余诸多都城、姓氏等方面的著作，也都可以这样看待。

刘知幾取得这样的成就，有其个人才学资质的因素，更有历史和时代的因素。关于历史因素，他自称前人的著作，如扬雄《法言》、王充《论衡》、刘劭《人物志》、陆景《典语》、刘勰《文心雕龙》等，或培植起自己的审视眼光和批判精神，或启发自己全面清理文化遗产，建构理论体系。从《史通》的疑古、惑经，我们看到了《论衡》问孔、刺孟的影子。《文心雕龙》是我国第一部文学理论专著，《史通》是我国第一部史学理论专著，双峰并峙，二水分流，前者对后者的直接影响显而易见。关于时代因素，有两点应该予以注意。其一，迄于唐代，史学著述大量积存，流派纷

---

① 《史通通释》卷二《世家》，第 42 页。
② 《史通通释》卷一六《杂说上》，第 460 页。

呈，体例多元，亟待总结整理，时代在呼唤能承担这项任务的人才。其二，《新唐书》评论刘知幾等几位史臣，说："唐兴，史官秉笔众矣。……知幾以来，工诃古人。"[1] 可见已形成小规模的社会思潮。诃而能工，不能斥为坏事。这群史官应该会互相启发，彼此影响，不过其中刘知幾更加杰出，更能起主导作用罢了。

二　李筌的军事学著作《太白阴经》

《太白阴经》全称《神机制敌太白阴经》。作者李筌在《进太白阴经表》中自称"少室书生"，在《太白阴经序》中称"河东节度使都虞候臣李筌"。[2] 他出仕前隐居嵩山少室山，学习道教，撰成《太白阴经》一书。后来安史之乱爆发，遂于乾元二年（759）上表唐肃宗，希望该书在平定叛乱中能派上用场。在全国乱糟糟的形势下，唐肃宗没有重视这本书，并且弄丢了。安史之乱平定后，唐代宗了解到这个信息，责成他再次呈上。

《太白阴经》吸收并演绎了前人的一些说法，但李筌的说法仍占主导地位。该书论军事，不仅从政治、经济、天文、地理、人才、庙谋、战略、奖惩、纪律等宏观方面予以分析评论，而且从战阵、战术、技巧、军器、战马、设备、医疗、娱乐、食宿、军仪等细节方面加以具体述说，旁及祭祀等活动，内容庞杂，因而亦存有矛盾抵牾。

关于道德仁义、奇谋诡道同战争的关系，李筌在原则上认为道德仁义是战争的最高境界，统治者奉行道德仁义，就可以无往不胜，造福百姓，天下归心；不奉行道德仁义，仅仅凭借兵强马壮，运用奇谋诡道，即使称王称霸，也不能赢得人心，长期奏效。同时，他又论述奇谋诡道对于克敌制胜的巨大作用，这是他占主导地位的思想。在《术有阴阳篇》中，他揭示出辅助战争整垮敌国的系统计谋：暗中派出巫觋之流，去迷惑敌国的君主、权臣，使他们神智混乱，迷信鬼神；诱导他们迷恋锦绣绢帛，轻视农桑，使他们的粮仓空无储

---

① 《新唐书》卷一三二《刘知幾传》，第 4542 页。
② （唐）李筌：《太白阴经》卷首，《丛书集成初编》第 943、944 册，第 1 页。

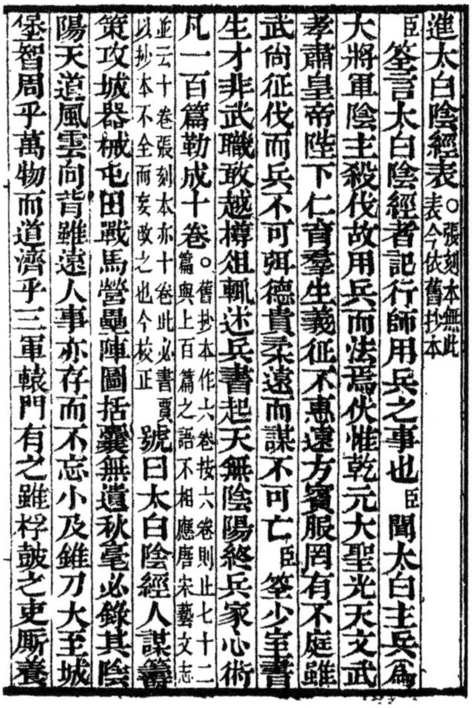
進太白陰經表○張刻本無此表今依舊抄本
臣筌言太白陰經者記行師用兵之事也臣聞太白主兵爲
大將軍陰主殺伐故用兵而法焉伏惟乾元大聖光天文武
孝肅皇帝陛下仁育羣生義征不惠遠方賓服罔有不庭雖
武尚征伐而兵不可弭德貴柔遠而謀不可亡臣筌少室書
生才非武職敢越樽俎輒述兵書起天無陰陽終兵家心術
凡一百篇勒成十卷○舊抄本作六卷按六卷則止七十二篇與上百篇之語不相應唐宋藝文志
並云十卷張刻本亦十卷此必書賈以抄本不全而妄改之也今校正號曰太白陰經人謀篇
策攻城器械屯田戰馬營壘陣圖括囊無遺秋毫必錄其陰
陽天道風雲向背雖遠人事亦存而不忘小及錐刀大至城
堡智周乎萬物而道濟乎三軍轅門有之雖桴鼓之吏厮養

图 8-2 守山阁丛书本《太白阴经》书影
（采自《丛书集成初编》本）

备；给他们奉赠种种珍玩，腐蚀他们的志向；给他们输送能工巧匠，诱使他们大肆兴建宫殿楼台，耗尽他们的资财，用尽他们的民力，改变他们的习性。这样的话，敌国风俗变得浇薄，其君主骄奢淫逸，残暴凶狠，那些贤能的臣子心灰意冷，缄口不言，不肯辅佐国君。敌国纲纪败坏后，国君就会凭一己的喜怒滥施赏赐、乱用刑罚，政令不行，信神信鬼，正直言论听不进去，而谀辞谄言大行其道。如此颠倒黑白，混淆是非，后果必然是“离君臣之际，塞忠谠之路。……以信为欺，以欺为信，以忠为叛，以叛为忠。忠谏者死，谄佞者赏。令君子在野，小人在位，急令暴行，人不堪命”。那么，不动干戈，“其国已破矣，以兵从之，其君可虏，其国可隳，其城可拔，其众可溃”。[①] 这些阴谋诡计属于政治家、军事家的韬略计策，与战争的成败息息相关，肯定抑或否定，应该根据其所服务的目的加以判定。

关于天道同战争的关系，一方面，李筌继承了前代兵家的唯物主义思想，认为天地万物由阴阳生成，但阴阳对万物是公正无私的；天道阴阳和战争无关，不能使败者转胜、亡者得存，也不能使凶者化吉、恶者变善。要想打胜仗，不能指望占卜祭祀和观测天象等迷信手段，只能利用“人谋”，即任用人才，依靠法令，利用赏罚。另一方面，他大篇幅介绍和论述各种迷信活动和仪

① 《太白阴经》卷一，第 15～16 页。

式，举凡对日月星辰的占卜，对神灵山川的祭祀，一应俱全。

关于地势同战争的关系，一方面，他认为地势对战争不起决定性作用，存亡在于是否有德；另一方面，他吸收《孙子兵法》的说法，充分肯定地势对于战争的作用，认为在战争中正确合理地利用地势非常重要。在《作战篇》中，他说平地作战，要选择有利地势，左边川泽，右边丘陵，居高临下，准备就绪，主动出击，就能以生击死，克敌制胜。水边作战，不要把敌人逼到水边，他们知道自己没有退路，必然要以死相拼。如果他们是渡水来战，在他们未上岸时，就要迎击他们。他们的前锋临阵逃命的话，后面的敌军就会丧失斗志。山谷作战，两边山陵峭拔，溪谷狭窄，无从施展技艺，退路容易被截断。我方应该隐蔽在山坳树林中，林梢露出战旗，以虚张声势。我方战士登高瞭望，必要时出没人马。总之，"势利者，兵之便。山水平陆者，战之地。夫善用兵者，以便胜，以地强，以谋取：此势之战人也"。①

在冷兵器时代，不仅谋划、指挥、侦探、出使、军器制作、物资供应、战马喂养、人畜医疗等事需由人做，而且士兵要与敌人短兵相接，将士要冲锋陷阵，因而战争对人的依赖非常强。李筌探讨了各种人同战争的关系。

李筌认为，就中枢政局来说，庙算需要杰出人才居中谋划。为了战争的需要，应不拘一格，唯才是用。将领或是"通才"，或是某一方面的"偏才"。士兵区别对待，用其所长，各尽其才。在《选士篇》中，他把士兵中的人才分作"十士"，主张悬赏选拔，充分使用。其一，"计谋使智能之士"，即"深沉谋虑出人之表者"。其二，"谈说使辩说之士"，即"辞纵理横，飞钳捭阖，能移人之性、夺人之心者"。其三，"离亲间疏使间谍之士"，即"得敌国君臣间间请谒之情性者"。其四，"深入诸侯之境使乡导之士"，即"知山川、水草、次舍、道路迂直者"。其五，"建造五兵使技巧之士"，即"制造五兵、攻守利器奇变诡谲者"。其六，"摧锋捕虏守危攻强使猛毅之士"，即"引五石之弓，矢贯重札，戈矛剑戟，便于利用，陆搏犀兕，水攫鼋鼍，佻身捕虏，搴旗摭鼓者"。其七，"掩袭侵略使趫（原作蹻，据四库本校改）捷之士"，即

———————————

① 《太白阴经》卷二，第 42 页。

"立乘奔马，左右超忽，逾越城堡，出入庐舍，而无行迹者"。其八，"探报计期使疾足之士"，即"往返三百里不及夕者"。其九，"破坚陷刚使巨力之士"，即力负"六百三十斤"行五十步者，至少"四百二十斤"者①。其十，"诳愚惑痴使技术之士"，即"步五行，运三式（应作杙，占卜工具），多言天道阴阳诡谲者"。② 李筌倡导将帅关心爱护士兵，赏罚分明，以激励士兵的忠诚和勇敢。对于敌方之人，也要尽量争取为我所用。在《行人篇》中，他指出："将能收敌国之人而任之，以索其情，战何患乎弗克？"敌国潜入我方的行人"来观衅于我，我高其爵，重其禄，察其辞，覆其事，实则任之，虚则诛之，任之以乡导"；至于我方潜入敌方的行人，"观敌国之君臣左右执事孰贤孰愚，中外近人孰贪孰廉，舍人、谒者孰君子孰小人，吾得其情，因而随之，可就吾事"。③

李筌关于人同战争关系的说法，其中有一些已由前代兵家做过论述，但经过他阐释、发挥、补充，理论更加丰富、完整、细密、深刻，具有相当的正确性和可操作性，这就把战争人才理论、战争人际关系理论的研究推到了一个高峰。

李筌的《太白阴经》在军事学领域享有崇高地位。唐人杜佑吸收其中说法，写入《通典·兵典》中。晚唐时期，淮南节度使高骈割据扬州，他重用的妖人吕用之宣称自己"与上仙来往"，"能役使鬼神"，说后土夫人灵仇派人来借兵马，并索取"李筌所撰《太白阴经》"。高骈立即收集辖区内民众的苇席数千张，"画作甲马之状"，让吕用之在庙庭内焚烧掉；"又以五彩笺写《太白阴经》十道，置于神座之侧"。高骈还在所谓后土夫人灵仇的帷帐中，塑了一尊绿衣少年的泥像，谐音"苇席"，称作"韦郎"。于是有人在旁边题诗讽刺道："九天玄女犹无信，后土夫人岂有灵？……韦郎年少耽闲事，案上休看

---

① 原作二百四十斤，据四库本校改。《通典》卷一四八《兵典一·搜才》有云"负六百斤行五十步，四百斤行百步者"，可证。
② 《太白阴经》卷二，第31~33页。
③ 《太白阴经》卷二，第45页。

《太白经》。"① 明人茅元仪将《太白阴经》中的《天无阴阳篇》等三十多篇，完整录入《武备志·兵诀评》中，还录入《太白阴经》的一些内容，如"祭祃"之类的文章。清人钱曾推崇《太白阴经》为"军家之要典"。②

三 李筌的《黄帝阴符经疏》

在《黄帝阴符经疏》的序言中，李筌自称"少室山达观子李筌"，"至嵩山虎口岩石壁中得《阴符》本"。这部假托黄帝的道教经典，李筌说是北魏道士寇谦之藏诸名山的绢素书，自己"竟不能晓其义理"，经骊山（在今陕西西安市临潼区）仙人老母讲解经文的真意，自己才撰写出注疏。

《黄帝阴符经》只有三百个字，李筌把它分为《神仙抱一演道章》《富国安人演法章》《强兵战胜演术章》三章，并作注疏十九条。在解释天地万物的起源时，李筌的注疏说，天地是阴、阳两种气的总名，阳气轻清，上浮而为天；阴气重浊，下沉而为地。阴阳二气中有子，叫作五行，即金、木、水、火、土。五行是构成天地万物的元素，是阴阳二气的具体体现。有了五行，万物才能产生，因而万物是五行衍生的子息。那么，天地是怎么产生的呢？他认为有一个"至道"在起作用。他解释道："阴阳生万物，人谓之神，不知有至道，静默而不神，能生万物阴阳，为至神矣。"因此，"至道"是"不神之中而有神矣"。"至道虚静，寂然而不神，此不神之中，能生日月、阴阳、三才（天、地、人）、万物种种，滋荣而获安畅，皆从至道虚静中来。"李筌所说的"至道"，指的是宇宙万物的本原，即派生万物的虚静寂然实体；但它参与宇宙万物的生成变化过程，因而实际上指的是万物运行的潜在规律，是一种功能。李筌进一步认为："故使人观天地阴阳之道，执天五气而行，则兴废可知，生死可察。"总之，李筌讲到物质的"气"是由金、木、水、火、土等因素构成的，由它们生成宇宙万物，无论是社会现象还是自然现象，都在按照一定的规律运动，并为人们所认识。这是唯物主义的自然观和可知论。李筌还

---

① （唐）罗隐：《罗隐集·广陵妖乱志》，雍文华校辑，中华书局，1983，第 245~246 页。
② （清）钱曾：《读书敏求记》卷三，丁瑜点校，书目文献出版社，1983，第 86 页。

说："天地万物，胎卵湿化，百谷草木，悉承此七气（阴阳、五行）而生长。从无形至于有形，潜生覆育，以成其体。……天地亦潜与其气，应用无穷。万物私纳其覆育，各获其安，故曰天地，万物之盗。"这是说阴阳五行不知不觉生成宇宙万物，因而万物来自天地之气。

在解释客观外界带来的灾害时，李筌的注疏说：所谓"天有五贼"，指的是"五行之气"。"贼者害也，逆之不顺，则与人生害。""五行更相制服，递为生杀，昼夜不停，亦能盗窃人之生死、万物成败。……心既知之，故使人用心，观执五气而行，睹逆顺而不差，合天机而不失，则宇宙在乎掌中，万物生乎身上。如此则吉无不利，与道同游，岂不为昌乎！"他认为既然客观世界是可以认知的，人们自然能够主宰万物，利用其变化规律，达到趋吉避凶的目的。至于自然灾变与社会治乱的关系，他反驳了唯心主义的天人感应观点，做出唯物主义的解释。他摆出两种不同的现象，加以对比和分析。一种是对于自然界的灾变不做积极应对，听之任之，接受灾难后果。他说："愚人仰视三光（日、月、星），观天文之变异，睹雷电之震怒，或寒暑不节，或水旱虫蝗，恐祸及身，悉怀忧惧，愚人依此为天地文理圣也。"另一种是积极应对自然灾变，发挥人的能动作用，协调社会关系，采取有效措施，转祸为福。他说，帝尧时期遭受九年洪水，商汤时期遭受七年大旱，但人民面无饥色，社会安定，究其缘由，在于"为君有道，政理均和，主信臣忠，百姓戴上，虽有水旱，不能为灾也"。因而他得出结论："水旱者天地也，文理者时物也。若明时物之理者，皆能转祸为福，易死而生。故曰我以时物文理哲。"这样就批驳了唯心主义的主张"天地文理（指天道）圣"，揭出了唯物主义的主张"时物文理（指人道）哲"，区分了自然现象与社会现象，指出了人的历史主动性。

李筌指出天地、万物与人类这三者，彼此构成"盗"的关系，"盗"指索取和利用，其是否合理适度，会相互产生利害关系。李筌说："人与禽兽草木，俱禀阴阳而生。人之最灵，位处中宫，心怀智度，能反照自性，穷达本始，明会阴阳五行之气，则而用之。……所有生成之物，悉能潜取以资养其身，故言盗。""人但能盗万物资身，以充荣禄富贵，殊不知万物反能盗人以生祸患。"天地、万物、人类三者"更相为盗者，亦自然之理"。"惬其宜则吉","乖其理则凶"。"三盗之中，皆须有道，令尽合其宜，则三才不差，尽安其任矣。"① 这里他运用辩证思维，揭示天地、万物、人类三者间的联系和制约关系，指出人与禽兽草木的不同在于人具有思维能力，会发挥主观能动性。因此，人应该注重与自然的互为呵护、扶持关系，如果以损害自然为代价来利用自然，人便会受到自然的惩罚。这对于今天人类协调自身同自然界的关系，保护生态环境，保持生态平衡，仍有不可忽视的理论价值。

李筌的唯物主义观点，吸收了前人（如东汉王充、仲长统）的思想资料，开启了唐后期柳宗元、刘禹锡关于天人关系的研究和讨论。同时，李筌也吸收了佛教的一些说法，如"胎卵湿化"，便是《金刚经》中的说法。《金刚经》把一切众生分为"四生九类"，即卵生、胎生、湿生、化生、有色、无色、有想、无想、非有想非无想等。卵生指由卵中孵化而出生的众生；胎生指由母体怀胎而出生的众生；湿生又叫因缘生，指从湿气、湿地出生的众生，如腐肉生出蝇虫；化生指没有可见的东西作为依托，凭借业力而出生者，如天界、地狱中的众生。《黄帝阴符经疏》的序言说骊山老母告诫李筌：《黄帝阴符经》虽然只有三百字，但含意丰富、深刻，"其机张，包宇宙、括九夷，不足以为大；其机弥，隐微尘、纳芥子，不足以为小"。佛教说须弥纳芥子，芥子纳须弥。须弥山是世界的中心，极其高大，而芥子极其微小，但二者都能将对方融入自己体内，因而彼此的关系是互为融摄。李筌用佛教的这个说法，来赞扬《黄帝阴符经》博大精深、具体而微。

四　南卓的音乐著作《羯鼓录》

会昌元年（841），南卓来洛阳担任县令，多次奉陪刘禹锡、白居易宴饮，谈论涉及羯鼓方面的一些朝野往事。刘禹锡、白居易建议他写成书。会昌五年（845），卢贞来洛阳担任河南尹，也倡议、鼓励南卓写书。南卓于是动笔撰稿，到大中二年（848）写出一部分，即《羯鼓录》的前录。后来南卓调任外地，大中四年（850）春路过广陵（今江苏扬州市），将书稿献给坐镇扬州的

---

① 《中华道藏》第 15 册，第 750~761 页。

淮南节度使崔铉。盛唐宰相宋璟的孙子宋沇，是崔铉的"中外亲丈人"。崔铉于是给南卓讲了一些宋沇的事，后来被南卓连同其余事迹补写到《羯鼓录》中，成为后录。

《羯鼓录》的前录首先介绍羯鼓的源流、形状，其次记载唐玄宗以来与羯鼓相关的史事；后录记载崔铉所说宋璟知音事，并备列羯鼓诸宫曲名。

《羯鼓录》开篇介绍说：羯鼓出自西域，因为是戎羯民族的打击乐器，所以叫作羯鼓。它发出的声音，以十二律中的太簇（相当于西洋音乐的 D 调）为主调。十部乐中，龟兹、高昌、疏勒、天竺四部乐都使用它。在演奏过程中，它的地位在都昙鼓（状如腰鼓而小，以小木槌击打）、答腊鼓（用手拍击的扁鼓）之下，在鸡娄鼓（双手击打的圆鼓）之上。羯鼓形状像漆桶，用桑木制作。羯鼓外围用刚劲的铁条缠绕，铁须经过精炼，缠绕应当均匀。铁条若不刚劲，则缠绕不均匀，鼓皮松紧也就不会均匀，鼓声因而忽高忽低，忽响忽沉，不合音律。羯鼓安放在象牙装饰的床架上，演奏者双手持木杖敲击。木杖须选用黄檀、狗骨、花椒等木料，风干除湿，变得柔韧而滑腻，然后再制作。木杖只有干透了，敲出的鼓声才会响亮；只有滑腻，鼓声才会悦耳动听。击奏羯鼓，鼓点急促不断，鼓声响亮激越，像万马奔腾一般。"又宜高楼晚景，明月清风，破空透远，特异众乐。"①

《羯鼓录》记载了一些唐玄宗以来朝野重视和喜爱羯鼓的事情。唐玄宗精通音律，创作诸曲随意即成，特别喜欢演奏羯鼓和玉笛，认为这两样乐器是八音的领袖，别的乐器无法比拟。所谓八音，是中国古代对不同材质制作的乐器进行的分类，共分为金、石、土、革、丝、木、匏、竹八类。金指铜制打击乐器钲、钟、镈等。石指石制乐器磬。土指陶土乐器缶、埙。革指皮革乐器鼓。丝指弦乐器琴、瑟、筝、琵琶等。木指木制乐器柷、敔等。匏指葫芦科植物匏制作的指笙、簧一类乐器。竹指竹子制作的管乐器箫、篪。

唐玄宗大哥李宪的长子汝阳王李琎，姿容俊美，通晓音律，唐玄宗特别宠爱他，亲自教他演奏羯鼓。一次，唐玄宗摘了一朵红槿花，摆弄了好大一阵

---

① （唐）南卓：《羯鼓录》，古典文学出版社，1957，《乐府杂录·碧鸡漫志》合刊本，第 3 页。

子，才勉强把花放在李琏光滑的帽檐上。这时李琏击打羯鼓，奏完一曲《舞山香》，花没有从帽檐滑落下来。唐玄宗不喜欢听琴，一次呵斥弹琴者立即终止演奏，离开现场，并让宦官速召李琏带羯鼓过来，为自己清除耳朵受到的污染。

宫廷弄臣黄幡绰以诙谐逗乐供奉于唐玄宗，唐玄宗曾召见他，他没能及时赶到御前，唐玄宗大怒，派人抓捕他。他被抓到宫殿旁，远远听见唐玄宗正在击打羯鼓，几支鼓曲的声音含着愤怒的情绪，就再三恳求宦官不要上报自己已经来了。唐玄宗改奏一曲，刚刚几声，黄幡绰听出唐玄宗气消了，迅即上前禀报。唐玄宗问他去哪里了，他答道："有亲故远适，送至郊外。"唐玄宗击罢这一曲，说："赖稍迟，我向来怒时，至必挞焉。适方思之，长入供奉已五十余日，暂一日出外，不可不放他东西过往。"在场的几个宦官偷偷发笑。唐玄宗问起来，他们说黄幡绰来了一阵子了，听见鼓声不对劲，没敢立即露面，等到从鼓声听出对自己已无不利，才敢过来报到。唐玄宗问黄幡绰，黄幡绰描绘唐玄宗刚才击奏羯鼓的情况，"其方怒及解怒之际，皆无少差"。唐玄宗很欣赏这个知音，却故意怒声呵斥道："我心脾肉骨下事，安有侍官奴闻小鼓能料之耶！"

宰相宋璟擅长击奏羯鼓，他同唐玄宗议论羯鼓事，曾说："不是青州石末，即是鲁山花瓷。"还说："头如青山峰，手如白雨点。"这是说当时制作羯鼓，鼓身材料除了用桑木，还有用河南鲁山花瓷的；演奏羯鼓的人，头稳不动如同山峰，杖下碎急，如雨点落地，才能臻于极境。宋璟的女儿也爱好羯鼓，她嫁到郑家，经常在洛阳尊贤里郑氏宅院一座小楼中"习鼓"。

《羯鼓录》中还记载了另外一些官僚的音乐事迹。《羯鼓录》后录记载了羯鼓诸宫曲名，共有太簇"宫"二十三调，"商"五十调，"角"十四调，"徵"和"羽"阙失不载。还记载了佛曲十调，食曲三十二调，调名多用梵语，如《食曲》中的阿弥罗众僧曲、多罗头尼摩诃钵、婆娑阿弥陀、悉驮低、蔓度大利香积、悉家牟尼、菩萨缑利陀、地婆拔罗伽等。[①]

————————

① 《羯鼓录》，《乐府杂录·碧鸡漫志》合刊本，第3～15页。

图 8-3　唐鲁山花釉羯鼓（洛阳
龙门博物馆藏）

图 8-4　成都前蜀王建墓棺座
浮雕羯鼓伎

羯鼓传入中国的时间比较短，唐初欧阳询主编的大型类书《艺文类聚·乐部》和唐玄宗时徐坚主编的类书《初学记·乐部》，都没有提到羯鼓。到了中唐时期，杜佑《通典》卷一四四《乐典四·革四》中才首次记载："羯鼓，正如漆桶，两头俱击。以出羯中，故号羯鼓，亦谓之两杖鼓。"五代时期编纂的《旧唐书》卷二九《音乐志二》承用了这几句文字，只是"两头"改为"两手"而已，依然语焉不详。羯鼓的形状、制作材料和要求、效果、演奏技法，以及相关联的人物掌故等，全赖《羯鼓录》一书存其梗概。这卷书是研究唐代音乐艺术、宫廷生活、社会风气以及中外文化交流等情况的重要文献。

第九章

唐代洛阳的宗教

洛阳佛教的发展，经历了由唐朝道先佛后到武周佛先道后的变化。在唐代佛教六大宗派中，有三个与洛阳息息相关。华严宗、密宗都是在洛阳创立的。禅宗有渐悟、顿悟两个派别，称为北宗、南宗。嵩洛地区自北魏以来就是渐悟法门的圣地和基地，北宗在唐代势力雄厚，两京崇奉，帝王膜拜。南宗在岭南创立，南宗僧人在洛阳度僧收香水钱，用以资助国家平定安史之乱，南宗受到官府奖掖，趁机浸润北方。嵩山历来是道教圣地，帝王、道士，过从亲密。西域祆教、景教、摩尼教也传入洛阳，在居住洛阳的西域人及其后裔中流传。

第一节　唐初道先佛后政策下的洛阳佛教

唐朝儒释道三教并存，地位、处境不同。儒教并非宗教，而是政治伦理学说，用以经邦济世，协调社会关系，不管名义上排位几何，实际上已被统治阶级奉为镇国至宝。当时有道士说道教祖老子李耳是李唐皇室的圣祖，唐高祖为了神化自己的政权，十分乐意"认领"这种血缘传承关系。武德八年（625），唐高祖对三教的名位排座次，宣布"老先、次孔，末后释宗"。[①] 这必然引发佛教徒的不满。贞观十五年（641），唐太宗亲临长安弘福寺，向五位大德表

---

① 《集古今佛道论衡》卷丙，《大正藏》第 52 册，第 381 页。

白自己的苦衷："今李家据国，李老在前；若释家治化，则释门居上。"同时，他提醒僧人注意二教的实际处境，说："自有国以来，何处别造道观？凡有功德，并归寺家。国内战场之始，无不一心归命于佛，今天下大定，唯置佛寺。"①

当时洛阳地区的佛教，就反映了唐太宗披露的实际情况。武德三年（620），秦王李世民率军讨伐割据东都洛阳僭称天子的隋旧将王世充，嵩山少林寺僧众协同唐军作战，立下战功，获得千段绢帛和四十顷土地的赏赐。贞观三年（629）十二月，唐太宗李世民下《于行阵所立七寺诏》，责成官府在太原起兵以来的重要战场，为超度阵亡的义士和凶徒建置佛寺。其中洛阳邙山昭觉寺所在地，就是唐军同王世充打仗的一处战场。

洛州僧玄奘西行取经，贞观十九年（645）正月回到长安，带回如来舍利一百五十多粒、金檀佛像七躯、梵本经论六百五十七部。这时唐太宗驻跸洛阳，他应诏前来拜见。他向唐太宗详细汇报自己十多年的西游经历，唐太宗指示他写成书。他返回长安后，次年完成并上呈十二卷著作《大唐西域记》。该书记载了一百三十八个国家和地区的情况，其中亲历一百一十个，传闻二十八个，使得当时中亚和印巴次大陆各国的风土人情、物产风俗等情况不至于湮没无闻。玄奘希望在家乡东南的少林寺翻译由天竺带回的佛教典籍，未获唐太宗允许，由洛阳返回长安。显庆二年（657）二月，唐高宗巡幸洛阳，玄奘奉诏陪同前往，被安置在洛阳西苑中的积翠宫翻译。当年九月，他再次提出住进少林寺从事翻译，以了此生，唐高宗不准。在唐太宗、唐高宗父

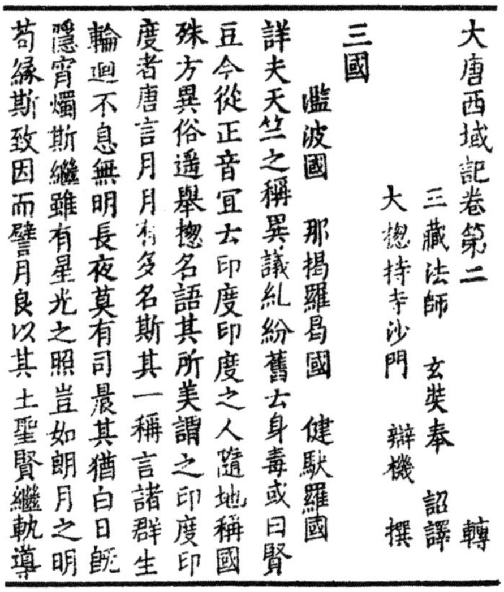

大唐西域記卷第二
三藏法師　玄奘奉　詔譯
大總持寺沙門　辯機　撰

三國

轉

濫波國　那揭羅曷國　健馱邏國

詳夫天竺之稱異議紕紛舊云身毒或曰賢豆今從正音宜云印度印度之人隨地稱國殊方異俗遙舉揔名語其所美謂之印度印度者唐言月月有多名斯其一稱言諸群生輪迴不息無明長夜莫有司晨其猶白日旣隱宵燭斯繼雖有星光之照豈如朗月之明苟緣斯致因而譬月良以其土聖賢繼軌導

图 9-1　影宋本《大唐西域记》书影

———————

① 《集古今佛道论衡》卷丙，《大正藏》第 52 册，第 386 页。

子的支持下，玄奘在长安和洛阳夜以继日地翻译佛教典籍，译出《大般若经》《解深密经》《瑜伽师地论》《成唯识论》《俱舍论》等，一共七十六部一千三百四十七卷，比竺法护、鸠摩罗什、真谛、义净、不空几位所译的总数多出百余卷。5 世纪以来印度的佛学，分作因明、对法、戒律、中观和瑜伽五科，玄奘选择重点，将这五科全部介绍到中国。唐太宗读过《瑜伽师地论》，推许佛教远胜儒道九流，遂命秘书省组织抄写玄奘刚译出的佛教经论，一式九份，颁发洛州等九州，辗转流通。玄奘的译文典雅、准确，为佛教界所推崇。

玄奘的弟子圆测是新罗国的王孙。玄奘去世后，他应武则天之召，来洛阳参与于阗僧实叉难陀翻译《华严经》的工作。万岁通天元年七月二十二日（696 年 8 月 25 日），圆测在洛阳佛授记寺去世，后在龙门石窟东山的香山寺北谷火化起塔。

第二节　武则天佛先道后政策下的洛阳佛教

武则天以皇后、皇太后和女皇帝的身份参政执政，在洛阳一共度过三十年。她想推翻唐朝，建立周朝，自己当皇帝，但女性身份无法逾越传统的男性继位规矩。载初元年（690），洛阳僧人薛怀义、法明等九人，利用《大云经》"陈符命，言则天是弥勒下生，作阎浮提主，唐氏合微"。[1]《大云经》即十六国时期北凉昙无谶翻译的《大方等无想经》，卷四说：佛告诉净光天女，你是天界的男菩萨，现在要化导众生，以女身形象降生世间当君主，做转轮圣王，教化、解救臣民，摧毁一切邪门歪道。卷六说："尔时诸臣即奉此女以继王嗣。女既承正，威伏天下，阎浮提中所有国土悉来承奉，无拒违者。女王自在，摧伏邪见。"[2] 今存敦煌残卷《大云经神皇授记义疏》，是薛怀义等僧对《大云经》的政治解读，说："今神皇（武则天）王南阎浮提一天下也"，"当今大臣及百姓等，尽忠赤者即得子孙昌炽……皆悉安乐"，"如有背叛作逆者，

---

① 《旧唐书》卷一八三附《薛怀义传》，第 4742 页。
② 《大正藏》第 12 册，第 1107 页。

纵使国家不诛，上天降罚并自灭"。长寿二年（693），天竺僧人菩提流志在洛阳译出《宝雨经》。传世的《佛说宝雨经》题为唐代达摩流支译，卷一说：佛对东方月光天子说，你降临中国，"实是菩萨，故现女身，为自在主，经于多岁，正法教化，养育众生，犹如赤子"。① 经中还有"菩萨杀害父母"的内容，能为武则天大肆杀戮李唐宗室开脱。武则天的困境终于被解除。她选择载初元年（690）九月九日重阳节举行登基大典，体现了自己前世的男性身份，龙飞九五当然是天经地义的了。她新创"曌"字作为自己的名字，表明自己合日月阴阳为一体。称帝后，她为《华严经》新译本作序，宣称"朕曩劫植因，叨承佛记"，"《大云》之偈先彰"，"《宝雨》之文后及"。② "佛记"是佛授记的略称，指佛对发愿修行者授予未来成果作佛的预记。于是在洛阳设立了佛授记寺；颁布《大云经》于天下，洛阳、长安两京及各州皆立大云寺；薛怀义等九位僧人封爵县公，并依照相应级别官员的服色佩饰，赐给紫袈裟、银鱼袋。武则天否定李唐王朝道先佛后的政策，改为佛先道后。这在社会上引起一些波动，出现弃道入佛的现象。杜乂自小加入道教，道士"推其明哲，出类逸群"，担任洛阳大恒观主，他看到武则天崇奉佛教，于是"向佛而归，遂恳求剃落"。③ 武则天亲加恩准，让他转入佛授记寺担任寺主，法名"玄嶷"，寓意为道士中出类拔萃的聪明人。这位新手在佛教界资历太浅，没有地位，武则天赐予他"夏腊"（佛教僧龄）三十年，使他"顿为老成"。④ 僧人封爵、赐紫、赐夏腊，这是有史以来的第一次。

武则天当皇帝十五年，相继接受过群臣所上的四个尊号，即金轮圣神皇帝、越古金轮圣神皇帝、慈氏越古金轮圣神皇帝、天册金轮圣神皇帝。慈氏是弥勒的意译，武则天被说成是男身菩萨弥勒下凡，变现女身，当中国国君。佛教认为：世界的中心是须弥山，同一日月所照临。须弥山四周有七重香海、七重金山。第七重金山外有铁围山所围绕的咸海，咸海中有四块大陆，即东毗提

① 《大正藏》第16册，第284页。
② 《全唐文》卷九七《大周新译大方广佛华严经序》，第438页。
③ 《宋高僧传》卷一七《唐洛京佛授记寺玄嶷传》，第414页。
④ （北宋）钱易：《南部新书》卷戊，黄寿成点校，中华书局，2002，第62页。

诃洲、南赡部洲、西瞿陀尼洲、北拘卢洲,统称四大洲。每个洲号称一天下,四个州统称四天下。"夫轮王者,将即大位,随福所感,有大轮宝浮空来应。感有金、银、铜、铁之异,境乃四、三、二、一之差。"① 金轮王统治四天下,其余递减一天下,至铁轮王,只统治南赡部洲一天下。而中国仅仅是南赡部洲众多国家中的一个,则武则天连铁轮圣王都算不上。她欣然接受这些尊号,体现了此岸世界和彼岸世界两个权威的合璧。

武则天的佛教政策给佛教的发展开辟了广阔的空间。她以皇帝的身份大肆造寺、造像,组织翻译佛经,礼遇僧人。证圣元年(695),义净游学天竺、南亚二十五年,从室利佛逝(今印度尼西亚苏门答腊)回国,带回"梵本经律论近四百部,合五十万颂,金刚座金容一铺,舍利三百粒"。武则天"亲迎于上东门外,诸寺缁伍具幡盖歌乐前导"。② 武则天安排他在佛授记寺中译经,还为之作序。天竺僧菩提流志、宝思惟、日照、慧智(生于中国),于阗僧实叉难陀、天智,吐火罗僧寂友,新罗僧圆测,中国籍康国裔僧法藏,都在洛阳译经。佛授记寺沙门明佺奉敕撰成《大周刊定众经目录》。他利用南朝萧梁以来的一些佛教经录,参校唐朝开国以来的新译经论,加以辨别,撰成十五卷目录。前十四卷列出大小乘经律论的条目,逐条指出某部书是什么朝代、什么人译出的,著录于哪部经录,以及其书名、异名,共有若干卷;最后一卷列出伪经目录。该目录还记载了佛教与政治、社会之间的关系。

武则天尽管推崇佛教,却不能不顾忌中国传统文化和世俗政治,让佛教完全占上风。如意元年七月十五日(692年9月1日)是中元节,她在洛阳举行盂兰盆会,就体现了儒家文化对佛教的改造。长寿三年(694),国家的制举策问试卷问道:僧人良莠杂糅,予以沙汰,"恐乖智海之宏规",为了"王化","施张之术,去就何从?"③ 这体现了她的宗教信仰不得不从属于世俗利益。唐初,少林寺僧众谢绝朝廷赐予官爵,玄奘对君王坚持自称"沙门"而不称臣,都保持着独立人格。武则天对僧人加官封爵、赐紫、赐夏腊,从表面

---

① (唐)玄奘:《大唐西域记》,章巽点校,上海人民出版社,1977,玄奘《序》,第 2 页。
② 《宋高僧传》卷一《唐京兆大荐福寺义净传》,第 1 页。
③ 《文苑英华》卷四七九,第 2444 页。

上看，是在提高僧人的地位，但实际上是以皇权干预和破坏佛教的仪轨制度，把僧人纳入国家管辖之下，成为驯服工具。因此，武则天时期佛教地位骤然飙升，同时意味着其地位的下降。佛教宗派三阶教认为当时是"末法五浊恶世"，武则天不能容忍。如意元年（692），她听说三阶教禅师法藏（与华严宗法藏同名）"解行精最"，命他"于东都大福先寺（即东魏国寺、东太原寺）检校无尽藏"。① 证圣元年（695），她下令将三阶教的典籍归为伪杂符箓一类，予以取缔。圣历二年（699），又下敕限制三阶教人的活动："其有学三阶者，唯得乞食、长斋、绝谷、持戒、坐禅。"② 武则天对"妖妄惑众"的佛教徒，照样严惩不贷。一个河内（今河南沁阳市）老尼姑居住洛阳麟趾寺，自号"净光如来"，自称"能知未然"，武则天很相信和敬重她。这个尼姑白天吃素，"夜则烹宰宴乐，畜弟子百余人，淫秽靡所不为"。天册万岁元年（695），洛阳皇宫中的明堂被薛怀义纵火烧毁，老尼姑入宫慰问，武则天怒斥她道："汝常言能前知，何以不言明堂火？"于是将老尼及其弟子统统逮捕，"皆没为官婢"。③

第三节　法藏在洛阳创立华严宗

华严宗是法藏在洛阳创立的佛教宗派。他是旅华康国人的后裔，唐太宗贞观十七年十一月初二（643年12月18日）在长安出生，十六岁时在岐州法门寺（在今陕西扶风县）舍利塔前烧炼一个手指头，代表自己的全身，以供养佛祖。唐高宗咸亨元年（670），皇后武则天为刚刚去世的母亲荣国夫人杨氏广种福田、追崇冥福，在长安舍宅为寺，名叫太原寺，命度僧住持，二十八岁的法藏被推荐受沙弥戒，隶属该寺。武则天称帝后，命法藏在洛阳佛授记寺讲解新译《华严经》。武则天指示十大法师为他授满分戒，因《华严经》中有位菩萨叫贤首，就特赐他号贤首。从此，法藏又被称为贤首大师，华严宗也被称为贤首宗。

---

① 《法藏禅师塔铭》，《金石萃编》卷七一，本卷第 1 页。
② （唐）明佺：《大周刊定众经目录》卷一五，《大正藏》第 55 册，第 475 页。
③ 《资治通鉴》卷二〇五，"天册万岁元年"条，第 6499~6500 页。

华严宗崇奉的佛经是《大方广佛华严经》，东晋末年，梵僧佛驮跋陀罗在华首次译为中文，编为六十卷，但仅是节译本。武则天时期，于阗僧实叉难陀携带梵本足本来洛阳，证圣元年（695），奉敕在大遍空寺翻译。法藏"本资西胤，雅善梵言，生寓东华，精详汉字"，[①] 在译场担任笔受。历时四年，新译《华严经》在佛授记寺完成，编为八十卷，仍不是足本，法藏补进前此在长安与中天竺僧地婆诃罗共译出的部分内容，整理成一个较为完善的新译本。武则天多次到译场视察，施供饭食，还写了《大周新译大方广佛华严经序》，夸奖新译《华严经》为"添性海之波澜，廓法界之疆域"。[②] 法藏还在洛阳参与翻译其他佛经，留下不少佛学著作。

新译《华严经》是圣历二年十月初八（699 年 11 月 5 日）完成的，佛授记寺的僧人请法藏讲经义，武则天下令当月十五日开讲。到腊月十二日（700 年 1 月 7 日）晚上，法藏讲到《华藏世界品》的"海震动"说法时，突然发生强烈地震，讲堂和寺院发出震吼之声。该寺僧人将其作为喜讯，向武则天上疏汇报。按照古代的天人感应说，上天常常因朝政失误而降生各种反常的自然现象来警告皇帝，这时，臣子可以直言不讳地批评皇帝，指摘时弊，皇帝也会下罪己诏向国人承认错误，同时降低膳食标准，取消观看音乐舞蹈表演，复审囚犯罪状记录以甄别真假、减免处罚，减免赋税，施行仁政。这无疑是借助老天爷的权威，对皇权进行某种程度的限制，亦可作为政权改弦更张的一个契机。武则天以女性身份统治天下，遇到的挑战更多，阻力更大，更需要同中国固有的礼俗对抗。洛阳的这次地震，本来是一次批评武则天的机会，但因为法藏讲经的缘故，反倒被看作吉兆瑞应。武则天对僧人的上疏御笔批答道："开讲之辰，感地动而标异。斯乃如来降祉，用符九会之文；岂朕庸虚，敢当六种之动！"[③] 法藏向武则天提供佛教文化，去同中国传统文化抗衡，使她以假装谦虚的方式美化自己，顺利地避开了一次受批评的机会。

① （新罗）崔致远：《唐大荐福寺故寺主翻经大德法藏和尚传》，（唐）法藏著，方立天校释《华严金师子章校释》，中华书局，1983，第 178 页。
② 《全唐文》卷九七，第 439 页。
③ 《华严金师子章校释》，第 176 页。

　　同时，武则天还命法藏为自己讲解新译《华严经》。华严宗以此经立宗，义理极其深奥复杂。武则天听后茫然不解，法藏就以宫殿前的金属狮子为教具，撰写《金师子章》来开导她。这一直观教学舍弃了很多论证过程，使艰深的义理变得径捷易懂，武则天遂豁然开悟。《金师子章》不足一千一百字，却囊括了华严宗的基本理论和判教说法。华严宗把宇宙万有称为"色"，又称为"事法界"或"一切"，认为色非实色，即万有现象是由因缘条件和合而成的暂时的假有，虚幻不实，没有自身质的规定性。它又把宇宙万有的本体称为"空"，又称为"理法界"或"一"，即所谓真如佛性；认为空非断空，即真如佛性不是绝对的空，而是湛然清净超越时空的实有，必须通过现象的假有来体现自己。既然现象和本体互相融通，互不妨碍，那么也就是色空无碍。为了说明色空的关系，《金师子章·辨色空第二》就以金体比喻佛性（空），以狮子相比喻现象（色），说："师子相虚，唯是真金。师子不有，金体不无，故名色空。又复空无自相，约色以明。不碍幻有，名为色空。"① 对于这个铜狮子，当你忽略了它的狮子模样，你看到的仅仅是一堆铜，那么你就认识到了铜狮子的本体。所以，一方面，狮子的相状只是虚幻的存在，不是真实的存在，真实的存在是一堆铜；另一方面，这一堆铜是以狮子的相状体现自己的存在的，所以狮子的相状和铜的质地合二而一，互不冲突。秘密隐显俱成门是华严宗十玄门之一，以为现象有色和空两重内容，人们看到假有的一面而看不到假有所体现的实有这一面，假有显而实有隐；人们看到实有的一面而看不到假有的一面，实有显而假有隐。虽然或隐或显，但隐显二相同时成就。《金师子章·勒十玄第七》解释说："若看师子，唯师子无金，即师子显金隐。若看金，唯金无师子，即金显师子隐。若两处看，俱隐俱显。隐则秘密，显则显著，名秘密隐显俱成门。"② 若着眼于狮子，你看到的仅仅是狮子，看不到铜，也就是说狮子显而铜隐。若着眼于铜，你看到的仅仅是铜，看不到狮子，也就是说铜显而狮子隐。若着眼于狮子和铜两个方面，两方面俱隐俱显，同时存

---

① 《华严金师子章校释》，第6页。
② 《华严金师子章校释》，第64页。

在。隐则秘而不见，显则昭然在目，这个法门叫作秘密隐显俱成门。法藏很善于利用教具，由此及彼，由浅入深，进行直观教育。为了说明宇宙本体和宇宙万象之间、宇宙万象各个事物之间的和谐联系，他为武则天等准备了十面镜子，镜面相对，相距一丈，安放于八方和上下。镜面相对的中心，安放一尊佛像，点燃一只火炬来照着佛像。于是，每面镜子中都重重叠叠地现出佛像，以及其他镜子映现的佛像的样子。他解释说，佛像的真实实体代表宇宙本原，镜子中映现的佛像相状代表宇宙万象。在场的人一下子便明白了这一佛教理论。

长安四年（704）腊月，法藏供奉于洛阳皇宫内道场，建置华严法会。他向武则天谈起自己青年时代曾炼指供养岐州法门寺舍利塔，这里珍藏着古代印度摩揭陀国孔雀王朝阿育王分发的佛指骨舍利。早在显庆五年（660），唐高宗曾"诏迎岐州法门寺护国真身释迦佛指骨，至洛阳大内供养"，皇后武则天"施金函九重"，作为盛放舍利的法器。后来，舍利由道宣律师奉命"送还法门寺"。① 四十多年过去了，武则天已经年逾八十，在病榻上聊度余生，想借助僧人，乞灵于佛教，恢复健康，延年益寿。她敕令宰相崔玄暐陪同法藏，前往法门寺迎舍利。法藏在舍利塔前行道七昼夜，请出舍利，于除夕迎至长安大崇福寺，次年（神龙元年）正月十一日（705年2月9日）送至洛阳。武则天敕令王公百官和洛阳的善男信女制作精美华贵的幡华幢盖，由太常寺演奏庄严的乐曲，将所谓能带来国泰民安、人寿年丰、吉祥如意的舍利迎至明堂。正月十五这天，武则天"身心护净，头面尽虔"，请法藏捧持舍利，"普为善祷"。② 但舍利并没给武则天带来祥瑞。宰相张柬之趁机联络太子，七天后发动政变，诛杀武则天的亲信张易之、张昌宗兄弟，逼迫武则天还政于唐中宗。法藏作为内供奉僧，被政变势力当作内线拉了过去。从中牵线搭桥的人，有可能是崔玄暐。他是这次政变的五位策划者之一，排名、受赏仅次于张柬之，同是当时仅有的两位宰相。他同法藏一同迎请舍利，相处多日，试探法藏的态度，透露自己的心迹，是很容易做到的事。把法藏拉进这场政变，如同观天

---

① （南宋）志磐：《佛祖统纪》卷三九，《大正藏》第 49 册，第 367 页。
② 《华严金师子章校释》，第 183 页。

象、卜吉凶一样，会加大成功的砝码。形势稳定后，唐中宗赏功，让法藏荣升三品，法藏再三谢绝，唐中宗遂转赐给法藏的弟弟康宝藏。唐中宗下诏表扬法藏："传无尽之灯，光照暗境；挥智慧之剑，降伏魔怨。凶徒叛逆，预识机兆，诚恳自衷，每有陈奏，奸回既殄，功效居多。"① 十个月后，武则天在洛阳上阳宫去世。随着李唐政权的恢复，长安再度成为政治中心，法藏也就永远地离开了洛阳，在长安从事宗教和政治活动。

华严宗的理论经法藏在洛阳译经、著述、宣讲而发扬光大。它的法界缘起、理法界、事法界、理事无碍法界、一切即一、一即一切等理论，对后来影响中国长达八百年的程朱理学的产生和发展，起着直接的启发和推动作用。程颢、程颐兄弟是北宋时期的洛阳人，他们完成的理学又称为洛学，从其学说产生地来推究学术思想渊源，完全可以证实。法藏之于洛阳，其影响和作用并非及身而已，而是绵延于后世。法藏还具有国际影响。他的同学新罗人义湘，回国后不断收到法藏带给自己的佛学著作，得以提高，被称为海东华严初祖。法藏的弟子新罗人审祥，后来在日本弘扬华严理论，传法于日本僧人良辨，创立了日本华严宗。

第四节　唐代洛阳地区的禅宗南北宗

武则天时期，僧人慧能在韶州（今广东韶关市）创立了禅宗。禅宗不立文字，不坐禅诵经，主张单刀直入，明心见性，顿悟成佛，是所谓教外别传，称为祖师禅。禅宗创立之前，嵩洛地区一直是禅学中心，主张坐禅诵经，渐悟成佛，这是借教悟宗，称为如来禅。这个传统禅法的后殿大师是陈留尉氏（今河南尉氏县）人神秀。为了区别，慧能一系的禅宗称为南宗顿门或南宗禅，神秀一系的禅学称为北宗渐门或北宗禅。数十年间，两派分流，各有自己的势力范围。

慧能禅宗的后继者自编了一个传法系统，是所谓西天二十八祖与东土六

---

① 《华严金师子章校释》，第182页。

祖。西天初祖是如来佛的大弟子迦叶，说灵山会上，如来拈花，迦叶微笑，开教外别传的风气之先。东土初祖是南北朝时期来华的天竺僧菩提达摩。他于北魏正光元年（520）来嵩山少林寺，从事禅观实践，有壁观婆罗门之称。慧能则是东土六祖。

慧能出生于新州（今广东新兴县）。他听说东土五祖弘忍在蕲州黄梅（今湖北黄梅县）冯墓山聚徒讲习《金刚经》，于是慕名前往参禅问道。龙朔元年（661），弘忍招集寺众，让各自作偈，以选拔接班人，将菩提达摩的袈裟作为信物传付其人。全寺七百多位僧人，神秀是公认的上首弟子。他将自己的领悟书偈于壁，云："身是菩提树，心如明镜台，时时勤拂拭，莫使有尘埃。"这是菩提达摩以来的渐悟法门。慧能以为神秀没有见性，就作两偈，云："菩提本无树，明镜亦非台。佛性常清净，何处有尘埃？""身是菩提树，心为明镜台。明镜本清净，何处染尘埃？"这是南朝竺道生率先立论的顿悟法门。弘忍认为慧能见解透彻，就秘密地对他传衣付法。慧能南归，后到广东曹溪宝林寺说法，禅宗正式创立。慧能的说法纪录被整理成《坛经》一书。他认为众生心中都有同样的佛性，像日月一样清净明亮，若被妄念浮云遮蔽，便不能显现出来。"忽遇惠风吹散，卷尽云雾，万象森罗，一时皆现。……故遇善知识开真法，吹却迷妄，内外明彻，于自性中，万法皆见。"佛与众生的差别，在于是否觉悟。"自性迷，佛即众生；自性悟，众生即是佛。"众生应该单刀直入，"于自心顿现真如本性"。[①] 因此，禅宗倡导明心见性，不假外求。这样便简化了成佛的途径，扩大了成佛的范围，因而在南方受到佛教界和知识界的欢迎。

而神秀在僧俗间，声望亦相当高。弘忍去世后，神秀居住在江陵当阳山（在今湖北当阳市），二十多年间，"四海缁徒，向风而靡，道誉馨香，普蒙熏灼"。久视元年（700），武则天遣使迎请神秀来洛阳。这时，神秀已经九十多岁，在肩舆上跏趺而坐，被抬入宫中；武则天以稽首礼跪拜相迎，拜他为帝师，时时问道，安排在内道场中，享受丰厚的供施。"时王公以下，京邑士庶，竞至礼谒，望尘拜伏，日有万计。洎中宗孝和皇帝即位，尤加宠重。中书

---

① （唐）慧能著，郭朋校释《坛经校释》，中华书局，1983，第 12、16、39、66、58 页。

令张说尝问法执弟子礼。"① 神龙二年二月二十八日（706 年 4 月 15 日），神秀在洛阳天宫寺病逝，唐中宗册谥他为大通禅师，归葬当阳山。唐中宗登上龙门山，目送神秀的灵柩在太常寺演奏的悲切的鼓吹声中缓缓南去。神秀"遂推为两京法主、三帝国师"。洛阳人张说撰写的《唐玉泉寺大通禅师碑》，说神秀的"开法大略"是"专念以息想，极力以摄心。其入也，品均凡圣，其到也，行无前后。趋定之前，万缘尽闭，发慧之后，一切皆如。特奉《楞伽》，递为心要"。② 这便是菩提达摩以来借四卷本《楞伽经》为心要，坐禅悟道的路数，即人不论凡圣，根不论利钝，行不论先后，一律调练心意，专注于一境，长期坚持，产生佛教智慧，正确观悟人生，成就各种功德。

在北方，北宗依然有很大的势力和影响，"两京之间皆宗神秀"。③ 神秀的弟子普寂、义福受到朝廷的礼遇和支持，在长安、洛阳传道二十年。唐中宗鉴于神秀年事已高，"特下制令普寂代本师统其法众"，"及秀之卒，天下好释氏者，咸师事之"。唐玄宗"敕普寂于都城居止，时王公大人竞来礼谒"。④ 僧一行慕名来嵩山，拜普寂为师，剃发出家。普寂在嵩山"设大会，远近沙门如期必至，计逾千众"。⑤ 僧真亮来嵩山，"遇普寂奖训，顿开蒙昧。入龙门山，居而禅默，问津者交集"。⑥ 僧石藏"礼嵩山寂禅师，豁悟禅法，至中山（治今河北定州市）大像峰间石室，孤坐冥寂，数夏安然。同好者望风而至，蔚成丛众"。⑦ 陕州回銮寺僧慧空来嵩山，"遇寂师禅会，豁如开悟"。唐代宗征调慧空入京师广福寺，"朝廷公卿，罔不倾信"。⑧ 普寂摒弃慧能为东土六祖的法统，宣称自己是七祖。初祖菩提达摩传法于二祖慧可，此后依次传法于三祖僧璨、四祖道信、五祖弘忍、六祖大通禅师神秀。作为大通的法嗣，"吾受托先

---

① 《宋高僧传》卷八《唐荆州当阳山度门寺神秀传》，第 177 页。
② 《张燕公集》卷一四，《丛书集成初编》第 1847 册，第 146 页。
③ 《宋高僧传》卷八《唐洛京荷泽寺神会传》，第 179 页。
④ 《宋高僧传》卷九《唐京师兴唐寺普寂传》，第 198 页。
⑤ 《宋高僧传》卷五《唐中岳嵩阳寺一行传》，第 91 页。
⑥ 《宋高僧传》卷一〇《唐潭州翠微院恒月传附真亮》，第 237～238 页。
⑦ 《宋高僧传》卷一〇《唐定州大像山定真院石藏传》，第 239 页。
⑧ 《宋高僧传》卷九《唐陕州回銮寺僧慧空传》，第 213 页。

师，传兹密印"，"大通贻于吾，今七叶（七代）矣"。① 义福于开元十一年（723）随唐玄宗来东都，路过蒲州（治今山西永济市）、虢州（治今河南灵宝市）时，"刺史及官吏士女皆赍幡花迎之，所在途路充塞，拜礼纷纷，瞻望无厌"。开元二十四年五月二十五日（736 年 7 月 8 日），义福在洛阳去世，临死前，兵部侍郎张均、太尉房琯、礼部侍郎韦陟，都前来探望。唐玄宗册谥他为大智禅师，七月初六（8 月 16 日）葬于龙门石窟奉先寺北岗，"送葬数万人，中书侍郎严挺之躬行丧服，若弟子焉，又撰碑文"。② 三年后普寂去世，被唐玄宗册谥为大照禅师。"河南尹裴宽及其妻子，并缞麻列于门徒之次"，"悲恸若丧所亲"，送葬时"缞经徒步出城"。③

慧能的弟子神会看到在北方北宗禅势力强大，南宗禅还没有浸润过来，就决定扭转局面，宣扬南宗的顿悟主张才是菩提达摩禅法的精髓。开元十八年（730）至二十二年（734），他在滑台（今河南滑县）大云寺设无遮大会，其间曾与北宗禅僧崇远辩论，抨击普寂伪造法统，慧能才是真正的六祖。敦煌唐写本独孤沛撰《菩提达摩南宗定是非论》是当时的记录，记神会说："达摩遂开佛知见，以为密契，便传一领袈裟以为法信，授与慧可，慧可传僧璨，璨传道信，道信传弘忍，弘忍传慧能，六代相承，连绵不绝。"④ 天宝四载（745），神会应请住东都荷泽寺，这时，义福、普寂都已去世。天宝八载，神会在荷泽寺竭力宣扬南宗顿悟主张，批驳北宗的宗旨。这一期间，他在荷泽寺内设立了慧能的遗体堂，绘制了南宗认为的东土六位祖师的画像，兵部侍郎宋鼎撰写了碑文，太尉房琯撰写了《六叶图序》。安史之乱爆发后，右仆射裴冕建议置坛度僧，收取香水钱，以助军需。神会被邀请在洛阳主持其事，所获财帛，用于朝廷收复两京的军事费用。因而唐肃宗诏令对他好好供养，在荷泽寺中为他建造禅宇。僧传评论道："〔神〕会之敷演，显发能祖（慧能）之宗风，使

---

① （唐）李邕：《大照禅师塔铭》，《全唐文》卷二六二，第 1175 页。
② 《宋高僧传》卷九《唐京兆慈恩寺义福传》，第 197 页。
③ 《宋高僧传》卷九《唐京师兴唐寺普寂传》，第 199 页。
④ 杨曾文编校《神会和尚禅话录》，中华书局，1996，第 18 页。

[神] 秀之门寂寞矣。"① 南宗这才开始占领北方阵地。神会弟子慧空撰文、法璘书丹的《大唐东都荷泽寺殁故第七祖国师大德于龙门宝应寺龙岗腹建身塔铭并序》，1983 年在原墓地出土，记载神会的生卒年、去世地点都与《宋高僧传》本传不同，说他于唐肃宗乾元元年五月十三日（758 年 6 月 23 日）在湖北荆州开元寺去世，俗寿七十五岁，遵其生前愿望，唐代宗永泰元年十一月十五日（765 年 12 月 31 日），迁塔于洛阳龙门西山宝应寺龙岗中。② 神会死后，被朝廷谥为真宗大师。贞元十二年（796），唐德宗敕令皇太子会集禅师制定禅门宗旨，确定禅宗法统，敕立神会为禅宗第七祖。

图 9-2 神会和尚身塔塔基出土的铜长柄手炉、黑釉瓷钵

　　但神秀系统的北宗禅并没有从此销声匿迹。唐州（治今河南泌阳县）人道树出家游学，"后回东洛，遇秀宗裔，如芙蓉开，通达安静"。③ 唐文宗开成元年（836），郏城人崇珪被朝廷从嵩山嵩岳寺调入洛阳龙兴寺，"两京缁（僧人）白（俗人）往来问道，檀施交骈。其所谈法，宗 [神] 秀之提唱，获益明心者多矣"。④ 弘忍的另一位弟子法如，在弘忍去世后，先去淮南，后到洛阳，长期在少林寺传授禅法。

---

① 《宋高僧传》卷八《唐洛京荷泽寺神会传》，第 180 页。
② 温玉成：《记新出土的荷泽大师神会塔铭》，《世界宗教研究》1984 年第 2 期。
③ 《宋高僧传》卷九《唐寿春三峰山道树传》，第 212 页。
④ 《宋高僧传》卷九《唐洛京龙兴寺崇珪传》，第 215 页。

第五节　开元三大士在洛阳创立密宗

　　佛教宗派密宗，是由开元三大士在洛阳创立的。开元三大士指唐玄宗开元年间三位来华的天竺僧人善无畏、金刚智、不空。密宗不像称为显宗的其他佛教宗派那样用明白的语言正面宣传教义，而是用号称真言的咒语（陀罗尼）来表达，咒语隐秘难解，故称密宗、真言宗。又由于密宗依理事观行，修习身（行为）、语（言论）、意（思想）三密瑜伽（相应）而获得成就，故又名瑜伽密宗。密宗崇拜大日如来（法身佛毗卢遮那）。三大士又分为两派：善无畏传播胎藏界，崇奉《大日经》；金刚智和不空传播金刚界，崇奉《金刚顶经》。

　　密宗主张六大缘起说，认为佛和宇宙万象都是由地、水、火、风、空、识这六大形成的。前五大是色法（物质现象），属于理；后一大是心法（精神现象），属于智。六大无碍，彼此兼有。大日如来佛就是六大，宇宙万象都由六大构成，因而都是大日如来法身的显现，一切国土都是大日如来所依止的密严净土。胎藏界属于理，于一心法界上树立理平等，同中观派（大乘空宗）关系密切。金刚界属于智，于一心法界上树立智差别，同瑜伽行派（大乘有宗）关系密切。密宗崇拜护摩，护摩是烧的意思，分内外两种，主张以智慧之火烧掉烦恼和业，即可生出菩提芽，往往还烧掉大批的物资、庄园，以得到所想要的东西。

　　善无畏曾在中天竺的那烂陀寺学习密教，开元四年（716），以八十岁高龄来长安。开元十二年（724），他随唐玄宗来洛阳，奉诏在大福先寺同其弟子嵩山嵩阳寺僧一行共同翻译《大毗卢遮那成佛神变加持经》等佛经。《大毗卢遮那成佛神变加持经》的译本只是摘录要点，成书七卷，简称《大日经》。这是密宗崇奉的经典，标志着密宗在洛阳正式成立。善无畏的著作《无畏三藏禅要》，是他同嵩山会善寺僧敬贤讨论佛法的记录，先说开发心、供养、忏悔、受戒等十一门，再说观智密要、禅定法门，列举陀罗尼十首和月轮观法等。初学禅人多怕起心动念，无法增长善念，以为专守无念才是究竟。他不以为然，主张先正念增修，然后即可达到究竟清净的境界，因而不怕起心，只怕进学做得不到位。这反映出当时的禅风和他对禅定的理解。开元二十三年十一月初七（735 年 11 月 25 日），善无畏在洛阳去世，享年九十九岁。开元二十八年十月初三（740 年 10 月 27 日），葬于龙门石窟西山广化寺，五十五年后建碑于塔院旁，世俗弟子李华为他撰写了碑铭。金刚智，南天竺人，广泛学习经律论三藏，"闻脂那（中国）佛法崇盛，泛舶而来"。开元八年（720），他随唐玄宗来洛阳。一行也以他为师，因而一行同时传播胎藏界和金刚界。开元二十年八月十六日（732 年 10 月 9 日），金刚智在洛阳广福寺去世，享年七十一岁。同年十一月初七（732 年 11 月 28 日），"葬于龙门南伊川之右"，"灌顶弟子中书侍郎杜鸿渐素所归奉，述碑纪德焉"。[①] 不空自幼来华，开元七年（719）出家，时年十五岁，是金刚智的弟子。五年后，他在洛阳广福寺受具足戒。此后十八年，他随金刚智学习翻译，广泛学习律仪和中文、梵文的经论。金刚智去世后，他回天竺，天宝五载（746）再度来华，在长安、洛阳、武威（今甘肃武威市）翻译佛经。

《宋高僧传》记载，一次洛阳旱情严重，唐玄宗派宦官高力士去请善无畏祈雨。善无畏在钵中盛水，用小刀搅动，以梵语念咒语数百声。片刻间，钵中出现手指头大的一条龙，通体鲜红，时而昂首浮出水面，时而潜入水底。他继续边搅动边念咒，终于一股白气由钵中蒸腾而起，高达数尺，渐渐消退。他让高力士赶快回宫汇报。高力士骑马飞奔，回头只见白气急速旋转，从佛寺的讲堂向西飘去，像一匹未染色的绢帛，翻空而上。接着一片昏霾，大风骤起，雷电交加。高力士刚到达天津桥，"风雨随马而骤"。善无畏还在洛阳邙山看见一条巨蛇，叹道："欲决潴洛阳城耶？"因而用天竺语念咒数百声，不日蛇死，"乃安禄山陷洛阳之兆也"。[②] 金刚智也曾受诏在洛阳求雨，一行参与活动。不空见邙山巨蛇"矫首若丘陵，夜常承吸露气"，"每欲翻河水陷洛阳城以快所怀"，就为它授戒说因果，使它不至于作恶。"后樵子见蛇死涧下，臭闻数里。"[③]

---

① 《宋高僧传》卷一《唐洛阳广福寺金刚智传》，第 4、6 页。
② 《宋高僧传》卷二《唐洛京圣善寺善无畏传》，第 21 页。
③ 《宋高僧传》卷一《唐京兆大兴善寺不空传》，第 11 页。

图9-3 龙门石窟善无畏塑像

密宗人的这些活动，使唐玄宗松动了重道抑佛的态度。他从长安来洛阳，敕令僧人良秀、法修、道氤随驾同行。道氤对《净业障经》做过注疏，被安排在洛阳天宫寺讲授这部佛经。一行上奏唐玄宗，"召天下英髦学兼内外者，集于洛京福先寺，大建论场"。道氤"为众推许，乃登首座，于《瑜伽》《唯识》《因明》《百法》等论，竖立大义六科，敌论诸师茫然屈伏"。①

第六节　唐代洛阳地区的佛寺

唐代洛阳地区的佛寺，依据《宋高僧传》《唐会要》《朝野佥载》《旧唐书》等文献的记载和考古发现，现在能够知道一小部分。比如有洛阳城区和附近的天宫寺、佛光寺、广福寺、圣善寺（中兴寺、龙兴寺）、白马寺、大遍空寺、魏国东寺（东太原寺、福先寺）、佛授记寺（敬爱寺）、天竺寺、长寿寺、荷泽寺（慈泽寺）、净土寺（大云寺）、广爱寺、同德寺、慧林寺、香山寺、罔极寺、卫国寺（安国寺）、奉国寺、昭觉寺、华严寺、安乐寺、昭成寺、乾元寺、广化寺、宝应寺、敬善寺、奉先寺、潜溪寺、菩提寺，以及嵩山的嵩阳寺、少林寺、闲居寺（敬爱寺、嵩岳寺）、丰乐寺等。

唐高祖当皇帝前的洛阳城内旧宅，唐太宗贞观六年（632）立为天宫寺。唐高宗龙朔元年（661）九月巡幸该寺，"周历殿宇，感怆久之，度僧

---

① 《宋高僧传》卷五《唐长安青龙寺道氤传》，第97~98页。

二十人"。① 武则天晚年，禅宗北宗领袖神秀由湖北被迎请到洛阳，神龙二年（706）在天宫寺病逝。武则天为了给先母追冥福，把母亲生前居住的洛阳城内旧宅于上元二年（675）立为太原寺，垂拱三年（687）改名为魏国寺，天授二年（691）又改名为福先寺。天竺高僧菩提流志、宝思惟、地婆诃罗、善无畏，唐朝高僧义净、志辩、道丕、法藏（诸葛氏）等人，分别在此从事翻译佛经、创立密宗、弘阐律学、检校三阶教无尽藏等活动。开元二十一年（733），日本僧人荣叡、普照来华，奉唐玄宗敕令在福先寺跟随定宾律师受学。该寺僧人道璿律师应他们的邀请，东渡日本，弘阐律学、华严学说、天台学说和北宗禅。显庆二年（657），以幼小皇子李显（唐中宗）的名义，在洛阳城内怀仁坊为其父母唐高宗、武则天立敬爱寺，天授二年（691）改为佛授记寺，后来又改回敬爱寺。证圣元年（695），义净游学天竺、南亚回国，武则天把他安排到佛授记寺译经。华严宗创始人法藏在洛阳参与重新翻译《华严经》的工作，武则天责成他在佛授记寺讲解新译《华严经》。万岁通天二年（697），皇宫中的天堂烧毁后不再重造，在其地建为佛光寺。神龙二年（706），唐中宗、唐睿宗兄弟为先母武则天追冥福，把洛阳城内的中兴寺改名为圣善寺，在寺内立报慈阁，同时将城内的慈泽寺改名为荷泽寺。禅宗南宗领袖神会在荷泽寺开展佛教活动，唐肃宗诏令在荷泽寺中为他建造禅宇。

洛阳城东的白马寺，始建于汉明帝永平十一年（68），是汉族地区的第一所佛寺。此后数百年间，历经战乱和国家毁佛运动，多次遭受破坏。京兆鄠县（今陕西西安市鄠邑区）人冯小宝在洛阳市场卖药，由唐高祖女千金公主推荐给武则天。武则天为了让他出入皇宫方便一些，将他度为僧人，与驸马都尉薛绍合族，改名薛怀义。从此，他与洛阳大德法明等九僧进入皇宫内道场念经。垂拱元年（685），他建议维修故白马寺，武则天于是命他监修，担任寺主。洛阳市伊川县1977年出土的《唐故赠工部尚书张公（张廷珪）墓志铭》说："张昌宗作凉宫，薛怀义建伪阁，殚万家之产。"

为了帮助武则天实现当皇帝的愿望，载初元年（690），薛怀义等九位洛

---

① 《旧唐书》卷四《高宗纪上》，第82页。

图 9-4 洛阳白马寺

阳僧人借助《大云经》大造舆论，薛怀义从而受到重用，炙手可热。后来，他厌烦进入皇宫，住在白马寺中，让人刺身流血来画大佛像，还挑选一千名身强力壮的男子来当僧人。这些行径引起了侍御史周矩的怀疑和弹劾。但薛怀义有恃无恐，骄倨无礼，武则天听之任之，指示周矩："此道人风（疯）病，不可苦问。所度僧任卿勘当。"① 周矩彻底清查，把这一千名突击剃度的僧人都发配到边远地区。事后周矩遭到薛怀义的陷害，下狱免官。薛怀义越发偃蹇跋扈，欺侮朝官，还纵火天堂，延及明堂，终于使武则天不能容忍，于证圣元年（695）将他处死。

当初武则天在长安生李显（唐中宗），请玄奘为孩子授戒，玄奘将他收为徒儿，号为"佛光王"。神龙元年（705），唐中宗在洛阳恢复皇位，诏令佛道二教的代表来洛阳皇宫内辩论《老子化胡经》的真伪，百官参与旁听。《老子

---

① 《旧唐书》卷一八三《薛怀义传》，第 4742～4743 页。

化胡经》是道教的一部伪经，西晋道士王浮所著，宣称佛教创始人释迦牟尼是道教祖老子的徒儿尹喜投胎转世，老子西游，将他培养成为佛。道教徒和佛教徒争高低，常以该经作为攻击佛教的重型武器。这次辩论中，僧法明质问道士，如果说老子教导胡人，把他化成佛，那么老子是用中国语言来教化胡人，还是直接用胡人语言来教化胡人？如果用中国语言来教化胡人，胡人根本听不懂。如果用胡人语言来教化胡人，那么，这部所谓"经书"传入中国，就需要翻译成中国文字。请问翻译"经书"在哪年哪月、哪个朝代，哪个人宣读胡语原著，哪个人口头译成汉语，哪个人用中文记录译文？道士被问得哑口无言。于是唐中宗于九月十四日（705年10月6日）下敕："仰所在官吏废此伪经，刻石于洛京白马寺，以示将来。"洛阳大恒道观主桓彦道等道士上表反对，唐中宗对表文做出批示。唐初制定道先佛后的国策，标榜道教是皇家的血亲宗教。唐中宗在这份批示中特别交代销毁的仅仅是道教的伪经，当然不是冒犯祖宗、违背孝道。这份批示揭露《老子化胡经》的诸多作伪漏洞，例如：这部伪经编造的成佛人物，口径不一致，所说四人或此或彼；编造的弟子，也是说法龃龉；说尹喜成佛，已属无稽之谈，又说他化作释迦牟尼的弟子阿难，更是一时瞎编；鬼谷子、北郭先生，从未去过中天竺，却说他们在中天竺的经历；舍利、文殊，也被瞎编为彰显于华夏大地。人物交集，胡汉杂错，事情交代，年代混乱。把履水说成涅槃，毫无典故依据；把蹈火说成妙法，有类俳优做戏。唐中宗的这份批示，无疑给了道士当头一棒，他们不敢再继续抗争。唐中宗还尊崇律僧道岸，安排他担任白马寺"纲维总务"[1] 的僧官。神龙二年（706）九月，唐中宗幸白马寺，在这里迎接回乡探视后返回洛阳的大臣魏元忠。

先天元年（712）秋，李隆基在长安即皇帝位，"东都白马寺铁像头无故自落于殿门外"。这一现象被说成是唐玄宗称帝伊始即恢复重道抑佛国策的征兆："自后捉搦僧尼严急，令拜父母等，未成者并停革，后出者科决，还俗者十八九焉。"[2] 安史叛军进入洛阳后，把白马寺当作驻军场所。后来回纥族士

---

① 《宋高僧传》卷一四《唐光州道岸传》，第337页。
② 《朝野佥载》卷一，《隋唐嘉话》合刊本，第13页。

兵应邀帮助唐朝收复洛阳，众多洛阳士女为了逃避战火，躲到白马寺、圣善寺的阁楼上，回纥兵就纵火焚烧阁楼。唐人张继《宿白马寺》诗描绘了白马寺的萧条破败景象："白马驮经事已空，断碑残刹见遗踪。萧萧茅屋秋风起，一夜雨声羁思浓。"①

但白马寺的佛事活动一直在继续，不但沟通外国，体现中外文化交流，而且将佛教辐射到国内其他地区，产生巨大影响。天竺僧人释佛陀多罗，其法名意译成中文叫觉救。他携带贝叶经来华从事教化，"止洛阳白马寺，译出《大方广圆觉了义经》"。② 河南汝州市风穴寺现存唐代七祖塔，是贞禅师去世后，其弟子为他建造的。开元二十六年（738）缑氏县尉沈兴宗撰写的《大唐开元寺故禅师贞和尚塔铭》，说贞禅师是京兆（今陕西西安市）人，二十来岁时秀才登科，知名太学，后来弃儒从佛，"遂受衡阳止观门，居于洛阳白马寺。口不绝诵习，心不离三昧"。后来他去了汝州开元寺，驻锡风穴山，"以开元十三年九月十八日示灭于开元精舍"。③ 贞禅师在南岳衡山修习止观法门，是衡阳慧思门下的天台宗传人。唐玄宗赐他谥号"七祖"，即天台宗第七代祖师。后来流行的天台宗九祖相承之说，把贞禅师摒除在外。浙江僧少康，"贞元初至于洛京白马寺殿，见物放光，遂探取为何经法，乃善导《行西方化导文》也"。善导是唐初僧人，是以念诵阿弥陀佛为往生西方极乐世界法门的净土宗的创始人。少康于是去长安参拜善导影堂，发誓以净土法门教化民间。他来到睦州（治今浙江建德市），劝导当地民众念阿弥陀佛，建立净土道场，"所化三千许人"。④ 关于白马寺的讲经活动，晚唐许浑《白马寺不出院僧》诗说："寺喧听讲绝，厨远送斋迟。"⑤

洛州嵩山少林寺，在武德三年（620）唐军攻打洛阳割据势力王世充时提供过帮助。少林寺僧人志操、惠玚、昙宗等人，率领僧众协同唐军作战，擒获

---

① 《全唐诗》卷二四二，第 613 页。

② 《宋高僧传》卷二《唐洛京白马寺觉救传》，第 27 页。

③ 《金石萃编》卷八三，本卷第 1 页。

④ 《宋高僧传》卷二五《唐睦州乌龙山净土道场少康传》，第 631~632 页。

⑤ 《全唐诗》卷五三一，第 1344 页。

了王世充的侄儿王仁则。唐廷把柏古山庄的四十顷土地和一具水碾赏赐给少林寺，还赐给僧众千段绢帛，授予昙宗大将军职务，全寺僧众都有大小不等的官爵。但僧众谢绝官爵，只求出家。咸亨年间（670~674），唐高宗巡幸少林寺，曾以飞白体书法题写"波若碑"，并施舍财物；永淳年间（682~683），又在少林寺墙壁上以飞白书写"飞"字。武则天时期，不断给少林寺施舍钱物。唐玄宗鉴于少林寺有先圣缔构之迹，也御书碑额七字，于开元十一年（723）冬，委派僧一行将墨迹送往少林寺，镌刻成碑。当时正在检查没收全国寺院的土地财产，唐玄宗认为少林寺的地产、碾硙，是唐高祖赐给的，因而不予没收。唐中宗景龙年间（707~710），下敕少林寺置大德十人，由于本寺龙象荟萃，因而"人不外假，座无虚授"。① 少林寺的僧人，有受到皇室极度尊崇的。慧安曾受到唐高宗征召而拒不响应，武则天稽颡而处之泰然。神龙二年（706），唐中宗在长安"敕令中官（宦官）赐紫袈裟并绢，度弟子二七人"，但他宠辱不惊，次年"便辞归少林寺"。② 少林寺是禅宗的祖庭，一直到唐后期，依然维持着佛教授戒、禅观的中心地位。

洛阳城北邙山上的惠林寺，是李憕田庄里的私家寺院。他于开元二十八年（740）来洛阳担任河南府少尹，天宝十四载（755）又来洛阳担任东京留守。安禄山叛军攻陷洛阳时，李憕坚守气节，遇害身亡。李憕共有十多个儿子，其中两个是僧人，与李憕同时遇害。幸存下来两个，其中一个是李源，家中遭难时他刚刚八岁，被叛军俘获，转徙流离七八年。叛乱平定之际，洛阳故吏有对李憕感恩戴德者，将李源从民家赎出。唐代宗知道后，为了表彰李憕的忠义行为，就任命刚刚成年的李源为河南府参军，转司农寺主簿。但李源对于仕禄毫无兴趣，予以谢绝。他终生不婚配，在惠林寺中"寓居一室，依僧斋戒"。③长庆二年（822），御史中丞李德裕向唐穆宗上《荐处士李源表》，唐穆宗下制表彰李源有孔子的学生曾参、闵损那样的孝行，又有上古隐士巢父、许由那样淡泊名利的高风亮节，决定授予李源守左谏议大夫的职务，赐绯鱼袋。宦官特

---

① （唐）裴漼：《少林寺碑》，《全唐文》卷二七九，第1253页。
② 《宋高僧传》卷一八《唐嵩岳少林寺慧安传》，第453页。
③ 《旧唐书》卷一八七下《忠义下·李憕传》，第4889页。

使带着诏令、绯袍、牙笏以及二百匹绢来惠林寺宣赐，李源感恩，但对于所赐官职、绯袍、牙笏、绢帛，再次谢绝。后来，他在惠林寺去世。

唐代小说中，有两篇是以惠林寺李源为题材的。一篇是李冗的《独异志·李源》，另一篇是袁郊《甘泽谣·圆观》，讲一些因果报应、僧俗友谊之类的事情。李德裕《寄题惠林李侍郎旧馆》诗说："栋宇非吾室，烟山是我邻。百龄惟待尽，一世乐长贫。半壁悬秋日，空林满夕尘。只应双鹤吊，松路更无人。"① 傅璇琮指出："李侍郎即李景让，开成五年（840）以礼部侍郎知贡举。此当为李德裕于本年八月入朝经洛阳作。"② 据《旧唐书》卷一八七下《忠义下·李憕传》，李景让的曾祖父是李憕，祖父李彭是李源的弟弟。《晋书·陶侃传》说，鹰扬将军陶侃"以母忧去职。尝有二客来吊，不哭而退，化为双鹤，冲天而去"。③ 李德裕的这首诗，表达了对李憕、李源的景仰和悼念。

唐宪宗元和年间（806~820），天然禅师来到洛阳龙门香山，与自在禅师成为莫逆之交。"后于慧（惠）林寺遇天大寒"，他把木雕佛像拿来烧火取暖。院主呵斥他道："何得烧我木佛！"他用禅杖拨了拨火灰，说："吾烧取舍利。"院主说："木佛何有舍利？"他说："既无舍利，更取两尊烧。"一次，他横卧在洛阳城区的天津桥上，阻挡得东都留守不能通过，怎么呵斥也不起来让路，还懒洋洋地说自己是"无事僧"。后来他去邓州丹霞山结庵，告诫门徒不要参禅问道，说："岂有佛可成！佛之一字，永不喜闻！"④ 禅宗南宗倡导顿悟成佛、不假外求，认为诵经、打禅、忍辱、布施等佛事活动都是外在的形式，不利于寻求自己内心的佛性，甚至是阻挠自己成佛的因素，必须彻底打破。后来，禅宗人干脆发展到呵佛骂祖、蔑视宗教权威的地步。《镇州临济慧照禅师语录》说："你欲得如法见解，但莫受人惑，向里向外，逢着便杀，逢

---

① 《全唐诗》卷四七五，第 1202 页。
② 傅璇琮：《李德裕年谱》，中华书局，2013，第 301 页。
③ （唐）房玄龄等：《晋书》卷六六，中华书局，1974，第 1769 页。
④ （南宋）普济：《五灯会元》卷五《丹霞天然禅师》，苏渊雷点校，中华书局，1984，第 261~263 页。

佛杀佛，逢祖杀祖，逢罗汉杀罗汉，逢父母杀父母，逢亲眷杀亲眷，始得解脱，不与物拘，透脱自在。"① 天然禅师烧毁惠林寺的木佛像，正是禅宗的这个路数。

第七节　唐代龙门石窟

龙门石窟现存窟龛两千三百四十五个，造像十万余尊，石刻佛塔五十余座，碑刻题记两千八百六十余品，分布于伊河东、西两侧的香山、龙门山上。这里开窟造像从北魏迁都洛阳以来，绵延至明朝万历三十八年（1610），其中唐代的作品占三分之二。2000 年 11 月 30 日，联合国教科文组织世界遗产委员会在澳大利亚凯恩斯市举行全体成员国会议，将龙门石窟列入《世界遗产名录》。

唐代石窟分为礼拜窟、禅窟、瘗窟、瘗穴四种类型。窟内外雕造佛、菩萨、力士、狮子等，穹隆顶刻莲花、飞天。西山南部下层的药方洞，石壁上唐朝初年刻有药方一百四十服，现今只有六十五服字迹完整。

唐朝的纪年造像龛，唐太宗时期将近四十个，式样多类似北朝。其中贞观十一年（637）为最早，有刘婕妤即唐高宗妃、道王李元庆母所造弥勒像龛及洛州老人像龛。贞观十五年（641），唐太宗子魏王李泰在宾阳南洞所造正壁主佛，开始出现新式样，发髻上刻有品字形排列的三个旋涡纹，服饰前摆正中刻有同心圆纹饰，为后来造像所承袭。唐高宗时期的纪年造像龛约二百四十六个，武则天时期约一百二十二个，共计超过唐代总数的一半。唐中宗时期二十二个，唐玄宗时期四十一个。

唐代雕造的形象有佛、菩萨、佛弟子、罗汉、天王、力士（金刚）、飞天、狮子以及供养人等。佛像以阿弥陀佛居多，还有弥勒佛、释迦牟尼佛、药师佛、卢舍那佛、毗卢遮那佛（大日如来）。其中优填王造释迦牟尼像，属于印度笈多风格，唐高宗永徽六年（655）至调露二年（680）最为风行，很可

---

① （南宋）赜藏主编《古尊宿语录》卷四，萧萐父、吕有祥点校，中华书局，1994，第 65 页。

能是依据此前玄奘从印度带回的粉本雕造的。关于优填王造像，印度流传着这样的说法。摩耶夫人生下乔答摩·悉达多太子，七天后去世，上生忉利天。太子三十多岁时修炼成佛，七年后，趁徒弟雨季安居之机，悄悄上升忉利天宫，为母亲说法，以报答生育之恩。憍赏弥国的国君优填王，自皈依佛门以后，对佛极为恭敬，产生强烈的供养愿望。他得知佛上升天宫，思念殷切，害起病来。他组织大臣商议，决定以紫檀木雕刻佛像，以便瞻仰，聊以慰藉思念之苦。于是，他请佛十大弟子中神通第一的目犍连尊者，运用神通，偕同雕刻师上到忉利天，瞻仰佛的圣容，然后回到世间，雕刻佛像。三个月后，佛从忉利天宫回到人间，旃檀圣像竟然自动起立，上前迎接。龙门石窟优填王造释迦牟尼像，其造型是：身高一米左右，面相较长，口小唇薄，着偏袒右肩式紧身薄袈裟，不刻衣褶，两腿间垂下一条宽带，脚踏方形或圆形台座。菩萨像有观音、势至、文殊、普贤、地藏等。万佛洞洞口南侧刻有观音立像浮雕，大致有女性特征，和以前其他地方出现的那种面作男相、蓄着蝌蚪型胡须的观音形象不同。擂鼓台北洞窟口两侧刻有四臂观音和八臂观音，万佛沟内刻有千手千眼观音，惠简洞上方观音洞刻有十一面三十三臂观音，都属于密宗系统。佛弟子有迦叶、阿难。东山大万伍佛洞刻罗汉群二十五尊，看经寺洞内二十九尊，是国内罕见的罗汉群。天王手托塔，脚踩鬼，是北方毗沙门天王，奉先寺的造型最为经典。力士或手托须弥山，或手托香炉。飞天的正规称谓是紧那罗，躯体丰满，手托果盘或空手，双腿平伸向后，穿长裙，露双足。狮子刻在窟门外，成为石窟的门卫。供养人则是出钱开窟造像人的形象。

唐代的碑刻题记，有的寥寥几字，简要交代造像人和目的；有的洋洋洒洒千余言，如《伊阙佛龛之碑》，由唐初中书令岑文本撰文，谏议大夫褚遂良书丹。题记中还有唐代商行（丝行、香行、彩帛行）的内容。题记的字体以楷体居多，还有隶书、篆书。

龙门石窟中最大的摩崖像龛，是西山的奉先寺大像龛。这里呈东向的 U 字形，南北宽 36 米，东西进深 40.7 米。正壁是西壁，有五尊主像，正中是主佛卢舍那佛，其左右两旁是弟子迦叶、阿难，左胁侍文殊菩萨、右胁侍普贤菩萨。北壁、南壁主像都是天王、力士。主像卢舍那，其名称依据的是东晋译本

图 9-5 龙门石窟优填王造像

图 9-6 韩曳云等人造像题记

《华严经》的称谓。这尊雕像竣工二十四年后，《华严经》新译完成，改译为毗卢遮那。这两个不同的译名是梵文 Vairocana 的略称和全称。后来密宗成立，称毗卢遮那为大日如来，并奉为本宗的尊奉偶像，卢舍那和毗卢遮那就变成了两位佛。卢舍那是莲华（花）藏世界的教主，而莲华藏世界是所谓佛报身的净土，因而他是报身佛，是证得果报、圆满成就、庄严神圣的形象。卢舍那佛像由唐高宗主持建造，咸亨三年四月初一（672 年 5 月 3 日），皇后武则天捐出脂粉钱两万贯作为赞助。雕造工作的责任人，僧人有来自长安的善导禅师、惠暕法师，官员有司农寺卿韦机、上柱国樊玄则，技术人员有李君瓒、成仁威、姚师积等。上元二年除夕（676 年 1 月 20 日）竣工。调露元年八月十五日（679 年 9 月 25 日），唐高宗指示在卢舍那像南修建大奉先寺。第二年正月十五日（680 年 2 月 20 日），唐高宗题写寺名。

第八节　唐代在洛阳的佛道之争

　　唐代佛教、道教之间的斗争十分激烈。皇帝表面上崇奉道教，骨子里却对佛教怀着几分敬畏和信奉。他们组织佛道双方举行辩论，以决胜负，但从不引导和操纵其结局，胜负也只是意味着当场的输赢，不会改变道先佛后的国策。

　　显庆五年八月十八日（660年9月27日），唐高宗将佛道二教的代表召入洛阳宫中，辩论《老子化胡经》的真伪。两年四个月前在长安，唐高宗命佛道二教各派七名代表入皇宫辩论，李荣作为道教一方的辩手，已经输过一次。这次在洛阳的辩论，李荣再次出场，僧人是洛阳人静泰。

　　静泰先指出，道教奉为经典的《老子》和《庄子》，或以虚无为主，或以自然为宗，与佛教的主张根本不同。晋代的《杂录》和裴子野的《高僧传》，都说西晋道士王浮同僧人帛祖辩论，屡屡败阵，就撮取《汉书·西域传》中的地理资料，虚构情节，胡编乱造出一部所谓《老子化胡经》来，同佛教对垒。《搜神记》《幽明录》等文献，都指出了王浮造伪的过错。因此，"大唐贞观之际，下诏普焚此《化胡经》"。李荣辩解道："《化胡经》云：'老子化胡为佛。'又《老子》序云：'西适流沙。'此即化胡之事显矣。"静泰反驳道，李荣所引《老子经序》，其中根本没有老子西去流沙的说法，只是说尹喜对老子说："将隐乎？"《庄子》说老子死于国内，他的朋友秦失前往吊唁。《西京杂记》说老子死后埋葬于槐里（今陕西兴平市）。这些记载证明老子不曾西游印度。"道士诸经，唯有《庄》《老》，余皆伪诓。偷窃佛教，安置纵横，首尾蹈机，进退惟咎。"皇家秘阁中就有所谓道经，请皇帝召集三观学士，对这些书详细勘验，定出是非，真假正误，自然分明。李荣说："道人（僧人）亦浪译经。据白马将经，唯有《四十二章》，余者并是道人伪作。近亦有玄奘，浪翻经论。"静泰说李荣不知史籍，完全胡说。最早有摄摩腾、竺法兰被迎请来华，开始翻译佛经，其后译者辈出，如支迦提、康僧会、昙摩提、鸠摩罗什等，哪部经哪年哪月译出，国史中都有详细的记载。世俗人士聂承远、谢灵运等，皆参与翻译，众经目录中都有详细的记载。这些岂是道教伪经所能同日而语的！"又荣所云近有玄奘亦浪翻经，窃谓不可据。玄奘久游五印，妙尽梵言，考之风雅，理无伦夺。又玄奘所译，契我圣朝，藻二帝之天文，焕两皇之宸照。"李荣又回到原来的话题上，说《道劫经》说"道生于佛，佛还小道"，老子化胡成佛，这件事肯定是真的。静泰说道士伪造道经，一直剽窃佛经，他们所说的"檀越"（施舍、施主）、"劫"（极长的时间单位），都是佛经中的术语。李荣改了一个话题，说："我庄子曰：'道在粪屎。'"静泰说："汝道在粪屎，此据纵下而言。汝道本清虚，何不据极上而说？"他随即指责李荣当着皇帝的面，竟敢说"我庄子"！李荣说，你方佛经中说"如是我闻"，佛的弟子阿难自称"我"。贫道称"我"，有何关系！静泰说，佛经说"如是我闻"，这是表示佛圆寂后弟子结集论证佛经来历的用语。阿难肉身系因缘临时和合，我本无我，我本非我，无我非我而显出假有之我相。阿难深谙此理，遂借"我"字权且自称；李荣不懂这个道理，把自身执着地看作真有、实有，用"我"字意义不同，完全错误。再者，阿难称"我"，对着后人；李荣今称"我"，对着皇上，这是两码事，何以逃避罪责！李荣说："大道老君，皇帝所尚。何物绿精胡子，剃发小儿，起自西戎，而乱东夏。"静泰说："如来出现，彼处为天中；我皇御宇，此间为地正。佛法有嘱，委以皇王，有感必通，何论彼此！"静泰接着抨击道教的种种做法，称其无知鬼卒，可笑癫狂！或灰狱围身，或牛粪涂体，或背擎水器，或背负杨枝，或披散头发予以关押，或背过手去五花大绑。以厕所为神主，以井窖作灵师。说身份自称奴仆、臣妾，说性情自称顽愚。醮祭多摆设酒肉，求恩只索取金银。礼敬天曹而求福，遥拜北斗而祈寿。淫祀之党，比比皆是；衒惑之徒，目无法纪。所谓消除罪孽，却要磕头悔过、扇耳光、捆绑在木板上，诸如此类，不一而足。在父子兄弟之间，竟无丝毫愧疚！李荣被问得哑口无言。唐高宗令李荣退场，第二天派给事王君德责怪李荣，把他遣返梓州（治今四川三台县）。道士都指望李荣战胜静泰，结果十分失望。唐高宗欣赏静泰的学识和辩才，动员他还俗当官，他说："夙昔素心，常怀出俗。远同法王之弃俗，近喻巢、许（巢父、许由）之解网。俗荣非其所慕。"唐高宗便指示有关部门，安排静泰担任东都敬爱寺大德。当时大德只允许配置一个侍者，但静泰"别敕垂顾，使将五人入寺"。① 在这一回合中，佛道双方都有作伪、诡辩、谩骂、诋毁的行为，佛教徒甚至几次请求唐高宗将对方辩手处死，但由于佛教徒思维敏捷，能言善辩，道教徒败下阵来。

麟德元年（664），唐高宗造老子像，敕令送往洛阳邙山上清宫供养。洛州长史韩孝威命洛州属县各界代表来洛阳集合，制作幡幢，专程欢送老子像，佛教僧尼派代表参加。东都天宫寺僧人明导大声抗议："佛道二门，由来天绝，邪正位殊，本自硕异。如何合杂，雷同将引？既无别敕，不敢闻命。"韩孝威大怒，派人去脱掉明导的袈裟，要将其拘禁起来。明导说："袈裟，敕度所着，非敕不可妄除。无敕令僧送道，所以不违国命。"韩孝威大发脾气，威胁僧人说："道人有不送天尊者出。"明导即挺身而出，其余僧尼立即出列，和他站在一起。韩孝威说："道人欲反。"明导看着六部官吏，说韩长史指挥僧众站出来造反，这是长史自反，僧众不反，表示"须告御史"。韩孝威乱了阵法，只好"降阶屈节，惭谢而止"。②

万岁通天元年（696），洛阳福先寺僧人惠澄请朝廷下令销毁《老子化胡经》，武则天敕令秋官侍郎刘如睿等八学士上疏陈述自己的观点，他们"皆言汉隋诸书所载，化胡是实，不当除削"。③ 神龙元年（705），唐中宗诏令佛道二教的代表来洛阳皇宫内辩论《老子化胡经》的真伪，百官参与旁听。僧法明质问道士说："老子化胡成佛，老子为作汉语化，为作胡语化？若汉语化胡，胡即不解。若胡语化，此经到此土，便须翻译，未审此经是何年月、何朝代，何人诵胡语，何人笔受？"④ 道士被问得哑口无言。唐中宗指示各地销毁《老子化胡经》，在洛阳白马寺把这件事刻碑竖立，永远生效。

尽管道教在同佛教斗争中屡屡败阵，李唐皇室对佛教表示出多于对道教的好感，但皇室决不肯放弃神化自己特殊血统的神圣光环，因而竭力抬高道教，

---

① 《集古今佛道论衡》卷丁，《大正藏》第52册，第391~393页。
② 《续高僧传》卷二三《唐洛州天宫寺释明导传》，第882页。
③ 《佛祖统纪》卷四〇，《大正藏》第49册，第372页。
④ 《宋高僧传》卷一七《唐江陵府法明传》，第415页。

提升"圣祖"的地位。龙朔二年（662），唐高宗诏令洛州长史谯国公许力士在邙山上建上清宫以镇鬼，竣工后，唐高宗下令设醮，传太上老君现身，百官上表祝贺。开元二十九年（741），唐玄宗诏令长安、洛阳两京及诸州各置玄元皇帝（老子）庙，同时设置崇玄学，招收学生研习道家经典，每年依照明经科的做法，考试选拔道学人才。天宝元年（742），唐玄宗诏令在洛阳新建一所玄元皇帝庙，设在天津桥南、定鼎街西的积善坊，这里是他当皇帝之前的旧宅。天宝二年（743），唐玄宗追尊玄元皇帝为大圣祖玄元皇帝，两京崇玄学改称崇玄馆，长安的玄元庙改称为太清宫，洛阳的改称为太微宫。但在实际上，道教势力远不能同佛教相比。道士杜光庭中和四年十二月十五日（885 年 1 月 4 日）上奏《历代崇道记》，说："国初已来所造宫观，约一千九百余所，度道士计一万五千余人。"而会昌毁佛勒令佛教徒还俗，全国共计二十六万零五百人，唐朝立国二百六十六年间的道教徒总数，仅仅是会昌时期佛教徒总数的十七分之一。

第九节　唐代帝室在洛阳的崇道活动

显庆年间（656~661），唐高宗征请道士叶法善至长安，担任内供奉道士。叶法善随唐高宗来洛阳，在凌空观设坛醮祭，突然，数十位观众自投火中，其余人大惊失色，急忙救出投火人。叶法善解释说："此皆魅病，为吾法所摄耳。"[1] 叶法善为他们禳除灾祟。景龙四年（710），凌空观失火，烧毁了所有的东西，只有一尊泥塑真人岿然独存，于是改观名为"圣真观"。[2]

南朝道教领袖陶弘景长期隐居江苏句容市茅山华阳洞，创立了道教派别茅山宗。唐代中岳嵩山道士，多是茅山宗祖师。道教有十大洞天、三十六小洞天、七十二福地的说法，嵩山是第六小洞天，叫作司马洞天。北魏时，嵩山曾建中岳庙，著名道教领袖寇谦之入北山修道七年。唐高宗上元（674~676）初年，洛州告成县农民献上一块入嵩山采药时获得的石头，说是寇谦之"刻石为

---

① 《旧唐书》卷一九一《方伎传》，第 5107 页。
② 《朝野佥载》卷一，《隋唐嘉话》合刊本，第 8 页。

记，藏于嵩山"的，唐高宗诏令藏于内府。石头上有很多神秘的铭文，被人加以猜测。如说"木子当天下"，"木""子"合成李字，是预言李氏受天命建立唐朝；"止戈龙"，"止""戈"合成武字，是预言武则天夺权当真龙天子；"李代代，不移宗"，是预言唐中宗复位，李氏政权代代延续；"中鼎显真容"，"中"是庙号，指唐中宗，"真"是谥号，指唐睿宗，这句是预言这两位皇帝被黜而复出；"基千万岁"，"基"是唐玄宗的名字隆基，"千万岁，盖历数久长也"。①

道士潘师正是茅山宗祖师王远知的弟子，居住在嵩山逍遥谷。唐高宗幸东都，征请来见，挽留他连住两夜，才放他回山。接着，唐高宗敕令在逍遥谷修造崇唐观，在岭上另修精思观供他居住。调露二年（680）二月，唐高宗偕武则天及太子李贤前来拜访，都向潘师正行拜礼。此前一天，赠已故王远知为太中大夫，赠谥号升真先生。光宅元年（684），武则天在洛阳赠王远知金紫光禄大夫，天授二年（691），又在洛阳改谥他为升玄先生。永淳元年（682），潘师正去世，唐高宗、武则天追念不已，对他赠太中大夫，赐谥号体玄先生。同年，在嵩山南坡营建奉天宫，唐高宗敕令正对逍遥谷特置一门，称作仙游门，在北面置寻真门，都是为了给潘师正扬名。当时太常寺新造乐曲，唐高宗命以《祈仙》《望仙》《翘仙》为曲名。潘师正的传人是吴筠，他考进士不中第，"乃入嵩山，依潘师正为道士，传正一之法"。与潘师正同时隐于嵩山的道士刘道合，唐高宗敕令在隐所置太一观以供居止，还征召入洛阳皇宫，加以尊宠。麟德二年（665）东封泰山之际，久雨不止，唐高宗请他在宫城仪鸾殿作法止雨。唐高宗命他合炼长生不老仙丹，药成献上。咸亨年间，刘道合去世。永淳元年（682）营建嵩山奉天宫时，迁葬刘道合，其弟子开棺后见他只剩空皮，背上开裂，齿骨俱已不翼而飞，就汇报他已尸解，蝉蜕仙去。唐高宗抱怨道："刘师为我合丹，自服仙去。其所进者，亦无异焉。"②

唐高宗在洛阳去世后，文明元年（684），武则天在洛阳金阙亭设置一所女道士观，供宫女出家。后来为追荐亡夫，"又舍中岳奉天宫为嵩阳观"。③ 神功元年（697），武则天征召四川成都茅山宗道士王玄览来洛阳，但他在途中

---

① 《朝野佥载》卷五，《隋唐嘉话》合刊本，第118页。
② 《旧唐书》卷一九二《隐逸传》，第5127页。
③ 《全唐文》卷九三三《历代崇道记》，第4307页。

病逝。著名茅山宗道士河内温县（今河南温县）人司马承祯，是嵩山道士潘师正的徒弟。武则天曾把他从浙江天台山征召入神都洛阳，不久，他请求还山，武则天命麟台监李峤代表自己在洛桥东为他饯行。

道教神仙中有王子晋（又称王子乔），被说成是周灵王的太子，好吹箫作凤凰鸣，遨游于伊河、洛河之间。道士浮丘公接他上了嵩山。三十多年后，他带话给家人："七月七日待我于缑氏山头。"这天，家人见他乘白鹤飞止缑氏山头，但可望而不可即，几天后他才离开。后来"立祠于缑氏及嵩山"。① 武则天年迈，期待健康长寿，特地创设官署控鹤府，以美男子张易之、张昌宗兄弟为控鹤府内供奉。权贵武三思奏称张昌宗是王子晋的后身，武则天遂命张昌宗"被羽衣，吹箫，乘木鹤，奏乐于庭，如子晋乘空"。② 圣历二年（699），武则天因病欲祭祀嵩岳少室山，路过缑山，拜谒升仙太子庙，自己无力继续前进，就派给事中阎朝隐前去少室山为自己祈祷。武则天还撰写了《升仙太子碑》文，这块碑至今仍然矗立在洛阳市偃师区缑山上。1982年，在嵩山峻极峰北侧大石缝中发现了一枚金简，长36.3厘米，宽8.2厘米，重247克，黄金纯度超过96%。金简正面镌刻双钩楷书铭文，共三行六十三字，云："上言'大周国主武曌，好乐真道，长生神仙。谨诣中岳嵩高山门，投金简一通，乞三官九府除武曌罪名。太岁庚子七月甲申朔七日甲寅，小使臣胡超稽首再拜，谨奏'。"所谓"三官九府"，即道教所说天、地、水三官和各方神仙洞府。武则天长期任用酷吏，滥杀无辜，晚年产生负罪感，担忧报应，于是派遣使臣胡超，于久视元年七月初七（700年7月27日）在嵩山投放除罪金简，向道教诸神祈求消除自己的罪行，解除各种灾厄。

开元十五年（727），唐玄宗把司马承祯从天台山征召到洛阳，让他在河南府王屋县自选形胜之地，置坛室以居住。司马承祯王屋山所居名为阳台观，唐玄宗题写匾额。唐玄宗的两个妹妹西宁公主、昌隆公主，在父皇唐睿宗再度当皇帝时期，出家当女道士，分别以金仙、玉真为名。开元五年，金仙公主在

---

① 《太平广记》卷四《王子乔》，第24页。
② 《旧唐书》卷七八《张行成传附易之、昌宗》，第2706页。

洛阳道德坊的道士观居住，从而改为女冠观，叫作都玄观。开元十年，玉真公主在洛阳正平坊的安国观居住，也改为女冠观。司马承祯住王屋山后，玉真公主和光禄卿韦縚到阳台观修金箓斋。开元十七年（729），道士李含光来王屋山，拜司马承祯为师，尽得其传，后来去茅山纂修经法，成为茅山宗的著名祖师。司马承祯精通篆隶多种字体，唐玄宗命他以三种字体抄写《道德经》，并校勘字句，作为五千三百八十字的标准本子上奏朝廷。司马承祯在这里研究道教理论，撰写道教著作。开元二十三年他去世后，唐玄宗赐号真一先生，赠银青光禄大夫，并亲制碑文。

张探玄是东汉道教祖师张道陵的后裔，因唐高宗去世，国家祈福于道教，被度为仙官。嗣后他任长安景龙观大德，一度成为唐玄宗的宫廷供奉道士，但坚决拒绝还俗出任谏官。开元十四年，唐玄宗征召他和几位道友前来洛阳，"有司备礼，冠盖纷迎，登邙山，俯河洛，飘飘明霞之外，窅窅凝玄之际，望者以为神仙之会也"。① 开元二十一年，唐玄宗下诏任命张探玄为东都道门威仪使，兼任洛阳圣真、玄元两观观主。张探玄后来去了王屋山，与玉真公主为伍，天宝元年（742）七月去世。

道士张果隐居河北恒山中，开元二十二年二月，中书舍人徐峤奉诏前往迎请他。张果来到唐玄宗驻跸的洛阳，乘坐肩舆进入皇宫。唐玄宗的妹妹玉真公主，十二岁即出家当道士，唐玄宗打算把妹妹嫁给张果。宦官来宣布诏令，张果大笑，拒不奉诏，坚决请求回恒山。唐玄宗批准，下敕说他"迹先高尚，深入窈冥"，"问以道枢，尽会宗极"，授予他银青光禄大夫，赐号"通玄先生"。②

嵩山的嵩阳观，五代以后改为嵩阳书院。这里立着一通嵩阳观纪盛德感应颂碑，高9米，宽2.04米，厚1.05米。这座碑立于天宝三载（744），由宰相李林甫撰文，书法家徐浩书丹。碑文开篇即说："域中之大有四，道为之首，而王者统焉。方外之人有五，神为之首，而圣者用焉。"这样说来，那便不是

---

① （清）陆耀遹：《金石续编》卷八，《金石萃编》合刊本，本卷第1页。
② 《旧唐书》卷一九一《方伎传》，第5106～5107页。

图 9-7　武则天除罪金简　　　图 9-8　河南登封嵩阳观纪盛德感应颂碑

人间的国君匍匐在神灵脚下祈求佑护，而是居高临下，调度宗教和神灵为自己效劳。碑文歌颂唐玄宗执政三十多年的政绩，指出嵩阳观地处天下中心的位置，风雨交会，阴阳燮调，合炼长生不老药的丹灶琳堂，随处可见。嵩阳观的道士孙太冲，接受了为唐玄宗合炼仙丹的任务。他十一月在皇宫中亲承密诏，十二月在嵩山设坛祭祀，然后请天神太乙点燃炉火，仙人陵阳持续传火，屋廊下堆积木炭，宝鼎中投放药饵，开始炼丹。炼丹处秘不示人，门窗锁闭，禁绝人迹。孙太冲和宦官薛履信东赴齐鲁大地，行程千里，耗时百日，回嵩阳观后，打开门窗的封条，看见炭火尚有余烬，仙丹闪闪发光，已经进入"六转"的状态。次年，仙丹转移到缑山升仙太子庙，各种灵瑞纷纷出现，于是炼成九转神丹，献给唐玄宗。三公百官，奉觞称贺道："陛下抚群黎而归寿域，上真

221

降殊休而报盛德。神丹一御，与天无极。"① 唐玄宗服用这颗"仙丹"，又活了十七年，以七十八岁高龄去世。

第十节　唐代洛阳的三夷教

一　袄教

袄教属于拜火教，又称为火袄教、火教，由波斯人琐罗亚斯德创立。袄教认为宇宙间存在"善""恶"两股势不两立、互相斗争的力量。"善"为光明、美善、生命、真理和道德之源；"恶"为黑暗、罪孽、死亡和物质之渊。袄教宣扬火是唯一真神的本体、本质和象征，因而倡导崇拜火，建立焚火祭坛和庙宇。善神与恶神斗争一万两千年，善神最终要消灭恶神及其助手，人类死而复活，受到善神审判，善人升天，恶人堕地狱。

226 年，波斯萨珊王朝定袄教为国教。十六国时期，袄教传入中原。北魏迁都洛阳后，灵太后登嵩山，下令取缔多种宗教祭祀，而胡天神不在其列。中原王朝设置由胡人充当的袄教官员，有级别不等的萨宝（保）、萨宝袄正、萨宝府袄祝、萨宝率府、萨宝府史等。

隋唐时期信奉袄教的西域人成群结队来洛阳经商，甚至世代定居，死后就地埋葬。洛阳地区出土了一些记载袄教信众身份的中亚昭武九姓粟特胡人的墓志。隋代翟突娑墓志说："君讳突娑，字薄贺比多，并州太原人也。父娑，摩诃大萨宝。薄贺比多……春秋七十，大业十一年岁次乙亥（615）正月十八日疾寝，卒于河南郡雒阳县崇业乡嘉善里，葬在芒山（邙山）北之翟村东南一里。"②《大唐故洛阳康大农墓铭》说："君讳婆，字季大，博陵（治今河北定州市）人也。本康国王之裔也。高祖罗，以魏孝文世举国内附，朝于洛阳，因而家焉，故为洛阳人也。……父和，隋定州萨宝。"康婆由左仆射裴寂推

---

① （唐）李林甫：《嵩阳观纪盛德感应颂》，《全唐文》卷三四五，第 1551 页。
② 北京图书馆金石组编《北京图书馆藏中国历代石刻拓本汇编》第 10 册，中州古籍出版社，1989，第 115 页。

图 9-9　隋代瞿突娑墓志（洛阳郑凹村出土）

荐，担任司农寺卿，后来"辞位高蹈，闲居养志"，"以贞观廿一□（647）八月十四日终于洛阳之私第，春秋七十有五，即以其年九月一日迁葬于北邙山之南原也"。① 《唐故处士康君墓志》说："君讳元敬，字留师，相州安阳人也。……其先肇自康居毕万之后，因从孝文，遂居于邺（今河北临漳县，相州原治所）。……父仵相，齐九州摩诃大萨宝。"康元敬"徙居河洛"，"洛州阳城人也"，"卒于私第陶化里"，"以咸亨四年（673）五月景戌（丙戌）朔廿九日甲寅，迁厝于河南北邙平乐乡"。②

————————

① 《唐代墓志汇编》上册，第 96 页。
② 《唐代墓志汇编》上册，第 571~572 页。"康居""九州"原作"□居""□州"，据中国社会科学出版社 1991 年版《洛阳出土历代墓志辑绳》第 330 页图版订补。

223

洛阳城内居民区立德坊，以及南市西坊，都有祆教祠庙。这些西域人每年都到祠庙里举办祭祀祈福活动，到时杀猪宰羊，烹制成美味佳肴供奉神灵，琵琶鼓笛齐鸣，载歌载舞。祭神之后，当众表演"幻法"。一位胡人作为祆主，手持宝刀，不停挥舞。宝刀雪亮，锋利无比，头发放在宝刀前，用不着接触刀刃，一口气吹过去，头发当即断裂。冷不防，这位祆主把宝刀刺进自己的肚子，直穿透过背，露出刀尖，并不停转动宝刀。接着，他向肚子破裂处喷几口水，嘴里念着咒语，一顿饭工夫，身体完好如初。围观的群众都惊呆了，纷纷给他扔铜钱。

1987 年，洛阳市吉利区唐墓出土了一件唐三彩"灯"，高 45.5 厘米，底径 22.6 厘米，自下而上由座、柱、盘、盏四个部分组成。灯座部分为覆莲型，上面浮雕兽面。灯柱柱身由一个覆莲和仰莲相接组成，柱身装饰数圈联珠纹。灯盏以一盘承托仰莲，正中为盏。洛阳学者商春芳认为，这件文物的造型，与乌兹别克斯坦撒马尔罕出土的祆教拜火祭坛以及山西太原出土的北齐娄叡墓火坛、徐显秀墓火坛的造型相似，是祆教徒的法物，"于其顶端燃火进行歌颂光明的祭祀礼拜"。[①]

景教、摩尼教传入中国后，都翻译自己的经典，传播自己的宗教，因而需要一定规模的活动场所，中国文献沿用佛教术语，称之为"寺"。但祆教既不翻译经典，也不传教，其宗教活动是祭祀，公开亮相的只是幻术表演，所以其活动场所被中国文献称为"祠"。唐武宗会昌年间（841～846）毁佛，祆教被置于取缔之列，连带受到打击。

二 景教

景教是基督教的一个教派，由叙利亚人聂思脱里创立。聂思脱里抨击上帝一位论，主张基督二性二位说。他认为耶稣基督既是神之子，又是玛利亚之子，但玛利亚只生了耶稣的肉体，而没有产生耶稣之神，因而拒绝将基督作为

---

① 商春芳：《洛阳出土唐三彩"灯"为祆教小型拜火祭坛辨析——兼论洛阳出土文物中的祆教艺术元素》，樊英峰主编《乾陵文化研究》第 11 辑，三秦出版社，2017，第 272～285 页。

图 9-10　左：洛阳唐墓出土的祆教小型拜火祭坛
中：太原北齐娄叡墓出土的火坛
右：太原北齐徐显秀墓出土的火坛

人的行为和所受的苦难归于基督的神性，玛利亚只能是基督生母，而不是上帝的圣母，因为那样做等于宣称神性可以由一个女人产生，或者说上帝可以只是两三个月大的婴儿。基督教的这个支派在东罗马受到排挤，在叙利亚和美索不达米亚等地传播，后来在波斯受到国王的宽待和保护。

　　贞观九年（635），波斯景教徒阿罗本来华传教，唐太宗命他翻译景教经典。三年后，唐太宗下诏在长安建寺一所，称为波斯寺，发展教徒二十一人，景教始传入中国。之所以称为景教，是由于"景"的含义是光明，取《新约》光照之义。唐高宗时，又下诏在各州建立波斯寺，并赐阿罗本"镇国大法主"的称号。显庆二年（657）二月，唐高宗首次幸洛阳。洛阳出土的《大唐故波斯国大酋长右屯卫将军上柱国金城郡开国公波斯君丘之铭》，说这位波斯国大酋长名叫阿罗撼，显庆年中，唐高宗"以功绩可称"，"出使召来至此，即授将军"。他在洛阳生活了半个世纪，景云元年（710）以九十五岁高龄去世，其子俱罗等人将他"葬于建春门外"。[1]　天宝四载（745），唐玄宗命长安、洛阳两京和各地的

---

① 《唐代墓志汇编》上册，第 1116 页。

景教寺改称为大秦寺，因为这时波斯已经灭亡，而景教出自时称大秦的东罗马。唐武宗会昌五年（845）毁佛，同时"勒大秦穆护、祆三千余人还俗"。[①]向达指出："阿罗撼及其子俱罗……原为景教徒。""据碑末叙利亚文，及烈乃总摄长安、洛阳两地景众之主教。"[②] 当时，洛阳的修善坊有景教寺庙。

2006 年，一件唐代景教经幢在洛阳出土。这件经幢底部已残损，最高部分长 81 厘米，最短部分长 59 厘米，八棱形，周围合计 112 厘米。经幢顶端影雕十字架符号及其左右配置的天神形象。中段刻《大秦景教宣元至本经》，共十九行，四百三十一字；《大秦景教宣元至本经幢记》，共二十一行，三百四十八字。左上端有迁举题记两行，共十六字。经文前有"祝曰"两行，共十四字。经幢共刊刻八百零九字，出土时字迹依然清晰。

洛阳学者张乃翥研究这件经幢，得出以下结论。（1）景僧清素弟兄与从兄少诚、舅氏安少连及义叔上都左龙武军散将某某等人，唐宪宗元和九年十二月初八（815 年 1 月 22 日），在"保人"某某参与下，于洛阳县感德乡柏仁里购买崔行本地一块，为其亡妣"安国安氏太夫人"及"亡师伯"某修建茔墓，并于墓所神道旁侧竖此幢石。（2）主持并参与、见证此事的景教神职人员，大秦寺寺主法和玄应和威仪大德玄庆都姓米，九阶大德志通姓康。安、米、康都是中亚粟特胡人昭武九姓的国名，来华人士以国名为姓氏。（3）竖幢刊经十五年之后的唐文宗大和三年二月十六日（829 年 3 月 24 日），这一景教群体又于当地举办"迁举大事"。（4）唐代洛阳建春门外曾有东来胡人墓葬区，晚清时期阿罗撼墓志便是在这里出土的。建春门内西边有南市，其西修善坊、思顺坊、福善坊一带，多有西域胡商聚居。因此，与南市接近的城东感德乡一带，出现这些西域胡人的墓葬遗物。（5）这一景教遗物有模仿佛教文化的迹象。八面棱柱的经幢结体，直接仿照了佛教陀罗尼经幢的形制。上端除了十字架图徽明显带有西方基督教装饰理念外，其两侧对称的飞翔天神，并非沿袭景教旧邦习见的带翼"天使"的模样，除了头顶发式略有自身的个性外，其曲

---

① 《旧唐书》卷一八下《武宗纪》，第 606 页。

② 向达：《唐代长安与西域文明》，三联书店，1979，第 25~26 页。

折婀娜的身姿及身后腰间凌空飘逸的披帛、裙下流荡的祥云，与佛教造像中的"飞天"极其接近。幢记末尾"清净阿罗诃，清净大威力"等带有唱诗意味的"祝"词，透露出效仿佛经"偈语"的痕迹。[1]

图 9-11　唐代景教经幢（洛阳出土）　　　　图 9-12　龙门石窟西山唐代景教瘗穴

2009 年 7 月以来，在龙门石窟西山红石沟北崖长约 30 米的斜坡状台地上，发现一处埋藏唐代景教徒骨灰的瘗穴，计有小型洞窟两个、方穴十三个、圆拱形穴一个。在该窟龛群东部陡直的崖体上，有一瘗穴表面有数道斜向或直向的凿痕，龛前台地窄陡。龛口为横长方形，内部空间为横长方体，高 65 厘米、宽 90 厘米，龛底进深 70 厘米。在龛上方 52 厘米的崖面上，阴刻一个略左倾斜的十字架图案，高 26 厘米、宽 24 厘米，上下左右基本均衡，下半和右

---

[1]　张乃翥：《一件唐代景教石刻》，《中国文物报》2006 年 10 月 11 日，第 7 版；《跋河南洛阳新出土的一件唐代景教石刻》，《西域研究》2007 年第 1 期。

半均略长于上半和左半。在与龛右沿大体对应的崖面上方 36 厘米处，凿有一边长 4 厘米、深 5 厘米的方圆形孔。在十字架图案右侧约 46 厘米处，竖向刻有字径约 7 厘米、似昭武九姓之 "石" 字，可能是墓葬主人的姓氏。[①]

三 摩尼教

摩尼教又叫明教，是波斯人摩尼创立的宗教。摩尼教吸收犹太教、基督教、祆教等的教义，杂糅而成自己的教义，其中心是二宗三际说。摩尼教传入中国后，又吸收了佛教的一些说法和做法。二宗指光明与黑暗两种力量，也就是善与恶；三际指初际、中际、后际，也就是过去、现在、未来三个阶段。初际阶段，光明、黑暗分开；中际阶段，黑暗侵入光明，光明与黑暗斗争，二者混合；后际阶段，光明、黑暗重新分开。

摩尼教传入洛阳的时间，在武则天延载元年（694），"波斯国人拂多诞持《二宗经》伪教来朝"。[②] 拂多诞是波斯语 "知教义者之译音"。[③] 宝应元年（762），回纥可汗牟羽屯兵洛阳，遇见摩尼师睿息等四人，赞赏他们精通教义，才华出众，善于辩说，于是次年将他们带回蒙古高原，并以摩尼教为国教。摩尼师经常同回纥可汗讨论军政大事，作为使臣出使唐朝，摩尼教随之在唐朝境内传播。元和二年（807），唐宪宗下敕在河南府、太原府设置摩尼寺三所。唐武宗毁佛，摩尼教连带被取缔，活动转入隐蔽状态。

以上三夷教，大抵只在来华的蕃客胡商及其后裔中流行。

---

① 常书香、石玲玲：《龙门西山发现唐代景教遗迹》，《洛阳日报》2014 年 1 月 10 日，第 2 版。
② 《佛祖统纪》卷三九，《大正藏》第 49 册，第 369 页。
③ 王仲荦：《隋唐五代史》下册，上海人民出版社，1990，第 1102 页。

第十章

唐代洛阳的文学

在诗歌方面，唐高宗、武则天时期，洛阳占上风的是以华丽辞藻包装的缺乏社会内容而溜须拍马、粉饰太平的作品。但陈子昂倡导恢复汉魏风骨，写出示范作品，爆出一声惊蛰的春雷。洛阳诗坛，名家辈出，李颀、李白、杜甫、韩愈、李贺、白居易、刘禹锡、李商隐、杜牧，风格各异。在散文方面，古文运动的先驱者陈子昂，坚持写作散体古文，冲破了以骈体文向朝廷上疏的格局。韩愈在洛阳写出古文运动的纲领，创作一系列影响深远的古文，推动古文运动向前发展。在小说方面，张鹭针砭时政，绘声绘色勾勒出完整情节。其余小说或是反映国家政治大事和社会生活的作品，或是模仿进士科举子行卷的作品。

第一节　高武时期洛阳诗坛的齐梁遗风

南朝齐梁以后，诗歌的主要形式是五言诗，占统治地位的作品是淫靡浮艳的宫体诗和富丽呆板的宫廷诗，多是奉和、应制、侍宴之类，带着溜须拍马、粉饰太平的路数，缺乏社会内容和感人力量。唐高宗时期，上官仪（608~665）作诗便是这个路数。一次凌晨入朝，他沿着洛河堤岸骑马缓行，高声吟道："脉脉广川流，驱马入长洲。鹊飞山月曙，蝉噪野风秋。"官员远远望着他，觉得他像神仙一样。上官仪作诗讲究"绮错婉媚"，人们仿效，流行蔓延，称为"上官体"。① 唐高宗调露二年正月十五日（680 年 2 月 20 日）夜，长孙正隐等六人在洛阳观灯游乐，各作一首五言四韵诗《上元夜效小庾体同用春字》。所谓"效小庾体"，是模仿北朝庾信的诗风。北周赵王宇文招，"好属文，学庾信体，词多轻艳"，② 即上官仪式的"绮错婉媚"风格。

武则天时期，号称"文章四友"的李峤、苏味道、崔融、杜审言，恢复"汉魏风骨"的陈子昂，以及刻意遵守格律的沈佺期、宋之问，都在洛阳从事诗歌创作，呈现多元发展的趋势，但整个诗坛上弥漫的却是应酬性诗歌。

天枢落成后，上层文士纷纷作应制诗加以称颂。李峤（644～713）的《奉和天枢成宴夷夏群寮应制》诗有云："辙迹光西嶮（神话说崦嵫山是日落处），勋庸纪北燕（东汉窦宪大破匈奴，登燕然山刻石纪功，燕然山即今蒙古国杭爱山）。何如万方会，颂德九门（皇宫）前！……声流尘作劫，业固海成田。帝泽倾尧酒，宸歌掩舜弦（舜作五弦琴，唱《南风歌》：'南风之薰兮，可以解吾民之愠兮。'）。欣逢下生日（佛教徒说武则天是弥勒菩萨从兜率天下生世间），还睹上皇年。"③ 这首诗开头吹捧武则天的功绩声威，播扬到海外极远的地方，后面不顾及酷吏政治的严酷事实，竟然说成国内是尧舜般升平击壤、解民怨愤的景象，并以弥勒菩萨下凡来神化武则天。这首诗号称"冠绝当时"，就内容来说，不过是御用文人的台阁体路数。

张昌宗为武则天合炼长生不老药，受到武则天的信任和宠爱，这帮文人又赋诗称颂。崔融（653～706）的《和梁王（武三思）众传张光禄是王子晋后身》诗号称"绝唱"，全诗云：

> 闻有冲天客，披云下帝畿。三年上宾去，千载忽来归。昔偶浮丘伯，今同丁令威。中郎才貌是，柱史姓名非。祗召趋龙阙，承恩拜虎闱。丹成金鼎献，酒至玉杯挥。天仗分旗节，朝容间羽衣。旧坛何处所，新庙坐光

---

① 《唐诗纪事》卷六，第 72~73 页。
② 《周书》卷一三《文闵明武宣诸子传》，第 202 页。
③ 《全唐诗》卷六一，第 175 页。

辉。汉主存仙要，淮南爱道机。朝朝缑氏鹤，长向洛城飞。①

这首诗开头说仙人浮丘公接王子晋上嵩山，丁令威学道成仙，千年后化鹤归辽东，以此来比附张昌宗。汉武帝好神仙，炼丹求仙，希冀长生不老。西汉淮南王好道，服药成仙，鸡犬升天。张昌宗有着西晋虎贲中郎将潘岳那样的才华和美貌，他虽然与道教祖老子李耳姓名不同，却如同老子在洛阳任柱下史一样，出入宫廷。他担任朝官，供职时身着朝服，炼丹时身着道士羽衣。王子晋成仙后，曾乘鹤飞临偃师缑山，这时缑山上新修了王子晋庙。张昌宗便是王子晋的后身，所乘仙鹤会频频飞向洛阳城，给女皇带来吉祥、长寿。这首诗内容无可取，平仄、对偶符合五言排律的要求，只是"何处所"与"坐光辉"对仗不工。

一次，武则天游龙门，命侍臣赋诗纪胜，诗先成者赐以锦袍。左史东方虬诗成，得到锦袍。紧接着，宋之问（656？~712）呈上自己的作品，被推许为文理兼美；武则天于是从东方虬那里夺回锦袍，转赐给宋之问。宋之问这首《龙门应制》诗说：

宿雨霁氛埃，流云度城阙。河堤柳新翠，苑树花先发。洛阳花柳此时浓，山水楼台映几重。群公拂雾朝翔凤，天子乘春幸凿龙。凿龙近出王城外，羽从琳琅拥轩盖。云罕才临御水桥，天衣已入香山会。山壁崭岩断复连，清流澄澈俯伊川。雁塔遥遥绿波上，星龛奕奕翠微边。层峦旧长千寻木，远壑初飞百丈泉。彩仗霓旌绕香阁，下辇登高望河洛。东城宫阙拟昭回，南陌沟塍殊绮错。林下天香七宝台，山中春酒万年杯。微风一起祥花落，仙乐初鸣瑞鸟来。鸟来花落纷无已，称觞献寿烟霞里。歌舞淹留景欲斜，石关犹驻五云车。鸟旗翼翼留芳草，龙骑駸駸映晚花。千乘万骑銮舆出，水静山空严警跸。郊外喧喧引看人，倾都南望属车尘。嚣声引飏闻黄道，佳气周回入紫宸。先王定鼎山河固，宝命乘周万物新。吾皇不事瑶池

---

① 《全唐诗》卷六八，第184页。

乐，时雨来观农扈春。①

"羽从"是皇帝的仪仗、侍从，"云罕"是前导的旌旗。"星龛"句指依山开凿的佛龛星罗棋布。"景欲斜"，"景"同"影"，指日影，太阳偏西。"五云车"指帝王的车驾。"农扈"是农官。宋之问这首诗之所以能夺魁，在于意象完整，语言优美，迎合了女皇的骄侈心理，把她的雨后游玩美化为视察农业生产，成了有积极意义的活动。

久视元年五月十九日（700年6月10日），武则天与两个儿子以及一众大臣，在今河南登封市东南石淙河畔的三阳宫避暑，游赏宴饮之际，一同作诗。摩崖诗碑一直保存到今天，一共刻有十七首诗，多是拗体七律，但苏味道、崔融、薛曜、沈佺期四人的作品，已经是成熟的正体七律，李峤的作品只有一句平仄有点问题。如崔融的这首七律，是首句入韵仄起式，庚韵，云："洞口仙岩类削成，泉香石冷昼含清。龙旗画月中天下，凤管披云此地迎。树作帷屏阳景翳，芝如宫阙夏凉生。今朝出豫临悬圃，明日陪游向赤城。"② 以前正规场合的诗作，基本上是五言诗（七言柏梁体联句很少），这次武则天则要求侍从人员作四韵七言诗，是七律的一次大规模官方实践活动，也是一次国家级的检阅，对七律诗体的趋向成熟有倡导和扶持的作用。

第二节　陈子昂在洛阳的文学革新实践

武则天时期，陈子昂（659~700）在洛阳担任麟台正字、右卫胄曹参军、右拾遗等职务。他在洛阳从事文学革新活动，双管齐下，一是在诗歌创作方面恢复"汉魏风骨"，二是以散体古文替代骈文。

陈子昂在洛阳写的《与东方左史虬修竹篇》，运用的就是散体古文，提出了恢复"汉魏风骨"的文学主张。所谓"汉魏风骨"，即东汉建安年间

---

① 《全唐诗》卷五一，第156页。
② 《全唐诗》卷六八，第184页。

（196～220）至曹魏正始年间（240～249）诗歌那种反映现实生活、揭露社会弊病、追求美好理想的骨力。陈子昂认为这是《诗经》、汉乐府的优良传统，只有发扬光大，才能使文学创作具备刚健充实的现实内容。而晋宋以来近五百年，诗歌创作违背了优良传统，形式主义猖獗，一味追逐辞藻的华丽，形式的优美，却没有社会内容，干瘪空洞。他要改变这种现状，于是创作了《感遇诗三十八首》。

《感遇》第十九首云：

> 圣人不利己，忧济在元元。黄屋非尧意，瑶台安可论。吾闻西方化，清净道弥敦。奈何穷金玉，雕刻以为尊。云构山林尽，瑶图珠翠烦。鬼工尚未可，人力安能存。夸愚适增累，矜智道逾昏。

这首诗说帝王应该毫不利己，只牵挂、救助老百姓。尧舜那样的仁君绝不贪图享受，亡国君主夏桀、商纣王才挥霍无度，以玉石装饰室台。来自西方的佛教主张清静无为，佛法才宏大无边。怎么现在要反其道而行之，动用大量民力，穷尽林木金玉珠翠，来建造佛寺、雕造佛像？这样不但增加国家的忧累，使政治进一步昏乱，而且给民众带来危害。

第二十九首云：

> 丁亥岁云暮，西山事甲兵。赢粮匝邛道，荷戟争羌城。严冬阴风劲，穷岫泄云生。昏曀无昼夜，羽檄复相惊。拳局竞万仞，崩危走九冥。籍籍峰壑里，哀哀冰雪行。圣人御宇宙，闻道泰阶平。肉食谋何失，藜藿缅纵横。[①]

垂拱三年（687），武则天部署讨伐吐蕃，先由雅州（今四川雅安市）进攻羌人。在凛冽的冬天，官兵行军到成都西面的山区。他们背负武器和干粮，弯腰

---

① 《全唐诗》卷八三，第 211 页。

曲背，攀登万仞高山，冒着山石崩塌的危险，进入深邃的峡谷。"肉食谋何失，藜藿缅纵横"句，直斥统治集团决策失误，使得吃糠咽菜的老百姓四处流离。

《感遇》组诗中还抨击武则天任用小人，大兴酷吏政治，世人尔虞我诈，蝇营狗苟。这些诗直面人生，直斥朝廷，体现出陈子昂的社会责任感和政治勇气，以及他对文学美刺功能的追求。他的这一文学实践，对齐梁颓风产生了极大的冲击，带领诗歌创作走上了现实主义的道路。

但陈子昂在摧枯拉朽的过程中，表现出矫枉过正的倾向。一方面，他没有处理好创作和继承前人诗歌技巧的关系，所作诗歌质胜于文，形象不够丰富。另一方面，他的诗歌形式缺乏创新。中唐诗僧皎然《诗式》评论道："陈子昂复多而变少。"① 所谓"复"，指诗歌形式恪守旧体，一成不变，这是个继承的问题；所谓"变"，指在原有形式的基础上适当变化，推出新体，这是个创新的问题。皎然认为陈子昂的《感遇》组诗，出自西晋阮籍的《咏怀》组诗，是复古之作，在形式上缺乏创新变化。陈子昂现存诗歌，基本上是五言诗，古体居多，格律诗比较少，而且没有一首七言诗，更谈不上对七律的尝试。从诗歌形式的发展来说，他落后于同时代人宋之问、沈佺期。

骈体文号称骈四俪六，行文运用偶句，以四言、六言相间成文，彼此对仗，讲究平仄，使用典故，堆砌辞藻。这种文体难度极大，不便驾驭。唐代占统治地位的官方文体即骈体文，朝廷的诏令，臣子的奏疏，科举考试的策问和对答，甚至私家著述、通信，都采用这种文体。骈文影响表达和阅读，于是人们呼吁文体改革，恢复周秦两汉通用的散体文言文，即"古文"。

唐朝初年，杜宝将自己隋炀帝时期在洛阳的见闻撰写成《大业杂记》，洛州人玄奘法师翻译佛经和撰写《大唐西域记》，都是运用古文。然而有意识地进行文体改革，上奏朝廷的表疏突破骈文格式，则是晚于杜宝、玄奘的陈子昂。陈子昂的很多奏疏，或骈散参用，或纯用散体。后者如圣历元年五月十四日（698 年 6 月 27 日），他以通直郎行右拾遗身份在洛阳上给武则天的《上蜀川安危事》一文：

---

① （唐）皎然著，李壮鹰校注《诗式校注》卷一，人民文学出版社，2003，第 59 页。

　　臣伏见四月三十日敕，废同昌军。蜀川百姓每见免五十万丁运粮，实大苏息。然松、茂等州诸羌首领，二十年来利得此军财帛粮饷，以富己润屋，今一旦停废，失其大利，必是勾引生羌，诈作警固，以恐动茂、翼等州，复使国家征兵镇守。若松、茂等州无好都督，则此诈必行，旦夕警固必有发者。一发已后，警动蜀州，朝廷不知，征兵赴救，兵至贼散，靡弊更甚。伏乞选择茂州都督，严加斥堠，乃命御史一人，专在按察，若有诈妄，即录奏称，加法以惩其奸，庶可久长安帖。不然，受其弊。蜀中运粮既停，百姓更无重役，至于租庸，合富府库。今诸州逃走户有三万余，在蓬、渠、果、合、遂等州山林之中，不属州县。土豪大族，阿隐相容，征敛驱役，皆入国用。其中游手惰业亡命之徒，结为光火大贼，依凭林险，巢穴其中。若以甲兵捕之，则鸟散山谷；如州县怠慢，则劫杀公行。比来访闻，有人说逃在其中者，攻城劫县，徒众日多。诚可特降，严加敕令，州县长官与使人设法大招此户，则劫贼徒党，自然除殄，其三万户租赋，即可富国。若纵而不括，以养贼徒，蜀川大弊，必是未息。天恩允此请，乞作条例括法。蜀中诸州百姓所以逃亡者，实缘官人贪暴，不奉国法，典吏游容，因此侵渔。剥夺既深，人不堪命，百姓失业，因即逃亡，凶险之徒，聚为劫贼。今国家若不清官人，虽杀获贼，终无益。天恩前使右丞宋爽按察蜀州者，乞早发遣，除屏贪残，则公私俱宁，国用可富。若官人未清，劫贼之徒必是未息。以前剑南蠹弊如斯，即日圣恩停军息役，若官人清正，劫贼翦除，百姓安宁，实堪富国。惟乞早降使按察，谨状。①

这里不讲究属对、辞藻、典故，不迂曲，不藏掖，直言不讳，通俗易懂。

　　陈子昂的丰功伟绩受到唐朝诗人的一致赞扬。杜甫《陈拾遗故宅》诗推崇他"有才继骚雅（《楚辞》有屈原的《离骚》，《诗经》分风、雅、颂三部分），哲匠不比肩。……名与日月悬"。② 韩愈《荐士》诗说："国朝盛文章，

---

　　① 《全唐文》卷二一一，第941页。
　　② 《全唐诗》卷二二〇，第524页。

子昂始高蹈。"① 陈子昂对古文运动的杰出贡献，并没有因为韩愈的伟大成就而掩而不彰。南宋员兴宗说："不知者以退之（韩愈）倡古文于唐，知者以为无陈而无以为之也。"② 清人纪昀等编纂《四库全书》，也说："唐初文章，不脱陈隋旧习，子昂始奋发自为，追古作者。……今观其集，惟诸表、序犹沿排（俳）俪之习，若论事、书疏之类，实疏朴近古。"③

第三节　诗界多面手李颀

盛唐时期，诗歌创作流派纷呈，有田园诗、山水诗、边塞诗等。李颀对于多种流派都有涉足，成就斐然。

李颀（690~751）是河南府颍阳县（今河南登封市颍阳镇）人，在《送陈章甫》诗中自称"洛阳行子"。他开元十三年（725）登进士第，担任过新乡（今河南新乡市）县尉，久不升迁，遂回颍阳东川别业隐居。

李颀是边塞诗派诗人中的先行者，其作品以《古从军行》最为著名。诗题曰"古"，是作者的拟古作品，属于想象境界，并非作者的真实经历。这首诗云：

> 白日登山望烽火，黄昏饮马傍交河。行人刁斗风沙暗，公主琵琶幽怨多。野云万里无城郭，雨雪纷纷连大漠。胡雁哀鸣夜夜飞，胡儿眼泪双双落。闻道玉门犹被遮，应将性命逐轻车。年年战骨埋荒外，空见蒲桃入汉家。④

"交河"指唐朝的安西都护府治所，在今新疆吐鲁番，当时有两条河流交叉环

---

① 《全唐诗》卷三三七，第834页。
② （南宋）员兴宗：《九华集》卷九《陈子昂韩退之策》，曾枣庄、刘琳主编《全宋文》第218册，上海辞书出版社、安徽教育出版社，2006，第220页。
③ （清）永瑢、纪昀等：《四库全书总目》卷一四九《陈拾遗集》，中华书局，1965，第1278页。
④ 《全唐诗》卷一三三，第309页。

绕。"刁斗"是军中铜制器皿，白天用来做饭，夜里用来打更、报警。"轻车"是东汉设置的将军名号。"蒲桃"，今作葡萄。这首诗写内地战士在西北边疆戍守、征战，不但忙乱、悲苦，还有葬身边陲荒地的可能。整首诗慷慨悲凉，收尾处一个"空"字，转出无限意蕴却不多说，引人深思。

李颀的《望鸣皋山白云寄洛阳卢主簿》诗，是山水诗的上乘之作，描写自己在伊河边所见鸣皋山上白云的种种形状，有云："照日龙虎姿，攒空冰雪状。翁嵸（山高峻的样子）殊未已，峻嶒忽相向。皎皎横绿林，霏霏澹青嶂（青山）。远映村更失，孤高鹤来傍。"① 这里说山上白云聚集，皎洁璀璨，胜过冰雪。在日光的映衬下，云朵或像龙，或像虎，瑰丽无比。云朵形状瞬息万变，时而是孤峰耸立，时而是双峰对峙。云气弥漫，飘荡到茂密的丛林之间，半掩鸣皋山，使得山色浅淡，渐渐退出视野。在白云的遮蔽下，村落已经找不到了，只有白鹤鸣叫着，飞入云中。

李颀在洛阳作的《送陈章甫》一诗，是刻画人物的杰作。陈章甫是湖北江陵人，在嵩山隐居二十多年，在长安当过太常博士。李颀送他罢官回家，写下这首诗。其中云："陈侯立身何坦荡，虬须虎眉仍大颡（宽额头）。腹中贮书一万卷，不肯低头在草莽（社会底层）。东门（洛阳上东门）酤酒饮我曹，心轻万事如鸿毛。醉卧不知白日暮，有时空望孤云高。"② 寥寥几笔，就把一位倜傥不羁、超脱旷达的人物，从外在形象到内心世界，刻画得栩栩如生。

李颀用诗句来描写音乐，更是前无古人，出神入化。描写管乐的诗有《听安万善吹觱篥歌》，其中说："枯桑老柏寒飕飗，九雏鸣凤乱啾啾。龙吟虎啸一时发，万籁百泉相与秋。忽然更作渔阳掺（鼓曲），黄云萧条白日暗。变调如闻杨柳春，上林（皇家园囿）繁花照眼新。"③ 这里描绘胡人安万善用竹管乐器觱篥吹奏龟兹乐，变化万端。用听觉去感受，那乐声忽而凛冽肃杀，如同寒风吹过枯桑古柏；忽而细碎急促，如同一群幼小的凤凰同时发出清越的鸣叫；忽而激昂高亢，如同龙吟九霄、虎啸山峰；忽而浑厚雄壮，如同万籁齐

---

① 《全唐诗》卷一三二，第 307 页。
② 《全唐诗》卷一三三，第 310 页。
③ 《全唐诗》卷一三三，第 310 页。

响、百川汇集。用视觉去揣摩,那乐声忽而苍凉舒缓,如同漫天黄云遮蔽住皎皎白日;忽而清新华丽,如同上林苑中春光明媚、众花烂漫。李颀描写弹拨弦乐的诗,有在长安作的《听董大弹胡笳声(应作弄)兼寄语弄(弄字衍)房给事》,其中说:"蔡女昔造胡笳声,一弹一十有八拍。胡人落泪沾边草,汉使断肠对归客。古戍苍苍烽火寒,大荒沉沉飞雪白。先拂商弦后角羽,四郊秋叶惊搣搣(落叶的声音)。董夫子,通神明,深山窃听来妖精。言迟更速皆应手,将往复旋如有情。空山百鸟散还合,万里浮云阴且晴。嘶酸雏雁失群夜,断绝胡儿恋母声。⋯⋯幽音变调忽飘洒,长风吹林雨堕瓦。迸泉飒飒飞木末,野鹿呦呦走堂下。"① 这里描绘董庭兰弹奏东汉末年沦落匈奴的才女蔡琰(蔡文姬)创作的琴曲《胡笳十八拍》,技艺精湛,感动神鬼。他的指法娴熟,恰到好处,琴声流淌着浓烈的感情。乐声由弱变强,好像空寂的山林中群鸟飞散后又聚合在一起。乐声忽而由沉闷变为清越,好像万里长空转阴为晴。弹到悲咽凄恻处,让人觉得那简直是秋天夜里失群的幼雁在悲哀地鸣叫,蔡琰被曹操赎回时留在匈奴的两个幼小的儿子诀别母亲的哭声。这绝妙的琴声使得江河不再咆哮奔流,沉静下来不起波澜,鸟儿也不肯啁啾,静静地聆听。琴声从宫调变为角声、羽声,突然急促弹奏,好像长风万里吹过深林,枝叶颤动,飒飒作响;又像骤雨急下,敲击着房上的瓦片。琴声收尾时,变得轻松悠扬,好像山泉水飘过树梢,野鹿在堂前幽静的旷野中呦呦鸣叫。中唐时期顾况作《李供奉弹箜篌歌》,韩愈作《听颖师弹琴》,李贺作《李凭箜篌引》《听颖师琴歌》,白居易作《琵琶行》,都对器乐演奏做出精彩的描绘,受到李颀这两首诗的启发,是毫无疑问的。

李颀的七律工稳谨严,韵味悠长。他在洛阳送河南府王屋山人魏万(后改名魏颢)去长安寻求功名,写下七律《送魏万之京》,云:

朝闻游子唱离歌,昨夜微霜初渡河。鸿雁不堪愁里听,云山况是客中

① 《全唐诗》卷一三三,第311页。

过。关城树色催寒近，御苑砧声向晚多。莫见长安行乐处，空令岁月易蹉跎。①

该诗设想友人旅途单调寂寞，提醒光阴稍纵即逝，勉励友人积极进取，勿因京都繁华胜游之地而受到诱惑，蹉跎岁月。这便表达出了二人友情最真切的内涵，将作者惜别、伤感的情怀掩盖起来，显得委婉蕴藉。

第四节　诗仙李白、诗圣杜甫在洛阳

被称为诗仙的浪漫主义诗人李白（701~762），天宝三载（744）在洛阳与杜甫相识，结下深厚的友谊。李白的诗作逸兴遄飞，布局谋篇，遣词造句，往往出人意表。李白结识了一位神乎其神的嵩山女道士，作《赠嵩山焦炼师》一诗，说嵩山"中有蓬海客，宛疑麻姑仙。……时餐金鹅蕊（桂花），屡读青苔篇（道书）。八极（八方极远处）恣游憩，九垓（九天之上）长周旋。下瓢酌颍水，舞鹤来伊川。还归空山上，独拂秋霞眠。……潜光隐嵩岳，炼魄栖云幄"。② 这首诗把道教境界写得煞有介事，把道教人士的仙风道骨写得令人神往。

大约在天宝十一载（752），李白同友人岑勋在元丹丘的登封颍阳山居做客，酒酣淋漓之时，写下《将进酒》一诗，云：

君不见黄河之水天上来，奔流到海不复回。君不见高堂明镜悲白发，朝如青丝暮成雪。人生得意须尽欢，莫使金樽空对月。天生我材必有用，千金散尽还复来。烹羊宰牛且为乐，会须一饮三百杯。岑夫子，丹丘生，将进酒，杯莫停。与君歌一曲，请君为我倾耳听。钟鼓馔玉不足贵，但愿长醉不复醒。古来圣贤皆寂寞，惟有饮者留其名。陈王昔时宴平乐，斗酒

---

① 《全唐诗》卷一三四，第312页。
② 《全唐诗》卷一六八，第397页。

十千恣欢谑。主人何为言少钱，径须沽取对君酌。五花马，千金裘，呼儿将出换美酒，与尔同销万古愁。①

这首诗一开头便是辽阔绵长的时空境界，携带着人生思索，如同天风海雨，劈头盖脸向读者袭来。李白从翰林被赐金放还以来，产生牢骚情绪，似乎要及时行乐，酩醉不醒，消极沉沦。但当他发出"天生我材必有用"的呼喊时，这时的他，只能是一条乐观自信、放纵不羁、旷达豪放的汉子。

李白的山水诗也很有情致。《秋夜宿龙门香山寺，奉寄王方城十七丈奉国莹上人从弟幼成令问》诗，其中有云："水寒夕波急，木落秋山空。望极九霄迥，赏幽万壑通。目皓沙上月，心清松下风。玉斗横网户，银河耿花宫。兴在趣方逸，欢余情未终。"②描写龙门山水的秋景，抓住了秋高气爽、视野辽阔的特征；描写自己与大自然的感通关系，说眼睛因沙滩上的月光而明澈，胸襟因穿越松枝的清风而澄净，都是神来之笔。《忆旧游寄谯郡元参军》开头几句忆述自己在洛阳喝酒所体现的旷达情怀，说："忆昔洛阳董糟丘，为余天津桥南造酒楼。黄金白璧买歌笑，一醉累月轻王侯。"③好像那酒楼就是专为自己开设的，是专供自己傲世用的场所，真是万物皆备于我矣。七绝《春夜洛城闻笛》，大概是他开元二十三年（735）客居洛阳时所作的，云："谁家玉笛暗飞声，散入东风满洛城。此夜曲中闻《折柳》，何人不起故园情！"④尽管诗中有伤离的《折杨柳》乐曲勾起客子的乡愁，仍然让人感到安史乱前社会的安定和生活的舒适。这首诗写得朴实易解，代表李白的另一种风格。

被称为诗圣的现实主义诗人杜甫（712~770），是杜审言的孙子，出生在洛州巩县瑶湾村，死葬偃师首阳山祖坟。杜诗被誉为诗史，就其整体而言，具有海涵地负的功力，沉郁顿挫的风格，但现存杜诗中在洛阳地区创作的作品不多，无法充分体现这些方面。

---

① 《全唐诗》卷一六二，第 383 页。
② 《全唐诗》卷一七二，第 404 页。
③ 《全唐诗》卷一七二，第 404 页。
④ 《全唐诗》卷一八四，第 429 页。

杜甫的不朽史诗《三吏》《三别》，是根据他乾元二年（759）由偃师赴关中途中的所见所闻创作的。

《新安吏》云：

> 客行新安道，喧呼闻点兵。借问新安吏："县小更无丁？""府帖昨夜下，次选中男行。""中男绝短小，何以守王城？"肥男有母送，瘦男独伶俜。白水暮东流，青山犹哭声。莫自使眼枯，收汝泪纵横。眼枯即见骨，天地终无情。我军取相州，日夕望其平。岂意贼难料，归军星散营。就粮近故垒，练卒依旧京。掘壕不到水，牧马役亦轻。况乃王师顺，抚养甚分明。送行勿泣血，仆射如父兄。①

《石壕吏》云：

> 暮投石壕村，有吏夜捉人。老翁逾墙走，老妇出门看。吏呼一何怒，妇啼一何苦！听妇前致词："三男邺城戍。一男附书至，二男新战死。存者且偷生，死者长已矣。室中更无人，惟有乳下孙。有孙母未去，出入无完裙。老妪力虽衰，请从吏夜归。急应河阳役，犹得备晨炊。"夜久语声绝，如闻泣幽咽。天明登前途，独与老翁别。②

《新安吏》写杜甫在洛阳城西侧的新安县看到县吏征点未成年男孩子当兵的情况。杜甫安慰前来送行的家属说：负责平定安史之乱的主帅是尚书仆射郭子仪。他正在洛阳操练军队，对待士兵如同父兄对待子弟一样慈祥仁爱，体贴入微。新征点的男孩子去那里，家属尽管放心。《石壕吏》写杜甫从新安县西行，在都畿道陕县看到地方小吏抓丁的情况。一个老妈子，三个儿子都被征点去同安史叛军作战，其中两个已经曝尸沙场。官差趁着夜里人在家，又来抓

---

① 《全唐诗》卷二一七，第 517 页。
② 《全唐诗》卷二一七，第 517 页。

壮丁，老妈子愿意充数，连夜赶到河阳，去军中做饭。这两首诗，没有运用典故和僻词，通俗易懂。这是唐诗中最早的叙事诗，有完整的情节和不同的人物，通过几笔简单的勾勒，特定的场面氛围，各自的神情面貌，便一一跃然纸上。

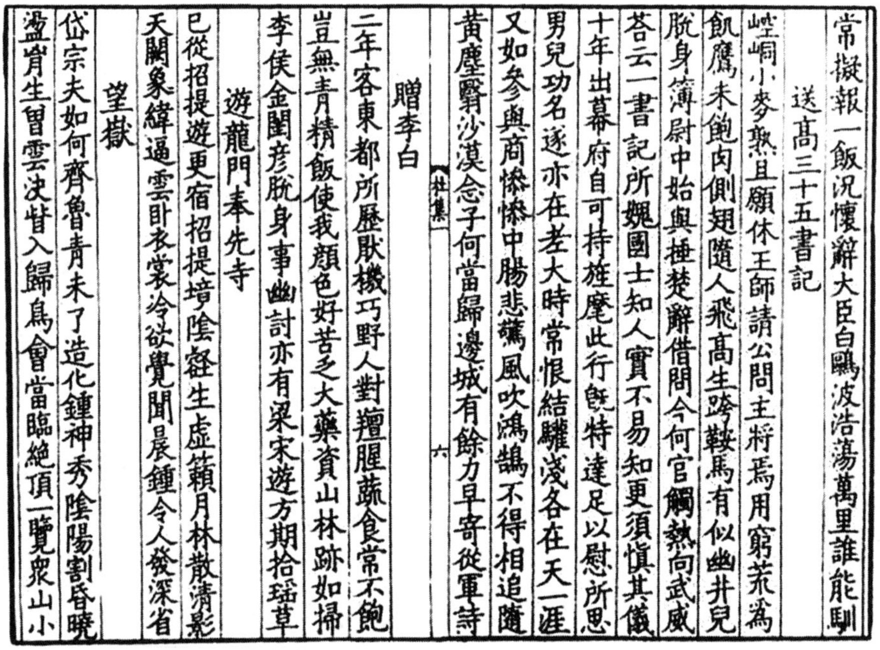
常擬報一飯況懷辭大臣白鷗波浩蕩萬里誰能馴
送高三十五書記
崆峒小麥熟且願休王師請公問主將焉用窮荒爲
飢鷹未飽肉側翅隨人飛高生跨鞍馬有似幽并兒
脫身簿尉中始與捶楚辭借問今何官觸熱向武威
荅云一書記所媿國士知人實不易知更須慎其儀
十年出幕府自可持旌麾此行既特達足以慰所思
男兒功名遂亦在老大時常恨結驩淺各在天一涯
又如參與商慘慘中腸悲驚風吹鴻鵠不得相追隨
黃塵翳沙漠念子何當歸邊城有餘力早寄從軍詩
杜集 六
贈李白
二年客東都所歷厭機巧野人對羶腥蔬食常不飽
豈無青精飯使我顏色好苦乏大藥資山林跡如掃
李侯金閨彥脫身事幽討亦有梁宋遊方期拾瑤草
遊龍門奉先寺
已從招提遊更宿招提境陰壑生虛籟月林散清影
天闕象緯逼雲臥衣裳冷欲覺聞晨鐘令人發深省
望嶽
岱宗夫如何齊魯青未了造化鍾神秀陰陽割昏曉
盪胷生曾雲決眥入歸鳥會當臨絕頂一覽衆山小

图 10-1　影宋本《杜工部集》书影

杜甫在洛阳创作的诗，还有《游龙门奉先寺》《龙门》《冬日洛城北谒玄元皇帝庙》等。

第五节　韩愈在洛阳推动古文运动和以文为诗

一　韩愈在洛阳推动古文运动

唐朝建立以后的一百年间，陈子昂、萧颖士、李华、元结、独孤及、梁肃、柳冕等对文体改革进行过探索实践，为古文运动的大成做出了充分的历史铺垫。到中唐时期，韩愈（768~824）以其豪迈的勇气，深厚的功力，非凡的创造性，不懈的追求，将古文运动推向高潮，从而成为古文运动的伟大旗手。

韩愈古文运动的纲领，是在洛阳提出来的，见于他的《答李翊书》，作于贞元十七年六月二十六日（801 年 8 月 9 日）。这时他在洛阳，七月二十二日，他偕同几位友人去温洛捕鱼，投宿在洛北惠林寺。韩愈在《答李翊书》中总结自己的学习、写作经历和追求目标，说："愈……学之二十余年矣。始者非三代（夏商周）、两汉之书不敢观（着眼于'文'，欣赏这一历史阶段的散体文），非圣人之志不敢存（着眼于'道'，表明文以明道，重视儒家思想），处若忘，行若遗，俨乎其若思，茫乎其若迷（这四句说明自己的专注痴迷状态）。当其取于心而注于手也，惟陈言之务去（追求推陈出新），戛戛乎其难哉！其观于人，不知其非笑之为非笑也。如是者亦有年，犹不改，然后识古书之正伪（辨别真假），与虽正而不至焉者（评估得失），昭昭然白黑分矣。而务去之，乃徐有得也。当其取于心而注于手也，汩汩然来矣。其观于人也，笑之则以为喜，誉之则以为忧，以其犹有人之说者存也。如是者亦有年，然后浩乎其沛然矣。吾又惧其杂也，迎而距之，平心而察之，其皆醇也，然后肆焉（这五句从道与文两方面说，既要求内容的醇正，又要求文字的精当）。虽然，不可以不养也。行之乎仁义之途，游之乎《诗》《书》之源，无迷其途，无绝其源，终吾身而已矣。气（文章的气势），水也；言，浮物也。水大而物之浮者大小毕浮。气之与言犹是也，气盛则言之短长与声之高下皆宜。"① 这一段话阐述了四个问题："第一，学古文以立行为本，立言为表。……要获得文学上的成就，必须从道德修养入手。第二，学文的途径，要道文合一，要善于学习前人的作品，而写作要有创造性，不论是内容和词句，都要务去陈言。第三，学文要有坚定的信心，不以时人的毁誉为转移。深造自得，逐步演进，有一个长期曲折的过程，不能希望速成。第四，写古文要以气为先。作者把气与

---

① 《全唐文》卷五五二，第 2475 页。

言的关系比作水与浮物的关系。气是驾驭言的……这主要在阐明古文的特征，它不同于被对偶形式所拘束，矫揉造作，不合自然语气的骈体，而是言有短长，声有高下，比较接近口语。"①

韩愈在洛阳，写《答李翊书》的同年，还写了《送李愿归盘谷序》，送李愿到今河南济源市的盘谷去隐居。全文说：

> 太行之阳有盘谷。盘谷之间，泉甘而土肥，草木丛茂，居民鲜少。或曰："谓其环两山之间，故曰盘。"或曰："是谷也，宅幽而势阻，隐者之所盘旋。"友人李愿居之。

> 愿之言曰：人之称大丈夫者，我知之矣。利泽施于人，名声昭于时，坐于庙朝，进退百官，而佐天子出令。其在外，则树旗旄，罗弓矢，武夫前呵，从者塞途。供给之人，各执其物，夹道而疾驰。喜有赏，怒有刑。才畯满前，道古今而誉盛德，入耳而不烦。曲眉丰颊，清声而便体，秀外而惠中，飘轻裾、翳长袖、粉白黛绿者，列屋而闲居，妒宠而负恃，争妍而取怜。大丈夫之遇知于天子、用力于当世者之所为也。吾非恶此而逃之，是有命焉，不可幸而致也。穷居而野处，升高而望远，坐茂树以终日，濯清泉以自洁。采于山，美可茹；钓于水，鲜可食。起居无时，惟适之安。与其有誉于前，孰若无毁于其后；与其有乐于身，孰若无忧于其心？车服不维，刀锯不加，理乱不知，黜陟不闻。大丈夫不遇于时者之所为也，我则行之。伺候于公卿之门，奔走于形势之途，足将进而趑趄，口将言而嗫嚅，处秽污而不羞，触刑辟而诛戮，徼幸于万一，老死而后止者，其于为人贤不肖何如也？

> 昌黎韩愈闻其言而壮之，与之酒而为之歌曰：盘之中，维子之宫。盘之土，可以稼；盘之泉，可濯可沿；盘之阻，谁争子所！窈而深，廓其有容；缭而曲，如往而复。嗟盘之乐兮，乐且无央。虎豹远迹兮，蛟龙遁藏；鬼神守护兮，呵禁不祥。饮且食兮寿而康，无不足兮奚所望？膏吾车

---

① 郭绍虞主编《中国历代文论选》第2册，上海古籍出版社，1979，第118页。

兮秣吾马，从子于盘兮，终吾生以徜徉。①

北宋苏轼极为推崇这篇文章，在《跋退之送李愿序》中说："唐无文章，惟韩退之（韩愈字退之）《送李愿归盘谷》一篇而已。"②

这篇文章由三部分构成。开头一部分，韩愈介绍盘谷的地理位置、地貌、环境，表明李愿选择这里作为隐居之地，得其所哉。最后一部分是韩愈酒酣之际唱的歌词，在文中起到烘托气势、抒发感情的作用。中间一部分是文章的主体，着墨颇多，爱憎分明，色彩浓烈。韩愈借李愿之口，刻画、分析三种人物，属于出仕与隐居两类。第一种人是出仕之得志者，他们是处于社会顶端的权贵，炙手可热，左右朝政，赏罚由己，颐指气使。外出则仪仗森严，卫士清道；居家则钟鸣鼎食，极尽声色。如此荣华富贵，只有少数有幸获得天子知遇，并有门道打通宠臣关节的人才能够享有。第二种人是自甘寂寞的处士，他们远离喧嚣的红尘，隐居于山水之间，放浪自恣，洁身自好，起居自如，无毁无誉，无忧无虑，心地坦荡，不受拘束，活得潇洒、自在。第三种人是汲汲于仕进的奔竞之徒，为了跻身官吏队伍，想方设法巴结权势要人。自己抬脚欲走还休，张口欲说又止，生怕一不小心给自己带来不利。侥幸混入官吏队伍，同流合污，不知廉耻，作恶多了，甚至遭受刑律处置。李愿说自己并不是不想成为第一种人，而是没那个命，因而做了第二种人。但看他鄙视、嘲讽第三种人，表白自己不肯屈身折节侍奉权贵，挤入官吏队伍，那么，所谓自己没那个命云云，就是一句调侃的话了。文章写到这里，平添了几分跌宕和趣味。一般来说，写送别内容的序，作者主要写自己的话，韩愈写《送孟东野序》《送董邵南序》都是这样。但这篇《送李愿归盘谷序》，却是在复述李愿所说的话，韩愈好像只是起到了记录员的作用。推测起来，文中那些"愿之言曰"，或者确实是李愿讲的话，或者是韩愈同李愿交谈的话而归诸李愿名下，或者是韩愈的话而托诸李愿之口。这样写，如果这番话引起第一种人和第三种人的不快、

① 《全唐文》卷五五五，第 2487 页。
② （北宋）苏轼：《苏轼文集》卷六六《题跋·杂文》，孔凡礼点校，中华书局，1986，第 2057 页。

忌恨和群起攻之，责任在李愿而不在韩愈。这体现了文人的自保意识，机智中带有几分狡黠。

元和四年（809），韩愈在洛阳写了《与少室李拾遗书》，劝隐居嵩山的李渤应朝廷之请出来当官。全文说：

> 十二月某日，愈顿首：伏承天恩，诏河南敦喻拾遗公，朝廷之士，引颈东望，若景星凤凰之始见也，争先睹之为快。方今天子仁圣，小大之事，皆出宰相，乐善言如不得闻。自即大位已来，于今四年，凡所施者，无不得宜。勤俭之声，宽大之政，幽闺妇女，草野小人，饱闻而厌道之。愈不通于古，请问先生，世非太平之运欤？加又有非人力而至者，年谷熟衍，符贶委至；干纪之奸，不战而拘累；强梁之凶，销铄缩栗，迎风而委伏。其有一事未就正，自视若不成人。四海之所环，无一夫甲而兵者。若此时也，拾遗公不疾起，与天下之士君子乐成而享之，斯无时矣。昔者孔子知不可为而为之不已，足迹接于诸侯之国。今可为之时，自藏深山，牢关而固距，即与仁义者异守矣。想拾遗公冠带就车，惠然肯来，抒所蓄积，以补缀盛德之有阙遗，利加于时，名垂于将来，踊跃悚企，倾刻以冀。又窃闻朝廷之议，必起拾遗公。使者往，若不许，即河南必继以行。拾遗征君若不至，必加高秩，如是则辞少就多，伤于廉而害于义，拾遗公必不为也。善人斯进其类，皆有望于拾遗公，拾遗公傥不为起，是使众善人不与斯人施也。由拾遗公而使天子不尽得良臣，君子不尽得显位，人庶不尽被惠利，其害不为细。必望审察而远思之，务使合于孔子之道。幸甚！愈再拜。①

这篇文章和《送李愿归盘谷序》的立意命题相反，那是赞赏隐居的，把官场说得一塌糊涂，这是劝隐居者出仕的，把政治吹得十分美好。韩愈是一位官员，受朝廷之命写信给一位没有官爵的山人，因此在口气上既要客气又不能

---

① 《全唐文》卷五五四，第2483页。

掉价。在唐代隐居往往是出仕的终南捷径，被征辟做官本是隐居者期待的，但一旦这种机会来到，隐居者却偏要摆架子，装出一副极不情愿的样子，征辟一方为了表示诚意，就再三劝慰敦促，既显示对人才的尊重，又给对方提供一个台阶让他下得了台。这封信就是这样做的，从正面说说，侧面说说，再从反面说说，归结到李渤如果不应征出来当官，就是自己的过错，也因而失去良机，让朝野上下失望，于公于私都不利，这就把李渤逼到除了按照这封信的意见去做，别无出路的地步。韩愈会说话，送人的序，给人的信，因人因时而异，不断翻出新花样。

经过韩愈、柳宗元及韩门弟子的努力，古文终于在文坛上夺得重要地位。虽然朝廷的诏敕仍然使用骈体，但臣子的奏疏允许使用散体，个人的文学创作更是不受限制地使用散体。

二 韩愈在洛阳以文为诗

韩愈反对骈文，创作以不受拘束的散行单句为表达形式的散文，[①] 甚至作诗也是这个路数。他的《河南令舍池台》诗有云："灌池才盈五六丈，筑台不过七八尺。……规摹虽巧何足夸，景趣不远真可惜。"[②] 这还是零星的句子，通篇散文化的诗作如《寄卢仝》。这首诗作于元和六年（811），韩愈在洛阳任河南县令。全诗云：

> 玉川先生洛城里，破屋数间而已矣。一奴长须不裹头，一婢赤脚老无齿。辛勤奉养十余人，上有慈亲下妻子。先生结发憎俗徒，闭门不出动一纪。至今邻僧乞米送，仆忝县尹能不耻？俸钱供给公私余，时致薄少助祭祀。劝参留守谒大尹，言语才及辄掩耳。水北山人得名声，去年去作幕下士。水南山人又继往，鞍马仆从塞闾里。少室山人索价高，两以谏官征不

---

① 对仗作为常用的修辞手法，韩愈写作散文并不拒绝运用。其《送汴州监军俱文珍序》中，对偶句子就占了很大的比重，如："屯兵十万，连地四州"，"当藩垣屏翰之任，有弓矢铁钺之权"，"俯达人情，仰喻天意"。但这和骈体文那种通篇讲究平仄、对仗的骈四俪六形式不同。
② 《全唐诗》卷三四〇，第 841 页。

起。彼皆刺口论世事，有力未免遭驱使。先生事业不可量，惟用法律自绳
己。《春秋三传》束高阁，独抱遗经穷终始。往年弄笔嘲同异，怪辞惊众
谤不已。近来自说寻坦途，犹上虚空跨绿骅。去年生儿名"添丁"，意令
与国充耘耔。国家丁口连四海，岂无农夫亲未耜。先生抱才终大用，宰相
未许终不仕。假如不在陈力列，立言垂范亦足恃。苗裔当蒙十世宥，岂谓
贻厥无基址。故知忠孝生天性，洁身乱伦安足拟。昨晚长须来下状，隔墙
恶少恶难似。每骑屋山下窥阚，浑舍惊怕走折趾。凭依婚媾欺官吏，不信
令行能禁止。先生受屈未曾语，忽此来告良有以。嗟我身为赤县令，操权
不用欲何俟。立召贼曹呼伍伯，尽取鼠辈尸诸市。先生又遣长须来："如
此处置非所喜。况又时当长养节，都邑未可猛政理。"先生固是余所畏，
度量不敢窥涯涘。放纵是谁之过欤？效尤戮仆愧前史。买羊沽酒谢不敏，
偶逢明月曜桃李。先生有意许降临，更遣长须致双鲤。[①]

诗中所说的"一纪"，为十二年。"留守"即东都留守郑余庆，大尹即河南府
少尹李素。"水北""水南""少室"山人分别指石洪、温造、李渤。其中
"放纵是谁之过欤"句，简直不像诗。

再如《谁氏子》，诗序交代情节说：洛阳人吕炅，抛弃妻室去当道士，辞
别母亲时扬言："当学仙王屋山。"数月后，他来洛阳见河南少尹李素，李素
指使吏卒脱掉他的道士服装，换上俗人衣冠，把他送归其母。全诗云：

非痴非狂谁氏子，去入王屋称道士。白头老母遮门啼，挽断衫袖留
不止。翠眉新妇年二十，载送还家哭穿市。或云欲学吹凤笙，所慕灵妃
媲萧史。又云时俗轻寻常，力行险怪取贵仕。神仙虽然有传说，知者尽
知其妄矣。圣君贤相安可欺，乾死穷山竟何俟。呜呼余心诚岂弟，愿往
教诲究终始。罚一劝百政之经，不从而诛未晚耳。谁其友亲能哀怜，写

吾此诗持送似。①

"岂弟"同"恺悌"，即和乐平易。"罚一劝百政之经，不从而诛未晚耳。谁其友亲能哀怜，写吾此诗持送似"四句，也都不像诗。

这类诗读起来让人感到很滑稽，没有节奏美和色彩美，直白俚俗，谈不上含蓄、优美，让读者一览无余，没有回味的空间。

韩愈也有成功的散文化诗作。贞元十七年（801）七月，他因结束徐州节度使张建封幕府的供职，来洛阳等待调选，内心产生出仕与隐退的矛盾，在游览寄宿洛阳北面的惠林寺后作《山石》诗，全诗云：

> 山石荦确行径微，黄昏到寺蝙蝠飞。升堂坐阶新雨足，芭蕉叶大支子肥。僧言古壁佛画好，以火来照所见稀。铺床拂席置羹饭，疏粝亦足饱我饥。夜深静卧百虫绝，清月出岭光入扉。天明独去无道路，出入高下穷烟霏。山红涧碧纷烂漫，时见松枥皆十围。当流赤足蹋涧石，水声激激风吹衣。人生如此自可乐，岂必局束为人靰。嗟哉吾党二三子，安得至老不更归。②

"支子"即栀子化，"疏粝"为粗制米饭。"局束为人靰"，是说受制于人，局促不自在。"二三子"句，用典系《论语·述而》中的说法："二三子以我为隐乎！"这首诗按照事情发展的顺序布局谋篇，没有闪回，没有轶出，叙事、抒情、议论穿插交织，恰到好处，绝对拒绝骈偶，专用散句，笔力雄健，意境恢宏。

第六节　诗界鬼才李贺

中唐诗人李贺（790~816），字长吉，河南府福昌县昌谷人，唐宗室郑王

---

① 《全唐诗》卷三四〇，第840~841页。
② 《全唐诗》卷三三八，第835页。

的后裔。他身体瘦小纤弱，作诗呕心沥血，死时年仅二十七岁，传世诗作二百四十余首。他主要在家乡生活，曾赴长安，担任级别较低的奉礼郎。李贺在家乡生活期间，经常白天骑着弱马外出闲逛，小家奴身背锦囊随从在旁，偶得佳句，随即笔录，投入囊中，晚上在家中补足成完整的篇章。

李贺有过雄心壮志和建功立业的抱负。他在家乡作的《南园十三首》中说："男儿何不带吴钩（兵器），收取关山五十州（结束藩镇割据的局面）。请君暂上凌烟阁（供奉功臣画像的楼阁），若个书生万户侯？""寻章摘句老雕虫，晓月当帘挂玉弓（赋诗作文是雕虫小技，却过于偏爱，通宵达旦去琢磨）。不见年年辽海上，文章何处哭秋风（像战国时期楚国诗人宋玉写的那种悲秋的辞赋，在辽东征战之地，哪派得上用场）？"① 他虽然年少涉世未深，但对社会现实和国家政治十分关注，作品以明朗或晦涩的方式，讽刺宦官干政领军给国家带来的危害，嘲笑帝王愚昧求仙的行为，抨击贵戚骄奢淫逸的生活，描绘采玉工人的悲惨处境，揭露官吏催逼民众缴纳租税的卑劣手段，哀叹人才的埋没。他很少作近体诗，特别擅长乐府诗。他受《楚辞》的影响很大，加上个人气质的作用，所作诗想象丰富，语言诡奇，色彩缤纷，感情炽烈，充满着浪漫主义的情调。如《南园十三首》中说春花凋零，被风吹走："花枝草蔓眼中开，小白长红越女腮。可怜日暮嫣香落，嫁与春风不用媒。"《秦王饮酒》中说"羲和敲日玻璃声"，"洞庭雨脚来吹笙"。② 前句描写太阳运行。古代神话说太阳坐在车上，羲和驾车，六龙牵引，以使太阳运行。但这句诗却想象成羲和鞭策着太阳行走，太阳明亮，因而敲击出的声音异乎寻常，清脆如同玻璃。后句描绘吹笙的声音，说乐声好像是雨水打落在洞庭湖的水面上。《马诗二十三首》中描写骏马骨力不凡，举步稳健矫捷，说："向前敲瘦骨，犹自带铜声。"《金铜仙人辞汉歌》说风不是吹拂，而是"射"："东关酸风射眸子。"③

唐人张固说，韩愈在洛阳做官，一次送走客人后，极为困倦，准备睡觉。

---

① 《全唐诗》卷三九〇，第 975 页。
② 《全唐诗》卷三九〇，第 975 页。
③ 《全唐诗》卷三九一，第 976、975 页。

这时李贺携带自己的诗卷前来拜见，被韩愈的仆人呈送过来。韩愈一边解腰带，一边浏览。诗卷首列《雁门太守行》，韩愈读着，非常欣赏，倦意顿时消失，"却援带命邀之"。① 这首乐府诗这样写道：

> 黑云压城城欲摧，甲光向日金鳞开。角声满天秋色里，塞上燕脂凝夜紫。半卷红旗临易水，霜重鼓寒声不起。报君黄金台上意，提携玉龙为君死。②

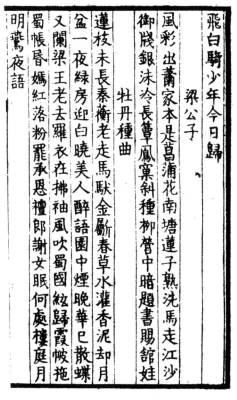

图 10-2　影金本《李贺歌诗集》书影
（采自《四部丛刊》本）

诗中用典，战国时燕昭王筑黄金台礼拜天下贤才，先自郭隗开始。"玉龙"是宝剑。该诗歌颂了边塞将士保家卫国的英雄气概。边事吃紧，黑云压城，城好像承受不了，即将坍塌一样。风云变幻，刹那间云缝里露出太阳，将士的铠甲反射阳光，像片片金鳞在闪耀。白天行军，鼓角声充斥在苍莽的秋色中，夜里，长城外的云山都凝成一道紫色。将士半卷红旗，开赴易水流域，抱着誓死保卫国家的信念，一去不复返。天气寒冷，霜气湿重，鼓声几乎凝固了，不能传扬。将士不畏艰险，不怕牺牲，是为了报答君主对自己的信任和期待。这和以前那些写实的边塞诗不一样，带有抽象、朦胧、模糊的特征。

---

① （唐）张固：《幽闲鼓吹》，《唐五代笔记小说大观》，上海古籍出版社，2000，第 1451 页。
② 《全唐诗》卷三九〇，第 974 页。

后来，韩愈偕同皇甫湜拜访李贺，李贺写了《高轩过》作答，诗中赞许陆浑县尉皇甫湜是"东京才子"，韩愈是"文章巨公"。二人学识渊博，气宇轩昂，笔力雄健，功力精深，是"二十八宿罗心胸，九精照耀贯当中。殿前作赋声摩空，笔补造化天无功"。①

李贺的诗常常跨越时间和空间，比如《梦天》云：

> 老兔寒蟾泣天色，云楼半开壁斜白。玉轮轧露湿团光，鸾珮相逢桂香陌。黄尘清水三山下，更变千年如走马。遥望齐州九点烟，一泓海水杯中泻。②

这首诗写梦中遨游天界，只述过程，不谈体会。前四句以神话传说所云月宫中的兔子、蛤蟆、琼楼、玉宇、仙女、桂树来描写月宫；后四句写俯视人间，见到沧桑变化。作者梦见自己去到天上，天色昏暗，老兔子、冷蛤蟆不禁泣下泪行。月亮中巍峨的楼阁被云影半掩，露出一片片白墙。一轮满月带着光晕运行，像浸湿了露水，发出幽光。作者与神女在飘散着桂花香气的路上相遇，神女身上佩饰的玉器相碰作响。作者下看人间，蓬莱、方丈、瀛洲三座仙山下面，瞬息万变，时而是桑田，时而是海洋。世间千年何等漫长，却不过和天上跑马般的一瞬间相当。从天界纵目遥望，九州大地只是九个小点，模糊渺茫。那浩瀚汹涌的大海，小得竟像一杯水一样。

李贺描写音乐的诗也很精彩，乐府诗《李凭箜篌引》云：

> 吴丝蜀桐张高秋，空山凝云颓不流。江娥啼竹素女愁，李凭中国弹箜篌。昆山玉碎凤凰叫，芙蓉泣露香兰笑。十二门前融冷光，二十三丝动紫皇。女娲炼石补天处，石破天惊逗秋雨。梦入神山教神妪，老鱼跳波瘦蛟舞。吴质不眠倚桂树，露脚斜飞湿寒兔。③

---

① 《全唐诗》卷三九三，第981页。
② 《全唐诗》卷三九〇，第974页。
③ 《全唐诗》卷三九〇，第973页。

"十二门"，长安城东南西北各三道门。"二十三丝"，竖箜篌的弦数。"紫皇"，玉皇大帝。"吴质"，月亮中的神人吴刚。这里说梨园弟子李凭，是国内弹奏箜篌的高手。他用吴地的蚕丝做琴弦，蜀地的桐木做琴身，在深秋时节演奏出华美的乐章。乐声响遏行云，神女都感动得惆怅哭泣。琴声高亢清脆，好像是昆山的玉石被击碎，凤凰啾啾鸣叫。忽而变得低沉舒缓，像荷花带着露珠，兰花绽开笑容。乐声美妙无比，使得长安城冷光消退，春意融融，连皇帝也为之惊叹不已。突然，琴声激越昂扬，好像把天震破了，引来秋雨淅沥不断。听到忘情的时候，恍惚之中觉得李凭进入神仙境界，在向神妪传授技艺，连蛟龙鱼鳖都禁不住随着乐声翩翩起舞。月亮中的吴刚靠着桂花树静静地谛听，不知不觉中，月光斜照，寒露弥漫整个人间。

李贺去世十五年后，杜牧作《李贺集序》，高度评价李贺诗歌在独运机杼、标新立异、作势寄情、设色着墨、营造意境、追求格调等方面的独特成就。杜牧认为：云烟缥缈，不足以比喻李贺诗歌态势的飘忽迷离；江河一泻千里，不足以比喻其情感的深长浩渺；春花烂漫，不足以比喻其意境的和谐优美；秋高气爽，不足以比喻其格调的森严皎洁；顺风的帆船，征战的骏马，不足以比喻其气势的雄浑豪放；古代以瓦做的棺和刻着篆字铭文的青铜鼎，不足以比喻其风格的古雅；春兰秋菊，绝代佳人，不足以比喻其面貌色泽的艳丽；化为废墟的都城，坍塌的殿堂，长满荒草荆棘的旷野，不足以比喻其情调的凄清萧瑟；巨鲸张口嘘气喷水，金鳌掀动波浪腾空而起，不足以比喻其构思的奇特新异。同时，杜牧指出李贺的诗歌是《楚辞》的余音遗响，辞藻偶有超过《楚辞》的地方，但缺少屈原作品那种深刻的寓意。由于李贺诗中频频出现幽冷凄清的境界，宋人称他为"鬼才""鬼仙"。南宋严羽引用北宋宋祁"太白仙才，长吉鬼才"的说法，评论道："太白，天仙之词，长吉，鬼仙之词耳。……长吉之瑰诡，天地间自欠此体不得。"[1] 鬼才、鬼仙的评判虽异，但推许其成就为别人无法企及则同。

李贺作诗是先有奇句，然后再搜寻题目去套它们，扩充成大致完整的篇

---

[1] （南宋）严羽：《沧浪诗话·诗评》，（清）何文焕编《历代诗话》，中华书局，1981，第698页。

章，这无异于削足适履。再加上他过分雕琢涂饰，很多作品晦涩费解，缺乏有机联系的完整形象和连贯流畅的情思脉络。为了迁就奇句，甚至短诗也频繁换韵，犹如急管繁弦，声调音韵不够和谐。

第七节　诗风平易的白居易

白居易（772~846）年过半百时，以太子左庶子分司东都一年；四年后又以太子宾客分司东都，担任河南尹、太子少傅，又在洛阳生活十七年，去世后安葬在龙门香山。其间举凡交游官吏，结交僧人道士，公私活动，岁时节令，游山玩水，营造宅院，家庭生活，个人健康、襟抱，人生感悟，忆旧悼故，甚至卖马遣婢、招人饮酒等，他都命笔作诗。他将在这里所作的诗赋八百首，编为《白氏洛中集》十卷。

大和九年十一月二十一日（835年12月14日），长安爆发甘露之变，干政宦官动用所统领的中央禁军，将宰相李训等官员灭族，其中包括对李训谋杀宦官的秘密活动并不知情的王涯等宰相。宦官在长安和凤翔至少滥杀了三千人。白居易在洛阳得知事变，作了两首诗发表感慨。《咏史》（自注：九年十一月作）诗说：

> 秦磨利刀斩李斯，齐烧沸鼎烹郦其。可怜黄绮入商洛，闲卧白云歌紫芝。彼为菹醢机上尽，此为鸾皇天外飞。去者逍遥来者死，乃知祸福非天为。[1]

《九年十一月二十一日感事而作》（自注：其日独游香山寺）诗说：

> 祸福茫茫不可期，大都早退似先知。当君白首同归日，是我青山独往

---

[1] 《全唐诗》卷四五三，第1145页。

时。顾索素琴应不暇，忆牵黄犬定难追。麒麟作脯龙为醢，何似泥中曳尾龟？①

诗中提到秦朝丞相李斯，被灭族时对其子说："吾欲与若复牵黄犬俱出上蔡东门逐狡兔，岂可得乎！"②曹魏末年嵇康在洛阳被杀，临刑时索琴奏《广陵散》。白居易对东园公、夏黄公、绮里季、甪里四人避秦朝乱世而隐居商山，采芝充饥，优哉游哉的生活，感到向往。

于是白居易坚信自己遁迹洛阳是一个稳妥安全的选择，更要明哲保身，知足常乐。他的《中隐》诗这样说：

大隐住朝市，小隐入丘樊。
丘樊太冷落，朝市太嚣喧。不如
作中隐，隐在留司官。似出复似
处，非忙亦非闲。不劳心与力，
又免饥与寒。终岁无公事，随月
有俸钱。君若好登临，城南有秋
山。君若爱游荡，城东有春园。
君若欲一醉，时出赴宾筵。洛中
多君子，可以恣欢言。君若欲高
卧，但自深掩关。亦无车马客，
造次到门前。人生处一世，其道
难两全。贱即苦冻馁，贵则多忧
患。唯此中隐士，致身吉且安。
穷通与丰约，正在四者间。③

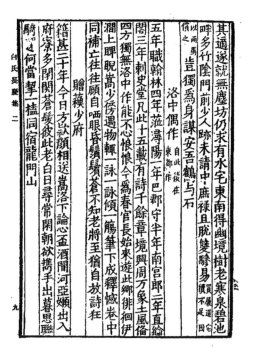

图 10-3　影宋本《白氏长庆集》书影
（采自文学古籍刊行社本）

---

① 《全唐诗》卷四五五，第 1152 页。
② （西汉）司马迁：《史记》卷八七《李斯传》，中华书局，1959，第 2562 页。
③ 《全唐诗》卷四四五，第 1115 页。

《勉闲游》诗又说：

> 天时人事常多故，一岁春能几处游。不是尘埃便风雨，若非疾病即悲忧。贫穷心苦多无兴，富贵身忙不自由。唯有分司官恰好，闲游虽老未能休。①

于是他极力搜寻生活的乐趣。独处家园，《池上即事》诗说：

> 行寻砦石引新泉，坐看修桥补钓船。绿竹挂衣凉处歇，清风展簟困时眠。身闲当贵真天爵，官散无忧即地仙。林下水边无厌日，便堪终老岂论年！②

览胜寻幽，《八月十五日夜同诸客玩月》诗说：

> 月好共传唯此夜，境闲皆道是东都。嵩山表里千重雪，洛水高低两颗珠。清景难逢宜爱惜，白头相劝强欢娱。诚知亦有来年会，保得晴明强健无？③

他字乐天，自号醉吟先生，对于自己的河南尹地位相当知足。雪后过天津桥，漫天皆白，标志地位的紫绶和白雪相辉映，对比分明，他不禁暗自高兴，只是须发已白，与白雪浑然一色，略以为憾。《雪后早过天津桥偶呈诸客》诗说：

> 官桥晴雪晓峨峨，老尹行吟独一过。紫绶相辉应不恶，白须同色复如

---

① 《全唐诗》卷四五〇，第 1134 页。
② 《全唐诗》卷四五〇，第 1133 页。
③ 《全唐诗》卷四五五，第 1150 页。

何。悠扬短景凋年急，牢落衰情感事多。犹赖洛中饶醉客，时时昵我唤笙歌。①

他的心态稳定，如《无梦》诗中所说："渐销名利想，无梦到长安。"②

白居易的诗歌一直追求浅显平易的风格。清人刘熙载评论道："常语易，奇语难，此诗之初关也；奇语易，常语难，此诗之重关也。香山（白居易号香山居士）用常语奇，此境良非易到。""诗能于易处见工，便觉亲切有味。白香山、陆放翁（南宋陆游）擅场在此。"③ 例如"嵩山表里千重雪，洛水高低两颗珠"句，是用常语描绘中秋夜天色澄澈，嵩山像披挂着晶莹的月光，如雪如霜，洛河中满月的倒影与天上的月亮上下相望。再如《五凤楼晚望》（自注：六年八月十日作）诗描绘秋雨"洗"净了原野、岗峦，伊河涨水，流淌着"黄金"，晚霞"烧"红了树林，说："晴阳晚照湿烟销，五凤楼高天沉寥（辽阔空旷）。野绿全经朝雨洗，林红半被暮云烧。龙门翠黛眉相对，伊水黄金线一条。自入秋来风景好，就中最好是今朝。"④《冬夜对酒寄皇甫十》描写冬日景象说："霜杀中庭草，冰生后院池。有风空动树，无叶可辞枝。"⑤ 一有一无，相互衬托。《酬思黯相公晚夏雨后感秋见赠》说："暮去朝来无歇期，炎凉暗向雨中移。夜长只合愁人觉，秋冷先应瘦客知。两幅彩笺挥逸翰，一声寒玉振清辞。无忧无病身荣贵，何故沉吟亦感时。"⑥ "炎凉暗向雨中移"，写夏秋交接时气温的不明显变化，只有细心的人才能觉察到。愁人辗转反侧，难以入眠，只觉得长夜漫漫。瘦人单薄，禁不住寒冷，秋天到来，最易觉察。牛僧孺（字思黯）位极人臣，"无忧无病身荣贵"，怎么会对时令变迁那么敏感，写下金声玉振般的好诗？如此结尾，比仅仅吹捧奉承多了许多味道。《秋池二首》中描绘家园的风光说："岸暗鸟栖后，桥明月出时。菱风香散漫，桂露光

① 《全唐诗》卷四五一，第 1138 页。
② 《全唐诗》卷四五一，第 1136 页。
③ （清）刘熙载：《艺概》卷二《诗概》，上海古籍出版社，1978，第 65、69 页。
④ 《全唐诗》卷四四九，第 1132 页。
⑤ 《全唐诗》卷四五六，第 1156 页。
⑥ 《全唐诗》卷四五七，第 1158 页。

参差。""社近燕影稀，雨余蝉声歇。……露荷珠自倾，风竹玉相戛。"《安稳眠》中描写自己的处世方式，说："眼逢闹处合，心向闲时用。既得安稳眠，亦无颠倒梦。"① 《池上竹下作》进一步说："穿篱绕舍碧逶迤，十亩闲居半是池。食饱窗间新睡后，脚轻林下独行时。水能性淡为吾友，竹解心虚即我师。何必悠悠人世上，劳心费目觅亲知。"② 一个满腹经纶的饱学硕士，作诗时掉书袋来炫耀博学深沉，卖弄辞藻来遮丑藏拙，应该是容易做到的事，要写出这么自然流畅、简明通俗的诗歌，简直要经历一番脱胎换骨的磨炼，因为它毕竟不是原生态作者的本色流露。

第八节　李商隐、杜牧在洛阳

盛唐诗坛上李白、杜甫双峰并峙，称为"李杜"；晚唐诗坛上李商隐、杜牧二水分流，又称为"李杜"。李商隐是旷世奇才，杜牧以追求"高绝"为务。

李商隐（813~858），一生与牛李党争交织在一起。唐后期士大夫上层分为两个敌对的集团，李宗闵、牛僧孺为首的集团被称为牛党，李德裕为首的集团被称为李党。李商隐本来受知于牛党人物令狐楚，后来娶了王茂元的女儿为妻，王茂元虽然未必属于李党，但与牛党关系疏远，于是李商隐被牛党看作诡薄无行、忘恩负义，连连受到排斥打击。李商隐郁郁不得志，作诗发泄，又不肯直截了当地和盘托出，于是组织大量的典故来设置密码，使用艳丽的辞藻来蒙混视听，其作品从而带上了浓烈深沉的伤感情调，难以捉摸的象征意蕴，以及飘忽不定的朦胧意境。经过盛唐和中唐诗人的各逞其能，诗坛几乎到了山穷水尽的地步，而李商隐大显身手，又开辟出柳暗花明的局面，为后人津津乐道和追随效仿。他最擅长抒情诗，写得极为缠绵委婉。

李商隐悼念妻子的诗，缠绵悱恻，情真意切。《七月二十九日崇让宅宴

---

① 《全唐诗》卷四四五，第1115、1116页。
② 《全唐诗》卷四四六，第1120页。

作》一诗云：

> 露如微霰下前池，风过回塘万竹悲。浮世本来多聚散，红蕖何事亦离
> 披？悠扬归梦惟灯见，濩落生涯独酒知。岂到白头长只尔，嵩阳松雪有
> 心期。①

"红蕖"即荷花，"离披"即散落。"濩落"，指空阔无用。留守妻子在洛阳崇
让里家中去世，李商隐从外地回来，设宴答谢客人。席散客去，孤寂无人，
只有孤灯残酒是自己的知音。想到夫妻常年分离，而今竟成为永诀，自己在外奔
波，一事无成，希望晚年能够隐居嵩山，打发余生。《正月崇让宅》是几年后
再度由外地回到这所废宅时作的，云：

> 密锁重关掩绿苔，廊深阁迥此徘徊。先知风起月含晕，尚自露寒花未
> 开。蝙拂帘旌终展转，鼠翻窗网小惊猜。背灯独共余香语，不觉犹歌
> 《起夜来》。②

新春佳节，本是合家团聚、热闹喜庆的日子。李商隐回到故宅，因无人居住，
各道门都上着锁。空荡荡的房屋中，夜里只有蝙蝠掀动帘子，老鼠触动窗网，
凄凉孤寂的境况与以前的繁华温馨有着天壤之别。自己不禁疑虑惊猜，辗转难
眠，独自同亡妻的一缕香魂说话。《乐府解题》说："《起夜来》，其辞意犹念
畴昔思君之来也。"

李商隐也有写得平易而寄托深远的诗。会昌二年（842），他服母丧，由
长安免官闲居洛阳，并患有疾病。到会昌五年（845）秋天，老友令狐绹从长
安致函问候，他以诗作答。这首《寄令狐郎中》说：

---

① 《全唐诗》卷五四〇，第 1371 页。"风过"原作"月过"，阴历月底无月，据别本校改。
② 《全唐诗》卷五四一，第 1376 页。

嵩云秦树久离居，双鲤迢迢一纸书。休问梁园旧宾客，茂陵秋雨病相如。①

"嵩云秦树"比喻自己和老友分处洛阳、长安。"双鲤"是书信。西汉司马相如曾是梁孝王门下的宾客，患消渴病，免官居住茂陵（今陕西兴平市）。李商隐曾在老友之父节度使令狐楚幕府任幕僚。这首诗讲到自己与令狐父子的交情，以简驭繁，含意绵厚，诗中有希望老友举荐自己出仕的意思，却说得很有分寸，毫无摇尾乞怜的成分。

李商隐擅长各体，但七律写得最好，这与他早年师从令狐楚学作骈体文不无关系。骈体文讲究平仄、对偶、辞藻、典故，律诗正好用得上。他的作品整体上悲伤太过，很多诗过于晦涩、朦胧，使得笺注家聚讼纷纭，还是让读者猜不透。

杜牧（803～852）关于作诗的追求，在《献诗启》中自称"苦心为诗，本求高绝，不务奇丽，不涉习俗，不今不古，处于中间"。②缪钺解释道："所谓'奇丽'，可能是指李贺的诗风。而所谓'习俗'，大概是指元稹、白居易等'杯酒光景间小碎篇章'的'元和体'。李贺与元、白'元和体'的诗风，在晚唐时是颇有影响的，所以杜牧特别提出这两方面，说明自己不受他们的沾染。所谓'不今不古，处于中间'者，就是说，自己不囿于时尚，不因袭古人。……他特立独行，能创造出自己特有的风格。"③杜牧在晚唐诗人中出类拔萃，特别擅长写作七言律诗、绝句，工稳谨严，流畅华美，文约义丰，似叙似叹，高迈拗峭，深婉有致。

杜牧在洛阳写了很多首咏洛阳的七律，有的说的是汉魏洛阳故城，有的则是隋唐洛阳城。前者如《故洛阳城有感》，云：

---

① 《全唐诗》卷五三九，第1362页。
② 《樊川文集》卷一六，第242页。
③ （唐）杜牧著，（清）冯集梧注《樊川诗集注》，上海古籍出版社，1978，缪钺《前言》，第7～8页。

一片宫墙当道危，行人为尔去迟迟。篳圭苑里秋风后，平乐馆前斜日时。锢党岂能留汉鼎，清谈空解识胡儿。千烧万战坤灵死，惨惨终年乌雀悲。①

"篳"应作"罼"，罼圭是汉灵帝时建在洛阳宣平门外的皇家园囿。平乐馆在东汉洛阳城西。诗中感叹东汉宦官专权，镇压正直的官僚和学生，把他们作为党人加以禁锢，所以未能保住东汉政权。西晋名士王衍清谈玄学，见羯人石勒行贩洛阳，倚笑于上东门，遂说："向者胡雏，吾观其声视有奇志，恐将为天下之患。"② 随后果然有五胡十六国之乱。

杜牧写隋唐洛阳城的诗更多。《洛阳长句二首》说：

草色人心相与闲，是非名利有无间。桥横落照虹堪画，树锁千门鸟自还。芝盖不来云杳杳，仙舟何处水潺潺。君王谦让泥金事，苍翠空高万岁山。

天汉东穿白玉京，日华浮动翠光生。桥边游女珮环委，波底上阳金碧明。月锁名园孤鹤唳，川酣秋梦凿龙声。连昌绣岭行宫在，玉辇何时父老迎？③

"芝盖"是皇帝巡幸时乘坐的车子。"仙舟"句说的是，东汉名士郭泰来洛阳，与河南尹李膺结交，二人同舟共济，诸儒目送，以为神仙。尾联说嵩山封禅事。帝王封禅，用金绳缠束藏玉策的玉匮石函，封以金泥。汉武帝登嵩山，山呼万岁三声。"天汉"句说洛河横贯洛阳城，有银河气象。"凿龙声"，传说龙门东西两山由大禹劈开，伊河得以北流。"连昌""绣岭"为洛阳西边的两座行宫。《洛阳》说：

---

① 《全唐诗》卷五二一，第 1322 页。
② 《晋书》卷一〇四《石勒载记上》，第 2707 页。
③ 《全唐诗》卷五二一，第 1322 页。

> 文争武战就神功，时似开元天宝中。已建玄戈收相土，应回翠帽过离宫。侯门草满宜寒兔，洛浦沙深下塞鸿。疑有女娥西望处，上阳烟树正秋风。①

"玄戈"是画有玄戈星象的旗帜；"相土"即相州，今河南安阳地区。"翠帽"指皇帝，东汉张衡《西京赋》说："天子……戴翠帽。""宜"一本作"置"，本是捕捉兔子的网，动词含义是网住、捕捉。这些诗回顾洛阳历史，饱含着世事沧桑的凝重感，抚今追昔，产生伤时忧国的情调，这是晚唐时势使其然的，但都表现得很克制，只有悲凉，没有绝望。

第九节　唐代洛阳小说

一　张鷟的野史小说《朝野佥载》

张鷟（约660~740）从武则天证圣元年（695）起，在洛阳任监察御史五年。他所著的野史小说《朝野佥载》，记载了隋唐时期朝野间的逸闻趣事，以武则天建立周朝前后发生在洛阳的事迹居多，包括酷吏政治、腐败吏治、世俗百相、民生疾苦、文坛掌故、神鬼灵异、星象占卜、医疗饮食等。《朝野佥载》写人写事，冷峻犀利，往往以数言片语的叙述、描绘，就将一个人的形象面貌和内心世界勾勒出来。但《朝野佥载》记事多从有趣好玩着眼，编造、虚饰的成分比较重，因而南宋洪迈指出："《佥载》纪事皆琐尾摘裂，且多媟语。"②

《朝野佥载》揭露酷吏干坏事的手法富于创造性，把惨无人道发展到令人发指的程度。一则记载说，三个酷吏在洛阳被人们称为"三豹"，监察御史李嵩是赤黧豹，监察御史李全交是白额豹，殿中王旭是黑豹。三豹"皆狼戾不轨，鸩毒无仪，体性狂疏，精神惨刻"。他们每次拷问囚徒，都用各种

---

① 《全唐诗》卷五二四，第1329页。
② （南宋）洪迈：《容斋随笔·续笔》卷一二《龙筋凤髓判》，上海古籍出版社，1978，第358页。

酷刑，"必铺棘卧体，削竹签指，方梁压髁（胯骨），碎瓦搕膝，遣作仙人献果、玉女登梯、犊子悬驹、驴儿拔橛、凤凰晒翅、猕猴钻火、上麦索、下阑单"。囚徒忍受不了种种折磨，只好委屈认罪，凭空胡说，乱咬别人，荒唐到"周公、孔子，请伏杀人；伯夷、叔齐（殷周之际的正人君子，兄弟），求其劫罪。讯劾干坼，水必有期；推鞫湿泥，尘非不久"。酷吏来俊臣、索元礼很佩服三豹，请求成为他们的门生弟子。凡是被诬陷有罪的人，被抓捕之际，知道自己根本没机会澄清辩白，结局如同"牵牛付虎，未有出期；缚鼠与猫，终无脱日"，只能作"妻子永别，友朋长辞"。洛阳人彼此打赌，总是作咒说："若违心负教，横遭三豹。"① 另一则记载说，李全交一向喜欢给人罗织罪名，以酷刑虐囚，人们把他叫作"人头罗刹"，把王旭叫作"鬼面夜叉"。他们讯问囚徒，运用种种残酷手段，例如"引枷柄向前，名为'驴驹拔橛'；缚枷头着树，名曰'犊子悬车'；两手捧枷，累砖于上，号为'仙人献果'；立高木之上，枷柄向后拗之，名'玉女登梯'。考柳州典廖福、司门令史张性，并求神狐魅，皆遣唤鹤作凤，证蛇成龙也"。② 这里除了客观叙述，还加以评论，把酷吏滥施刑罚的种种意想不到的手段揭露得很具体，把他们必欲达到目的说成能让干涸的沟壑出水，湿泥巴扬起飞尘，把人们恐惧他们说成发誓赌咒：我如果对不住你，让我遭受三豹的整治。写作技巧很高明。

该书描写武则天的大度，说：武则天改朝换代，收买人心，科举考生落榜者，都授以职官，于是由平头百姓而担任各种职务的，多得不可胜数。张鷟作歌谣讽刺道："补阙连车载，拾遗平斗量。杷推侍御史，碗脱校书郎。"一个叫沈全交的人，吟诵这四句歌谣，感到不过瘾，又续了四句："评事不读律，博士不寻章。面糊存抚使，眯目圣神皇。"竟然把矛头指向武则天，说这位金轮圣神皇帝是眯眼瞎子。御史纪先知捉拿沈全交，在左肃政台（御史台）审问，定罪为诽谤朝政，败坏国风，要在朝堂施以杖刑，然后付法。武则天得知此事，笑着说："但使卿等不滥，何虑天下人语！不须与罪，即宜放却。"弄

---

① 《朝野佥载》卷二，《隋唐嘉话》合刊本，第34~35页。
② 《朝野佥载》卷二，《隋唐嘉话》合刊本，第36页。

得纪先知狼狈不堪，"面无色"。① 寥寥几笔，一个情节，几个人物，都跃然纸上。

北宋司马光在洛阳编纂《资治通鉴》，采纳《朝野佥载》的记载多达三十余则。

二 牛僧孺的传奇小说《玄怪录》

中唐时期的牛僧孺（779～847）创作了文言小说集《玄怪录》，其中有一篇题为《王煌》的故事。

唐宪宗元和三年（808）五月的一天，太原籍人士王煌从洛阳外郭城东面的建春门出城，返回自己在洛州缑氏县的芝田（道教术语）田庄。出城二十五里，已是半下午，他看见路旁一座坟前，一位十八九岁的女子身着丧服，哭得十分悲痛。一位婢女对王煌说：小娘子是关中人，自小父母双亡，由舅舅抚养，十五岁时嫁给河东人裴直。不足两年，裴郎游洛阳，再也没有回家。小娘子带着我们两个婢女来洛阳寻找裴郎，才知道他已经去世，埋在这里，所以前来祭奠。如今舅舅也去世了，她只好暂且住在洛阳，考虑再嫁人。王煌见小娘子艳丽无比，自己尚未娶妻，便邀请她一起去芝田田庄。同行十多里，夜色沉沉，他们便在彭婆店投宿。到芝田田庄后，二人成婚，十分恩爱。几个月后，王煌有事进洛阳城。城中道士任玄言是"奇术之士"，见王煌脸色异常，说："所偶非夫人，乃威神之鬼也。今能速绝，尚可生全，更一二十日，生路即断矣。"但王煌很爱娘子，不相信她是鬼，根本听不进去道士的警告。又过了十多天，王煌又进洛阳城，道士递给他一道符，拉着他的手说道："郎之容色，决死矣！不信吾言，乃至如是。明日午时，其人当来，来即死矣。……郎不相信，请置符于怀中。明日午时，贤宠入门，请以符投之，当见本形矣。"道士交代王煌的仆人道："明日午时，芝田妖当来，汝郎必以符投之。汝可视其形状，非青面耏重鬼，即赤面者也。入，反坐汝郎，郎必死。死时视之坐死耶？"届时出现的情况，果然如同道士所说，那女子"立变面为耏重鬼"，拉着王煌，让他卧在床

---

① 《朝野佥载》卷四，《隋唐嘉话》合刊本，第 89 页。

上，"一踏而毙"。仆人把看到的一切告诉道士，道士解释道："此乃北天王右脚下耐重也，例三千年一替。其鬼年满，自合择替，故化形成人而取之。煌得坐死，满三千年亦当求替。今既卧亡，终天不复得替矣。"道士去看了看王煌的尸体，脊梁骨已经断了，于是哭着离去。①

图 10-4　龙门奉先寺北方毗沙门天王脚踩鬼怪雕像

　　唐高宗时期雕造的龙门石窟奉先寺大像龛，北壁有北方毗沙门天王右脚踩踏鬼怪的石雕像。小说《王煌》写的是元和三年（808）的事儿，这年牛僧孺参加制举考试，以贤良方正能直言极谏科第一名被录取，立即被安排在龙门石窟南面担任伊阙县尉，小说中提到的彭婆店，即属于伊阙县。这篇小说应该是

① （唐）牛僧孺编《玄怪录》卷四《王煌》，程毅中点校，中华书局，1982，《续玄怪录》合刊本，第112~114页。

针对龙门石窟的北天王造像而创作的，把北天王右脚所踩踏的鬼怪命名为王煌。小说中没有指出王煌有什么道德瑕疵或行为劣迹，没有因果报应之类的说教，其目的不在于劝善惩恶，它反映的仅仅是唐人对毗沙门天王脚踩鬼怪雕塑的艺术性所产生的一种鉴赏，以及由此演绎出的一些情节。

三 李玫的传奇小说《纂异记》

李玫在唐文宗大和元年（827）前，曾寄居洛阳龙门天竺寺读书作文，受到河南尹王涯的恩遇。数年后他在安徽担任巡官。大和九年（835），长安爆发甘露之变，宰相王涯被宦官冤杀，他作诗悼念，差一点遭杀头之祸。他创作的小说《纂异记》中有一篇《许生》，就是这个政治事件的反映。

会昌元年（841）春，许生考明经科落第东归，途经寿安县（今河南宜阳县），在甘棠馆西一里处，见一位白衣叟骑着青骢自西而来，醉醺醺的，大声吟着诗："春草萋萋春水绿，野棠开尽飘香玉。绣岭宫前鹤发人，犹唱开元太平曲。"许生赶紧驱马迎上去，请问姓名，白衣叟微笑不答，又吟一首诗云："厌世逃名者，谁能答姓名。曾闻三乐否，看取路旁情。"许生判断他是鬼，遂不再问他什么，只跟在他后面赶路。傍晚，他们到了喷玉泉牌堠的西面，白衣叟对许生说："吾闻三四君子，今日追旧游于此泉。吾昨已被召，自此南去，吾子不可连骑也。"许生请求随他一起去，他不答话，许生便悄悄追随他的行踪。后来，许生在泉亭附近荆棘丛中藏起来，"见四丈夫，有少年神貌扬扬者，有短小器宇落落者，有长大少髭髯者，有清瘦言语及瞻视疾速者，皆衣金紫，坐于泉之北矶"。他们问白衣叟："玉川来何迟？"白衣叟说："适傍石墨涧寻赏，憩马甘棠馆亭，于西楹偶见诗人题一章，驻而吟讽，不觉良久。"座首者问道："是何篇什，得先生赏叹之若是？"白衣叟说："此诗有似为席中一二公，有其题而晦其姓名，怜其终章皆有意思。"于是背诵道："浮云凄惨日微明，沉痛将军负罪名。白昼叫阍无近戚，缟衣饮气只门生。佳人暗泣填宫泪，厩马连嘶换主声。六合茫茫悲汉土，此身无处哭田横。"座中几位听罢，皆欲恸哭。少年神貌扬扬者说："我知作诗人矣，得非伊水之上受我推食脱衣之士乎？"过了一会儿，白衣叟建议开怀畅饮美酒，杯盏交错之际，座中依然唏嘘不已。白衣叟建议各作一首《喷玉泉感旧游书怀》的七律诗以代替音乐，自己带头作出来，云："树色川光向晚晴，旧曾游处事分明。鼠穿月榭荆榛合，草掩花园畦垅平。迹陷黄沙仍未瘗，罪标青简竟何名？伤心谷口东流水，犹喷当时寒玉声。"接着，少年神貌扬扬者作诗云："鸟啼莺语思何穷，一世荣华一梦中。李固有冤藏蠹简，邓攸无子续清风。文章高韵传流水，丝管遗音托草虫。春月不知人事改，闲垂光影照涔宫。"短小器宇落落者的诗云："桃蹊李径尽荒凉，访旧寻新益自伤。虽有衣衾藏李固，终无表疏雪王章。羁魂尚觉霜风冷，朽骨徒惊月桂香。天爵竟为人爵误，谁能高叫问苍苍。"清瘦及瞻视疾速者的诗云："落花寂寂草绵绵，云影山光尽宛然。坏室基摧新石鼠，潜宫水引故山泉。青云自致惭天爵，白首同归感昔贤。惆怅林间中夜月，孤光曾照读书筵。"长大少须髯者的诗云："新荆棘路旧衡门，又驻高车会一樽。寒骨未沾新雨露，春风不长败兰荪。丹诚岂分埋幽壤，白日终希照覆盆。珍重昔年金谷友，共来泉际话孤魂。"他们吟讽自己的作品，反复哀号，声音响彻岩谷，引起"怪鸟鸱枭，相率啾唧；大狐老狸，次第鸣叫"。后来，有骡脚自东而来，传来阵阵铃铛声。他们连忙命令各自的仆从备马离去，像一股烟雾一样消失了。许生从荆棘丛中出来，天快亮时到达甘泉店。旅店老板娘问他怎么乘夜赶路，他把所看到的情况告诉老板娘。老板娘说："昨夜三更走马挈壶就我买酒，得非此耶？"打开钱柜一看，原来收到的买酒钱"皆纸钱也"。①

这则故事所说"见四丈夫，有少年神貌扬扬者，有短小器宇落落者，有长大少髭髯者，有清瘦言语及瞻视疾速者，皆衣金紫"，是影射甘露之变中被宦官冤杀的李训、王涯、贾餗、舒元舆四位宰相的，同时哀悼因偶宿王涯馆舍而受牵连蒙难的诗人卢仝，即故事中称为"白衣叟"的"玉川子"。② 韩愈《寄卢仝》诗说："玉川先生洛城里，破屋数间而已矣。"

四 袁郊的传奇小说《甘泽谣》

袁郊，蔡州朗山（今河南汝南县）人，唐末任过虢州刺史。《甘泽谣》是

---

① （唐）李玫：《纂异记》，《唐五代笔记小说大观》，第516~518页。
② 黄永年：《〈纂异记〉和卢仝的生卒年》，《文史存稿》，三秦出版社，2004，第366~367页。

他咸通九年（868）在长安完成的，其中《圆观》是写洛阳僧俗人物的交情的，可能是作者在河南生活期间构思起草的。

李源是安史之乱中罹难的东都留守李憕的儿子。他将全部家产施舍给洛阳惠林寺，寄居寺中，与该寺僧人圆观为至交。二人相处三十年，相约出游四川，到青城山、峨眉山访道求药。圆观主张先到长安，由斜谷南下；李源主张先到湖北荆州，溯三峡西上。李源说："吾已绝世事，岂取途两京？"圆观只好顺从李源的主张。他们来到荆州，乘船溯长江而上，见山下有几位妇女负甕汲水。圆观哭着说："其中孕妇姓王者，是某托身之所，逾三载尚未娩怀，以某未来之故也。今既见矣，即命有所归。释氏所谓循环也。"他便托付李源说："请假以符咒，遣其速生，少驻行舟，葬某山下。浴儿三日，公当访临。若相顾一笑，即某认公也。更后十二年中秋月夜，杭州天竺寺外，与公相见之期。"李源十分后悔不该坚持取道荆州，于是告诉那位孕妇如何生出孩子。孕妇以枯鱼祭献江滨，李源为她授朱字符，圆观当天晚上去世，孕妇生出这个怀胎三年的孩子。三天后，李源去探视这个婴儿，婴儿果然在襁褓中对他一笑。李源告诉孕妇家，这个婴儿是圆观转世再生，于是孕妇家多出家财，将圆观埋葬。十二年后的中秋夜，李源抵达杭州天竺寺，听见一位牧童歌唱《竹枝词》："三生石上旧精魂，赏月吟风不要论。惭愧情人远相访，此身虽异性长存。"这位牧童乘牛叩角，双髻短衣，原来他就是圆观。李源上前打探："观公健否？"牧童对他说："与公殊途，慎勿相近。俗缘未尽，但愿勤修不堕，即遂相见。"李源因为阴阳两界，悬隔殊途，没有机缘交流，只有望着他潸然泪下的份儿。圆观于是又唱《竹枝词》："身前身后事茫茫，欲话因缘恐断肠。吴越山川寻已遍，却回烟棹上瞿塘。"随着圆观的一步步离去，"山长水远，尚闻歌声，词切韵高，莫知所诣"。过了三年，李源"拜谏议大夫，一年亡"。[①]这则故事后来流传很广，北宋苏轼据此创作《圆泽传》，清代吴墨浪子《西湖佳话·三生石迹》亦脱胎于此。

---

① （唐）袁郊：《甘泽谣》，《唐五代笔记小说大观》，第542~544页。

五　皇甫枚的传奇小说《三水小牍》

皇甫枚字遵美，唐懿宗咸通年间（860～874），他在河南府南邻担任汝州鲁山主簿，在当地有温泉别业，行止洛阳成为常态。他的传奇小说《三水小牍》中的洛阳故事，反映了唐末的社会状况。

《埋蚕受祸》说，唐懿宗咸通庚寅年（870），洛阳地区遭灾，饿殍遍地，粮价暴涨，桑叶多被虫子吃掉，一斤价值一锾（货币单位，汉制六两为一锾）。新安县慈涧店北村王公直，家有数十株桑树，和妻子商量："莫若弃蚕，乘贵货叶，可获钱十万，蓄一月之粮，则接麦矣，岂不胜为馁死乎？"他们于是将家中的数箱蚕虫统统活埋，第二天凌晨，担着桑叶去洛阳市场出售，得三千文钱，然后购买猪腿和饼饵回家。他们走到洛阳城北门徽安门时，守门官吏见他们的囊袋滴血不止，洒得满地鲜红，就加以盘问。王公直说："适卖叶得钱，市彘肉及饼饵贮囊，无他物也。"官吏搜索囊袋，发现只有一只人的左胳膊，像是刚刚肢解过的。河南尹王凝下令审讯，王公直争辩道："某瘗蚕卖桑叶，市肉以归，实不杀人，特请检验。"王凝派人去慈涧店北村就地调查，村中邻保都证明王公直埋蚕事，此外没有劣迹。但挖开蚕坑，"中有箔角一死人，而阙其左臂，取得臂附之，宛然符合"。王凝说："王公直虽无杀人之辜，且有坑蚕之咎，法或可恕，情在难容。蚕者，天地灵虫，绵帛之本，故加剿绝，与杀人不殊，当置严刑，以绝凶丑。"于是下令在洛阳市场杖杀王公直，然后"使验死者，则复为腐蚕矣"。[1] 这则故事主要劝人不要杀生，否则会遭报应，同时也反映出唐末洛阳地区的灾荒、贸易、物价、基层的控制手段、政府的施法程序以及交通管理等情况，这都是正史无法具体记载的。

《从谏》说，僧人从谏俗姓张，河南南阳人，移居江苏扬州。他身材魁梧，气宇轩昂，壮年时顿悟佛教道理，遂舍弃家眷，出家为僧。他到洛阳，驻锡于敬爱寺，精研佛理，从事禅观，德高学富，僧人、道士都奉他为宗师。唐武宗下诏毁佛，让僧人还俗。从谏改换乌帽麻衣，躲在皇甫枚温泉别业后冈

---

① （唐）皇甫枚：《三水小牍》卷上，《唐五代笔记小说大观》，第1178页。

上。这里乔木荟郁，巨石平坦，从谏夏日常在这里禅坐，或补僧衣。一天，雷雨大作，击毁树木，诸兄走往林中躲避，从谏照样恬然打禅。诸兄问起来，他说：暴风骤雨系畜生作恶所为。唐宣宗大中（847~859）初年复兴佛教，从谏回到洛阳敬爱寺。他的儿子从扬州来探望他，正好在寺院门口相遇，但他威貌崇严，已不能认出来，就问从谏大德住在哪里。从谏说："近东头。"他儿子离开后，他便杜门不出。唐懿宗咸通丙戌岁（866）五月，他遍访平素所归信之家，对他们说："善建福业，贫道秋初当远行，故相别耳。"七月初一清晨，他洗手焚香，口念弥勒佛，右胁而卧，叫来门徒玄章等，告诫道："人生难得，恶道（畜生、饿鬼、地狱三恶道）易沦。唯有归命释尊，励精梵行，龙花（华）会上，当复相逢。生也有涯，与尔少别。"当天他便无疾而终，享年八十余岁。玄章等人尊奉他的遗旨，将其遗体送到洛阳城东门建春门外尸陀林中，施舍给鸟兽食用。过了三天，门徒发现从谏的遗体竟然像生前一样，完整无损，鸟兽都不敢凑近他。门徒于是以饼饵覆盖从谏的遗体，过了一夜，见遗体近旁有狼狐足迹，但也只是吃掉饼饵而已，遗体依然鲜亮有光泽。门徒"乃依天竺法阇维（火化）讫，收余烬，起白塔于道傍，春秋奉香火之荐焉"。① 这则记载将洛阳佛教在会昌毁佛中的处境、民众对毁佛的态度、佛教的火葬习俗，记叙得很具体。北宋时编写《宋高僧传》，从谏的传记资料就取材于这则记载。

---

① 《三水小牍·逸文》，《唐五代笔记小说大观》，第 1199~1200 页，辑自《太平广记》卷九七。

第十一章

唐代洛阳的艺术

作为主流的洛阳官方乐舞，是在举办正式活动的场合表演的，往往是一些套路，以固定的作品体现仪式感；但非主流的百戏具有娱乐性。民间乐舞很普遍，表演者个性不同，歌词翻新，能够显示创新和特色。洛阳的绘画分为纯艺术和宗教信仰两类，作品遍布住宅和佛寺道观。画圣吴道子在洛阳频繁作画。龙门石窟保留着大量精美的唐代雕塑作品。塑圣杨惠之在洛阳道观从事雕塑。孙过庭撰文并草书的《书谱》，字体隽美、飘逸，内容涉及书法史、书法理论，被人们奉为圭臬。武则天《升仙太子碑》糅合多种字体和笔法于一体，为女性书碑刊石之始。颜真卿创楷书颜体，到洛阳请教张旭后，楷书转轨成形。洛阳有他的楷书刊石和行书作品。

第一节　唐代洛阳的音乐舞蹈百戏

一　唐代洛阳的官方音乐舞蹈百戏

古代把音乐和舞蹈统称为乐，供祭祀典礼用的叫雅乐，供宴飨聚会用的叫燕乐。唐太宗时，将隋朝九部乐扩充为十部，其中燕乐、清商是华夏正声，西凉是西北汉族音乐和外族音乐的混合体。唐高宗时，不再以族名命名，逐渐分为坐部伎、立部伎两部。坐部伎高于立部伎，演员水平不够格者由坐部伎打入立部伎。舞蹈分为健舞、软舞两类。健舞雄健，软舞柔软。朝廷庆典有文舞、武舞两种。百戏又称散乐，指杂技、魔术、武术、游戏之类。在洛阳，武则天迎佛舍利于明堂，唐中宗站在龙门山上目送僧人神秀灵柩南去，都以雅乐伴奏。

唐高宗、武则天长驻洛阳期间，创制了一些乐舞。龙朔元年（661）三月，唐高宗准备征战辽东，在洛阳的屯营中排练舞蹈，于洛城门演出。这次演出采用《秦王破阵乐》的一些素材，制成《一戎大定乐》，由一百四十名演员身披五色文甲，手持长槊，进行表演。歌词有"八纮（四面八方极远处）同轨（车同轨，秦始皇统一车轨的措施，指天下一统）乐"句，象征"平辽东而边隅大定"。①坐部伎一共六部，武则天时期在洛阳制作的就占了三部。天授年间（690~692）作《天授乐》，长寿年间（692~694）作《长寿乐》，此外还有《鸟歌万岁乐》，因宫中所养的吉了鸟能学人说话，经常鸣叫"万岁"。这三部作品都用龟兹乐伴奏，舞蹈演员都穿靴表演。《龟兹乐》的乐队，由演奏竖箜篌（竖琴）、琵琶、五弦琵琶、笙、横笛、箫、觱篥（竹制吹奏管乐，类似唢呐，前面开七个小孔，后面一个小孔，管口插有芦茎制的哨子）、毛员鼓、都昙鼓（状如腰鼓而小，以小木槌击打）、答腊鼓（用手拍击的扁鼓）、腰鼓、羯鼓、鸡娄鼓（双手击打的圆鼓）、铜钹、贝等乐器的乐师组成。《天授乐》是四人舞，演员表演时身穿五彩衣，头戴凤冠。《长寿乐》由十二位演员表演，穿戴彩色绘饰的衣冠。《鸟歌万岁乐》是三人舞，演员身着粉红色大袖服装，衣服上画着八哥鸟，冠作鸟像。

武则天时期，一次公卿大臣在司礼寺参加宴会，有人说御史大夫杨再思面容像高句丽人，杨再思欣然认同，自己剪纸贴在巾上，披着紫袍，跳起高句丽舞来，举手投足，合乎节奏。泼寒胡戏又称乞寒胡戏，是昭武九姓中立国于中亚的康国流行的一项活动，每年仲冬举办。泼寒胡戏在北周末年传入中国，武则天末年再度在洛阳流行。神龙元年十一月，唐中宗曾亲临洛阳城南门观看。这项活动不符合唐人的政治观念、民族心理以及审美情趣，有人上疏批评，指

---

① 《通典》卷一四六《乐典六·坐立部伎》，第3719~3720页。

出乐舞的功效在于"动天地，感鬼神，移风易俗，布德施化"。大唐作为礼仪之邦，怎么能够废弃自己的正统乐舞，去效法外族那种荒唐粗俗的乱跳乱舞，岂不使得乐舞的积极功效无从落实。如果君王勤于政事，顺天应人，自然阴阳协调，寒暑顺时，用得着人们成群结队，裸身赤足，在街道上狂跳乱舞，互相泼洒冷水，去向上天乞求寒冷吗？"夫阴阳不调，政令之失也；休咎之应，君臣之感也。理均影响，可不戒哉！"① 唐中宗没有采纳。直到开元元年（713），又有人上疏建议取缔，唐玄宗才在长安下诏禁断。

唐玄宗挑选坐部伎子弟三百人和宫女数百人，在长安宫禁中练习歌舞和乐器演奏，号称"皇帝梨园弟子"，又在洛阳置梨园新院，归太常寺管辖。有一年，唐玄宗诏令东都附近三百里内的州刺史、县令，各自率领所部乐舞演员，到洛阳五凤楼（应天门）下演出，进行比赛。怀州（治今河南沁阳市）刺史率领着庞大的车队，数百名乐工都穿着昂贵的文绣服装，运送演出器具的牛身上都披挂虎皮，打扮成犀象的样子。相比之下，鲁山县则显得很寒酸，县令元德秀只派来数十位乐工到楼下联袂歌唱。唐玄宗打听到歌词的内容，原来是元德秀作的，感叹道："贤人之言也。"他因而对怀州刺史过于铺张的做法感到不满，说："河内之人，其在涂炭乎！"② 立即解除其职务，改为散官。开元二十四年八月初五（736 年 9 月 14 日），驻守洛阳的唐玄宗过生日，举行绳伎（走索，即走软绳）表演。一根绳索长达百尺，高悬数丈。掖庭美女上到绳索上，伴随着锣鼓的节奏自如地表演。她们或者在绳索中间相遇，彼此侧身而过；或者在绳索上随意俯仰，轻盈矫捷；或者一人站在绳索上，让另一人用腿承接六尺高竿子的顶端，然后连竿带人举起来；或者一人承托一群相互站在肩膀或头顶上的表演者，层层叠叠三四重，如同孔雀开屏，然后依次翻身落在绳索上，不出一点差错。士兵胡嘉隐作《绳伎赋》，说唐玄宗举办绳伎活动，不是"玩人丧德"，也不是"悦彼姝者子"，而是"犹君之从谏则圣（国君采纳臣民的批评建议，施政就会英明），伎之从绳则正（木匠以墨绳弹出直线，取

---

① 《唐会要》卷三四《论乐》《杂录》，第 731、733 页。

② 《明皇杂录》卷下，《开元天宝遗事十种》，第 23 页。

材即可端直）。惟伎可以为制节（制定节度、法度），绳可以为龟镜（龟卜、镜子，比喻借鉴）"。"奇伎兮忽还天上而不可见，绳绳兮道之远兮不可名。"① 这样巧妙地利用"绳"字做文章，就把唐玄宗的耳目之娱粉饰成具有深远意义的政治活动。唐玄宗大为欣赏，将作者"擢拜金吾卫仓曹参军"。② 唐玄宗还曾在洛阳天津桥南设帐殿，酺宴三天。宫廷教坊表演助兴，一个小儿"筋斗绝伦"，"缘长竿上，倒立，寻复去手，久之，垂手抱竿，番身而下"。③ 观看者不断喝彩。

二 唐代洛阳的民间音乐舞蹈

唐代洛阳民间的音乐舞蹈活动相当普及。官僚士大夫有时在自己的宅院中抚琴放歌，有时观听家中歌儿舞女的吹拉弹唱、翩翩起舞，有时则彼此串门，酒酣耳热之际以音乐舞蹈助兴。因此，玉笛飞声《折杨柳》（李白《春夜洛城闻笛》："谁家玉笛暗飞声"，"此夜曲中闻《折柳》"），游人行歌《梅花落》（苏味道《正月十五夜》诗写神龙元年（705）上元夜洛阳观灯："行歌尽《落梅》"），便成了世俗景象。

洛阳有一批杰出的音乐家。洛阳通远里有乐工李氏三兄弟的豪华宅第。他们特承唐玄宗的恩宠，各有绝技，"彭年善舞，鹤年、龟年能歌"。④ 元稹《琵琶歌》记叙自己在洛阳听李管儿演奏琵琶，云："管儿不作供奉儿，抛在东都双鬟丝。……平明（天亮）船载管儿行，尽日听弹《无限曲》。曲名《无限》知者鲜，《霓裳羽衣》偏宛转。《凉州》大遍最豪嘈，《六幺》散序多笼撚。我闻此曲深赏奇，赏著奇处惊管儿。管儿为我双泪垂，自弹此曲长自悲。泪垂捍拨朱弦湿，冰泉呜咽流莺涩。因兹弹作《雨霖铃》，风雨萧条鬼神泣。一弹既罢又一弹，珠幢夜静风珊珊。低回慢弄关山思，坐对燕然秋月寒。月寒一声

---

① 《全唐文》卷四〇二，第 1819 页。
② 《唐语林》卷五，第 174 页。
③ （唐）崔令钦：《教坊记·补遗》，《唐五代笔记小说大观》，第 130 页。
④ 《明皇杂录》卷下，《开元天宝遗事十种》，第 23 页。

图 11-1　唐彩绘女乐俑（洛阳市孟津区出土）

深殿磬，骤弹曲破音繁并。百万金铃旋玉盘，醉客满船皆暂醒。"① 盛唐宰相
宋璟"深好声乐，尤善羯鼓"。东都留守郑叔则的祖母，是宋璟的女儿，"今
［洛阳］尊贤里郑氏第有小楼，即宋夫人习鼓之所也"。②

　　《霓裳羽衣曲》是开元年间的作品。白居易《霓裳羽衣歌·和微之》说是
西凉府（治今甘肃武威市）节度杨敬述造曲，排练成《霓裳羽衣舞》，经常在
长安宫廷演出。这部曲子的整个演出过程，奏乐一共十二遍，分为散序、中
序、曲破三个部分。散序六遍，仅仅由乐器演奏，没有拍节，演员蓄势待发。
中序始有拍节，共六遍，演员且歌且舞。曲破即尾声，长引一声，渐渐收束。
白居易这首诗描绘这部作品的音乐舞蹈细节，说："案前舞者颜如玉，不着人
家俗衣服。虹裳霞帔步摇冠（穿着彩虹一样的裙子，披着云霞一样的披肩，
头上戴着步摇首饰），钿璎累累佩珊珊（身上佩戴着金银玉石装饰品）。娉婷
似不任罗绮（身材苗条，体态轻盈），顾听乐悬行复止（按照音乐节拍行动静

① 《全唐诗》卷四二一，第 1028 页。
② 《羯鼓录》，《乐府杂录·碧鸡漫志》合刊本，第 6 页。

止）。磬箫筝笛递相搀，击擫（手指按捺）弹吹声逦迤。散序六奏未动衣（散序演奏六遍，舞蹈演员站着不动），阳台宿云慵不飞（好像云彩在天空停留不飘）。中序擘騞（分剖破裂的声音）初入拍，秋竹竿裂春冰拆（好像破竹声、冰块撞击声）。飘然转旋回雪轻（舞蹈演员轻盈地旋转），嫣然纵送游龙惊（翩若游龙）。小垂手后柳无力，斜曳裾时云欲生。烟蛾敛略不胜态，风袖低昂如有情。上元点鬟招萼绿（女仙），王母挥袂别飞琼（女仙）。繁音急节十二遍，跳珠撼玉何铿铮（急促的乐声像大珠小珠落玉盘）。翔鸾舞了却收翅，唳鹤曲终长引声。"① 但刘禹锡却说《霓裳羽衣曲》出自洛阳地区，《三乡驿楼伏睹玄宗望女几山诗，小臣斐然有感》诗说："开元天子万事足，唯惜当时光景促。三乡（在今河南宜阳县）陌上望仙山，归作《霓裳羽衣曲》。仙心从此在瑶池，三清八景相追随。天上忽乘白云去，世间空有秋风词。"② 道教界把《霓裳羽衣曲》作为仙曲，在道观中演奏。刘禹锡的《秋夜安国观闻笙》诗，反映在洛阳这所道观中，"月露满庭人寂寂，霓裳一曲在高楼"。③ 安史之乱爆发后，国步多艰，今非昔比。白居易在嵩山道观听到这首曲子，不禁作《嵩阳观夜奏霓裳》诗感叹道："开元遗曲自凄凉，况近秋天调是商（五音'宫商角徵羽'之一，五行配金，方位配西，季节配秋）。爱者谁人唯白尹（白居易任河南尹），奏时何处在嵩阳。回临山月声弥怨，散入松风韵更长。子晋少姨（仙人）闻定怪，人间亦便有霓裳。"④

白居易在洛阳私宅中经常抚琴歌唱，还网罗到几位能歌善舞的乐妓。白居易《不能忘情吟》说：歌妓樊素"绰绰有歌舞态，善唱《杨枝》"，"名闻洛下"。⑤ 他的《咏兴五首·小庭亦有月》诗说到家中四位乐妓的特长："菱角执笙簧，谷儿抹琵琶。红绡信手舞，紫绡随意歌。村歌与社舞，客哂主人夸。"⑥ 关于他家中演出的节目，《宅西有流水，墙下构小楼，临玩之时，颇有

① 《全唐诗》卷四四四，第1110页。
② 《全唐诗》卷三五六，第886页。
③ 《全唐诗》卷三六五，第914页。
④ 《全唐诗》卷四五〇，第1135页。
⑤ 《全唐诗》卷四六一，第1172页。
⑥ 《全唐诗》卷四五二，第1140页。

幽趣，因命歌酒，聊以自娱，独醉独吟，偶题五绝句》一诗有云："日滟水光摇素壁，风飘树影拂朱栏。皆言此处宜弦管，试奏《霓裳》一曲看。《霓裳》奏罢唱《梁州》，红袖斜翻翠黛愁。应是遥闻胜近听，行人欲过尽回头。独醉还须得歌舞，自娱何必要（邀请）亲宾。当时一部清商乐，亦不长将乐外人。"① 关于洛阳最新潮的节目，白居易《杨柳枝二十韵》的序言说："《杨柳枝》，洛下新声也。洛之小妓有善歌之者，词章音韵，听可动人，故赋之。"诗歌描绘《杨柳枝》的演出细节，云："小妓携桃叶，新声蹋柳枝。妆成剪烛后，醉起拂衫时。绣履娇行缓（开始动作缓慢），花筵笑上迟。身轻委回雪（演员体态轻盈，舞蹈时像风卷雪花），罗薄透凝脂（舞衣单薄透明，演员白皙的肌肤若隐若现）。笙引簧频暖，筝催柱数移。乐童翻怨调，才子与妍词。便想人如树，先将发比丝。风条摇两带，烟叶贴双眉。口动樱桃破，鬟低翡翠垂。枝柔腰袅娜，荑（白茅草嫩芽）嫩手葳蕤（草木茂盛。手指头白嫩光滑如同刚刚长出来的茅草芽）。唳鹤晴呼侣，哀猿夜叫儿。玉敲音历历，珠贯字累累。袖为收声点，钗因赴节遗。重重遍头别，一一拍心知。塞北愁攀折，江南苦别离。黄遮金谷岸，绿映杏园池。春惜芳华好，秋怜颜色衰。取来歌里唱，胜向笛中吹。曲罢那能别，情多不自持。缠头（赠送给演员作为演出酬金的物品）无别物，一首断肠诗。"② 洛阳中这类家庭很多，主人招待客人，除了酒宴，还要以家庭歌舞班子的演出来助兴。白居易《雪后早过天津桥偶呈诸客》诗有云："犹赖洛中饶醉客，时时昵我唤笙歌。"③

　　洛阳民间有的节目，是从宫中传出来的。据元稹《连昌宫词》的自注：正月十五元宵节，洛阳解除宵禁，唐玄宗夹杂在游人中游玩。他忽然听到有人在酒楼上用笛子吹奏头天夜里上阳宫刚刚排练的新曲子，不禁惊诧万分。第二天，这位笛手被访查、拘捕。审问中，他说："其夕窃于天津桥玩月，闻宫中度曲，遂于桥柱上插谱记之。臣即长安少年善笛者李谟也。"唐玄宗于是"异

---

① 《全唐诗》卷四五六，第 1156 页。
② 《全唐诗》卷四五五，第 1151 页。
③ 《全唐诗》卷四五一，第 1138 页。

图 11-2　龙门石窟万佛洞北壁唐伎乐

而遣之"。①

　　开元年间，将军裴旻丧母，请吴道子在洛阳天宫寺画神鬼壁画，为母亲做功德。吴道子说自己很长时间不作画了，如果裴将军愿意以舞剑方式作为报酬，那就可能借助舞剑姿势的迅猛、凌厉，获得灵感和帮助，作出画来。裴旻于是脱掉孝服，骑马舞剑。骏马奔腾如飞，裴旻在马背上左旋右转，拔出宝剑，向空中投去，高数十丈，宝剑闪闪发光，把周围衬得雪亮。看着宝剑下落，骑马奔驰的裴旻手执剑鞘承接，宝剑准确地落入鞘中。裴旻一遍遍地表演，没有一次失手。观众都惊呆了，无不为他的超凡技艺阵阵喝彩。"道子于是援毫图壁，俄顷之际，魔魅化出，飒然风起，为天下之壮观。道子平生所画，得意无出于是。"②

　　洛阳的音乐舞蹈，一部分是胡汉音乐舞蹈混合的产物。胡族血统将领安禄山发动了叛乱，导致中原板荡，生民涂炭，人们便认为这场灾难的出现，是由于胡族文化传入内地。中亚石国（今乌兹别克斯坦塔什干一带）的胡腾舞、柘枝舞，康国的胡旋舞等，传入中国，风靡一时。李端《胡腾儿》诗说："安西旧

---

①　《全唐诗》卷四一九，第 1024 页。

②　（唐）李冗：《独异志》卷中，《唐五代笔记小说大观》，第 931 页。

图 11-3　唐骑马乐俑、唐胡腾舞木俑（洛阳博物馆藏）

牧收泪看，洛下词人抄曲与。"① 王建《凉州行》诗说："城头山鸡鸣角角，洛阳家家学胡乐。"② 元稹《法曲》诗说："自从胡骑起烟尘，毛毳腥膻满咸洛。女为胡妇学胡妆，伎进胡音务胡乐。……胡音胡骑与胡妆，五十年来竞纷泊。"③ 这些诗从政治的角度分析胡汉音乐舞蹈交融的文化现象，夸大了音乐舞蹈对政治的作用。

洛阳的音乐还有一些有趣的现象。武则天时期，洛阳一个僧人房间中的石磬，每到子夜时分，无人敲击，自然发出声音。他以为房间里来了怪物，暗中击磬发声，就请术士施展种种法术，但始终不能止住这件石制乐器自然鸣响，竟然吓得害病。掌管音乐的官员太乐令曹绍夔来探望僧人，佛寺敲钟开饭，石磬发出声音，于是他恍然大悟，将磬身锉磨几处，磬再也不会自动发声，说："此磬与钟律合，故击彼应此。"④ 僧人的心结被解开，霍然病愈。其实这是因为石磬与钟声律吕相合，随钟声响起而共鸣出声；石磬锉磨后形体被破坏，声

① 《全唐诗》卷二八四，第 721 页。
② 《全唐诗》卷二九八，第 747 页。
③ 《全唐诗》卷四一九，第 1025 页。
④ 《隋唐嘉话》卷下，《朝野金载》合刊本，第 45 页。

音频率随之改变，自然不能再与钟声应和了。晚唐宰相李德裕门下的乐吏廉
郊，是琵琶高手曹纲的得意弟子。廉郊住在李德裕在洛阳的平泉别墅，夜间风
清月朗，心旷神怡，于是携带琵琶，坐在池塘边弹奏起蕤宾调。古人以三分损
益法，把一个八度分作十二个不完全相等的半音，统称十二律。其中奇数六律
为阳律，叫作六律；偶数六律为阴律，叫作六吕。蕤宾是十二律中的第七律，
即阳律中的一个，相当于西洋音乐的#F 调。随着琵琶弹奏蕤宾调的展开，忽
然，荷叶间传来什么东西随着乐曲跳跃的泼剌声，廉郊心想那一定是鱼，他改
弹别的曲调，则跳跃之声立即消失。这样反复试验多次，他于是故意大声弹奏
蕤宾调，突然看见一个东西锵然跳到池岸上，原来是一块"蕤宾铁"。① 廉郊
技艺高超，使得一块含铁的顽石能与乐曲的律吕感应、共鸣，竟然不由自主地
随着乐曲跳跃不止。

第二节　唐代洛阳的绘画

　　武则天时期在洛阳担任朝散大夫、左尚方令的曹元廓，擅长画骑猎、
人马、山水等题材，构思布局精巧。当时在洛阳铸造九鼎，代表全国九州，
每个鼎上铸造各自州的山川、物产图案，武则天命曹元廓描绘图样，著名
书法家钟绍京书写，"时称绝妙"。② 薛稷是著名的书画家，洛阳尚善坊东南
隅岐王李范的住宅中，"有稷画鹤，皆称妙绝"。③ 处士卢鸿一"工八分书
（隶书），善画山水树石。隐于嵩山，开元初征拜谏议大夫，不受"。④ 荥阳人
郑虔在长安当过广文馆博士，书、画、诗三者造诣甚高，被唐玄宗推许为
"三绝"。洛阳"劝善坊吏部尚书王方庆宅院有虔山水之迹，为时所重"。⑤ 洛

---

① （唐）段安节：《乐府杂录》"琵琶"条，古典文学出版社，1957，《羯鼓录·碧鸡漫志》合刊
本，第 31 页。
② 《历代名画记》卷九《唐朝上》，《中国书画全书》第 1 册，第 154 页。
③ （唐）封演著，赵贞信校注《封氏闻见记校注》卷五《图画》，中华书局，2005，第 47 页。
④ 《历代名画记》卷九《唐朝上》，《中国书画全书》第 1 册，第 154 页。
⑤ 《封氏闻见记校注》卷五《图画》，第 47 页。

阳寺院"圣善、敬爱亦有古画，圣善木塔院多郑广文画并书"。^① 朱瑶在长安、洛阳两地居住，"所画作吴道子笔迹（风格）"。汧阳（今陕西千阳县）人跋异善画宗教神灵。他在洛阳广爱寺作画，受到张图的排挤，却立于不败之地。洛阳流传民谣说："赫赫洛下，唯说异画。张氏出头，跋异无价。"跋异在洛阳福先寺作画时，来了一个人，姓李，善画罗汉，人称"李罗汉"，要与他较量一番。跋异把福先寺西壁让给李氏作画，自己画出一尊高大的神灵，身旁侍从威严刚劲。画面设色鲜丽，超出了平生所有作品。李氏惊叹跋异的这幅作品精妙入神，自愧弗如，去僧园中上吊自尽了。洛阳又流传民谣，说："李生来，跋君怕。不意今日却增价，不画罗汉画驼马。"^②

洛阳私人住宅中，绘画以壁画、屏风画为常见，这分两种情况：一种是纯艺术，多画山水、动物，起到装饰居室、美化环境、提高品位、寄托寓意的作用；另一种是信仰艺术，画佛教经变故事及供养人，起到礼拜生敬、祈求佑护、调节情绪的作用。

纯艺术作品具有浓厚的情趣，艺术水平自然高出一筹。壁画、屏风画以山水画居多，其原因除了山水秀美，容易入画，还在于画幅可大可小，便于设计。洛阳劝善坊东北隅太子太师魏徵的住宅中，山池院有进士郑光乂画的山水，被时人看重。

信仰艺术以白居易在洛阳履道里住宅中的壁画为代表。开成五年（840）三月，他在家中请人绘制两幅壁画。一幅是西方极乐世界三圣图。他作《画西方帧记》记其事，说自己年老多病，施舍俸料钱三万铜钱，请画工杜宗敬按照《阿弥陀经》和《无量寿经》的故事，画成高九尺、宽一丈三尺的巨幅壁画。阿弥陀佛坐在中央，两旁为观世音和大势至两位胁侍菩萨，周围簇拥着阿弥陀佛的天界眷属。楼台耸立，妓乐精彩，水树花鸟，七宝（金、银、琉璃、玻璃、贝壳、珍珠、玛瑙）装点，五彩涂饰，灿烂辉煌。画成之后，白

---

① 《太平广记》卷二一二《吴道玄》，第 1623～1624 页。
② （明）朱谋垔：《画史会要》卷一，《中国书画全书》第 4 册，第 514 页。

居易在阿弥陀佛像前烧香磕头，发愿说："西方世界清净土，无诸恶道及众苦。愿如老身病苦者，同生无量寿佛所。"另一幅是弥勒上生兜率天图。他在《画弥勒上生帧记》中说，请画工按照《弥勒上生经》对兜率天宫的描写，以丹青金碧绘制成图，以香火花果虔诚供养。他发愿今生今世、来生来世，与一切众生共同上生于弥勒菩萨主持的兜率天宫净土，将来弥勒降生人间当未来佛时，再与一切众生随同弥勒下生人间，永远与弥勒在一起，"永离生死流（永远脱离六道轮回），终成无上道（证得无上正等正觉，即终极真理）"。①

在唐代洛阳画坛上，名声显赫、成就巨大的，是盛唐画家吴道子（686～约760）。他被唐玄宗改名为吴道玄，在唐代即被称为画圣。他在洛阳，被唐玄宗召入宫中充当供奉，起初从师法南朝画家张僧繇入手，千变万化，时有超越。他在长安、洛阳两京的佛寺道观，作壁画四十余间，即便是同一题材的经变图，画出来亦不曾雷同。吴道子在洛阳与裴旻、张旭相遇，同一时刻各自展示绝招。裴旻是舞剑艺术家，伴随着音乐节奏表演舞剑，一招一式，自由奔放。张旭是草书大家，在墙壁上笔走龙蛇，挥洒自如。吴道子画壁画，浓墨重彩，意趣盎然。东都人士一天中得以观看三绝，都觉得太过瘾了。吴道子在洛阳天宫寺画神鬼壁画，借助于裴旻舞剑套数的激励和启发，墙壁上幻化出妖魔鬼怪，顿时觉得飒然风起，阴森恐怖。吴道子还在邙山上玄元皇帝（老子）庙（上清宫）画五圣（唐高祖、唐太宗、唐高宗、唐中宗、唐睿宗）千官壁画，画面上宫殿富丽堂皇，百官神采飞扬，气势压倒云龙，匠心出神入化。时人杜甫作《冬日洛城北谒玄元皇帝庙》诗称赞道："画手看前辈，吴生远擅场。森罗移地轴，妙绝动宫墙。五圣联龙衮，千官列雁行。冕旒俱秀发，旌旆尽飞扬。"②

吴道子在洛阳的佛寺道观留下很多备受人们赞赏和珍惜的壁画作品。福先寺三阶院有《地狱变》，"病龙最妙"，天宫寺三门有《除灾患变》，长寿寺门里东西两壁有《鬼神》，佛殿两轩有《行僧》，敬爱寺禅院内西廊有《日藏月

① （唐）白居易：《白居易集》卷七一，顾学颉点校，中华书局，1979，第1496～1498页。
② 《全唐诗》卷二二四，第542页。

图 11-4 　《送子天王图》（局部白描摹本）

藏经变》和《报业差别变》，弘道观有《东封图》，等等。①

　　吴道子的作品，今天能够知道的，有《送子天王图》《明皇受箓图》《十指钟馗图》《孔雀明王像》《托塔天王图》《大护法神像》等，传世者皆为后人摹本。北宋郭若虚比较吴道子和北齐曹仲达人物画的区别，说："吴带当风，曹衣出水。"这是说曹仲达所画外国佛像，"其体稠叠，而衣服紧窄"，即胡族风格；而吴道子所画人物，"其势圆转，而衣服飘举"，② 即中国的民族风格。这可以看作吴道子人物画的特点。

第三节　唐代洛阳的雕塑

　　唐代洛阳的雕塑艺术，以龙门石窟的石雕作品最为典型。唐高宗上元二

---

① 《历代名画记》卷三《东都寺观画壁》，《中国书画全书》第 1 册，第 134～135 页。
② （北宋）郭若虚：《图画见闻志》卷一《论曹吴体法》，《中国书画全书》第 1 册，第 469 页。

图 11-5　龙门石窟奉先寺大像龛

年除夕（676 年 1 月 20 日）完工的龙门石窟奉先寺大像龛，西壁为正壁，有
五尊主像，正中是主佛卢舍那佛。北壁、南壁主像都是天王、力士。卢舍那
佛像高 17.14 米，头部 4 米，耳朵长 1.9 米。他的造型已经摆脱了以前中国
造像生搬的印度佛教艺术犍陀罗风格和秣菟罗风格，俨然一个汉地男子的形
象。唐玄宗开元十年（722）敕令镌刻的《河洛上都龙门山之阳大卢舍那像
龛记》说：“实赖我皇（唐高宗），图兹丽质，相好稀有，鸿颜无匹，大慈大
悲，如月如日。”① 可见卢舍那佛像面部造型为人间罕见，追求的是日月般圣
洁、慈悲的理想化状态。

　　卢舍那佛被安排在正壁正中部位，唯一享受坐势待遇，且形象最为高大。
他的头顶是螺形发髻，身着宽松袈裟，双手已风化坏损，无从知道作何种手
印。他面如满月，端庄俊逸，嘴角微翘，似笑非笑，既庄重又慈祥，既威严不
容亵渎，又富于亲和力。工匠把他的头部增大比例，在人们仰视的误差中，头
部和上身的比例十分匀称。工匠没有在卢舍那鼻梁的上面雕挖人皆具有的凹陷
坑，而是让其鼻梁与前额处在同一平面上，人们仰视时，看到的便不是塌鼻梁
形象。在卢舍那像的两侧，对称地雕造着两位弟子和两位菩萨，依据他们同卢

----

　　① 《金石萃编》卷七三，本卷第 7 页。

舍那的关系和各自的身份排列了位置，菩萨、弟子的高度依次低于卢舍那，其姿势一律为站立侍从。弟子老迦叶已经严重崩圮，还能看得出是一位老成持重的比丘。弟子少阿难清秀和善，朝气蓬勃。弟子两侧的文殊、普贤二菩萨，若有所思，深邃可掬。南北两壁处在造像群的外围，雕造侍卫大佛，维护佛法的天王、力士形象。北壁的北方多闻天王（毗沙门天王）手托宝塔，脚踩夜叉，旁边金刚与之并列，皆被塑造成力可拔山、凛然难犯的形象。南壁的南方增长天王和金刚，损坏严重，与北壁塑像姿势不同，显示出艺术上的变化。他们体态矫健，不显得臃肿，是由于工匠让他们穿戴紧身甲胄所取得的效果。南北两壁的两个夜叉，虽然都被踩在天王脚下，但体魄健壮，支撑有力，甚至一幅怡然自乐的神态，好像甘愿为护法充当反面角色。这组造像群，布局错落有致，各有侧重，互相配合，全方位烘托卢舍那，既能整体欣赏，又可局部观摩，是中国古代石刻艺术中稀有的神品。

图 11-6　龙门石窟万佛洞唐
观音浮雕像

图 11-7　唐代菩萨坐像（奉
先寺遗址出土）

龙门石窟永隆元年（680）雕造完毕的万佛洞，洞口南侧有观音立像浮雕，左手提净瓶，右手举麈尾，虽然胸部尚未明显隆起，但臀部宽大，腰肢纤细，已像一个身姿婀娜、含睇微笑的女性了。身躯和头部朝着相反的方向倾斜，能让人感到女性的柔美。这件浮雕形象精巧，刀法圆润、细腻，既带着写实主义的审美情趣，又寄托着信仰主义的精神追求。

在洛阳敬爱寺，佛殿旁的菩提树下有弥勒菩萨塑像。麟德二年（665），从皇宫中拿出洛阳人王玄策从印度带回的菩萨图像作为样板，由王玄策指挥，巧儿张寿、宋朝塑像，李安贴金。东间弥勒像，由张寿的弟弟张智藏塑像。西间弥勒像，殿中门西神像，西禅院殿内佛寺和山峦，东禅院般若台内佛，事中门两神，大门内外四金刚，两对狮子、两对昆仑（南洋马来种黑人），以及迎送金刚神王及四大狮子，两食堂、讲堂的两圣僧，皆由窦弘果塑像。"并妙选巧工，各骋奇思，庄严华丽，天下共推。"[1]

在众多的雕塑艺术家中，杨惠之最为杰出，他的作品被古人列为神品，他被尊为塑圣。杨惠之在洛阳的塑像，有广爱寺山门廊下的五百罗汉，以及山亭院楞伽山。当他塑楞伽山时，为大义净三藏咒其所用泥土，因而绵延及于北宋，各种飞禽走兽昆虫都不敢在他塑的楞伽山上停留。唐末黄巢农民军进入洛阳，很珍惜杨惠之的作品，不许部众破坏，因而楞伽山亭的题诗板上的一百首题诗墨迹都被保留下来。北宋判西京（洛阳）留守刑部侍郎晁直谅，却肆意销毁，竟然只留下三首题诗墨迹。其中一首是洛阳首座沙门净显的诗，有云："灵异不能栖鸟雀，幽奇终不着猿猱。为经巢践应无损，纵使秦驱（受蔡州节度使秦宗权驱使的部将孙儒，在黄巢撤离洛阳后，攻陷洛阳，烧杀抢掠，鸡犬不留）也漫劳。珍重昔贤留像迹，陵迁谷变自坚牢。"[2] 唐人康骈说："东都北邙山有玄元观，南有老君庙，台殿高敞，下瞰伊洛，神仙泥塑之像，皆开元中杨惠之所制，奇巧精严，见者增敬。"[3]

---

[1] 《历代名画记》卷三《东都寺观画壁》，《中国书画全书》第 1 册，第 135 页。

[2] （北宋）刘道醇：《五代名画补遗·塑作门第六》，《中国书画全书》第 1 册，第 463 页。

[3] 《剧谈录》卷下《老君庙画》，《唐五代笔记小说大观》，第 1488 页。

第四节　唐代洛阳的书法艺术

唐代帝王多嗜好书法，科举录用人才要求楷法遒美，因此，不仅当时的书法家成就斐然，就是不知名唐人书写的墓志，也往往有值得称道处。唐人张说《般若心经赞》说：秘书少监、驸马都尉郑万钧，"书成草圣，乃挥洒手翰，镌刻《心经》，树［洛阳］圣善［寺］之宝坊"。① 河南府登封嵩阳观竖立着唐玄宗天宝三载（744）的《嵩阳观纪盛德感应颂》碑，是由宰相李林甫撰文，书法家徐浩书丹的。刘禹锡《洛中寺北楼见贺监草书题诗》说："高楼贺监昔曾登，壁上笔踪龙虎腾。……偶因独见空惊目，恨不同时便伏膺。唯恐尘埃转磨灭，再三珍重嘱山僧。"② 这是在洛阳的佛寺墙壁上看到盛唐书法家贺知章以草书题诗的。唐人张怀瓘介绍本朝的书法家，说："王知敬，洛阳人，官至太子家令。工草及行，尤善章草，入能［品］。肤骨兼有，戈戟足以自卫，毛翮足以飞翻。若翼大略宏图，摩霄殄寇，则未奇也。"③

一　褚遂良的《伊阙佛龛碑》

褚遂良（596~659），官至尚书右仆射、宰相，他与虞世南、欧阳询、薛稷并称初唐书法四大家。张怀瓘说他"善书，少则服膺虞监（虞世南），长则祖述右军（东晋书圣王羲之）。真书甚得其媚趣，若瑶台青琐，窅映春林，美人婵娟，似不任乎罗绮，增华绰约，欧、虞谢之。其行草之间，即居二公之后。……隶、行入妙［品］"。④ 唐太宗曾感叹："虞世南死后，无人可以论书。"侍中魏徵推荐道："褚遂良下笔遒劲，甚得王逸少（王羲之）体。"⑤ 唐太宗遂召令褚遂良侍书，责成他鉴别朝廷搜集到的王羲之书迹的真伪。

---

① 《张燕公集》卷八，《丛书集成初编》第 1846 册，第 91 页。
② 《全唐诗》卷三五九，第 897 页。
③ （唐）张怀瓘：《书断》卷下，《历代书法论文选》，上海书画出版社，1979，第 202 页。
④ 《书断》卷中，《历代书法论文选》，第 192 页。唐代称楷书为"隶""真""正"，宋代出现"楷书"称谓，"隶"则专指今日所知的汉隶（八分）。
⑤ 《旧唐书》卷八〇《褚遂良传》，第 2729 页。

图 11-8　褚遂良书《伊阙佛龛碑》

《伊阙佛龛碑》是褚遂良贞观十五年（641）十一月书写的，他时年四十六岁，担任谏议大夫。碑文由中书侍郎岑文本撰写。这块摩崖石刻，是唐太宗的第四子魏王李泰为追荐亡母文德皇后长孙氏而开窟造寺的发愿文，位于龙门石窟宾阳中洞与南洞之间的崖面上。这块碑通高 3.65 米，宽 1.9 米。碑文共三十二行，满行五十一字，总计一千八百余字。碑文内容包括四个部分，即宣扬佛法，称颂先妣，叙述开窟情况，作颂。碑额为篆书"伊阙佛龛之碑"六个字。这块碑是国内所见褚遂良楷书最大者，与他的其他作品风格不同，其字体是楷中带隶，笔画清瘦硬朗，字形方正挺拔，端庄秀丽，起笔或方或圆，逆顺错落，代表初唐楷书的一种风格。

二　孙过庭的《书谱》

孙过庭活动于唐高宗、武则天时期，官至率府录事参军，在洛阳供职。垂拱三年（687），他撰书了《书谱》，四年后，"卒于洛阳植业里之客舍"。[1]

---

[1] 《陈子昂集》卷六《率府录事孙君墓志铭》，第 125 页。

孙过庭精于翰墨，真书、行书、草书皆工，特别以草书擅名。唐人张怀瓘《书断》对他的评价不高，仅仅归于能品，但还是承认他"草书宪章二王（王羲之、王献之），工于用笔，俊拔刚断，尚异好奇"。①《书谱》今本系其墨迹真本，纵 27.2 厘米，横 898.24 厘米，每纸十六至十八行，每行八至十二字，共三百五十一行，三千五百余字，衍文七十余字，"汉末伯英"下阙三十字，"心不厌精"下阙三十字。北宋米芾评论道："孙过庭草书《书谱》，甚有右军法。作字落脚差近，前而直，此乃过庭法。凡世称右军书有此等字，皆孙笔也。凡唐草得二王法，无出其右。"②

今本《书谱》第一段讲述书法史，将前代著名书法家的成就进行比较，批评王献之不能正确对待其父王羲之的书法事业。第二段回顾自己少年时代以来的学书经历，描绘所见各种风格的书法作品，揣摩其间技艺，批评以苟且、侥幸态度去奢望书法有成的世俗常态。第三段说人生各有追求，赏玩、研究、创作书法，也是人的终生事业的一种类型。第四段指出东晋书法很普及，个中人乐此不疲，不但书法成就斐然，而且深知其中风神韵味；此后人们对书法不得要领，徒费日月。第五段指出真草隶篆，字体不同，各有自己的适应性，各有自己的特征，但它们并非彼此绝对不相干，而是各有侧重，包含其余；专精一体固然重要，兼善众体更加有益。第六段指出从事书法活动，要寻求五种协调和顺状态，避免五种违离相悖状态，才会取得好的效果。第七段说书契由来已久，从事书法活动者代有其人，或名高当代而书迹失传，或人微艺高而身后始见重于世，或凭借权势或社会关系猎取名声，死后因成绩平庸而销声匿迹，加上作品废坏、佚失严重，后人已很难准确地评判谁优谁劣，而且历史上作伪的现象、张冠李戴的现象，都时常出现，要善于辨别、利用。第八段解释什么叫"执使转用"，如何掌握这些技巧。第九段指出世俗多以王羲之书法作品为习字范本，却忽略了他哪件作品是在什么样的心情下完成的，把握他的创作心态和作品风格的关系，才能有所领悟，学到精髓。第十段讲创作书法作品，要有全

---

① 《书断》卷下，《历代书法论文选》，第 203 页。
② （北宋）米芾：《书史》，《中国书画全书》第 1 册，第 969 页。

局观念，精心设计布局谋篇，细微处理笔画结构，既要有规矩法度，又不为其束缚，妙用其心，刚柔相济，求得神来之笔；书法是一辈子的事，青年老年，各有所长；擅长一体者虽有其专长，但容易失之偏颇，应该统筹兼顾，兼长各体，尽量追求完美。第十一段除了讲书法作品的优劣与作者机杼、技巧的关系，还讲到书法鉴赏家有行家里手和假冒伪劣的区别，因而不怎么样的反倒会受到夸奖，而奇货之售必有时焉。第十二段交代自己撰写《书谱》的用意，在于给人们提供一些有价值的参考意见，以改变长期以来流行陈词滥调和无聊说法的状况。

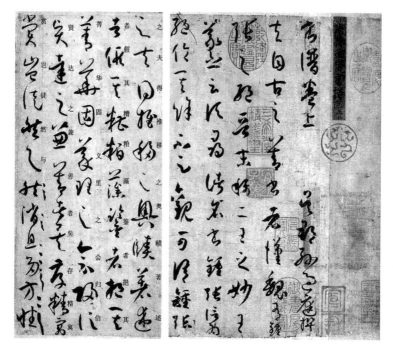

图 11-9 孙过庭《书谱》

《四库全书总目》介绍《书谱》时说："过庭自称撰为六篇，分为两卷。此本乃止一篇，疑全书已佚，传流真迹仅存其总序之文。……然微言奥义，已足见其大凡矣。"① 残存的这一部分包含了书法领域的很多范畴，

①《四库全书总目》卷一一二《子部·艺术类·书谱》，第953页。

深得书法三昧，是书法理论的经典作品，被后世学书者奉为圭臬，遵奉执行。

三　武则天的《升仙太子碑》

武则天热爱书法。神功元年（697），她询问凤阁侍郎王方庆，家中是否还有其祖上王羲之的书法真品。王方庆说："臣十代再从伯祖羲之书，先有四十余卷，贞观十二年太宗购求，先臣并以进讫，惟有一卷见在，今亦进讫。臣十一代祖导，十代祖洽，九代祖珣，八代祖昙首，七代祖僧绰，六代祖仲宝，五代祖骞，高祖规，曾祖褒，并九代三从伯祖晋中书令献之已下二十八人书，共十卷上之。"武则天在洛阳武成殿将这些书法作品展示给群臣，并令中书舍人崔融编次为《宝章集》，记述这件事，然后归还王方庆。① 武则天观摩、学习这些作品，"自此笔力益进。其行书骎骎稍能，有丈夫胜气"。②

圣历二年（699），武则天七十六岁，为着患病祈救，从洛阳出发，东赴嵩岳少室山祭祀祈祷。二月四日，她路过缑山，拜谒王子晋庙后，再也无力继续前进，就派给事中阎朝隐前去少室山为自己祈祷。武则天看到王子晋庙已经残破，决定重新修建，改名为升仙太子庙，以求功德。武则天回洛阳后，六月十九日撰成《升仙太子碑》文稿，并写成书法作品。这一时期，钟绍京曾在洛阳担任司农录事，以书法功底被选拔到凤阁（中书省）供职，当时洛阳的明堂门额、九州鼎铭文以及诸宫殿门榜，"皆绍京所题"。③ 武则天去世一年后，即唐中宗神龙二年（706），钟绍京"奉敕勒御书"，用双勾法将碑文描摹在碑的正面，由工匠刊刻。碑阴有书法家薛曜书丹的武则天诗《游仙篇》，钟绍京、薛稷书写的题名，记载了武则天在世时的重臣和随武则天的儿子相王李旦到缑山竖碑的官员的官衔和姓名。该碑通高 6.54 米，上宽 1.58 米，下宽 1.74 米，厚 0.55 米，碑文三十四行，武则天所书两千一百二十九字（包括碑

---

① 《唐会要》卷三五《书法》，第 756 页。
② 《宣和书谱》卷一《历代诸帝王书·皇后附》，《中国书画全书》第 2 册，第 9 页。
③ 《旧唐书》卷九七《钟绍京传》，第 3042 页。

图 11-10 武则天书《升仙太子碑》

额六字），薛稷所题上下款三十三字，总字数为两千一百六十二字。① 这通碑集初唐诸多书法家作品于一石，洵属可贵。女性书碑刊石，这通《升仙太子碑》是首创者。碑文字体行草相间，以草为主。唐宋以后草书碑逐渐增多，而《升仙太子碑》是第一通。

《升仙太子碑》的书法以今草为主，辅之以行书，而具有章草的章法。我国最早出现的草书是西汉初期的草隶，即将隶书草草写成，虽运笔潦草，但隶书的形体依然可见。东汉时期，草书发展到章草阶段。章草的得名，一说由黄门令史游创制这种写法，来书写自己所著的《急就章》，一说这种字体通用于臣子给朝廷的奏章中，一说由于汉章帝喜爱这种字体。章草的写法是改变隶体，但保留其笔画的波磔，各个字的形体相对独立，不相连属。后来，张芝脱去章草中的隶书笔画痕迹，用笔圆转流利，不仅上下字之间的笔势每每牵连贯通，而且偏旁也相互假借，草书便发展到了今草阶段。《升仙太子碑》中"煙""陰""玄""雲""思"几个字便体现了今草的风格，潇洒飘逸，欹侧而不失衡。

至于章草的章法，"近""絕""建""還""卷"几个字，或者一个字本身即是山断云连的结构，或者收笔时的波磔历历可见。

---

① 裴建平、潘二焕：《〈升仙太子碑〉的真实情况及其内容》，王双怀、郭绍林主编《武则天与神都洛阳》，中国文史出版社，2008，第 317 页。

而行书，西汉末期开始流行，笔势介于草书和楷书之间，既没有草书那么潦草难辨，也没有楷书那么工稳整齐。"畿""花""勢""摳""縰"几个字即带有行书的风格，能看出运笔缓慢，有的笔画接近楷书风格。

《升仙太子碑》整个作品共计两千余字，一气呵成，大气磅礴。武则天用笔顿挫有力，挥洒自如，整幅作品气韵飘逸，意兴遄飞，逼近书圣王羲之。

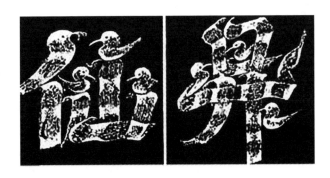

碑额"升仙太子之碑"六个大字，分作两行排列，武则天以鸟形飞白书写就。这六个字用扁梗棕笔书写，丝丝露白；以鸟形起笔，或中、下部插入鸟形点状，具有装饰趣味，行笔边缘处有明显的勾描痕迹；运笔虽缺少提按，但气势磅礴，刚健有力。

武则天书写的《升仙太子碑》和"大周万国颂德天枢"榜额，以及由别人书写的投放嵩山的除罪金简，都使用了一些当时在洛阳新造的字。当时全国范围内的造像题记和墓志，都普遍使用新造字。所谓新造字，并非原本没有的字加以创制，而是对原有的字废除其形体结构，另起炉灶，赋予含义。这个活动属于武则天改朝换代过程中故意标新立异的一部分内容。

图 11-11 武则天时期新造字

新造字共有二十多个。"照"字改为"曌",武则天用来作为自己的名字。这个新字表示日月当空照,意味着武则天身兼男性(日为阳性)、女性(月为阴性)双重身份,君临天下。同音字避讳,于是诏书改为制书,南朝诗人鲍照改称为鲍昭。"君"的新造字由"天大吉"三字构成,表示君权天授、天下大吉。"圣"的新造字由"长正主"三字构成,武则天是所谓"圣母神皇""金轮圣王",长做人间正统主子。"证"的新造字由"永主久王"四字构成,表示证得正果。"日"字改为"○"内加个"乙"字,表示太阳中有一只金乌。后来该字的外体"○"演变成"□",可能由于圆形外体与方块字搭配不谐调,或者书写不美观,遂楷化为方体。"月"字改为"囝",以同新造的日字匹配。"星"字改为"○",象形。"臣"字改为上"一"下"忠",表示臣子一心侍奉君主、忠于君主。"人"字改为上"一"下"生",表示人活一生。"地"字改为"埊",表示大地有山、水、土等。但古人指出"埊"字古已有之,见于《战国策》《亢仓》《鹖冠》。

这些新造字形体怪异,圆形外体排列在方块字中不伦不类,而且包含着迷信意蕴,当时即受到人们的嘲笑。如原有的"國"(国)字,有人说

图 11-12　《大周故李君墓志》中的武则天时期新字（正星天授年月日）

方框里面安一个"或"字，"或"同"惑"，表示惑乱天象，如果将"或"字改成女皇的姓氏"武"字，即可威震天下。其实"國"字中的"或"是"域"的意思，方框代表疆界，也就是统治区的范围。把"或"字换成"武"，国家就成了武氏一家的私有财产了。但武则天非常乐意接受这个建议，就造了一个"囗"内安"武"字的字。一个月后，又有人说"武"字拘禁在方框中，和"囚"字一样，不吉利。武则天赶紧下制废除这个字，把"武"字改成"八方"，成为"圀"字。"四面八方"难道不是区域？汉字的发展演变趋势总体上说是由烦琐变为简易，而武则天新造字恰恰相反，废除了笔画少、书写容易的字形，新造了笔画多、书写繁难的字体来代替前者，无疑属于文字领域的倒退现象，这就注定了它们必然短命。武则天的儿子唐中宗一恢复皇位，立即下诏废除这些新造字，恢复使用唐高宗时期的字。

四 薛曜的《夏日游石淙诗并序》

薛曜，当过正谏大夫、奉宸大夫等官，以辞学知名。久视元年（700）五月，武则天在今河南登封市东南石淙河畔的三阳宫避暑，她的两个儿子和亲近大臣侍从，游赏宴饮之际，一同作诗，成十七首七律。薛曜当时在侍从之列，奉武则天命作诗，并将所有作品在当地正书刻石，一直保存至今。

图 11-13 薛曜书所作《夏日游石淙诗并序》

唐初褚遂良的书法瘦硬有力，结体疏朗，为时人所崇奉。薛曜和从祖弟薛稷一样，也是从学习褚遂良起家的。但薛曜不是亦步亦趋地模仿褚遂良，而是有因有革，有所突破和创新。他的作品较之褚遂良，笔画更加纤细，骨力更加突出。后来中唐楷书大家柳公权创制柳体，即从薛曜的作品受到启发，汲取营养；到北宋后期，宋徽宗更是有过之而无不及，径直发展为瘦金体。

五 颜真卿书法的洛阳因缘

盛唐书法泰斗颜真卿（709~784），官至吏部尚书、太子太师，封鲁郡公，人称颜鲁公。他的书法初学褚遂良，后来到洛阳向张旭请教笔法，大有长进。他创立颜体楷书，经历了一个摸索、转型的过程，从起初的清瘦挺拔、骨骼遒劲，转化发展成为骨硬肉丰、结体宽博、气势恢宏、气概凛然的字体，表现出雍容大度、开阔恢宏的气象。颜体有蚕头燕尾之喻，起端圆润如蚕头，捺笔收束时先着力顿挫，再轻挑出尖，末端略呈分叉，形似燕尾，这是将篆书的中锋和隶书的侧锋结合运用到楷书中形成的。他的行书潇洒郁勃，自成一体。

颜真卿年少时，前辈书法家张旭横空出世，独领风骚，颜真卿曾在长安师从张旭两年。天宝五载（746），颜真卿三十八岁，不再担任醴泉（今陕西礼泉县）尉，到洛阳"访金吾长史张公旭，请师笔法"。张旭为颜真卿讲了笔法十二意"平、直、均、密、锋、力、转、次、补、损、巧、称"，又讲了书法史、书法美学等问题。笔法十二意是曹魏时期钟繇提出来的，但在张旭、颜真卿对话之前，没有人做详细、具体的阐释。张旭的这一番教导，使得颜真卿豁然开悟，受益终生。颜真卿万分感激张旭，"自此得攻书之术，于兹五年，真、草自知可成矣"。[1]

在洛阳发现的颜真卿楷书作品，有《王琳墓志》《郭虚己墓志》，风格有所不同，体现颜真卿创立颜体的摸索过程。

《王琳墓志》是今人对《唐故赵郡君太原王氏墓志铭并序》的简称。这方墓志 2003 年在洛阳市龙门镇张沟村出土，颜真卿书于开元二十九年（741），是目前发现的颜真卿最早的楷书书法作品。这方墓志为石灰岩质，长、宽皆为 90 厘米，厚 18 厘米。志文一共三十二行，满行三十二字，去掉空格，全文共计九百一十三字。字的大小约为 2 厘米见方，彼此之间有浅界格。志石左侧有"开元廿九年记"一行六字。

这方墓志开篇题款交代，志文由润州刺史、江南东道采访处置兼福建等州经略使、慈源县开国公徐峤撰写，是死者王琳的丈夫，由朝散郎、前行秘书省著作局校书郎颜真卿书丹。徐峤的志文说亡妻"生韫惠和（生来就贤惠平和），性克（能够）柔婉，孝慈穆于中外，礼乐备乎周旋。丝纩组纴，彩就雕镂，凡曰女工之妙，自然造微（针线活样样精妙）"，十八岁嫁给自己，"一和琴瑟（夫妻关系和谐），垂（将近）四十年"。王琳随丈夫来到润州（治今

---

[1] （唐）颜真卿：《张长史十二意笔法记》，《全唐文》卷三三七，第 1512 页。

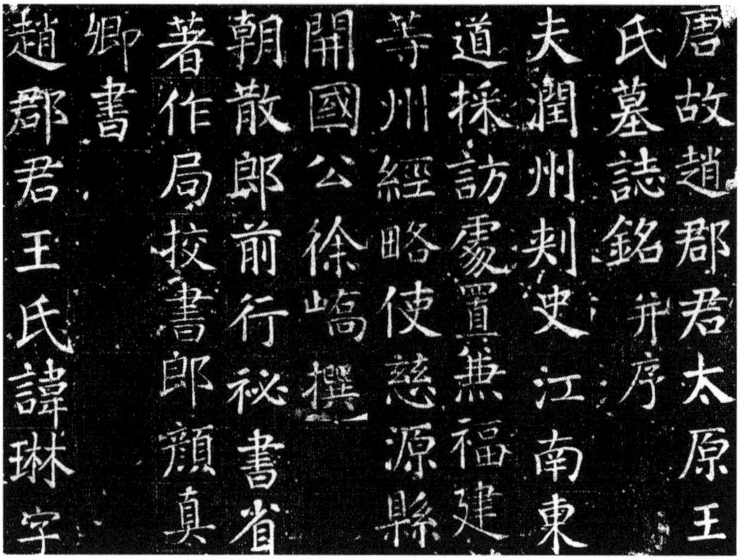

图 11-14　颜真卿书《王琳墓志》

江苏镇江市）卑湿瘴疠之地，开元二十九年七月二十八日不幸去世。这一信仰佛教的信徒，临死前交代丈夫，把自己埋葬在洛阳龙门石窟附近，于是当年十一月二日被安葬于龙门西岗清河王岭。这里"前瞻伊阙，傍对伊川。宝塔灵龛，尽为极乐之界；鲸钟鱼梵，常送大悲之声。即是楞伽（印度佛教圣地楞伽山）之峰，自然解脱之岸，岂比夫北邙之陇，西陵之原，白杨萧萧，夜杂鬼哭，苍烟漠漠，昼掩魂游者乎！"[①] 徐峤身为封疆大吏，既然亲自为爱妻撰写墓志，自然要找书法名家来书写，颜真卿当时年仅三十三岁，被委以此任，可见他的书法成就和名气有多大。

颜真卿完成这份楷书作品，早于他到洛阳向张旭请教笔法五年，为研究他书法转轨前的具体情况提供了难得的实物资料。这份墓志，每个字的结构都讲究方正匀称，形体庄重婉丽，运笔张弛有度，着墨均衡，没有畸肥畸瘦现象，整体上气势雄逸，刚柔宜人。在这些方面虽然还带着欧阳询、褚遂良的痕迹，

---

① 赵君平、赵文成编《河洛墓刻零拾》上册，北京图书馆出版社，2007，第 325 页。

但颜体楷书蚕头燕尾的特征在横、捺笔画中已经初步显现，大开大合的趋势也能让人隐隐感觉到。

《郭虚己墓志》全称《唐故工部尚书赠太子太师郭公墓志铭》，1997年10月在洛阳市偃师区首阳山镇出土，现藏偃师商城博物馆，2003年10月被定为国家一级文物。这方墓志由颜真卿撰文并书丹，时当天宝九载（750），时年四十二岁，在洛阳担任殿中侍御史、东京畿采访使判官。墓志为青石质，长104.8厘米，宽106厘米，厚16厘米。盝顶盖，篆书"唐故工部尚书赠太子太师郭公墓志铭"十六字，四边线刻瑞兽及花纹。志文楷书，三十五行，满行三十四字，共一千一百五十字，有浅线界格，刻工十分精细。

颜真卿这方墓志书写于师法张旭、真书可成的时间段内，代表他早期楷书的风格。原先发现的颜真卿最早的楷书代表作，是他四十四岁时书写的《多宝塔碑》，现在所知最早拓本捶拓于北宋，晚于天宝十一载（752）刻碑二百

图 11-15　颜真卿书《郭虚己墓志》

图 11-16　张旭书《严仁墓志》

多年，其间经过风雨侵蚀和捶拓损坏，其效果难免走样，远不及刚出土的《郭虚己墓志》之能体现原作风貌。《郭虚己墓志》比《多宝塔碑》早两年，正处在颜真卿的楷书转型期。这件作品整篇布局疏密合度，字体大小匀称，字迹端庄秀丽，笔画肥瘦适中，棱角分明，筋骨挺拔，墨迹浓淡相宜，笔势刚柔相济，气韵不凡，既流露出颜真卿效法褚遂良、张旭的痕迹，又透露出他自己成熟期风格的端倪。颜真卿《郭虚己墓志》，与 1992 年出土于偃师磷肥厂工地的张旭楷书《严仁墓志》，同在偃师商城博物馆展出。这两份楷书的形体十分相像，体现出颜真卿楷书同张旭的师承关系，但颜真卿的这份作品比起张旭的，虽清癯不分彼此，但颜真卿的一撇一捺明显加粗，方正、媚趣也明显超过张旭。《郭虚己墓志》与颜真卿稍后的楷书作品《多宝塔碑》相比，显得没有后者醇厚凝重。

图 11-17　颜真卿书《祭伯父文》

　　颜真卿在洛阳的行草书法作品，有《祭伯父豪（濠）州刺史文》，共四百一十字。颜氏一门忠烈，经安史之乱而幸存者都回到长安，抗击叛军而殉国者都受到朝廷的褒奖赠官。乾元元年（758）十月，颜真卿五十岁，遭御史唐文诬陷，以蒲州刺史贬为饶州（治今江西鄱阳县）刺史。他途经洛阳时，拜扫伯父颜元孙的坟墓，将家族生死哀荣的情况书写为祭文，告慰伯父亡灵。此刻的颜真卿，悲伤、愤恨、痛苦、思念，种种情绪交织在一起，他无法凝神屏气，缓缓地一笔一画地写楷书，感情的激荡、宣泄，使他不由自主地选择了行草。这件书法作品以行草为主，而兼具真书，字体如快戟长剑、龙跳虎卧，其风格顿挫郁勃，风神奕奕，达到刚劲圆熟的境界。

六　杜牧的《张好好诗并序》

晚唐时期，杜牧在洛阳创作并书写了《张好好诗》并序。序言说自己大和三年（829）在故吏部侍郎沈传师江西观察使幕府供事，张好好时年十三，以能歌善舞成为幕府的一名歌舞伎。一年后，沈传师调至安徽宣城，将张好好带到

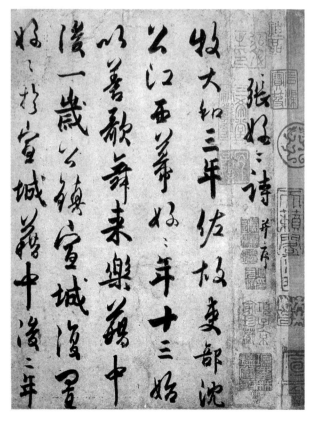

图 11-18　杜牧《张好好诗并序》手迹

宣城，依然作为在籍的歌舞伎。又过了两年，张好好被著作郎沈述师所娶。又过了两年，"余于洛阳东城重睹好好，感旧伤怀，故题诗赠之"。① 清人王士禛介绍了杜牧这件书法作品的纸质、大小、历来的收藏题签印鉴，引董其昌的跋语说："樊川（杜牧）此书，深得六朝人气韵，余所见颜［真卿］、柳［公权］以后，若温飞卿（温庭筠）与牧之（杜牧），亦名家也。"然后王士禛评论道：《宣和书谱》称道唐代诗人善书者有杜牧等人，"知唐人无不工书者，特为诗所掩耳"。②

① 《樊川文集》卷一《张好好诗并序》，第 8 页，文字与书法个别字不同。
② （清）王士禛：《渔阳诗话》卷下，丁福保编《清诗话》，上海古籍出版社，1978，第 220 页。

第十二章

唐代洛阳的科学技术

在唐代，一些有作为的科学技术责任人，往往是和尚、道士。僧一行在洛阳编订历法，制造出表示天象的水运浑天仪，也是计时的机械天文钟。他是世界上第一个发现恒星位置移动的人，比英国人哈雷早一千年。他主持在国内外设点测量地球子午线，是世界上第一个得出近似数据的人。他在洛阳编订的《大衍历》，一直行用到明朝末年。洛阳的宫廷医生和社会上的医生，具有精湛的医术。在洛阳做官的崔知悌、孟诜，前者治疗结核病超越前人，著有《骨蒸病灸方》传授方法；后者著有《补养方》，记载食疗的原料、作用和方法。龙门石窟药方洞中有北朝到唐代的药方，不仅惠及内地，也为日本吸收利用。

第一节　处在世界巅峰的唐代天文历法成就

武则天时期，卫州（今河南卫辉市）人尚献甫出家当道士。他精通天文学，武则天请他到洛阳担任太史令，他说自己"久从放诞，不能屈事官长"。武则天就把太史局改为独立的机构浑仪监，不再隶属秘书省，让他当浑仪监，没有顶头上司。武则天还命他在上阳宫组织学者撰《方域图》。他去世后，"则天甚嗟异惜之。复以浑仪监为太史局，依旧隶秘书监"。①

---

① 《旧唐书》卷一九一《方伎·尚献甫传》，第5100~5101页。

杰出的天文历法专家僧一行（683～727），开元五年（717）应唐玄宗征聘，由湖北荆州当阳山来到东都洛阳。几年后，来华的印度僧人善无畏奉诏在洛阳大福先寺翻译佛经，一行担任笔受，并为佛经作注疏，同时从事天文历法的研究。

开元九年（721），太史多次奏称现行历法所推算的日食不能按时出现，唐玄宗下诏制定新历。一行认为要制定准确的历法，必须测量黄道（地面上的人观察到太阳的相对运动，把它绕地球运行的轨道叫作黄道）。这时，率府兵曹参军梁令瓒待制于洛阳丽正书院，所制作的木质游仪非常精确，一行建议改成铜质的，唐玄宗批准。开元十三年（725），铜游仪（水运浑天仪）制成，能表示月亮轨道的变化和岁差的变化，用以观测日月运行，测量二十八宿的距度和去极度。当年十月，唐玄宗由洛阳出发，东赴山东泰山举行封禅大典，出行前，将水运浑天仪安置在洛阳宫城广（景）运门内，让百官参观。这个水运浑天仪，主体表面标出星宿位置，注水激轮转动，昼夜一周，另设二轮，以转动与仪器主体配套的日月，合成天象运行图。另置两个木人，一个每刻自动击鼓，一个每辰自动击钟。这不仅是表示天象的仪器，也是计时的仪器机械天文钟。一行通过观测，发现太阳在黄道上的视运动速度冬至最快，以后逐渐减慢，春分均平，夏至最慢，其后逐渐加快，直到冬至为止。这一结论纠正了前代太阳全年匀速运行的说法，比较切合天文实际。一行是世界上第一个发现恒星位置移动的人，而在西方国家，直到 18 世纪初，英国人哈雷才提出恒星自行的观点，比一行晚了一千年。

开元十二年四月二十三日（724 年 5 月 20 日），唐玄宗命一行以及太史监南宫说、太史官大相元太等人，奔赴各地，竖立圭表，测量冬至、夏至、春分、秋分这几天日影的长度和北极的高度，然后由一行计算这些数据，求出地球子午线的长度。这次测量遍设观测点，南面不但到了唐朝南端的州郡安南（今越南河内市），而且进一步南下，越过唐朝州郡爱州（治九真县，今越南清化）、驩州（治安人县，今越南安城县），到了林邑国。北面在蔚州（今河北蔚县）设点。其余观测点除了设在朗州（今湖南常德市）、襄州、太原府（今山西太原市）以外，更多的设在今河南省内，有蔡州、许州扶沟（今河南扶沟县）、河南府告成、汴州浚仪县、滑州白马县（今河南滑县）等。河南府告成县，早在西周时期，周公就曾组织人员在这里设立圭表测量日影。河南几处的测量数据是：蔡州武津馆，北极高三十三度八分（冬至影在表北一丈二尺三寸八分，夏至影在表北一尺三寸六分）；许州扶沟，北极高三十四度三分（冬至影在表北一丈二尺五寸，定春秋分影在表北五尺三寸七分，夏至影在表北一尺四寸四分）；河南府告成，北极高三十四度七分（冬至影在表北一丈二尺七寸一分，定春秋分影在表北五尺四寸五分，夏至影在表北一尺四寸九分）；汴州浚仪太岳台，北极高三十四度八分（冬至影在表北一丈二尺八寸五分，定春秋分影在表北五尺五寸，夏至影在表北一尺五寸三分）；滑州白马，北极高三十五度三分（冬至影在表北一丈三尺，定春秋分影在表北五尺五寸六分，夏至影在表北一尺五寸七分）。一行通过计算，得出这样的结论：每隔唐制三百五十一里八十步，北极高度相差一度，即子午线一度为 351.27 里，合今制 123.7（一说 129.22，一说 166.14）公里。这是世界上第一次测量地球子午线的长度，虽与近代科学数据 111.2 公里相比有一定误差，但在当时已是了不得的成就。西方国家最早测量子午线，是阿拉伯帝国阿拔斯王朝哈里发阿尔·马蒙于公元 814 年在美索不达米亚地区进行的，比一行晚了九十年。秦汉时期，关于宇宙构造有三种说法。一是宣夜说，认为天没有固定的形质，日月星辰飘浮空中。二是盖天说，认为天圆地方，天如斗笠，地如棋盘，日月星辰附着于天盖上面，东升西没。三是浑天说，认为天地的关系有如蛋壳裹蛋黄。东汉太史令张衡是浑天说的代表人物。浑天说已经有了人类赖以生存的山川大地是一个星球表层的含义。一行等人测量的子午线，即子午面同地球表面的交线，也就是地球的经线，而所谓北极的高度，也就是地球的纬线。这不但从观念上把大地看成球体，而且在实践上进行了表层测量，实际上摆脱了天圆地方的错误说法。

一行有一系列天文历法著作，据《旧唐书》卷一九一《一行传》，有《大衍玄图》及《义决》一卷，《大衍论》三卷，《天一太一经》《太一局遁甲经》各一卷，"一行从祖东台舍人太素，撰《后魏书》一百卷，其《天文志》未成，一行续而成之"。唐中宗神龙元年（705），太史丞南宫说奏称《麟德历》的推算同天象不符合。开元九年（721），唐玄宗把刊定律历的任务交给一行。

一行审定自秦朝《颛顼历》至唐高宗时期《麟德历》的所有历法，到开元十五年，撰成《开元大衍历经》。这部著作一共五十二卷，准确程度超过了前代诸家历书。其突出成就在于记述了关于中朔（节气、朔望）、发敛（七十二物候）、日躔（太阳视运动）、月离（月亮运动）、晷漏（星象和昼夜时刻）、交食（日食、月食）和五星（金木水火土五星运行）等的推算方法，成为后世历法必备的内容，直到明朝末年吸收欧洲耶稣会传教士带来的西洋历法，情况才有所改变。

《大衍历》刚刚修成，一行于当年九月病倒在洛阳景行坊华严寺中，唐玄宗请东都大德设道场为他祈福。闰九月，他随唐玄宗由洛阳返回长安，途中于十月初八在新丰县（今陕西西安市临潼区）去世。唐玄宗出内库钱把他安葬在临潼铜人原，赐谥号大慧禅师，并为他撰拟书写了碑文。次年八月十六日，《大衍历》由大臣张说奏上，唐玄宗颁行天下。

第二节　唐代洛阳精湛的医术和医药学著作

初唐时期的名医崔知悌，担任过洛州司马、中书侍郎、尚书右丞、户部尚书等官职。他医术精湛，特别擅长针灸，并撰写了医学著作《产图》一卷、《崔氏纂要方》十卷、《骨蒸病灸方》一卷。这些著作已经散失，唐人王焘的《外台秘要方》卷一三《灸骨蒸法图》，因征引《骨蒸病灸方》而存其梗概。骨蒸病又叫瘵病，就是结核病，以肺结核最为常见，颈淋巴、脑膜、腹膜、肠、皮肤、骨骼等可继发感染。崔知悌《灸骨蒸方图序》指出：男女老少患上骨蒸病，头发干燥耸立，腹中长痞块，头部下面两侧长硬疙瘩，多的有五六处。夜里睡觉不断盗汗，梦见恶鬼来找事。四肢无力，吃不下饭，一天比一天瘦弱。这种病以往都不能治疗，拖延一段时间便会死去。他总结自己在洛阳的治病经历，说："予昔忝洛州司马，尝三十日灸活一十三人，前后差（瘥）者，数逾二百。"他说从前用狸猫的骨头、水獭的肝脏，以及所谓"金牙铜鼻"，来治骨蒸病，白费力气，不见成效。他因而自信地说："未若此方，扶危拯急，非止单攻骨蒸，又别疗气疗风，或瘅或劳，或邪或癖，患状既广，救愈亦多。"为了加以推广，他写出《骨蒸病灸方》，并配上插图。患者用不着"外请名医，傍求上药"，由家人按照这个处方动手操作，即可实行自救，"还魂返魄，何难之有?"①

唐高宗、武则天时期，洛阳宫廷里聚集着一批医术精湛的御医。唐高宗晚年头重晕眩，目不能视。御医秦鸣鹤诊断为风毒上攻，针刺唐高宗头上的百会穴和脑户穴，放出少量血液，唐高宗立刻感到头痛缓解，能看清周围的人了。

当时御医中，张文仲、李虔纵都是洛阳人，韦慈藏是京兆人。天授元年(690)，八十五岁的特进苏良嗣在洛阳殿庭跪拜谢恩时跌倒在地，再也起不来。张文仲诊断为："此因忧愤邪气激也，若痛冲胁，则剧难救。"从天亮等到半上午，苏良嗣即感到气冲胁部，绞痛难忍。张文仲认为："若入心，即不可疗。"② 不一会，苏良嗣感到心痛，张文仲不复下药，傍晚苏良嗣就去世了。张文仲最善于治疗风疾，武则天命他会集当时名医，一同撰治疗风气的药方。他上奏指出，风疾有一百二十四种，气疾有八十种，需要具体对待，辨证治疗。庸医不懂药理，不知道在不同的季节应该不同对待，往往把病人治死。只有脚气、头风、上气等病，需要时常服药，其余风病不用治疗，病情自会减轻。风病患者在春末夏初和秋末，只要通泄畅快，就不至于病情加重。他于是撰四季常服及轻重大小诸药方共十八则献上。他的著作《随身备急方》三卷，当时流行于社会。张文仲撰有《张文仲灸经》一书，已佚，仅在《针灸四书》中有数条遗文。③ 洛阳一个士人患上"应病"，别人一说话，他就不由自主地搭腔应和，多处投医治疗，毫无成效。张文仲思考了一宿，终于想出了一个办法。他把药书《本草》拿来，读哪味药名时患者发声应和，就排除这味药，凡是读药名而患者不应者，即是"所畏者"，意味着这些药能降住患者。张文仲把士人所畏的这些药材做成药丸，士人"服之应时而愈"。这段资料后面交代，一种说法认为不是张文仲，而是"苏澄"。④

---

① (唐)崔知悌：《灸骨蒸方图序》，《全唐文》卷一六一，第 727 页。
② 《旧唐书》卷一九一《方伎·张文仲传附李虔纵》，第 5100 页。
③ 郭世余：《中国针灸史》，上海科技出版社，1989，第 141 页。
④ 《朝野佥载》卷一，《隋唐嘉话》合刊本，第 4 页。

　　长寿二年（693），有人诬告武则天称帝后，其儿子皇嗣李旦谋反，武则天命酷吏来俊臣审理此案。来俊臣严刑逼供，皇嗣身边的人禁不住皮肉之苦，皆欲自诬服罪。只有太常寺工人安金藏对来俊臣大声喊道："公不信金藏之言，请剖心以明皇嗣不反。"他用佩刀剖开自己的胸腹，五脏六腑顿时随鲜血流出体外，一时气绝，晕倒在地。武则天听说后，命人将安金藏运进皇宫中，派御医将其五脏放入胸腹腔内，"以桑白皮为线缝合，傅之药，经宿，金藏始苏"。这样的大手术，风险很大，但治疗效果极好。此后，安金藏一直像正常人一样生活，四十年后的开元二十年（732），李旦的儿子唐玄宗封他为代国公。后来，他"竟以寿终"。①

　　孟诜所著的《补养方》三卷，是记载食疗作用和方法的专著。武则天时期，他在洛阳担任凤阁舍人，并担任相王的侍读，外任过州司马、刺史。唐中宗神龙元年（705），他退休归隐伊阳（今河南嵩县），开元元年（713）以九十三岁高龄去世。他晚年不显老，对亲人说："若能保身养性者，常须善言莫离口，良药莫离手。"②他还著有《必效方》三卷。《补养方》就是《食疗本草》，原搜集一百三十八种兼具医疗作用与营养价值的食品，稍后，开元时期张鼎补入食品八十九种，共立条目二百二十七条。此书分条论述与食疗有关的各种药物的药性、功效和禁忌，并在每药项下附有若干验方。此书宋末元初时散佚，但唐代的《本草拾遗》、宋代的《嘉祐本草》《证类本草》、明代李时珍的《本草纲目》及日本《医心方》等书都广泛引用过。如《本草纲目》卷二八引《食疗本草》说："冬瓜，热者食之佳，冷者食之瘦人，煮食炼五藏（脏），为其下气故也。欲得体瘦轻健者，则可长食，若要肥，则勿食也。"《本草纲目》卷二九记载桃仁可用来美容和保护皮肤，引用《食疗本草》的说法："每夜嚼一枚，合蜜涂手、面，良。"《本草纲目》卷三〇记载梨能够止咳消渴，引用《食疗本草》的几则验方。其一："用梨一颗，刺五十孔，每孔纳椒一粒，面裹灰火煨熟，停冷去椒食之。"其二："去核纳酥、蜜，面裹烧熟，

---

① 《旧唐书》卷一八七上《忠义上·安金藏传》，第4885~4886页。
② 《旧唐书》卷一九一《方伎·孟诜传》，第5101页。

冷食。"其三:"切片,酥煎食之。"其四:"捣汁一升,入酥、蜜各一两,地黄汁一升,煎成含咽。凡治嗽,须喘急定时冷食之。若热食反伤肺,令嗽更剧,不可救也。若反,可作羊肉汤饼饱食之,便卧少时,即佳。"至于用梨治疗中风失语,《食疗本草》所说则为"生梨,捣汁一盏饮之,日再服"。《本草纲目》卷三〇记载胡桃(核桃),引用《食疗本草》的说法:"凡服胡桃,不得并食,须渐渐食之。初日服一颗,每五日加一颗,至二十颗止,周而复始。常服令人能食,骨肉细腻光润,须发黑泽,血脉通润,养一切老痔。"① 光绪三十三年(1907),英国人斯坦因在敦煌石窟中发现了唐人抄本《食疗本草》残卷,共两千七百七十四字。残卷记载石榴、芋等食疗药物二十六味,连同所附医方共八十二条。残卷药名用朱笔书写,其下以小字注明药性,再叙述该药的主治、功效、服食禁忌、单方验方。部分药物还记述了采集、修治、地域差别和生活用途。同时又用朱书"方""又方"来分开主药的各个验方。② 《食疗本草》一书是唐代对我国药疗食物的总结和发展,增补了许多药物功效的内容,提出了药疗食物的服食宜忌,指出了药物采集、修治规则以及药疗食物的地域性特征,提供了宝贵的实践经验。③ 该书反映,到了唐代,食疗品种不断增加,扩大到动物组织器官和激素剂,食疗形式更加多样化,同时强调食疗必须因人、因时、因地而宜。

龙门石窟药方洞中的药方,张瑞贤等人根据书法风格、避讳及其与周围造像的关系,判定刊刻于唐高宗永徽元年到四年(650~653),④ 将其与英藏敦煌卷子中唐人写本《备急单验药方卷》中药方对勘,发现二者同出一源。⑤ 药方洞中药方共有一百四十多服,现在只有六十五服字迹完整。这些药方主要是药物治疗,少数是针灸治疗。治疗的疾病涵盖内科、外科、皮肤科、神经科、痔瘘科、肿瘤科、妇科、儿科、五官科、针灸科等方面。所开列的药物为民间

---

① 《李时珍医学全书·本草纲目》,中国中医药出版社,1996,第748、766、776、794页。
② 马继兴主编《敦煌古医籍考释》,江西科学技术出版社,1988,第414~420页。
③ 赵健雄:《〈食疗本草〉及其敦煌残卷考析》,《甘肃医药》1988年第2期。
④ 张瑞贤、王家葵等:《龙门药方镌刻年代考》,《南京中医药大学学报》1998年第3期。
⑤ 张瑞贤、王滨生等:《洛阳龙门石窟药方与敦煌卷子〈备急单验药方卷〉同源》,《中华医史杂志》1998年第2期。

习见，其中草药七十七种，如当归、黄连、马齿苋、陈皮等，动物药二十八种，如刺猬皮、蜂蜜、蟾蜍等，矿物药九种，如雄黄、钟乳石等，还有其他药物五种。制剂除了汤剂，还有丸散膏丹，用于内服、外敷、熏洗等。这些药方，是洛阳对于中原医学、药学的标志性展示，体现了佛教济世悯俗的情怀。药方洞中药方不仅惠及中原民间，截至 10 世纪，还为邻国日本不断吸收，造福于国际社会。

第十三章
唐代洛阳的社会生活

　　汾州佛寺中的牡丹因武则天而移植于宫廷，从此石破天惊，牡丹以观赏花卉的面貌为世人所认识，一改其仅仅以根皮作为药物而为医家使用的历史。牡丹在洛阳绽放，为人们所观赏和珍爱，为宋代"洛阳牡丹甲天下"做出重要的铺垫。洛阳人年年岁岁过着传统的节日，日常生活中，普遍的迷信心理支配着行为方式。洛阳是传统的丧葬宝地，埋葬着唐代的帝王将相、嫔妃、普通居民、移居洛阳的外族人家族成员。唐三彩明器形象林林总总，胡人俑、载丝骆驼俑、西域风格的器皿，是洛阳作为丝绸之路东端起点的物证。唐人墓志涵盖各种人士，其内容对史籍记载补阙拾遗，深化了人们的历史认识。

第一节　唐代洛阳牡丹和观赏风气

　　关于牡丹花卉，唐宋人都认为到了唐代才被发现。唐人段成式说："牡丹，前史中无说处。……检隋朝《种植法》七十卷中，初不记说牡丹，则知隋朝花药中所无也。"[1] 北宋由李昉主编的大型类书《太平御览》，将牡丹收入卷九九二《药部》，未收入《百卉部》。南宋郑樵说："牡丹晚出，唐始有

----

[1]　（唐）段成式：《酉阳杂俎》前集卷一九《草篇》，方南生点校，中华书局，1981，第 185 页。

闻。"起初，因为"其花可爱如芍药，宿枝如木，故得木芍药之名"，还仅仅将其看作芍药的附庸。后来，牡丹蔚为大国，芍药反倒沦为"落谱衰宗"。[①]北宋欧阳修《洛阳牡丹记》说："牡丹，初不载文字，唯以药载《本草》。……自唐则天已后，洛阳牡丹始盛。"[②] 唐宋人的这些说法，实际上是从牡丹作为观赏花卉被社会普遍认识的角度来说的。牡丹的根皮作为药物，在秦汉时伪托神农所作的药书《神农本草经》和东汉早期的甘肃武威医简中都曾提到。

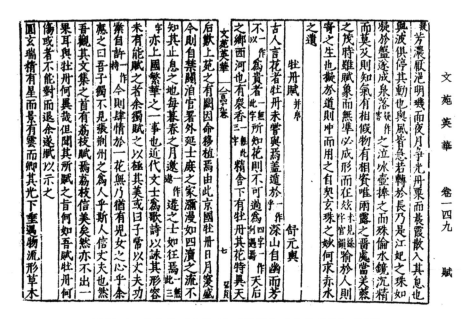

图 13-1　舒元舆《牡丹赋》（影明本《文苑英华》书影）

牡丹作为观赏花卉，晚唐舒元舆《牡丹赋》的序文揭示其来历，说："天后之乡，西河也，有众香精舍，下有牡丹，其花特异。天后叹上苑之有阙，因命移植焉。由此京国牡丹，日月寖盛。"[③] 西河是县名，是汾州的治所，今山

---

① （南宋）郑樵：《通志二十略·昆虫草木略第一·草类》，王树民点校，中华书局，1995，第1991～1992 页。

② 《欧阳修全集》卷七五，第 1101 页。

③ 《文苑英华》卷一四九，第 692 页。

西汾阳市，与武则天的老家并州文水毗邻。武则天是永徽六年（655）十月被立为皇后的，五年后，她随同唐高宗由洛阳去了一趟并州。据《旧唐书》卷四《高宗纪上》和《资治通鉴》卷二〇〇"显庆五年"条，他们于显庆五年二月辛巳（初十，660年3月26日）到达并州，丙戌（十五日，3月31日），唐高宗设宴招待随从官员、并州官属以及父老乡亲。三月丙午（初五，4月20日），武则天设宴招待亲族、邻里、故旧。己酉（初八，4月23日），唐高宗在并州城西举办讲武活动。四月戊寅（初八，5月22日），他们由并州启程回东都，癸巳（二十三日，6月6日）回到洛阳。武则天在外地出生，这是她仅有的一次衣锦还乡。她到并州时恰值牡丹开放的时节，很可能她在宴请亲族、乡党时知道了牡丹。汾州牡丹移入上苑，应是东都洛阳的上苑。因为武则天一行当即回到洛阳，两年后才回长安，即龙朔二年（662）三月初五出发，四月初一抵达长安，已过牡丹花期；麟德二年（665）二月初十启程返回洛阳，牡丹尚未开放。他们在长安居住不满三年，只有两年能看到牡丹花。

令狐楚调回长安，家中牡丹含苞待放，又于大和三年（829）三月调赴洛阳，《赴东都别牡丹》诗说："十年不见小庭花，紫萼临开又别家。上马出门回首望，何时更得到京华。"① 言外之意是对宦海沉浮的感慨，但包含着对长安牡丹的眷恋，以及到洛阳看不到牡丹的遗憾。这十年中，他有将近一半时间在洛阳当官，知道洛阳牡丹的多寡情况。

中唐诗人李贺的《牡丹种曲》诗说："莲枝未长秦蘅（香草）老，走马驮金劚（挖，刨）春草（牡丹）。水灌香泥却月盆，一夜绿房（比喻含苞待放的牡丹花蕾）迎白晓。美人醉语园中烟（阳春淑气），晚华（花）已散蝶又阑（尽）。梁王（比喻主子，代指牡丹花）老去罗衣（比喻侍奉主子的人，代指牡丹叶）在，拂袖风吹《蜀国弦》（曲名）。归霞帔（披肩）拖蜀帐（用成都名贵锦缎搭成供赏花人居中饮酒的帷幕）昏，嫣红落粉（姹紫嫣红的牡丹花朵衰败凋谢了）罢承恩。檀郎谢女（西晋潘安乳名檀奴，是著名的美男子；东晋谢道韫是宰相谢安的侄女，王凝之的妻子，聪慧有才华）眠何处，楼台

---

① 《全唐诗》卷三三四，第826页。

月明燕夜语。"① 诗句说：秦薇已经枯萎，荷花尚未长出枝条，富人家驱赶马匹驮着钱币去购买牡丹花苗。香土培根，清水浇灌，移植在月牙形的花盆中。牡丹为着凌晨开放，一夜里锁闭着花苞。赏花人园子中说说笑笑，酒意半酣。到傍晚花瓣松弛，彩蝶纷纷飞迁。只有那绿叶不倦，随着南风摇曳，像歌妓应着乐曲的节奏舞袖翩翩。暮色中帐幕昏暗，妇人拖曳披肩离去。花谢香消，不再有谁垂恩怜恤。不知那些俊男靓女今宵在哪里安眠，楼台中只剩下燕子对着月光窃窃呢喃。李贺是河南府福昌县人，只活到二十七岁，曾去长安短暂出任奉礼郎，其余时间基本是在家乡度过。他的这首诗描写人们移植牡丹和观赏牡丹的狂热情况，极有可能说的就是洛阳地区的事。

关于唐代洛阳牡丹的分布情况，刘禹锡《思黯南墅赏牡丹》诗说："偶然相遇人间世，合（应该）在增城（《淮南子·地形》：'掘昆仑虚以下地，中有增城九重。'）阿姥（西王母）家。有此倾城好颜色，天教晚发赛诸花。"② 思黯是牛僧孺的字。牛僧孺任东都留守时，在洛阳归仁里修造宅第，"南墅"是他在洛阳城南伊河旁的园林，刘禹锡《和思黯忆南庄见示》诗说："丞相新家伊水头。"③ 田弘正在唐宪宗时是魏博（驻魏州）节度使，兄弟子侄住在长安、洛阳者有数十人之多。洛阳尊贤坊有田弘正宅，"中门内有紫牡丹成树，花发千朵"。④ 洛阳宣风坊安国寺，"诸院牡丹特盛"。⑤ 唐朝末年，权臣朱全忠胁迫唐昭宗迁都洛阳，自己洛阳的宅院中牡丹开谢，都要登记数目。新及第进士许昼，携同榜进士数人到朱全忠宅院中玩，醉醺醺中"摘牡丹十许朵"，被朱全忠家中主吏阻止，许昼反倒辱骂不停。朱全忠下令抓捕许昼，吓得他"亡命河北"。⑥ 欧阳修《洛阳牡丹记》记载北宋洛阳牡丹名品二十四种，叶底紫出现最早，又被称作军容紫。相传唐末一个宦

① 《全唐诗》卷三九二，第 979 页。
② 《全唐诗》卷三六五，第 913 页。
③ 《全唐诗》卷三六一，第 902 页。
④ 《酉阳杂俎》续集卷二，第 208 页。
⑤ 《唐两京城坊考》卷五，第 168 页。
⑥ （五代）王定保：《唐摭言》卷三，上海古籍出版社，1978，第 41 页。

官充任观军容宣慰处置使，该品种出自他在洛阳的私宅，"岁久失其姓氏矣"。①

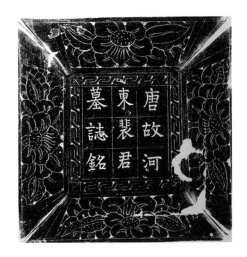

图 13-2　唐故河东裴君、唐故内丘县令樊府君墓志盖牡丹纹饰（洛阳出土）

欧阳修在《新唐书》中记载唐代洛州向长安朝廷进贡的土特产有"美果华"。②"华"字同花，美花就是牡丹。他在《洛阳牡丹记》中说：洛阳人对于种种花卉直呼其名，"至牡丹则不名，直曰花"。③他贬官峡州夷陵县（今湖北宜昌市）后作《戏答元珍》诗，径直称牡丹为"洛阳花"，说："曾是洛阳花下客，野芳虽晚不须嗟。"④专称牡丹为洛阳花，白居易已开风气之先。他在大和四年（830）作的《恨去年》诗中说："老去唯耽酒，春来不着家。去年来校晚，不见洛阳花。"⑤白居易不肯待在洛阳家中，到处寻觅观赏，遗憾上年四月才到洛阳，时牡丹已经开败。可推测洛阳牡丹在唐代已具有相当的规模和名气。

---

① 《欧阳修全集》卷七五，第 1100 页。
② 《新唐书》卷三八《地理志二》，第 982 页。
③ 《欧阳修全集》卷七五，第 1096 页。
④ 《欧阳修全集》卷一一，第 173 页。
⑤ （唐）白居易著，朱金城笺校《白居易集笺校》卷二八，上海古籍出版社，1988，第 1930 页。

图13-3 唐三彩牡丹纹三足炉（洛阳出土）

关于洛阳牡丹的来历，近世民间甚至文化界盛传两种说法。一是隋炀帝时易州（治今河北易县）向洛阳西苑进献二十箱各有雅致品名的牡丹，出自北宋刘斧《青琐高议》中的小说《炀帝海山记》。二是唐代武则天贬长安牡丹于洛阳，出自明人冯梦龙小说《醒世恒言·灌园叟晚逢仙女》和清代李汝珍小说《镜花缘》，系糅合、改编北宋高承笔记《事物纪原》和南宋计有功《唐诗纪事》的说法而来。这些说法是小说情节，不是历史事实。若牡丹品名"叶底紫"出现之前，唐代二百多年迄无牡丹品名，唐朝之前的隋朝怎么会有近二十个品名？至于贬牡丹说，更是荒诞不经。关于唐代培育牡丹，一则资料说："洛人宋单父，字仲儒。善吟诗，亦能种艺术。凡牡丹变易千种，红白斗色，人亦不能知其术。上皇（唐玄宗）召至骊山，植花万本，色样各不同。赐金千余两，内人皆呼为花师。"这个说法出自题为唐人柳宗元撰写的《龙城录》，标题叫作《宋单父种牡丹》。但自宋代起，人们多认为《龙城录》是假托柳宗元的伪作，出自宋人王铚或刘焘（字无言）之手，其文笔与柳宗元的峭拔矫健迥乎不同。[①] 因此，这则资料不能凭信。

第二节　唐代洛阳的饮食文化和养生之道

武则天晚年，张易之、张昌宗兄弟在洛阳被安排为控鹤府内供奉。当时人张鷟《朝野佥载》卷二记载张氏兄弟在膳食方面"竞为豪侈"的情况，[②] 说：

---

① 署名（唐）柳宗元著《龙城录》，卷前曹中孚《点校说明》，《唐五代笔记小说大观》，第151页。
② 《朝野佥载》卷二，《隋唐嘉话》合刊本，第31~32页。

张易之设置一个铁笼子，把活蹦乱跳的鸭、鹅关在笼子里，中间燃烧木炭，旁边摆放铜盆，盆中是各种香料、调料调制的汤水。鸭、鹅绕着火来回走动，干渴难耐，不得不饮用铜盆中的汤水。持续的时间久了，鸭、鹅浑身浸透着带调料的水，羽毛被烤焦，肉被烤得熟透。张昌宗则在一所小房子里燃烧木炭，铜盆中盛满五味水汁，把活生生的毛驴封闭在房子里。毛驴受着炙烤的折磨，不断饮水，调料散发全身，最终被烤熟。后来张易之、张昌宗被政变分子杀掉，老百姓脔割他们的肉，发现又肥又白，如同肥猪肉，于是烹饪吃掉。但这些情节很让人怀疑。以动物为食物，须先将动物屠宰放血，脱毛去皮，清洗内脏，成为可分类加工的清洁原料，然后蒸煮烹饪。在早已不再茹毛饮血的唐代，张氏兄弟这样吃鸭鹅毛驴，那是连毛血屎尿都混同在肉里面的，令人匪夷所思。

晚唐人康骈《剧谈录》说：乾符年间（874～879），洛阳城中有豪门子弟，饮食极度讲究。有一个姓李的使君（州刺史）卸任后居住洛阳，很感激这户家长在世时对自己的恩德，想请其几位子弟来自己家中宴饮。洛阳敬爱寺僧人圣刚说自己与这家豪门来往频繁，"每见其饮食，穷极水陆滋味，常馔必以炭炊，往往不惬其意。此乃骄逸成性，使君召之可乎？"李使君说："若朱象髓、白猩唇，恐不可致。止于清洁修办小宴，亦未为难。"他广泛搜罗山珍海味，妻孥亲自下厨，精细烹饪，陈设绮席雕盘，宴请几位子弟。然而这几位贵客面对着一道道美味佳肴，竟然毫无兴致，懒得下筷子。李使君再三恳请他们用餐，他们只尝了几口水果。羹汤呈上来，他们都只尝了一小勺，彼此久久对看，龇牙咧嘴，好像吞咽了烂菜帮子、苦李子一样。过后，圣刚问他们："李使君特备一筵，看馔可为丰洁，何不略领其意？"几个子弟说："燔炙煎和，未得其法。"圣刚说："他物纵不可食，炭炊之餐，又嫌何事？"他们回答道："凡以炭炊馔，先烧令熟，谓之炼火，方可入爨，不然，犹有烟气。李使君宅炭不经炼，是以难于餐啖。"后来洛阳出现战乱，这几个子弟逃难到山谷中，三天没东西充饥。圣刚见一家小店出售粗劣米饭，食具也是简陋的瓦质杯盘，不得已，买饭来给他们充饥。几个子弟空腹难熬，立即狼吞虎咽，觉得十分享受，比膏粱细肉的味道都鲜美。圣刚笑道："此非炼炭所炊，不知可与诸郎君吃否？"几个子弟"但低首惭腼，无复词对"。①

白居易是一个佛教居士，斋戒日不吃荤腥，斋戒日以外，饮食遵从世俗习惯。他在《七月一日作》诗中说："饥闻麻粥香，渴觉云汤美（原注：胡麻粥，云母汤）。平生所好物，今日多在此。"②《晚起闲行》诗说："午斋何俭洁，饼与蔬而已。"③《二年三月五日斋毕开素当食，偶吟赠妻弘农郡君》诗说："前月事斋戒，昨日散道场。以我久蔬素，加箈（盛放果脯的竹制食器）仍异粮。鲂鳞白如雪，蒸炙加桂姜。稻饭红似花，调沃新酪浆。佐以脯醢味，间之椒薤芳。老怜口尚美，病喜鼻闻香。"④《夏日作》诗说："宿雨林笋嫩，晨露园葵鲜。烹葵炮嫩笋，可以备朝餐。止于适吾口，何必饫腥膻。"⑤《池上小宴问程秀才》诗，描写他在洛阳招待苏州客人的饭菜，说："净淘红粒罨（覆盖）香饭，薄切紫鳞（鱼）烹水葵（莼菜）。"⑥《饱食闲坐》诗说："红粒陆浑稻，白鳞伊水鲂。庖童呼我食，饭热鱼鲜香。箸箸（筷子）适我口，匙匙（小勺）充我肠。"⑦ 他平素嗜酒如命，斋日饮用三勒浆。三勒浆是一种果酒，由西域传入，内地仿制。他还喜欢喝茶，《晚起》诗说："融雪煎香茗，调酥煮乳糜。"⑧

唐人李复言小说《续玄怪录·辛公平上仙》披露，洛阳城西榆林店中，"二人饮酒食肉"，洛阳西边新安县磁涧王氏，供应顾客的饭菜是"饭蔬而多品"，新安赵氏供应的则是"肝美"。⑨

五代冯贽《云仙散录》"脂花馎"条，总论唐代"洛阳岁节"。大年初一，洛阳人家"造鸡丝蜡、燕粉荔枝"。正月十五，"造火蛾儿、玉梁糕"。寒

---

① 《剧谈录》卷下《洛中豪士》，《唐五代笔记小说大观》，第 1485~1486 页。
② 《全唐诗》卷四五三，第 1145 页。
③ 《全唐诗》卷四五九，第 1166 页。
④ 《全唐诗》卷四五九，第 1166 页。
⑤ 《全唐诗》卷四五三，第 1145 页。
⑥ 《全唐诗》卷四五一，第 1137 页。
⑦ 《全唐诗》卷四五三，第 1143 页。
⑧ 《全唐诗》卷四五一，第 1137 页。
⑨ （唐）李复言编《续玄怪录》卷一《辛公平上仙》，程毅中点校，中华书局，1982，《玄怪录》合刊本，第 139 页。

食节，"煮杨花粥"。端午节，服食"术羹、艾酒"。七月初七，"造明星酒，装同心胎"。重阳节，"迎凉脯、羊肝饼"。冬至，"煎饧彩珠"。腊日，"造脂花饾"。"芋郎君"条说洛阳人家欢度正月十五上元夜灯节，家家户户制作名叫"芋郎君"的食品，吃后，生男生女，皆能遂愿。还"互送鸡肉酒，用六寸瓶贮之，于亲知门前留地而去"。①

饮食在养生中是物质内容，表现为外在形式；精神内容等内在形式则是修心养性。

唐人迷信炼丹，服食所谓长生不老药，往往铅汞中毒，焦渴暴躁，浑身脓疮，促使自己早日死亡。白居易六十多岁时写了几首诗，总结服食仙丹的后果，以及自己的态度。《对镜偶吟，赠张道士抱元》诗说："白发万茎何所怪，丹砂一粒不曾尝。"② 他之所以持这种态度，是因为目睹了很多朋友就是采用这种养生延年的方式而早早丧生的。他的《思旧》诗说："唯予不服食，老命反迟延。……但耽荤与血，不识汞与铅。……齿牙未缺落，肢体尚轻便。已开第七秩，饱食仍安眠。"③

白居易注重生活有序，不打破规律。在没有公务缠身的时候，他把一天分作几个时间段，按时作息。他的《偶作二首》第二首说："日出起盥栉（洗脸、梳头），振衣入道场。寂然无他念，但对一炉香。日高始就食，食亦非膏粱。精粗随所有，亦足饱充肠。日午脱巾簪，燕息窗下床。清风飒然至，卧可致羲皇。日西引杖屦，散步游林塘。或饮茶一盏，或吟诗一章。日入多不食，有时唯命觞。何以送闲夜，一曲《秋》《霓裳》（乐曲《秋思》《霓裳羽衣曲》）。一日分五时，作息率有常。自喜老后健，不嫌闲中忙。"④ 一天中有净化心灵的宗教调养，有调剂生活的吟诗听曲，有闲庭漫步，有喝茶提神、饮酒助兴，更有家常饭菜，起居坐卧。

白居易年老多病时作《病中诗十五首》，其小序总结说："余早栖心释梵，

---

① （后唐）冯贽：《云仙散录》，张力伟点校，中华书局，1998，第8、49页。
② 《全唐诗》卷四五八，第1161页。
③ 《全唐诗》卷四五二，第1141页。
④ 《全唐诗》卷四四五，第1115页。

浪迹老庄，因疾观身，果有所得。何则？外形骸而内忘忧恚，先禅观而后顺医治。旬月以还，厥疾少间，杜门高枕，澹然而闲。"① 这实际上是把道家和佛教的一些路数当作医治疾病的辅助手段，来凝心静气，调整呼吸，净化思想，安养身体，恢复健康。他的《兰若寓居》诗说到自己如何以赋闲的方式养生："名宦老慵求（年老了，懒得追逐官爵名利），退身安草野（退居民间）。家园病懒归，寄居在兰若（山寺）。薜衣换簪组（用平民穿的粗麻衣服，代替官员佩戴的冠簪、绅带），藜杖（手杖）代车马。行止辄自由，甚觉身潇洒。晨游南坞上，夜息东庵下。人间千万事，无有关心者。"②《早服云母散》诗说到自己如何坚持坐禅，调整心态："每夜坐禅观水月……身不出家心出家。"③《在家出家》诗又说："衣食支吾婚嫁毕，从今家事不相仍。夜眠身是投林鸟，朝饭心同乞食僧。清唳（鸟叫）数声松下鹤，寒光一点竹间灯。中宵入定跏趺坐（禅定时盘腿打坐），女唤妻呼多不应。"④《秋池》诗体现了他的泛禅观论："洗浪清风透水霜，水边闲坐一绳床。眼尘心垢见皆尽（四大皆空），不是秋池是道场。"⑤《偶吟二首》之一说自己日常生活中同道教、佛教的关系，以及如何放松自己："静念道经深闭目，闲迎禅客小低头。犹残少许云泉兴（尚存些许游山玩水的兴致），一岁龙门数度游。"⑥ 于是他做到了调养心境，知足常乐，随遇而安。《不出门》诗说："不出门来又数旬，将何销日与谁亲？鹤笼开处见君子，书卷展时逢古人。自静其心延寿命，无求于物长精神。能行便是真修道，何必降魔调伏身。"⑦《问秋光》诗说："不引窗下琴，即举池上酌。淡交唯对水，老伴无如鹤。自适颇从容，旁观诚濩落（空阔无用）。身心转恬泰，烟景弥淡泊。"《安稳眠》诗说："眼逢闹处合（不凑热闹），心向闲

① 《全唐诗》卷四五八，第 1160 页。
② 《全唐诗》卷四二九，第 1054 页。
③ 《全唐诗》卷四五四，第 1149 页。
④ 《全唐诗》卷四五八，第 1162 页。
⑤ 《全唐诗》卷四五一，第 1137 页。
⑥ 《全唐诗》卷四五〇，第 1134 页。
⑦ 《全唐诗》卷四五〇，第 1134 页。

时用。既得安稳眠，亦无颠倒梦。"① 《池上竹下作》诗说："食饱窗间新睡后，脚轻林下独行时。水能性淡为吾友，竹解心虚即我师。何必悠悠人世上，劳心费目觅亲知！"② 《池上即事》诗说："绿竹挂衣凉处歇，清风展簟（竹席）困时眠。身闲当贵真天爵（天然的官爵），官散无忧即地仙。林下水边无厌日，便堪终老岂论年。"③ 在《寄卢少尹》一诗中，他思考着养生之道，并同朋友切磋，说："老诲心不乱，庄戒形太劳。生命既能保，死籍亦可逃。嘉肴与旨酒，信是腐肠膏。艳声与丽色，真为伐性刀。补养在积功，如裘集众毛。将欲致千里，可得差一毫（自注：'心不乱'、'形太劳'至'差一毫'，皆出《老》《庄》及诸道书、仙方禁诫）？颜回何为者，箪瓢才自给。肥醲不到口，年不登三十。张苍何为者，染爱浩无际。妾媵（小老婆）填后房，竟寿百余岁。苍寿（张苍长寿）有何德，回夭（颜回短命）有何辜？谁谓具圣体，不如肥瓠躯。遂使世俗心，多疑仙道书。寄问卢先生，此理当何如？"④ 白居易从小体质就很弱，但由于注重修心养性，一直活到七十五岁。

特别对于老年人来说，心态之于健康，作用很大。当进入暮年便是日薄西山、气息奄奄或者风烛残年、坐以待毙时，心态好的人看到的却是漫天晚霞、灿烂无比。刘禹锡晚年在洛阳，对于名缰利锁有了新的认识，心态渐渐静了下来，恬然自适。他在洛阳作有《酬思黯见示小饮四韵》诗，思黯是宰相牛僧孺的字。这首诗说："抛却人间第一官，俗情惊怪我方安。兵符相印无心恋，洛水嵩云恣意看。三足鼎中知味久（三公号称鼎臣，调理咸盐酸梅，比喻整治国政），百寻（八尺为一寻）竿上掷身难。追呼故旧连宵饮，直到天明兴未阑（尽）。"⑤ 他又作《酬乐天咏老见示》诗说："人谁不愿老，老去有谁怜。身瘦带（腰带）频减，发稀冠自偏。废书缘惜眼，多炙为随年。经事还谙事，阅人如阅川。细思皆幸矣，下此便翛然。莫道桑榆晚（《后汉书·冯异传》

---

① 《全唐诗》卷四四五，第 1115、1116 页。
② 《全唐诗》卷四四六，第 1120 页。
③ 《全唐诗》卷四五〇，第 1133 页。
④ 《全唐诗》卷四五二，第 1141 页。
⑤ 《全唐诗》卷三六一，第 902 页。

说：'失之东隅，收之桑榆。'东隅指日出处，桑榆指日落处。用来形容早年的时光已经逝去，晚年还可望有成)，为霞尚满天。"①

一帮善于养生的老人聚集在一起，老有所乐，优哉游哉，是唐朝晚期洛阳的一道风景线。会昌五年三月二十一日（845年5月1日），在洛阳履道里白居易宅邸，七老相聚，举办尚齿会。这七位官员中年龄最大的是胡杲，八十九岁；其次吉皎，八十六岁；其次郑据，八十四岁；其次刘真、卢真，都是八十二岁；最后张浑、白居易，都是七十四岁。另有狄兼謩、卢贞二人参加活动，因为不到七十岁，所以只能列席，不能列为正式与会成员。尚齿会过后到了夏季，又有两位老人回到洛阳，加入尚齿会活动。一位是李元爽，一百三十六岁；另一位是僧人如满，九十五岁。二人被补画入图，白居易题了一首《九老图诗》，以丁令威学道成仙、千年后化鹤归辽东的典故，专门写他们，诗云："雪作须眉云作衣，辽东华表鹤双归。当时一鹤犹希有，何况今逢两令威。"②

第三节　唐代洛阳的时令节日

一　上元夜

上元即正月十五日，又叫作上元节、元宵节、灯节。唐高宗调露二年（680）上元夜，长孙正隐等六人在洛阳观灯游乐，各作一首五言四韵诗《上元夜效小庾体同用春字》。长孙正隐作序说："兹夕何夕，而遨游之多趣乎！""美人竞出，锦障如霞；公子交驰，雕鞍似月。""同游洛浦"，"争渡河桥"。"戒晓严钟，俄宣绮陌（准许清晨开门出行的钟声荡漾在道路上）；分空落宿，已半朱城（黎明之际天空星宿逐渐消隐）。"他的诗说："薄晚啸游人，车马乱驱尘。月光三五夜，灯焰一重春。烟云迷北阙（宫殿），箫管识南邻。洛城终

---

① 《全唐诗》卷三五五，第883页。
② 《全唐诗》卷四六二，第1175页。

不闭（特许不实行闭门宵禁），更出小平津（在洛阳东北黄河边）。"① 其余五人的诗都提到通宵观灯的情况。这种以"燃灯"为主要内容的上元夜游乐活动，此后一直未改变。

神龙元年（705）洛阳上元节，有多首诗纪实。苏味道《正月十五夜》诗说："火树银花合，星桥铁锁开。暗尘随马去，明月逐人来。游伎皆秾李，行歌尽《落梅》。金吾不禁夜，玉漏（计时器）莫相催。"② 官府取消了夜禁，天津桥的铁锁相应打开，听任游人往来。树枝上挂满彩灯，游人们尽情观赏。月光下车马奔驰，尘土随着飞扬。女伎们如同夭桃艳李，边走边唱《梅花落》。崔液《上元夜六首》有云："神灯佛火百轮张，刻像图形七宝装［金、银、琉璃、玻璃、砗磲（贝壳）、珍珠、玛瑙七宝装饰］。影里如闻金口说，空中似散玉毫光。""公子王孙意气骄，不论相识也相邀。最怜长袖（长袖善舞）风前弱，更赏新弦（弦乐）暗里调。""星移汉（银河）转月将微，露洒烟飘灯渐稀。犹惜路傍（旁）歌舞处，踌蹰相顾不能归。"③ 可见上元夜是全民性的游乐节日，士农工商，男女老少，纷纷出游，通宵达旦。不相识的游人也彼此打着招呼，避免产生摩擦而败兴。

开元年间唐玄宗多次驻跸洛阳，将上元夜的燃灯游乐活动推向了高潮。唐人郑处诲说：唐玄宗去上阳宫观灯游乐，在这里，工匠毛顺用缯缎做成"灯楼三千间，高一百五十尺，悬珠玉金银，微风一至，锵然成韵，乃以灯为龙凤虎豹腾跃之状"。④ 孙逖《正月十五日夜应制》诗描写唐玄宗在上阳宫的上元夜活动，说："洛城三五夜，天子万年春。彩仗移双阙，琼筵会九宾。舞成苍颉字，灯作法王轮。不觉东方白，遥垂御藻新。"⑤ 当时洛阳民间的情况，唐人元稹《连昌宫词》自注说：唐玄宗上元夜夹杂在游人中游玩，忽然听见有人在酒楼上用笛子吹奏头天夜里上阳宫刚刚排练的新曲子，不禁惊诧宫中新制

① 《全唐诗》卷七二，第 188~189 页。
② 《全唐诗》卷六五，第 181 页。
③ 《全唐诗》卷五四，第 164 页。
④ （唐）郑处诲：《明皇杂录·逸文》，《开元天宝遗事十种》，第 40 页。
⑤ 《全唐诗》卷一一八，第 274 页。

曲子怎么泄密流传出去。第二天，这位笛手被访查、拘捕，审问中，他说："其夕窃于天津桥玩月，闻宫中度曲，遂于桥柱上插谱记之。臣即长安少年善笛者李谟也。"① 唐玄宗于是将他释放。

我国最早的正月十五日的活动是祭祀占卜，不仅仅在黑夜举行，还包括白天，而且绝非因佛教作法而来。唐初类书《艺文类聚》讲"正月十五日"的来历说："《荆楚岁时记》曰：'风俗望日以杨枝插门，随杨枝所指而祭，其夕迎紫姑神以卜。'《史记》曰：'汉家以望日祀太一，从昏时到明。'"② 然而从隋代起，上元夜变成了燃灯节。古代印度的十二月三十日，正当中国的夏历正月十五日。印度叫作大神变月，当天夜里，僧众和俗人聚集佛寺，供养佛像，佛像和舍利放射瑞光，天上降下奇花，充满寺院。随着中印间僧人的来往，以及佛教典籍的译出，隋唐时期广泛接受了印度习俗，从而更新了上元夜的内容。

二 上巳节

上巳节原来定在三月第一个巳日，后来确定为三月三日。人们举办修禊活动，又称祓禊，原为临水而祭，祓除不祥，后来变为水边嬉戏宴饮，踏青游春。

《云仙散录》"钱龙宴"条记载，洛阳有妓乐的人家，三月三日结钱为龙为帘，举办"钱龙宴"。四围遍撒珍珠，厚达数寸。女妓们顺着座次传递斑螺，传到自己手中时，报出序数，以双数为吉利，免于饮酒。女妓作"双珠宴"感谢主人。主人责成女妓作"饧绥带"，将一丸饧拉长，"长三尺者赏金菱角，不然罚酒"。③ 孟浩然《上巳洛中寄王九迥》诗说："卜洛成周地，浮杯上巳筵。斗鸡寒食下，走马射堂前。垂柳金堤合，平沙翠幕连。不知王逸少，何处会群贤。"④ 这里提到斗鸡、走马射箭等活动。文人雅士更重要的活

① 《全唐诗》卷四一九，第1024页。
② （唐）欧阳询：《艺文类聚》卷四《正月十五日》，上海古籍出版社，1982，第60~61页。
③ 《云仙散录》，第76页。
④ 《全唐诗》卷一六〇，第373页。

动是"浮杯上巳筵"，这自然会想到王羲之（字逸少）"何处会群贤"。东晋永和九年（353）三月上巳，王羲之等四十多位官僚士大夫和高僧，会集于会稽山阴（在今浙江绍兴市）的兰亭，临流修禊，浮杯饮酒。参与人员纷纷作诗，王羲之为这些诗作了《兰亭集序》。

高级官员的上巳节活动，白居易、刘禹锡都曾作诗记载。白居易在《三月三日祓禊洛滨》诗的序言中说：开成二年（837），河南尹李待价报请东都留守裴度组织修禊活动。裴度、白居易、刘禹锡等十多人，泛舟洛河，杯觥交错，从斗门亭经魏王堤抵达天津桥，上岸后或漫步徜徉，或骑马漫游。从清晨到夜晚，说说笑笑，其间妓乐歌舞助兴，彼此分题赋诗。"望之若仙，观者如堵。尽风光之赏，极游泛之娱。美景良辰，赏心乐事，尽得于今日矣。"诗云："三月草萋萋，黄莺歇又啼。柳桥晴有絮，沙路润无泥。……转岸回船尾，临流簇马蹄。……水引春心荡，花牵醉眼迷。尘街从鼓动，烟树任鸦栖。……夜归何用烛，新月凤楼西。"① 刘禹锡《三月三日与乐天及河南李尹奉陪裴令公泛洛禊饮，各赋十二韵》诗，把这次活动的参与人物、内容叙述得很全面，说："洛下今修禊，群贤胜会稽。盛筵陪玉铉（铉是举鼎的器具，代指鼎，引申为鼎臣，指裴度这样的朝廷重臣），通籍（当官者登录于组织部门的花名册中）尽金闺（金马门，代指朝廷）。波上神仙妓，岸傍（旁）桃李蹊。水嬉如鹭振，歌响杂莺啼。历览风光好，沿洄意思迷。棹（代指船）歌能俪（配合）曲，墨客竞分题。翠幄连云起，香车向道齐。人夸绫步障（活动性的锦缎屏风），马惜锦障泥（锦缎马鞯，用以垫马鞍，垂在马背两旁遮挡泥土）。尘暗宫墙外，霞明苑树西。舟形随鹢转，桥影与虹低。川色晴犹远，乌声暮欲栖。唯余踏青伴，待月魏王堤。"②

三　寒食节

寒食节在冬至后一百零五天。传说春秋时期，晋公子重耳因宫廷内乱外逃十九年，介子（之）推等人追随。重耳回国即位为晋文公，追随者纷纷

① 《全唐诗》卷四五六，第 1155~1156 页。
② 《全唐诗》卷三六二，第 906 页。

自夸功劳，被封爵授官。介子推不言利禄，隐居山西绵上山中。晋文公请他出来做官，他不肯，遂烧山逼他出来，他抱树而焚死。晋文公为悼念介子推，禁止在他的忌辰举火煮饮，只许吃冷食，后遂演变成习俗，清明日才举火热食。

唐代民间把寒食节当作扫墓祭拜的日子。留守家乡的人要上坟祭祀，寄托哀思，但事情办完以后，面对明媚的春光，会适当放松愉悦。远离家乡的人没条件上坟祭祀，这一天免不了会思念家乡，或者干脆当作一个和其余节日一样的日子，趁机游乐。

张籍《北邙行》诗提到寒食节，侧重于办丧事的一面，说："洛阳北门北邙道，丧车辚辚入秋草。车前齐唱《薤露》歌（挽歌），高坟新起白峨峨。……寒食家家送纸钱，乌鸢作窠衔上树。"① 宋之问《寒食还陆浑别业》诗，没有丝毫的悲伤情调，说："洛阳城里花如雪，陆浑山中今始发。旦别河桥杨柳风，夕卧伊川桃李月。伊川桃李正芳新，寒食山中酒复春。野老不知尧舜力，酣歌一曲太平人。"② 他的家乡在虢州弘农（今河南灵宝市），无法回去扫墓祭拜，便只把寒食节当成节日，忽略了它的本来含义。

白居易远离祖坟，事事如意，寒食节所发现的只有欢乐和恬适。他的《六年寒食洛下宴游，赠冯、李二少尹》诗说："丰年寒食节，美景洛阳城。三尹（白居易任河南尹，另加冯、李二位少尹）皆强健，七日尽晴明。东郊蹋青草，南园攀紫荆。风拆（绽开）海榴艳，露坠木兰英。假开春未老，宴合（一作洽）日屡倾。珠翠（指女伎）混花影，管弦藏水声。佳会不易得，良辰亦难并。听吟歌暂辍，看舞杯徐行。米价贱如土，酒味浓于饧。此时不尽醉，但恐负平生。殷勤二曹长，各捧一银觥（饮酒器）。"③《洛桥寒食日作十韵》诗说："上苑风烟好，中桥道路平。蹴球（足球）尘不起，泼火雨新晴。宿醉（昨天醉酒）头仍重，晨游眼乍明。老慵虽省事，春诱尚多情。遇客踟蹰立，寻花取次行。连钱嚼金勒，凿落写银罂。府酝觞（一作伤）教送，官

① 《全唐诗》卷三八二，第949页。
② 《全唐诗》卷五一，第156页。
③ 《全唐诗》卷四四五，第1116页。

娃岂要迎。舞腰那及柳，歌舌不如莺。乡国真堪恋，光阴可合轻。三年遇寒食，尽在洛阳城。"①

在当地人优哉游哉的同时，外地人流露出游子思乡、游宦失意的情感。皮日休《洛中寒食二首》说："千门万户掩斜晖，绣幰（代指车）金衔（代指马）晚未归。击鞠（踢球）王孙如锦地，斗鸡公子似花衣。嵩云静对行台起，洛鸟闲穿上苑飞。唯有路傍（旁）无意者，献书未纳问淮肥。""远近垂杨映钿车，天津桥影压神霞。弄春公子正回首，趁节行人不到家。洛水万年云母竹，汉陵千载野棠花。欲知豪贵堪愁处，请看邙山晚照斜（达官贵人活得很幸福，只愁免不了要葬身邙山）。"②

纵观唐代洛阳寒食节的活动，可以发现，人们对生的珍惜和享受，远远超过对死的考虑和恐惧。人们可以在这一天缅怀死者，寄托哀思，但绝不因此而放弃生活的乐趣。

四　清明日

寒食节一两天后，就是二十四节气中的清明，冷食结束，举火热食。清明没有被确定为节日，称为"清明日"，但由于结束了扫墓祭拜活动，人们喜气洋洋，踏青游玩，节日气氛比寒食浓得多。

李峤《清明日龙门游泛》诗说："纷纷洛阳道，南望伊川阙。衍漾乘和风，清明送芬月。林窥二山（香山、龙门山）动，水见千龛（龙门石窟的佛龛）越。罗袂（衣袖）罥（挂）杨丝，香桡（船桨）犯苔发（纤维）。群心行乐未，唯恐流芳歇（只担心春花凋零）。"③ 李正封《洛阳清明日雨霁》诗说："酒绿河桥春，漏闲宫殿午。游人恋芳草，半犯严城鼓。"④ 游人耽于踏青，在天津桥畔举杯畅饮，居然不把官府半下午戒严的鼓声当回事。

---

① 《全唐诗》卷四四九，第1131页。
② 《全唐诗》卷六一三，第1551页。
③ 《全唐诗》卷五七，第169页。
④ 《全唐诗》卷三四七，第858页。

五　盂兰盆会

在印度，四月十五日至七月十五日这三个月是雨季，僧众游方乞食不方便，于是居住寺院中，专心修道，称为"安居"或"结夏"、"坐腊"。七月十五日安居结束，僧众集合，互相检举违背戒律的言论行为，并认错忏悔，称为"自恣"。从此，僧龄增长一岁，故僧龄称为"僧腊""夏腊"。自恣日这天，俗世举行盂兰盆会。盂兰盆是梵文 Ullambana 的音译，意思是解倒悬，是超度祖先的仪式。

西晋时译出的《佛说盂兰盆经》说：佛的大弟子目犍连用天眼看见自己的先母在饿鬼道挨饿，立即借神通力量，给母亲送饭食。其母抓饭到嘴边化成火炭，不能食用。佛对目连说："汝母罪根深结，非汝一人力所奈何。……当须十方众僧威神之力，乃得解脱。"施主只要在七月十五日众僧自恣日设盂兰盆，"具饭百味五果，汲灌盆器，香油锭烛，床敷卧具，尽世甘美，以著盆中，供养十方大德众僧"；佛即命众僧"为施主家咒愿"，使施主"现在父母寿命百年，无病，无一切苦恼之患，乃至 ［已故］ 七世父母离饿鬼 ［道］ 苦，得生天、人 ［道］ 中，福乐无极"。① 自南朝梁武帝大同四年（538）设盂兰盆会以后，朝廷和民间都在七月十五日举行活动，成为国事大典和民间的孝亲节，以超度祖宗，报答祖德。

如意元年七月十五日（692 年 9 月 1 日），武则天在洛阳举办盂兰盆会。时人杨炯《盂兰盆赋》记载这次盂兰盆会的情况，首先指出其性质是"天子之孝"。入场开始，三公百官，各就各位，好像是"山中禅定，树下经行，菩萨之权现，如来之化生。莫不汪洋在列，欢喜充庭。天人俨而同会，龙象（僧人）寂而无声"。武则天头戴通天冠，身佩玉玺，在洛城南门楼上居高临下，主持活动。上公列卿，大夫学士，稽首再拜，说道："圣人之德，无以加于孝乎！"杨炯下面的议论，极少涉及佛教，而是借题发挥，绕了一个圈子，对政治状况寄予希望，说："夫孝始于显亲，中于礼神，终于法轮。武尽美

---

① 《大正藏》第 16 册，第 779 页。

矣，周命惟新。圣神皇帝于是乎唯寂唯静，无营无欲，寿命如天，德音如玉。任贤相，惇风俗，远佞人，措刑狱，省游宴，披图篆，捐珠玑，宝菽粟，罢官之无事，恤人之不足，鼓天地之化淳，作皇王之轨躅。"① 从这些话来看，杨炯对于礼神图篆之类的事情并不赞成，对于这次大典的过度铺张不以为然，而是希望武则天任用贤才，精简机构，实行仁政，减轻刑罚，发展农业，体恤民瘼，节约开支，敦励风俗。这完全是儒家的主张。

六　皇帝诞辰节日

第一个由国家颁布的以现任皇帝的生辰作为普天同庆的节日，是唐玄宗的生日千秋节。唐玄宗于垂拱元年八月初五（685 年 9 月 8 日）生于洛阳。开元十七年八月初五（729 年 9 月 2 日），他在长安兴庆宫花萼楼下设素宴招待百官。洛阳人尚书右丞相张说以文武百官的名义上《请八月五日为千秋节表》，"著之甲令，布于天下，咸令宴乐，休假三日。群臣以是日献甘露醇酎，上万岁寿酒，王公戚里，进金镜绶带，士庶以丝结承露囊，更相遗问，村社作寿酒宴乐，名为赛白帝、报田神"。唐玄宗批准，说："自我作古"，"朝野同欢，是为美事"。② 第二年六月，礼部奏请千秋节全国休假三天，和乡村的秋社会合并，先赛白帝，报田祖，然后素食会餐，唐玄宗批准。到了八月初五，唐玄宗以花萼楼为主会场，过了第一个千秋节。再一年他又在长安过了一个千秋节，就带领着文武大臣巡幸洛阳，随后的开元二十年至二十四年这四个年份的八月都是在洛阳度过的，都在这里过了千秋节。开元二十四年这一次，他在洛阳皇宫中的广达楼下宴请群臣，奏九部乐，由宫廷演员表演绳伎等节目。他给在场的人赏赐了多少不等的财物，同时接见长安地区前来祝寿的父老代表，下敕说："今兹节日，谷稼有成，顷年以来，不及今岁。百姓既足，朕实多欢，故于此时，与父老同宴。自朝及野，福庆同之。并宜坐食，食讫乐饮，兼赐少

---

① （唐）杨炯：《杨炯集》卷一，徐明霞点校，中华书局，1980，《卢照邻集》合刊本，第16~17页。

② 《册府元龟》卷二《帝王部·诞圣》，第19页。

物，宴讫领取。"① 群臣皆献宝镜祝寿。尚书右丞相张九龄"以为以镜自照见形容，以人自照见吉凶"，于是"述前世兴废之源"，编成《千秋金镜录》一书呈上，唐玄宗"赐书褒美"。②

第四节　唐代洛阳社会的迷信心理和行为

唐人大抵都相信宿命论、因果报应、谶语应验一类的东西，做事多反映这种心理。武德元年（618），割据洛阳的王世充同李密打仗，诈称周公连续三次托梦给士兵张永通，"当勒兵相助击贼"，"当有大功，不即兵皆疫死"。王世充"乃为周公立庙"。③ 每次出兵，他们都先到庙中祈祷。九月，王世充兵马部署在洛河南，李密驻军于偃师北山上。王世充出兵击李密，军旗上都写上"永通"二字，王世充大胜。王世充当时是"立祠于洛水"④ 的，而今存古迹周公庙，却在当时宫城则（应）天门内，王世充怎么可能把周公庙修在宫城内，让士兵随便进入皇宫。武德四年（621），秦王李世民率唐军占领洛阳城后，"撤端门楼，焚乾阳殿，毁则天门及阙"。⑤ 这里就没有提到周公庙，显然它不在则天门旁。

武则天在洛阳，有人说："國"（国）字是方框里面安一个"或"字，惑（或）乱天象，若把"或"字改成女皇的姓氏，即可威震天下。武则天就造了这样一个字。一个月后，有人指出"武"字圈定在方框之中，和"囚"字一样，不吉利。武则天赶紧废除这个字，把"武"字改成"八方"，成为"圀"字。后来她的儿子唐中宗在洛阳政变复位，"果幽则天于上阳宫"，⑥ 武则天真的成了囚徒。洛州百姓杜玄梦见家中的牛长了两条尾巴，占者李仙药说："牛"字有两条尾巴，是个"失"字。果然几天后，杜玄的牛便失踪了。⑦

---

① 《册府元龟》卷二《帝王部·诞圣》，第 19 页。
② 《资治通鉴》卷二一四，"开元二十四年"条，第 6821 页。
③ 《资治通鉴》卷一八六，"武德元年"条，第 5809 页。
④ 《旧唐书》卷五四《王世充传》，第 2230 页。
⑤ 《资治通鉴》卷一八九，"武德四年"条，第 5918 页。
⑥ 《朝野金载》卷一，《隋唐嘉话》合刊本，第 19 页。
⑦ 《朝野金载》卷一，《隋唐嘉话》合刊本，第 62 页。

这号"占者"又叫"卜者""术士",即算命先生、算卦先生。唐代宗初年,员外郎窦庭芝分司东都洛阳,卜者胡卢生对他说:"君家大祸将成,举族恐无遗类。……非遇黄中君、鬼谷子,不可相救。然黄中君造次难见,但见鬼谷子,当无患矣。"窦氏全家和亲戚、奴仆,按照他描绘的鬼谷子样子,求访卒不可得。这时,李泌在中桥南路遇河南尹,下驴回避,驴受惊,窜入窦庭芝宅院中。窦庭芝热情款待他,赠送他很多礼品,"但云贵达之辰,愿以一家为托"。建中四年(783)九月,泾原镇(驻今甘肃泾川县北)士兵在长安发动兵变,拥立朱泚为秦帝。唐德宗仓皇逃往奉天(今陕西乾县)。窦庭芝正在陕州当观察使,当地沦为叛军控制区。后官军平定叛乱,收复长安,清查出窦庭芝归附朱泚的罪行,唐德宗把他列为首批死罪镇压对象。这时李泌已成为宰相,负责对变节臣僚的罪状定等级,"遂请庭芝减死",唐德宗"特原其罪"。到这时候才搞清楚,"黄中君"指的是"黄袍加身"的唐德宗,"鬼谷子"指的是曾经修道隐居的李泌。[①] 洛阳天津桥上有两个"术士",一个是"筮者",能以蓍草占卦,一个是"龟者",会用龟纹卜吉凶。李躔考进士屡试不第,先问筮者:自己改名字是否会科第顺利?筮者说:"改名其善乎,不改终不成事也。"他又去问龟者邹生,邹生说:"君子此行,慎勿易名,名将远布矣。然成遂之后二十年间,名字终当改矣。今则已应玄象,异时方测余言。"他听从了邹生的话,果然于唐穆宗长庆元年(821)进士及第。二十年后,他因名字犯唐武宗讳,改为李回,从此官运亨通。他回想往事,评价道:"筮短龟长,邹生之言中矣。"[②]

裴度路经天津桥,见两位老人靠桥柱而立,交谈国家为平定蔡州叛乱,多年用兵,百姓困苦。他们突然发现裴度,悄悄议论道:"适忧蔡州未平,须待此人为将。"仆人听到这话,汇报给裴度,裴度认为这是戏弄自己。他次年进士及第,二十多年后拜相,奏请讨伐蔡州,元和十二年(817)擒获叛乱节帅吴元济,淮西镇自李希烈以后的叛乱终于彻底平定。裴度晚年任东都留守,对

① 《剧谈录》卷上《李邺侯救窦庭芝》,《唐五代笔记小说大观》,第1465~1466页。
② 《云溪友议》卷下《龟长证》,《唐五代笔记小说大观》,第1303~1304页。

人"每话天津桥老人之事"。①

佛教认为天、人、阿修罗、畜生、饿鬼、地狱六道众生,善有善报,恶有恶报,不断轮回,都有成佛的可能,遂制定"不杀生"的戒条,提倡放生。唐代著名循吏韦丹,年轻时看见数百人在洛河滩喧嚣不已,原来是一位渔民捕捉到一只大鼋,拴在中桥柱上,待价而沽。韦丹问渔民多少钱可赎,渔民说"五千文"。韦丹说自己只有一头驴,价值三千,渔民同意交易。韦丹于是把用驴换来的鼋放生到洛河中,心安理得地"徒步而归"。②唐人柳泝侨居洛阳,春天在伊河钓得一条大鱼,带回家放到水盆里。当天夜里,他梦见自己六七岁的孩子被鱼咬伤胸膛,他突然惊醒,听见孩子哭着说:"梦一大鱼咬其臆,痛不可忍,故啼焉。"他检查孩子的胸膛,"果有疮而血"。天亮后,他赶紧把这条鱼放生到伊河中,并请僧人来家念经,请人画佛像。十多天后,孩子的疮口才开始愈合,他"自后不复钓"。③

宝应年间(825~827),有李氏在洛阳安家,传承"不好杀"的门风,家中从不养猫,以免老鼠丧生。一天,李氏会集亲友在堂屋会餐,"门外有群鼠数百,俱人立以前足相鼓,如甚喜状"。李氏和亲友都走出堂屋观看,堂屋忽然坍塌,没有一人伤亡。"堂既摧而群鼠亦去。"这样必然得出结论:"鼠固微物也,尚能识恩而知报,况人乎!如是则施恩者宜广其泽,而报德者亦宜竭其诚。有不顾者,当视之以愧。"④于是推而广之,有的人严格自律,不贪不义之财。李氏妻"孀居东洛,诸子尚幼,家本清素,日用尤乏"。一次下连阴雨,宅院中一堵古墙坍塌,仆人从地基挖出一艘装满铜钱的船。她来到现场,以酒洒地,祭奠发誓,说:"吾闻不勤而获禄,犹为身灾,士君子所慎者。非义之得也,吾何堪焉?若天实以先君余庆悯及未亡人,当令此诸孤学问成立,他日为俸钱赉吾门,此未敢觊。"于是她下令封埋如故,任何人不得取用。她家因而得

---

① 《剧谈录》卷上《裴晋公天津桥遇老人》,《唐五代笔记小说大观》,第 1471 页。
② 《唐国史补》卷上,《因话录》合刊本,第 30 页。
③ (唐)张读:《宣室志》卷四,《唐五代笔记小说大观》,第 1014 页。
④ 《宣室志》卷三,《唐五代笔记小说大观》,第 1005 页。

到好报，"其后诸子景让、景温、景庄皆进士擢第，并有重名，位至方岳"。①

有了这样的心理基础，社会上下都很容易把身边的现象，无论是社会现象还是自然现象，与冥冥之中的力量联系在一起。善无畏在洛阳邙山看见一条巨蛇，叹道："欲决潴洛阳城耶？"他用梵语念咒数百声，不几天蛇死，"乃安禄山陷洛阳之兆也"。②此外，天旱求雨往往请和尚作法，迫使龙出现，带来云霓雨水。密宗僧人善无畏、金刚智，曾受唐玄宗指派，在洛阳求雨。善无畏去世后，葬在龙门广化寺。一个半世纪以后，张全义在洛阳任河南尹，每当天旱求雨，下属必说："王（张全义被封为东平王、魏王）可开塔。"即广化寺善无畏的灵塔。张全义开塔祭拜，祈祷说："今少雨，恐伤苗稼，和尚慈悲，告佛降雨。"据说每次都很灵验，雨量充沛。当时民间流传谚语说："王祷雨，买雨具。"③

第五节　唐代洛阳的丧葬

一　在洛阳创新的"父在为母齐衰三年"制度

传统的守丧制度规定，父亲去世，子为父守丧三年，东汉郑玄解释为二十七个月，曹魏王肃认为二十五个月。这一期间，守丧者所穿的上衣叫作"衰"，用粗糙的生麻布制作，衣旁和下边不缝边，叫作"斩衰"，是五等丧服中最重的一种。而父亲活着时母亲去世，子为母服丧仅一年，丧服用熟麻布制作，边缝整齐，叫作"齐衰"。上元元年十二月二十七日（675年1月28日），陪同唐高宗来到洛阳的武则天上表说：母亲生养儿女，辛苦备尝，恩重如山。"若父在为母服止一期，尊父之敬虽周，报母之慈有阙。……今请父在为母终三年

① （五代）刘崇远：《金华子》卷上，上海古籍出版社，1988，《玉泉子》合刊本，第42~43页。
② 《宋高僧传》卷二《唐洛京圣善寺善无畏传》，第21页。
③ （北宋）张齐贤：《洛阳搢绅旧闻记》卷二《齐王张令公外传》，俞钢点校，傅璇琮等主编《五代史书汇编》，杭州出版社，2004，第2400页。

之服。"① 这一建议当即被唐高宗采纳下诏施行，但没有在全国范围内推广开，武则天临朝称制时，才作为中央政令正式编入《垂拱格》中。此举有提高妇女地位的意味，实际上是她为最终篡权夺位而进行的一次政治试探。武则天被迫下台的当年，即神龙元年五月十八日（705 年 6 月 14 日），儿媳妇韦皇后妄图效法婆母参政执政，又在洛阳上表请求"天下士庶出母终者，令制服三年"。后来，官员对这项改制纷争不断。唐玄宗开元五年（717）在洛阳，右补阙卢履冰上疏指出这一做法扰乱了国家的典章制度。他认为古代礼制规定女子出嫁前服从父亲，出嫁后服从丈夫，丈夫死后服从儿子，这就表明家庭中只有一个尊长。如果子女仅仅考虑报答母亲的生养之恩，将为母亲服丧的时间等同于父亲，那便是家庭中有两个尊长了。他揭露武则天当初提出这个建议，怀有政治企图："原夫上元肇年，则天已潜秉政，将图僭篡，预自崇先。请升慈爱之丧，以抗尊严之礼。"如果现在不矫正这个制度，"恐后代复有妇夺夫政之败者"。② 尽管如此，这一制度在唐代已经执行开来，深入人心。因此，开元二十年（732），此制被纳入《大唐开元礼》中，中书令萧嵩与学士改修礼制，把"父在为母齐衰三年"确定为正式制度。到天宝六载正月十二日（747 年 2 月 26 日），唐玄宗在长安下敕，进一步规定："五服之纪，所宜企及，三年之数，以报免怀。齐斩之纪，虽存出母之制，顾复之慕，何申孝子之心？其出嫁之母，宜终服三年。"③ 但这项制度对于已故的母亲来说，只是虚受其荣，对于服丧的官员来说，意味着守孝期延长，推迟恢复职务出来供事的时间，因而既不利于死者，也不利于活人。

二　洛阳的唐代重要墓葬

洛阳北面的邙山，是传统的丧葬宝地。王建《北邙行》诗云："北邙山头少闲土，尽是洛阳人旧墓。"④ 洛阳南面的龙门地区及周边地区，也成为唐代

---

① 《旧唐书》卷二七《礼仪志七》，第 1023 页。
② 《唐会要》卷三七《服纪上》，第 794、789、790~791 页。
③ 《唐会要》卷三七《服纪上》，第 794 页。
④ 《全唐诗》卷二九八，第 747 页。

达官贵人身后的风水宝地。洛阳地区重要的唐代墓葬有：皇家的恭陵、和陵、唐睿宗贵妃豆卢氏、孺人崔氏唐氏墓，大臣张说、姚崇、李多祚、白居易等墓。近年来从洛阳等地出土墓志来看，唐代中期、后期许多著名大臣葬在洛阳，如崔祐甫、赵宗儒、崔郸、史孝章、杨元卿、陆亘、薛兼训、崔凝、支谟等。

恭陵位于洛阳市偃师区缑氏镇滹沱村西南景山白云峰上。墓主太子李弘，上元二年（675）四月死于洛阳合璧宫，追谥为孝敬皇帝，按照天子的丧葬标准修建陵墓，号称恭陵。工程先后由蒲州刺史李仲寂和司农卿韦机负责，征调滑州、泽州（治今山西晋城市）民夫参与陵墓建设，功费巨亿。唐高宗亲笔书写《孝敬皇帝睿德纪》，勒石竖碑，立于陵前。

恭陵布局严整，陵园坐北朝南，呈正方形，长、宽均为440米，整个墓区面积31万平方米。坟茔为覆斗形，灵台封土残高22米，全部用红褐色生土夯筑，坚硬密实。东西长163米，南北宽147米。灵台封土东北50米处，有一方锥形土冢，是哀皇后冢，即李弘之妃裴氏墓，底边长、宽各50米，残高13米。

图 13-4　洛阳市偃师区唐恭陵

经过考古钻探得知：陵园四周原来有围墙，四周还有角楼。四面围墙中间都有神门，象征东、南、西、北的青龙、朱雀、白虎、玄武。其中南神门宽度为 30 米，门阙之外 10 米处有立狮一对，分列左右，相距 54 米。石狮坐落在石座之上，昂首前视，高大雄伟。东、西、北门则有坐狮三对。东西二神门外石狮相距 571 米，南北二神门外石狮相距 573 米。在南神门的正南方向则是神道，神道两侧自北向南依次排列三对石人（翁仲）、一对天马、一对华表（望柱）。其中石人高 3 米，头戴小冠子"平巾帻"，身穿长袖袍，内着长裙，外着裲裆（半臂，形似背心）铠甲，腰束大带，足蹬云头高靴，双手挂剑，站立于仰覆莲花座上。石人纹饰清晰，神态洒脱。石人以南的一对石马，鬃毛斜披，身体两侧有双翼，四腿粗壮，雕刻细腻。石马之南有华表一对，通高 6.5 米，由基座、柱身、莲花顶三部分构成。基座上有一覆盆莲花础，高 0.1 米，直径 1.5 米。莲花础上立八棱形石柱，高 3.75 米。柱顶置六角形石板，上托莲房与莲苞。恭陵的石刻群规模宏大，气势雄伟，雕刻精美，形象生动，是河南地区仅存的一套唐代陵墓雕刻。唐代帝王陵寝石刻制度确定于唐高宗和武则天的乾陵，但恭陵石刻早于乾陵，被乾陵石刻仿照。

施工进程中，李仲寂发现"玄宫狭小，不容送终之具"，韦机接替督造，"始于隧道左右开便房四所，以贮明器"。[①] 这表明恭陵地下设施中墓道两旁设置了壁龛，其形制与其后关中地区的章怀太子墓、懿德太子墓一致。这些墓葬为双室砖墓，有长斜坡墓道、天井、壁龛，墓室和甬道有大量壁画。1998 年 2 月 15 日，一帮不法之徒盗掘哀皇后陵墓道中东壁龛，后破案，追回被盗文物六十一件。此后偃师市文物部门在被盗现场抢救清理出文物一百八十九件，现藏偃师商城博物馆。这些随葬器物分为釉陶、粉彩陶和鎏金青铜器三大类，其数量之多、釉色之美、彩绘之精，为以往洛阳地区唐墓出土文物所罕见。[②] 裴氏是按照皇后级别安葬的，仅仅清理一个壁龛就出土了如此数量的器物，可推测恭陵的宏大气魄。

---

① 《唐会要》卷二一《诸陵杂录》，第 485 页。
② 郭洪涛：《唐恭陵哀皇后墓部分出土文物》，《考古与文物》2002 年第 4 期。

恭陵虽然号墓为陵，但李弘毕竟没有做过皇帝，所以其陵墓封土在神道偏东方向，表示其地位与帝王有一定差别。洛阳名实相副的唐帝王陵墓，是唐朝灭亡前夕的和陵，在今偃师区顾县镇曲家寨村南地域内，东距恭陵三里。墓主唐昭宗，天祐元年（904）被军阀朱全忠胁迫迁都洛阳，旋被杀害，故墓冢形制卑小。1984 年，偃师县对和陵做了调查和勘探。该陵园地表上建筑已荡然无存，陵前神道石刻多散失，在神道正南约 500 米处地面上，倒卧一残高约 2 米的无头石翁仲。陵墓坐北朝南，地宫居北，墓道在南。地宫由青石条垒砌拱券，南北长约 8 米，东西宽约 4 米，距现地表深约 11.5 米。地宫正南的斜坡墓道南北长约 60 米，宽约 3 米。①

1992 年，考古工作者对位于洛阳市龙门镇花园村的唐睿宗贵妃豆卢氏墓进行了发掘。贵妃在唐代为正一品，地位仅次于皇后。豆卢氏墓长 36 米，由墓道、过洞、甬道和墓室组成，各个组成部分都绘制有仕女和男仆等反映宫廷生活的壁画。② 豆卢氏墓为大型砖室墓，墓中到处都有华丽的壁画，葬具还有石棺床。但豆卢氏墓没有天井和壁龛，反映出其墓葬规格有所降低，这与她很早就失去了贵妃的地位有关。

2005 年，考古工作者对位于洛阳市区洛河以南的唐睿宗为皇嗣时的孺人唐氏和崔氏墓进行了发掘。③ 唐代亲王，配备孺人二人，相当于正五品。根据发掘的唐氏墓志，唐氏卒于长寿二年正月初二（周历，以十一月为正月，692 年 12 月 15 日）。这时，皇嗣妃刘氏和窦氏来洛阳宫中嘉豫殿给婆母武则天拜年，由于被诬告为搞左道迷信诅咒武则天，被武则天杀害。崔氏墓志尚未发现，但从两墓位置邻近来看，崔氏应该和唐氏一样，是与刘氏、窦氏同时遇害的皇嗣配偶。当时，她们的埋葬地被封锁消息，人们不知道在哪里。武则天去世后，刘氏、窦氏都被招魂葬于洛阳城南。刘氏追谥为肃明皇后，其陵叫作惠

---

① 赵振华、王竹林：《东都唐陵研究》，北京大学震旦古代文明研究中心编《古代文明》第 4 辑，文物出版社，2005。
② 洛阳市文物工作队：《唐睿宗贵妃豆卢氏墓发掘简报》，《文物》1995 年第 8 期。
③ 洛阳市第二文物工作队：《唐安国相王孺人唐氏、崔氏墓发掘简报》，《中原文物》2005 年第 6 期。

陵。窦氏因是唐玄宗的生母，追谥为昭成皇后，其陵叫作靖陵。这样做，具有平反的意思，唐氏、崔氏因而捎带享受同样的政治待遇。崔氏墓中出土了两个真人大小的翁仲，应该是原来立在坟墓前的文臣。墓葬都是单室砖墓，由墓道、过洞、天井、壁龛、甬道和墓室构成。唐氏墓三天井、四壁龛，崔氏墓五天井、四壁龛，总长都超过 30 米。两墓都有大面积的壁画，共约 100 平方米，内容有青龙、白虎，人牵马、骆驼图，还有面目狰狞的武士。人物、马、骆驼与实物大小相当，青龙、白虎甚至长达 5 米多。唐氏墓壁画笔法细腻，线条流畅，刻画人物传神，变化多样；崔氏墓用笔粗豪，雄浑苍劲。壁画用黑、黄、红等矿物颜料绘制，封存千年，发掘后仍旧色彩鲜艳。两座墓是目前河南发现的画幅最大、艺术价值最高的唐代壁画墓。①

唐中叶郭虚己的墓，1997 年被偃师市文管会抢救性发掘。此墓是土洞墓，墓道和甬道中各有壁龛一对，墓室中有棺床，墓壁有壁画痕迹。② 郭虚己生前担任过工部尚书，为正三品高级官员，死后被追赠为从一品的太子太师。

唐后期洛阳地区的唐墓形制，大抵简陋粗糙，但规格较高的墓葬时有发现。1991 年发掘的伊川县城西北鸦岭乡的齐国太夫人墓，墓主吴氏是河北藩镇成德军节度使王士真的夫人，卒于唐穆宗长庆四年（824）。墓葬为单室土洞墓，由长斜坡墓道、三个过洞、三个天井、甬道和墓室组成，全长 45.5 米。墓葬规模庞大，结构复杂。该墓虽经过盗掘，但仍然出土了一千六百一十八件文物，其中有大量金银、宝石器物，体现了死者在世时生活的奢侈豪华。③ 这说明厚葬风气在财力殷富的人家中愈演愈烈，与国力由盛而衰的发展趋势并非同步。唐后期官吏和富人的随葬品中，三彩和俑类明器大量减少，木器和金银器以及生活、文房用具开始增多。偃师杏园唐墓中，大历五年（770）郑洵墓出土了金银平脱鸿雁镜、鎏金银盒等精美金银器；会昌五年（845）李郁墓出土了铜镜和银盒；④

---

① 杨蕊：《洛阳关林两座唐墓壁画的揭取》，《河洛春秋》2005 年第 4 期。

② 樊有升、鲍虎欣：《偃师出土颜真卿撰并书郭虚己墓志》，《文物》2000 年第 10 期。

③ 洛阳市第二文物工作队：《伊川鸦岭唐齐国太夫人墓》，《文物》1995 年第 11 期。

④ 中国社会科学院考古研究所河南二队：《河南偃师市杏园村唐墓的发掘》，《考古》1996 年第 12 期。

元和九年（814）郑绍方墓出土了各种生活用具以及银盒、铜手炉、围棋等；咸通十年（869）李悦墓中则有陶砚、铜刀、铜镜；[1] 会昌五年李存墓中有玉石器、银器、漆器，还有一枚铜书印和印盒。[2] 大和三年（829）韦河墓，会昌三年李郃墓，上述郑绍方墓、李悦墓，以及大中八年（854）李瑞友墓，都在墓室四壁分布小壁龛十二个，这应该是用来放置木制十二生肖的，只不过墓室进水后木俑腐烂而没有遗存。洛阳北郊安史之乱后的一座唐墓，也出土了铜钵、铜镜、水晶玉石饰物。[3] 洛阳市大和三年东明小区唐墓中，出土了精美的鎏金铜马、鎏金银盒、银平脱鸳鸟牡丹花纹镜等金银器。[4] 伊川鸦岭乡齐国夫人墓中，没有出土一件三彩俑类明器，而是出土了大量的金银器和饰物。这些随葬品的共同点，是没有了唐前期高大绚丽的镇墓兽和三彩俑等明器。

唐代洛阳还有由社会力量埋葬死者的做法，这是受着"仁义"的道德评判和驱使而然的。监察御史杨汪受朝廷委派，调查巂州（治今四川西昌市）都督张审素的贪赃罪，情况属实，张审素被执行死刑，两个年幼的儿子张瑝、张琇被流放岭南。开元二十三年（735），张瑝、张琇来洛阳暗杀了杨汪，在逃奔途中被捕。洛阳民众认为这两兄弟年少而能恪守孝道，为父亲复仇，应该得到同情和宽恕。中书令张九龄提议赦免死刑。杨汪身为监察御史，负责监督、监察官员，受理所揭发的案件，处理违纪官员，同张审素之间根本不是私人恩怨。大臣裴耀卿、李林甫认为国家法律应该执行，不能纵容个人报私仇。唐玄宗于是下敕，由河南府将两兄弟处死。洛阳民众纷纷撰写哀诔文，募集资金，在处死两兄弟的地方打造义井，并将两兄弟埋葬在邙山上。为了不被杨汪家人发掘，洛阳民众设置障眼法，造了几处疑冢。

佛教徒的墓葬形式为火化起塔，佛教寺院的塔林，即是僧人的墓塔。唐末僧

[1] 中国社会科学院考古研究所河南第二工作队：《河南偃师杏园村的六座纪年唐墓》，《考古》1986年第5期。

[2] 中国社会科学院考古研究所河南第二工作队：《河南偃师杏园村的两座唐墓》，《考古》1984年第10期。

[3] 四川大学历史文化学院考古学系、洛阳市文物工作队：《洛阳北郊唐墓》，《文物》2006年第3期。

[4] 洛阳市文物工作队：《洛阳市东明小区C5M1542唐墓》，《文物》2004年第7期。

人从谏在洛阳广爱寺去世，弟子将其遗体送至洛阳建春门外尸陀林中，施舍给鸟兽食用，然后将剩余残骸进行火化，收取骨灰，建造白塔，春秋以香火祭奠。

三 唐代洛阳的唐三彩

洛阳唐墓中出土的唐三彩，数量大，种类多。1981 年 4 月，洛阳市文物工作队在龙门东山北麓发掘了安菩夫妻的合葬墓。安菩字萨，中亚安国昭武九姓粟特胡人。贞观四年（630），他归降唐朝，被封为定远将军。麟德元年（664），他在长安去世。其妻何氏，景龙二年（708）在洛阳去世。第二年，他们的儿子将运到洛阳的父亲的灵骨，与母亲合葬。

安菩夫妻合葬墓出土了大量人物、动物、生活器具等三彩明器，主要有文吏俑、天王俑、镇墓兽、马、骆驼、牵马俑、牵驼俑、骑马俑、男女立俑、男女侍俑、牛狗猪鸡鸭鹅俑等。其中三彩天王俑高 1.13 米，头戴盔冠，身穿黄绿釉铠甲，两肩装饰兽首护膊，左臂曲肘持兵器，右手叉于腰间，腹侧有膝裙，小腿上缚护腿，足着黄色尖头履，左弓步，脚踏绿色卧牛。这件制品将佛教艺术中的天王与传统中国的武官形象结合起来，怒目圆睁，造型夸张而自然，无论表情、神态还是服饰，都处理得细致入微。马是唐三彩中的重要题材，但多数三彩马为白色、黄色。这里出土一件三彩马，长、高均 70 多厘米，四足静立，头颈上扬，目视前方，躯体和腿部均施黑色釉，色泽黑亮，面、鬃、尾、蹄为白色，间施酱黄色花斑，背载马鞍，装饰黄绿色花毯，短尾上翘。这里出土的三彩器品质极高，胎质坚硬，施釉均匀，色泽鲜艳，造型生动活泼，装饰华丽，具有很高的艺术价值。这些三彩器是初唐、盛唐之交唐三彩的典范作品。

洛阳出土的唐三彩中，有胡人俑和骆驼俑。这些胡人高鼻深目，络腮胡须，身着短衣高领的中亚地区民族服饰。他们或者背负行囊，或者手牵满载货物的骆驼，体现出异域文化的色彩，是唐代中原地区与西域经济文化交流的真实写照。同时，唐代一些三彩器物也受到了异域文化的影响。河南博物院收藏的一件出土于洛阳东郊唐墓的凤首壶，高 32.5 厘米，细颈，扁圆体，头部为凤头形，壶口凤首尖喙弯曲，双眼圆睁，上有高冠，大眼、尖嘴，壶身一侧附

图 13-5 唐三彩天王俑、镇墓兽（洛阳出土）

弧形柄。其造型和装饰应源于古代波斯萨珊王朝时期的金银器，同时将中亚风格的造型和图案融入中原文化传统中，形成了独特的艺术风格。1996 年洛阳杨文村唐墓出土了三彩驯狮扁壶，狮子是外国动物，由西域诸国贡献而进入中国。这件三彩驯狮扁壶，画面的左侧为一位驯狮胡人，头戴圆帽，双目圆睁，上穿黄色衣服，袒露右肩，帔帛从胸前上折披于左肩头，腰间束带，下穿裤子，足蹬黄色高筒靴。其姿势为跨步张臂，右手举至头顶，左手执绳于腰际。画面的右侧为一头狮子，脖子上被系上绳子，怒目圆睁，张开大口，四蹄腾跃，尾巴高高翘起，正被驯狮人摆布。整个画面紧张生动，再现了唐代洛阳西域艺人驯兽的表演场面。①

四 唐代洛阳的墓志

墓志埋入墓道中，文字详细，交代死者的姓名、籍贯、家世、生平履历、

---

① 洛阳市文物工作队：《洛阳杨文村唐墓 C5M1045 发掘简报》，《考古与文物》2002 年第 6 期。

图 13-6　唐三彩高胡帽男牵马俑、驯狮扁壶（洛阳出土）

志趣操守、思想信仰、重大事迹、所得奖励、子女、姻亲等。墓志文中可以对死者的道德、学问、功绩做评价和歌颂，但并非必须有这部分内容。墓志文后面还可以添加一段诗歌体铭文，故又叫作墓志铭。墓志文涉及政治、经济、文化、军事、典章制度、民族关系以及社会交际等情况，很多为传世文献所不载。

洛阳是目前唐代墓志出土最多、最集中的地区。志主身份林林总总，亲王的妃子、孺人，功臣将相，州县官吏，佛道僧侣，隐士，商贾，家庭妇女，奴仆，一应俱全，还有许多迁居洛阳的外国人。

清朝末年到民国时期，民间盗墓猖獗，洛阳的大量墓葬被破坏，许多墓志也被盗掘出来。当时的著名学者罗振玉，率先关注洛阳出土的墓志，将搜集到的拓片编辑成《邙洛冢墓遗文》多编，其中有大量唐代的墓志。民国时期，为收集洛阳唐代墓志做出巨大贡献的，当数张钫的"千唐志斋"和李根源的"曲石精庐"。千唐志斋位于洛阳市新安县铁门镇，是民国时期将领张钫所建花园蛰庐的一部分。张钫搜集到墓志、经幢、造像等石刻一千五百七十八件，其中以唐代墓志最多，共有一千一百八十五件，故名千唐志斋。他将搜集来的志石镶嵌在窑洞和天井院中，形成了今天千唐志斋的规模。

收入洛阳出土唐代墓志的书籍，有《千唐志斋藏志》、《隋唐五代墓志汇编·洛阳卷》、《洛阳出土历代墓志辑绳》、《洛阳新获墓志》、《洛阳新出土墓志释录》、《曲石精庐藏唐墓志》、《邙洛碑志三百种》、《全唐文补遗》第八辑、《全唐文补遗·千唐志斋新藏专辑》、《河洛墓刻拾零》等。各地收藏的 20 世纪前半叶洛阳出土的唐代墓志有二千二百七十八方。洛阳地区的唐墓志主要收藏在千唐志斋、开封博物馆、洛阳古代艺术馆、南京博物院、西安碑林博物馆、洛阳市第二文物工作队、洛阳师范学院河洛古代石刻艺术馆、偃师商城博物馆等处。

洛阳出土的唐墓志，许多属于重要人物。洛南唐睿宗配偶们的墓志，对于了解武则天时期宫廷的残酷内幕有一定的帮助，而文献根本没有记载唐睿宗的配偶有孺人唐氏、崔氏，更没有记载她们在唐睿宗妃刘氏、窦氏被武则天杀害时一并遇害。

宰相级别人物的墓志在洛阳时有出土。收藏于洛阳师范学院河洛古代石刻艺术馆的《傅游艺墓志》，记载了政治投机派傅游艺由县尉扶摇直上，升迁至宰相并最终被赐死的一生，反映了武则天时期政治生活的一个侧面。1999 年出土于洛阳伊川的唐玄宗时期宰相张说的墓志，撰写者是另一位宰相张九龄。此外，尚有中唐时期的宰相崔祐甫、赵宗儒、崔郾等人的墓志。

洛阳出土墓志中还有许多战功赫赫的武将，他们的许多经历涉及唐代重要的军事活动。如《屈突通墓志》记载了唐初功臣屈突通的生平事迹，涉及其家族和隋唐之际的军事，许多内容两《唐书》失载。收藏于洛阳古代艺术馆的《张守珪墓志》，志主是重要边将，其参与了唐朝对突厥、奚、契丹、吐蕃等周边民族的军事行动，对于了解唐玄宗时期的边患有重要价值。《杨元卿墓志》则记载了志主在唐宪宗时期平定河南叛乱藩镇淮西镇中的功绩。收藏于洛阳师范学院河洛古代石刻艺术馆的《史孝章墓志》，则记载了唐后期邠宁节度使史孝章的生平事迹。

还有一些墓志涉及当时著名的文人学士。1928 年出土的《李邕墓志》，记载了唐玄宗时期著名书法家和学者李邕的生平遭遇。同时期出土的《王之涣墓志》，志主是《登鹳雀楼》诗的作者，墓志记载了他的家世情况，可补史籍之阙。

洛阳出土的唐墓志，许多由著名书法家所书写。《严仁墓志》是草圣张旭传世的唯一楷书作品。《王琳墓志》《郭虚己墓志》均由书法泰斗颜真卿所书写。《陈希望墓志》《陈尚仙墓志》《张廷珪墓志》的书写者，是著名书法家徐浩，三方墓志分别使用行书、楷书、隶书，体现出深厚的艺术功底。为《崔祐甫墓志》撰写墓志盖的，是著名书法家李阳冰。《郑炅墓志》的书写者是著名诗僧湛然。许多墓志的书写，真、草、隶、篆，各具特色。

洛阳出土墓志的墓主，有高句丽人泉献诚、泉男生、高足酉、高质，百济人扶余隆、黑齿常之、黑齿俊，[1] 昭武九姓国人康婆、康留买、康老师、安菩、史诺匹延，吐火罗人罗甗生，大月氏故地人支万彻，波斯人阿罗撼，等等。这些人的墓志，为我们展现了洛阳地区在文化交流中的重要地位。

墓志文字的一般格式和通常内容，各个朝代大抵相似，这里只就奇特的丧葬文化现象和有价值的信息，举隅论列。

2001 年 6 月，洛阳市伊川县彭婆乡许营村北万安山南原出土了唐代《柳山涛墓志》。志文说：柳山涛一生读书，不求功名。"显庆年中，征贲有道"，他到河北担任县主簿，"非其所好"，干了一届即卸职归家。麟德二年（665）十一月病故，时年七十四岁，第二年三月埋葬。这方墓志，在铭文后面特意加了一段谶语："《易》占云，葬后一千三百年，乃为黄头所发。其所开发者，当更好埋葬之，若不好埋葬者，凶不出年。"[2] 据洛阳学者赵振华研究，显庆五年（660）六月，唐高宗下诏"四科举人"。这四科一是"孝悌可称，德行夙著，通涉经史，堪居繁剧"；二是"游咏儒术，沉研册府，下帷不倦，博物驰声"；三是"藻思清华，词锋秀逸，举标文雅，材堪远大"；四是"廉平处

---

① 扶余隆墓志见洛阳古代艺术馆编《隋唐五代墓志汇编·洛阳卷》，天津古籍出版社，1991；黑齿常之父子墓志见李希泌编《曲石精庐藏唐墓志》第 25 号、第 30 号，齐鲁书社，1986。

② 吴钢主编《全唐文补遗·千唐志斋新藏专辑》，三秦出版社，2006，第 25~26 页。

事，强直为心，洞晓刑书，兼苞文艺"。唐高宗责成五品以上的朝官、京官、地方官，按照这四科的标准"精加搜访，各以名荐"。① 柳山涛到河北担任县主簿，就是这次被选中的，时已六十九岁。2001 年柳山涛墓被发掘，距离公元 666 年埋葬，相隔一千三百三十五年，与谶语"一千三百年"若合符契。这方墓志出土未久，归专门收藏、陈列、研究墓志的机构新安县千唐志斋博物馆收存，可谓得其所哉。因而也就不存在发掘人"黄头""凶不出年"的问题。② 对赵振华等人的研究，笔者做点补充：上述"四科举人"，唐高宗时在洛阳，因而是在洛阳下发诏令的。西晋时期，山涛与嵇康同属竹林七贤。山涛在洛阳担任尚书吏部郎时，曾举荐嵇康代替自己做官。柳山涛之所以名叫"山涛"，墓志说其父看到儿子"虽在髫年，以有山吏部之识量……因以名之"，看来柳山涛自小便有举贤礼让的品质。沿着这条人生轨迹发展，他必然如志文所说平生"胜寄林壑"，"闲居乐道"，是一位具有魏晋名士遗风、崇尚玄学、相信谣谶、淡泊名利、知足常乐的人士。那么，墓志中的谶语，很可能是死者生前交代这样写的。

1996 年 5 月，洛阳市李楼乡太平庄发现了唐代奴仆林存古墓志，志石较小，全文说：

> 有唐分司御史杨授下指使人林存古，潮阳人也。谨厚小心，忠孝皆有，在吾家二十五年矣。劬劳戮力，功绩彰名，求之辈流，不可多得。余从事河东日，尝授职于衙庭。洎分务洛中，时亦列名于曹署。非尽善尽美，孰至如斯。必谓更享遐年，以期迁进。卧疾仅经旬月，医药无所阙如。以咸通七年三月二十二日卒于余家，年四十有一。后二日葬于城东地。妻曰阿罗，与尔同乡贯也。乳哺余之长女，今已成人。其为功勤，与夫相类。男名撮儿、佛奴，女曰小评。撮以不道，他适，佛、评皆在吾家。录尔前劳，遂立铭记。辞曰：君致忠勤之绩，妻施乳哺之劳；奉指踪

① 《册府元龟》卷六七《帝王部·求贤一》，第 717 页。
② 赵振华、王学春：《谈隋唐时期丧葬文化中的墓志谶言——读〈柳山涛墓志〉及其谶言》，西安碑林博物馆编《碑林集刊》第 10 辑，三秦出版社，2004，第 193~200 页。

而无怠，处流辈以居高。春已暮兮君已谢，遽舍我兮归长夜；吾不知其所宰，将何警乎厉者。

赵振华指出，墓志是林存古的主人杨授撰文的。杨授是唐文宗朝宰相杨嗣复的次子，进士擢第，曾长期在洛阳当官，后至刑部尚书、太子少保。唐代的奴婢阶级，是社会最底层的卑微群体，唐律规定他们的地位等同于主人家的牲畜。林存古二十五年如一日，谨慎勤劳，服侍主子，刚刚四十出头，卧病旬月而死，使杨授心动恻悯，感念不已，撰写了这篇墓志。像杨授这样为家奴撰写墓志随葬的高级官僚，目前仅见此一例。① 笔者做以下补充：志文以撰文者第一人称的口气，道出死者的身份、经历，既维持了彼此间的尊卑距离，又表达了对死者的感激和哀悼，墓志这样谋篇布局，在当时的社会背景下十分得体。林存古是潮阳（今广东汕头市）人，出身于蛮荒海陬的穷苦人家，在洛阳的丧事，肯定是由杨授斥资操办的。这在重视"送终"的古代，算是杨授对死者做了一件极大的善事。但杨授撰写墓志，没有提到这一点，显得颇有风度。

1926 年 8 月，洛阳城东北东山岭头村南凹东冢，出土了高句丽人泉献诚墓志，说他唐高宗时来华，被授以官职，武则天天授二年（691）二月，"奉敕充检校天枢子来使"。② 1990 年 4 月，伊川县平等乡楼子沟村北出土了高句丽人高足酉墓志，说："证圣元年（695）造天枢成，悦豫子来，雕镌乃就。"③ 唐代使职很多，但文献中从未记载"子来使"，这两方墓志的出土，可以使人们了解那个时期的临时差遣职务。词组"子来"出典于《诗经·大雅·灵台》："经始勿亟，庶民子来。"这是说周文王修造灵台，百姓像儿子为父亲干活一样，几天工夫就竣工了。唐人运用词组"子来"，也是这层含义。唐太宗贞观五年（631）讨论修造明堂，孔颖达上表说："子来经始，

---

① 参见赵振华《唐代奴仆林存古墓志研究》，郭绍林主编《洛阳隋唐研究》第 1 辑，远方出版社，2006，第 154~161 页。
② 《唐代墓志汇编》上册，第 985 页。
③ 《洛阳新获墓志》，第 219~221 页。

成之不日。"① 武则天光宅元年（684）在洛阳讨论修造明堂，陈子昂上疏说："天下庶人子来，可不日而成也。"② 明堂建成，武则天诏曰："爱借子来之功，式遵奉先之旨。"③ 垂拱四年（688），张说在洛阳参加"词标文苑科"考试，对于武则天在洛阳从事都城建设，说"制同神造，力以子来"。④《高足酉墓志》所说"悦豫子来"，"悦豫"是喜悦、愉快的意思，多用来形容老百姓因蒙受皇恩而油然产生的心情。班固《两都赋·序》云："众庶悦豫，福应尤盛。"⑤《后汉书·何敞传》说："恩泽下畅，黎庶悦豫。"⑥《高足酉墓志》中的这几句话，是描写华外族人士一听说要在洛阳修造巨型金属纪念柱来表达对女皇的称颂，便像儿子急于父母之事一样，奔走相告，喜悦万分，主动出力出资，从而使得这一工程迅速完工。那么，泉献诚充当的"子来使"，应是武周朝廷为了建造天枢，临时设置的接待和联络外宾，从事修建天枢工程的高级特使。天枢的建造，由外族人集资出力，出于管理的需要，便由"蕃夷酋长"泉献诚来充当"子来使"，与充当督作使的朝廷官员姚璹通力合作，督造工程。唐朝后来不再有这类外蕃人出资营建的工程，唐代诸帝就不再设置"子来使"了。⑦

墓志可以聚焦历史细节，使得一些历史事件的面目更加清晰。千唐志斋五号室墙壁上镶嵌着一方墓志，题为《大燕圣武观故女道士马凌虚墓志铭》，下署"刑部侍郎李史鱼撰，布衣刘太和书"，尾署"圣武元年正月廿二日建"。天宝十四载（755）十一月，安禄山发动叛乱，占领洛阳，次年改元为圣武元年，改国号为大燕，以洛阳为都城。墓志说，死者是二十三岁的女道士马凌虚。她外表漂亮："鲜肤秀质，有独立之姿。"她内心秀慧："瑰意蕙

---

① 《唐会要》卷一一《明堂制度》，第 312 页。
② 《唐会要》卷一一《明堂制度》，第 318 页。
③ 《旧唐书》卷二二《礼仪志二》，第 863 页。
④ （唐）张说：《对词标文苑科策》第三道，《全唐文》卷二二四，第 999 页。
⑤ （萧梁）萧统编《文选》卷一，上海古籍出版社，1986，第 2 页。
⑥ 《后汉书》卷四三《朱乐何列传》，第 1482 页。
⑦ 本段文字系压缩移录自郭绍林为赵振华论文《主持建造天枢的外蕃人物与"子来使"》所做的补充。赵文载《武则天与神都洛阳》，第 294~298 页。

图 13-7　马凌虚墓志（洛阳新安县千唐志斋博物馆藏）

心，体至柔之性。"总体上说："光彩可鉴，芬芳若兰。"她能歌善舞："至于七盘长袖之能，三日遗音之妙，挥弦而鹤舞，吹竹而龙吟。度曲虽本于师资，余妍特禀于天与。""天宝十三祀（754）隶于开元观，圣武（756）月正初归我独孤氏……未盈一旬，不疾而殁……遂以其月景（丙）子窆于北邙山原。"①《旧唐书·安禄山传》说："引张通儒、李庭坚、平洌、李史鱼、独孤问俗在幕下。"②可知墓志撰稿人李史鱼，原是安禄山幕府的幕僚，在大燕政权中任刑部侍郎。那么，墓志中所说的"独孤氏"，无疑即李史鱼的同僚

---

① 《唐代墓志汇编》下册，第 1724 页。

② 《旧唐书》卷二〇〇上《安禄山传》，第 5369 页。

独孤问俗。马凌虚嫁给独孤问俗不足十天即无疾而终，肯定是独孤问俗强行霸占她，她不肯就范，顽强抵抗，舍生取义。因而墓志后面的铭文说："为巫山之云兮，为洛川之神兮？余不知其所之，将欲问诸苍旻。"对她的突然死去貌似感到遗憾、叹息，实则极力遮掩真实情况。安史之乱在洛阳的肆虐渗透到方方面面，由此可以窥测一个侧面。

第十四章

五代时期的洛阳

五代十国分裂时期，立足于中原的五个朝代，以中央政权自居，对辖区和十国割据区行使统治权。五个朝代的都城设在开封或洛阳，洛阳或是全国的政治中心，或是陪都。后梁从开封迁都洛阳，后唐定都洛阳，后晋阶段性定都洛阳。其间洛阳建筑被加以维修、改建、更名。后晋迁都开封后，帝室的太庙仍然设在洛阳。几个短暂王朝内部的权力争夺，朝代的更替，以洛阳为平台而展开其血腥的过程。这一时期，开封大运河的便利运输条件被人们过分看重，加大了开封长期作为都城的可能性。洛阳都城史上"余霞散成绮"的短暂灿烂，即将消散隐没。

第一节　后梁的西都

一　梁太祖迁都洛阳

朱全忠推翻唐朝、建立梁朝，于天祐四年四月十八日（907 年 6 月 1 日）在大梁（开封）金祥殿即皇帝位，史称梁太祖。

梁太祖初名朱温，唐大中六年十月二十一日（852 年 12 月 5 日）出生于宋州砀山县（今安徽砀山县）午沟里。他参加黄巢农民军，唐中和二年二月，被黄巢任命为同州防御使。当年九月，他叛归唐朝，被唐僖宗授予左金吾卫大将军、充河中行营副招讨使职务，并赐名"全忠"。他在倒戈镇压黄巢军、参与勤王活动以及同割据叛乱军阀的战争中积累功勋，地位扶摇直上，历任宣武军节度使、同平章事、检校侍中、守中书令、河中尹、守太尉、兼中书令、宣武宣义天平护国等军节度使、天下兵马元帅等职，历封沛郡侯、沛郡王、吴兴郡王、东平王、梁王、魏王等爵位。称帝之际，他认为自己的名字"全忠"是臣子的口气，于是改名为"朱晃"。在登基大典上，梁太祖宣布，将当时的唐天祐四年改为开平元年。

一个新王朝开局了，从此拉开了五代十国的历史序幕。五代指在中原腹地相继建立的梁、唐、晋、汉、周五个朝代，共经历八姓十四君五十三年。为了与以前同名政权相区别，后人将五代国号前加上"后"字。十国指与五代王朝并存的周边地区割据政权，吴、南唐、吴越、楚、前蜀、后蜀、闽、南汉、南平在南方，北汉在北方。其中吴和南唐、前蜀和后蜀，都是前后相继的政权。此外，还有燕、岐、湖南、殷、清源等小股势力。五代王朝以正统的中央政权自居，对各地割据政权发号施令，对其国君进行册封，行使管辖权。各地割据政权名义上对五代王朝称臣，确定隶属关系，效忠进贡，实际上各自为政，相对独立。

后梁实行两京制。汴州是梁太祖起家发迹的宣武军镇的治所，是他的根据地和大本营，也是他举办登基大典的地方，升格为开封府，作为东都，又称东京。开封西面的洛阳，原是唐朝的东都，改为西都，又称西京。长安原是唐朝的京师，其所在地京兆府降格为雍州，设置为节度使级别的军镇，额名佑国军。但《五代会要》的说法不同："梁开平元年四月，改京兆府为大安府，长安县为大安县，万年县为大年县，仍置佑国军节度使额。至二年五月，改佑国军为永平军。"①

梁太祖在东都开封处理朝廷事务，但在他的心目中，西都洛阳的重要性远大于东都。一则由于洛阳原本就是都城，他胁迫唐昭宗迁都洛阳时，对洛阳的宫阙做过修缮；二则由于在冷兵器时代，洛阳周边有山河关隘，便于防

---

① （北宋）王溥：《五代会要》卷一九《京兆府》，上海古籍出版社，1978，第309页。

守，不是开封那种平坦无阻的四战之地所可比拟的；三则由于他一直在与四周的敌对势力打仗，而新政权受到的主要威胁来自河东（山西），对河东用兵，常通过洛阳及其西边的陕州、河中，在洛阳谋划战事和驻军，比在开封便捷、有利。所以，梁太祖登基伊始，便谋划迁都洛阳，一年零八个月后得以实现。

迁都洛阳之前，梁太祖布置人员在洛阳做一些清理、建设和准备工作。他称帝两个月后即开平元年六月，以西京外郭城徽安门的北路距离宫城围墙太近，重新规划改建。九月，放免洛阳宫殿中的所有宫女，自谋出路。十月，梁太祖准备亲征河东，命宰臣张文蔚以下的文武百官提前抵达西京，在当地迎候。他在巡幸征讨的往返途中，曾于开平二年（908）的九月和十月两度短暂驻跸洛阳，在文思殿办公。这一期间，洛阳的建设正在抓紧进行。当初唐昭宗迁都洛阳，梁太祖曾委派亲家、天雄军节度使罗绍威到洛阳修缮唐太庙。现在，梁太祖将迁都洛阳，罗绍威奉诏在原址重修五凤楼、朝元殿，他将河北地区的建筑工匠和大型木材通过运河火速运到洛阳，很快就竣工了。梁太祖感叹道："吾闻萧何守关中，为汉起未央宫，岂若绍威越千里而为此，若神化然，功过萧何远矣！"立即"赐以宝带名马"。①

准备工作大致就绪，梁太祖正式迁都。开平三年正月初一（909 年 1 月 26 日），他在东都金祥殿接受宰臣、翰林学士的拜年。第二天，太庙四室神主迁往西都，太常寺组织仪仗、鼓吹导引斋车，文武百官在开明门外送行神主。初七，梁太祖从东都出发，百官扈从。初九到达汜水县，河南尹张全义（张宗奭）、河阳节度使张归霸（梁太祖的亲家）前来迎候、朝拜。十二日，备法驾、六军仪仗，梁太祖进入洛阳，在文明殿接受朝贺。二十三日，梁太祖到太庙祭祀祖宗。二十四日，他到南郊圜丘举办祭祀昊天上帝的典礼，这是确定君权天授的仪式。礼毕，他回到城内，登上宫城南门五凤楼（应天门），宣布诏敕，大赦天下。二十七日，他在文思殿宴饮群臣，给他们赏赐绢帛。二十九日，他接受群臣所上的尊号"睿文圣武广孝皇帝"。于是咸与维新，西都的宫

---

① （北宋）欧阳修：《新五代史》卷三九《罗绍威传》，中华书局，1974，第 417～418 页。

殿进行改名，改贞观殿为文明殿，含元殿为朝元殿，思政殿为金銮殿。三月，他便利用洛阳的地理条件处理军国大事，下诏说："同州边隅，继有士众归化。暂思巡抚，兼要指挥，今幸蒲、陕，取九日进发。"① 三月甲戌（初九，909 年 4 月 1 日），他从西都出发西巡，百官在师子门外送行。他一路奔波，先后到达陕州、解县（今山西运城盐湖区解州镇）、蒲州（河中府），于五月己卯（十五日，909 年 6 月 7 日）返回西都。六月，同州节度使刘知俊发动叛乱，梁太祖征发军队平叛，自己再度亲赴陕州、蒲州。临近初秋祭祀太庙，七月丙寅（初三，909 年 7 月 22 日），他委派宰臣杨涉回西都操办。初十，他从陕州出发回洛阳，十二日到达。洛阳建筑的改名仍在继续，改章善门为左、右银台门，原左、右银台门改为左、右兴善门。这时，他下敕加强洛阳的治安管理，说："大内皇墙使诸门，素来未得严谨，将令整肃，须示条章。宜令控鹤指挥，应于诸门各添差控鹤官两人，守帖把门。其诸司使并诸司诸色人，并勒于左、右银台门外下马，不得将领行官一人辄入门里。其逐日诸道奉进，客省使于千秋门外排当讫，勒控鹤官昇抬至内门前，准例令黄门殿直以下昇进，辄不得令诸色一人到千秋门内。其兴善门仍令长官关锁，不用逐日开闭。""皇墙大内，本尚深严，宫禁诸门，岂宜轻易。未当条制，交下因循，苟出入之无常，且公私之不便。须加钤辖，用戒门闱。宜令宣徽院使等切准此处分。"② 八月甲午（初一，909 年 8 月 19 日），下敕说："朕以干戈尚炽，华夏未宁，宜循卑菲之言，用致雍熙之化。起八月一日，常朝不御金銮、崇勋两殿，只于便殿听政。"③ 冬至日，他率领百官举行郊祀仪式。天还不亮，他在文明殿接受大臣的请安，然后从五凤楼出发。左右金吾卫的将士，太常寺的官员，兵部官员，组成仪仗法驾卤簿队伍，由左右内直控鹤人员引导扈从，直奔南郊。文武百官早已在祭祀现场排队等候，梁太祖登上祭坛，向昊天上帝汇报成绩，检讨不足。随后，又改乾文院为文思院，行从殿为兴安殿，球场为兴安球场，弓箭库殿为宣武殿。

---

① 《旧五代史》卷四《梁书·太祖纪四》，第 68 页。
② 《旧五代史》卷四《梁书·太祖纪四》，第 70 页。
③ 《旧五代史》卷四《梁书·太祖纪四》，第 71 页。

开平四年（910）八月，梁太祖再次西征，驻跸陕州。九月初一（910年10月6日），他派遣宰臣于赪回西都，在圜丘祭祀昊天上帝。初八，他回到西都。后来，他还到黄河以北多地巡视。留居洛阳的日子里，他常常视察农田，组织军事操练，遇到自然灾害时，派人祭祀山川神灵。

张全义是梁太祖参加黄巢农民军时的老相识，在唐朝和后梁的政权嬗变过程中发挥过作用。张全义原名张居言，投降唐朝后朝廷赐名"全义"。后梁建立后，清除唐朝的痕迹，梁太祖又对他赐名"宗奭"。西周初年，宗室大臣召公奭、周公旦分陕而治，今河南三门峡市陕州区以西的政事由召公奭全权负责处理。梁太祖对张宗奭委以重任，希望他效法召公奭，忠于后梁，处理新朝代的西部事务。于是安排他担任河南尹、河阳节度使，兼陕虢节度使、郑滑等州节度使，判六军，封为魏王，册拜太保、太傅至太师，一直让他担任西都留守。张全义善于审时度势，极力讨好梁太祖。后梁刚刚建立一个月，张全义就以后梁建立以前剩余物的名义，向东都朝廷进献钱十万贯、绸六千匹、绵三十万两，还建议每年上供定额为绢三万匹。梁太祖投桃报李，刚迁都洛阳，就命宣徽使王殷护送绢一万匹及茵褥帏帟二百六十件，赐给张全义。两年后，诸道节度使张全义、钱镠、马殷、王审知、刘隐等，各赐其一个儿子任六品正员官。张全义以外的受赐者，都是南方割据政权的统治者。张全义在河南府各县恢复农业生产，成绩卓著；在洛阳城的建设维护方面，也发挥过作用。当年唐昭宗迁都洛阳，张全义负责维修宫殿。后梁迁都洛阳后，乾化元年（911），右龙虎统军兼侍卫指挥使胡规主持修洛河堤堰，其军士过分砍伐百姓宅院中的树木，张全义上奏，胡规被赐死。张全义的宅院在城中会节坊，没有受到破坏，风景旖旎。梁太祖闲暇时来这里消遣，患病时来这里疗养。经过唐末战乱，洛阳园林保存完好的已经不多。中书侍郎张策患病退休，家居城内"福善里，修篁嘉木，图书琴酒，以自适焉。乾化二年秋，卒"。[1]

梁太祖在洛阳残忍血腥的一面，令人发指。唐朝末年，他同平卢（治今山东青州市）节度使王师范互有杀伤，他的侄儿朱友宁被王师范军队擒获杀

---

[1] 《旧五代史》卷一八《梁书·张策传》，第245页。

害。后来，他派人游说王师范投降，许以高官厚禄。王师范答应，全家移居汴州。王师范缟素乘驴，请罪于朱全忠。朱全忠待之以礼，上表唐廷，请安排他充任河阳节度使。后梁建立后，梁太祖安排王师范担任金吾上将军。这时，梁太祖分封子侄为王，朱友宁的遗孀哭着抱怨自己的丈夫已被王师范杀掉，失去论功受赏的机会，而王师范却在朝廷当官。梁太祖于是派人赴洛阳将王师范灭族，一共被杀掉二百口。这种草菅人命的行为在后梁的新贵中发生时，受到梁太祖的偏袒。左金吾卫大将军寇彦卿在大队人马的扈从下过天津桥上朝，百姓梁现未及时回避，被寇彦卿的随从人员抓住，投向桥上石栏，梁现丧生。梁太祖命寇彦卿赔偿死者家属一笔钱，不予追究罪责。御史司宪崔沂弹劾寇彦卿，请绳之以法。梁太祖为遮人耳目，将寇彦卿降职为左卫中郎将，但几个月后，安排他任相州防御使，恢复行营诸军排阵使的官职，甚至提拔他任河阳节度使、检校太傅。

二　朱友珪行弑篡位

梁太祖在位六年，乾化二年六月初二（912 年 7 月 18 日），在洛阳被儿子朱友珪杀死。

梁太祖荒淫浪荡，不仅河南尹张全义的妻女儿媳，甚至梁太祖的儿媳，都要侍寝。梁太祖的长子郴王朱友裕已死，次子朱友文系养子，本名康勤，长相漂亮，好学，有口才，能作诗。朱友文的妻子王氏有姿色，常常侍寝，受到梁太祖的宠爱。因此，梁太祖喜欢并信任朱友文，封他为博王，迁都洛阳后委派他担任东都开封的留守。梁太祖的三子朱友珪，一说其母是亳州军营的妓女，朱全忠在亳州打仗，召来侍寝，离别后生下朱友珪；一说是朱全忠攻略宋州、亳州之时，与一位妇人野合而生。梁太祖患病，召朱友文来洛阳，想传位于他，安排朱友珪外任莱州（今山东莱州市）刺史。朱友珪化装潜入左龙虎军，与左龙虎军统军韩勍商量发动政变。韩勍见功臣宿将多以小过被梁太祖处死，惧不自保，遂与朱友珪联手行动。他调动牙兵五百人跟随朱友珪，掺杂控鹤卫士，混进皇宫中。半夜三更，梁太祖被动静惊醒，得知是朱友珪动手，说："我固疑此贼，恨不早杀之。汝悖逆如此，天地岂容汝乎！"朱友珪说："老贼万段!"朱友珪的仆夫冯廷谔持刀刺向梁太祖腹部，梁太祖当即毙命，终年六十一岁。朱友珪用败毡裹着其父皇的尸体，埋在寝殿里，秘不发丧。他派遣供奉官丁昭溥奔赴东都，让均王朱友贞杀掉朱友文。然后，朱友珪制造梁太祖假诏令，说："博王友文谋逆，遣兵突入殿中，赖郢王友珪忠孝，将兵诛之，保全朕躬。然疾因震惊，弥致危殆，宜令友珪权主军国之务。"① 韩勍为朱友珪谋划，从府库中拿出大量金帛，赏赐给诸军和百官，以收买人心。丁昭溥从开封回到洛阳，汇报朱友文已死的消息。朱友珪于是发布讣告，宣布先皇遗制，于六月十六日在梁太祖的灵柩前即皇帝位。次年正月，朱友珪在洛阳南郊祭天，将年号改为凤历。

梁太祖死亡五个月后，被埋葬在伊阙县，陵墓叫作宣陵，位于今伊川县常岭村北的高台地上。宣陵规模较大，神道东西两侧有石人、石马、石羊、石狮等石刻。

三 梁末帝讨伐朱友珪

朱友珪即位后，任命弟弟均王朱友贞为东京留守、行开封府尹、检校司徒。凤历元年（913）二月，梁太祖的女婿、驸马都尉赵岩从洛阳来到开封，同朱友贞私下说起朱友珪弑杀君父篡位称帝的内幕，二人密谋除掉朱友珪。梁太祖的外甥、左龙虎军统军袁象先，在洛阳统领侍卫亲军，赵岩回到洛阳后，拉他入伙。魏博节度使杨师厚势力最为强大，朱友贞只有拉他参与政变，才能稳定全国局势，不至于陷于混乱之中。朱友贞联络他派兵参与行动，许诺事成之后出五十万缗犒军钱，并让他兼领军镇。杨师厚派遣小校王舜贤赴洛阳，秘密与赵岩、袁象先谋划行动步骤。凤历元年二月十五日（913 年 3 月 25 日），在开封的左右龙骧都的将士回洛阳之际，朱友贞造谣说："郢王以龙骧军尝叛，追汝等洛下，将尽坑之。"继而挑拨说："郢王贼害君父，违天逆地，复欲屠灭亲军。尔等苟能自趋洛阳，擒取逆竖，告谢先帝，即转祸为福矣!"军士们被激怒，一致拥护朱友贞当皇帝。朱友贞派人赴洛阳告知赵岩、袁象先等

---

① 《资治通鉴》卷二六八，"乾化二年"条，第 8759 页。

人。十七日，袁象先带领禁军千人突入宫城，朱友珪让冯廷谔杀掉自己，然后冯廷谔自杀。袁象先派赵岩带着传国宝去开封，请朱友贞来洛阳即皇帝位。朱友贞回答说："夷门（开封），太祖创业之地，居天下之冲，北拒并、汾（河东军阀势力），东至淮海，国家藩镇，多在厥（其）东，命将出师，利于便近。若都洛下，非良图也。公等如坚推戴，册礼宜在东京，贼平之日，即谒洛阳陵庙。"① 朱友贞于是在东京即位，废除凤历年号，称当年为乾化三年，并恢复朱友文的官爵，废朱友珪为庶人。他就是梁末帝，称帝后先后改名为朱锽、朱瑱。

梁末帝在位将近十一年，其间到洛阳只有一次。租庸使赵岩劝他去洛阳，正月在南郊圜丘举行郊祀大典，获得昊天上帝的授权，使皇帝的身份具备合法性。梁末帝为举办郊祀大典，贞明三年十二月二十四日（己巳，918年2月8日）幸洛阳，落脚后立即到伊阙县拜谒宣陵。刚到两三天，传来河东敌对势力攻陷后梁地盘、占据汜水、切断他的归路的消息，他放弃郊祀大典计划，急忙返回开封，委派天下兵马副元帅、太尉、兼中书令、河南尹、魏王张宗奭担任西都留守。梁末帝一直在开封坐朝，西都留守机构成了常设机构，办公需要加盖印章，竟没有尚书省分司西都的印鉴。龙德二年（922）二月，西都副留守兼判尚书省事崔沂上奏："西京都省，凡有公事奏闻，常须借印施行，伏请铸尚事省分司印一面。"② 梁末帝批准。

龙德三年（923）四月，河东李存勖建立后唐政权，加大了攻打后梁的力度，后梁一败涂地。十月戊寅（初八，923年11月18日），梁末帝登上开封建国门楼，召见开封尹王瓒，委以抵抗重任。有人说："晋以孤军远来，势难持久，虽使入汴，不能守也。宜幸洛阳，保险以召天下兵，徐图之，胜负未可知也。"梁末帝犹豫未决，赵岩说："势已如此，一下此楼，何人可保！"③ 梁末帝无力挽狂澜于既倒，不想在宿敌的屠刀下屈辱地死去，就恳请控鹤都将皇甫麟将自己杀掉。皇甫麟不忍心下手，大哭不止，在梁末帝的反复请求下，当

① 《旧五代史》卷八《梁书·末帝纪上》，第114~115页。
② 《旧五代史》卷一〇《梁书·末帝纪下》，第146页。
③ 《新五代史》卷四二《赵犨传》，第463页。

夜最终在建国门楼的走廊里将梁末帝杀掉，终年三十六岁。皇甫麟随即自杀。后来，梁末帝埋葬在洛阳龙门地区。

第二节　唐庄宗定都洛阳

灭掉后梁的后唐，是沙陀族建立的政权。沙陀族分布在新疆东北部，在唐代，东迁进入甘肃、宁夏、陕北、山西（河东）等地。唐懿宗时期，山西北部的沙陀族首领朱邪赤心率领部族兵进入江苏协助官军平定庞勋叛乱，立下战功，咸通十一年（871），被唐廷授以单于大都护、御史大夫、振武军节度使等职务，赐国姓李氏，赐名国昌，编入皇家宗室户籍，作为郑王一支。唐僖宗时期，黄巢军占领京师长安，建立大齐政权。李国昌的儿子李克用带领番汉兵平定黄巢之乱，收复了长安，中和二年（882），被唐廷授以检校司空、同中书门下平章事、河东节度使等职务。李克用继续参与平定黄巢和勤王活动，被唐廷封为晋王。他趁机发展势力，与野心勃勃的汴州宣武镇节度使朱全忠产生矛盾，结下血海深仇。中和四年，李克用班师过汴州，朱全忠设宴招待，将他灌醉，准备杀掉他。李克用被部下救出，趁雨夜仓皇逃走。后来朱全忠数次上奏朝廷，请杀掉李克用。李克用的儿子落落，被朱全忠军队抓获，送给李方的敌对势力处死。因此，四十年间，围绕着争霸中原、掠夺地盘和民众，朱、李双方两代人之间势同水火，频繁兵戎相见。起初，朱方处于优势，到梁末帝时形势逆转，李方掌控的地盘由山西发展到河北，并最终灭掉后梁。

自被唐廷赐姓李氏、编入皇家户籍以后，这支河东沙陀人尽管对唐廷屈从朱全忠而要杀害自己表示过不满和不恭敬，但一直反对朱全忠的做法，认为自己才是唐朝的代表和继承者。唐昭宗迁都洛阳后，将年号由天复改为天祐，李克用认为是朱全忠劫持、胁迫的结果，拒不承认，还是沿用天复年号，按原纪年数字往下排。后梁建立后，废除唐朝天祐年号，行用过开平、乾化、凤历、贞明、龙德五个年号。李克用、李存勖父子认为后梁政权是"伪庭"，拒不"奉正朔"，他们不再用天复年号，改用天祐年号，按原来纪年数字往下排。

唐朝灭亡的第二年正月辛卯（十九日，908 年 2 月 23 日），李克用去世；李存勖继承父亲的爵位，在河东太原即晋王位。天祐二十年四月己巳（二十五日，923 年 5 月 13 日），李存勖在魏州即皇帝位，史称唐庄宗，改当年为同光元年，国号唐，寓意唐朝中兴，恢复社稷。后唐将举办皇帝登基大典的魏州设为东京，所在地升格为兴唐府，太原为西京，镇州（今河北正定县）为北都。闰四月，唐庄宗追尊其曾祖朱邪执宜、祖父李国昌、父亲李克用为皇帝，在太原立宗庙。天子级别的太庙为七庙，于是加进唐朝的创建者唐高祖，继任者唐太宗，以及对唐庄宗的祖考赐姓封爵的唐懿宗、唐昭宗。后唐和唐朝一脉相承的关系，便以这一形式昭告世人了。

后唐建立半年后，于同光元年（923）的十月攻克后梁的东都开封，灭掉后梁。后唐以唐朝继承者自居，准备将唐朝的东都洛阳作为自己的京师，由于东京的称谓已经用在魏州兴唐府这里，不便再称洛阳为东京或东都，于是非正式地称洛阳为"洛京"。十一月甲子（二十四日，924 年 1 月 3 日），唐庄宗从开封启程赴洛京，十二月初一（924 年 1 月 9 日）到达。次年正月丁卯（二十八日，924 年 3 月 6 日），迎请后唐太原太庙中的神主到达洛阳，唐庄宗在供奉所谓李唐祖宗道教祖老子李耳的太微宫举行了祭拜仪式，次日在太庙举行祭祀仪式，将神主祔于太庙中。稍后，撤销了太原的太庙。再次日为二月初一（924 年 3 月 8 日），唐庄宗在城南举行郊祀大典，大赦天下。二月初五，群臣给他上尊号"昭文睿武光孝皇帝"。至于此前的东京兴唐府如何处置，同光三年正月，唐庄宗亲自去了一趟，将举行登基大典的坛改为球场。三月庚申（二十八日，925 年 4 月 23 日），他从东京兴唐府回到洛阳，次日下诏宣布后唐的都城建置："本朝（唐朝）以雍州为西京，洛州为东都，并州（太原）为北都。近以魏州为东京，宜依旧以洛京为东都，魏州改为邺都，与北都并为次府。"[①] 这就废除了后梁对长安的永平军建置，还原为京兆府；后梁的东都依然作为汴州，设置为宣武军。后唐将太原由西京改为北都，与唐朝的称谓一致，镇州有过北都的称谓，予以废除，所以不冲突。

---

① 《旧五代史》卷三二《唐书·庄宗纪六》，第 447 页。

　　后唐灭掉后梁，对大量后梁官员宽大处理，接受他们在新政权中继续任职。张全义及时表示悔罪，并效忠于新政权。唐庄宗废除他的后梁赐名"张宗奭"，恢复唐朝赐名"张全义"，让他担任洛京留守、判六军诸卫事、守太尉、兼中书令、河南尹、检校太师、守中书令、河阳节度使，废除魏王封号，改封齐王。张全义多次上表，说自己供职后梁并与朱家结亲，实属无奈，"屡为朱梁窥图，偶脱虎口，逼为亲，且非素志"；"伏念臣曾栖恶木，曾饮盗泉，实有瑕玼，未蒙昭雪"。① 唐庄宗于是下诏为他"昭雪"，算是下了一个政治结论。唐庄宗刚刚灭掉后梁时，下诏销毁朱氏宗庙和神主，将伪梁的两代帝王降为庶人，并打算挖开梁太祖的陵墓，开棺施刑，焚烧尸骨。当时河南尹张全义到汴州拜见唐庄宗，上奏说："朱温虽国之深仇，然其人已死，刑无可加，屠灭其家，足以为报，乞免焚斫，以存圣恩。"② 唐庄宗听从，只拆毁了坟墓的阙室，削平了坟堆。一年后唐庄宗带领亲军去伊阙县打猎，命随从官员顺路拜谒梁太祖陵墓，遭到人们的非议。唐庄宗时常到张全义的住宅和别墅（田庄）游玩、住宿。这次打猎，就住宿在张全义的别墅中。一个月后，唐庄宗和刘皇后莅临张全义宅第，张全义大陈贡献。酒酣之际，刘皇后奏称："妾幼失父母，见老者辄思之，请父事全义。"③ 唐庄宗批准刘皇后拜张全义为义父。张全义惶恐致谢，立即向朝廷贡献珍宝。学士赵凤奏上密疏，说自古以来没有皇后拜臣子为父的事情，唐庄宗不予采纳。

　　唐庄宗对洛阳的一些建筑重新命名。当初梁太祖改含元殿为朝元殿，唐庄宗又改为明堂殿，崇勋殿改为中兴殿。又改应顺门为永曜门，太平门为万春门，通政门为广政门，凤明门为韶和门，万春门为中兴门，解卸殿为端明殿。

　　唐庄宗在洛阳举办科举考试，但录取人数很少，不敷使用，官员更多的是由吏部选拔而来的。吏部选拔官员，要考核能力、资历和家庭背景。参选人吴延皓持已故叔父的告身，冒名顶替，事情暴露，交付河南府处死。失责官员受到处分，同光二年十一月壬寅（初八，924 年 12 月 6 日），尚书左丞、判吏部

① 《洛阳搢绅旧闻记》卷二《齐王张令公外传》，《五代史书汇编》，第 2401 页。
② 《资治通鉴》卷二七二，"同光元年"条，第 8902 页。
③ 《资治通鉴》卷二七三，"同光二年"条，第 8928 页。

尚书铨事崔沂贬为麟州（治今陕西神木市北）司马，吏部侍郎崔贻孙贬为朔州（治今山西朔州市）司马，给事中郑韬光贬为宁州（治今甘肃宁县）司马，吏部员外卢损贬为府州（治今陕西府谷县）司户。宰相豆卢革、赵光允、韦说到阁门待罪，唐庄宗下令免于处分。

后唐借助唐朝的声威，赢得了周边民族政权的拥戴。仅唐庄宗执政的短短三年内，就有新罗、渤海、黑水、高昌回鹘、契丹、奚、突厥、吐浑、党项等民族政权派遣使者前来朝拜，进献贡品。唐庄宗还对民族政权首领进行册封，同光二年（924）六月，封回鹘仁美可汗为英义可汗。对于南方的割据政权，唐庄宗也进行册封，如同光二年十月，保留杭州钱镠天下兵马都元帅、尚父、守尚书令职务，封为吴越国王。但这些割据政权企图与中央朝廷平起平坐，国书用的是敌国（对等国）礼。扬州杨溥派遣使者祝贺唐庄宗登极，国书称"大吴国主书上大唐皇帝"；广州刘岩派遣使者来聘，国书称"大汉国王致书上大唐皇帝"。[①] 割据四川的前蜀桀骜不驯。同光二年七月，前蜀国君王衍派遣户部侍郎欧阳彬来洛阳朝贡，国书称"大蜀皇帝上书大唐皇帝"。[②] 唐庄宗极为愤怒，第二年派兵征讨，九月戊申（十八日，925 年 10 月 8 日）军队从洛阳出发，十一月丁巳（二十八日，925 年 12 月 16 日）占领成都，灭掉前蜀，将其十个节度州、六十四个郡、二百四十九个县纳入版图，获得三万士兵、七百万件兵仗、三百五十三万石粮食、一百九十二万贯钱、二十二万两金银、两万件珠玉犀象、五十万匹纹锦绫罗。

一个新政权建立之初，原本可以刷新政治，革除弊病，出现一番新气象的。但唐庄宗开国三年，弊政丛生，当时即受到人们的诟病。

唐庄宗在中原腹地执掌国柄，身上的胡人习气依然很浓。他热衷于狩猎，经常带着大队人马，或驰骋于西苑，或奔赴洛阳周边县境，猎杀飞禽走兽，践踏庄稼。同光二年十一月癸卯（初九，924 年 12 月 7 日）开始的一次狩猎持续四天。他率领侍卫亲军金枪马一万余人马离开洛阳城，当夜住在张全义别墅

---

① 《旧五代史》卷三〇《唐书·庄宗纪四》，第 421 页；卷三二《唐书·庄宗纪六》，第 446 页。
② 《旧五代史》卷三二《唐书·庄宗纪六》，第 438 页。

中。次日住宿伊阙县。再次日住宿椹涧，当夜骑士围山，坠入崖谷而死伤者甚多。第四天，侍卫亲军分组围猎，总计获得猎物数以万计。当夜返还洛阳城，各条街道火炬通明。次年的一次狩猎，从十二月己卯（二十日，926年1月7日）起，持续五天。这次出猎洛阳城南伊河、汝河一带，皇后、皇子、宫人统统随从。大雪祁寒，官吏军士不堪忍受，有的冻僵了，倒在道路上。该年度后唐辖区内发生大范围水灾、地震，民众生活十分困苦，伊河、汝河一带更加严重。饥寒交迫的百姓没条件给狩猎队伍提供食宿，遂遭到焚烧庐舍，毁坏器物。当地县吏害怕被追究责任，逃窜到山谷间。洛阳城内物资紧缺，连军士都无物充饥，饿殍随处可见。第二年三月戊午（初二，926年4月16日），唐庄宗竟然诏令河南府预收该年秋夏租税。

同光二年正月庚戌（十一日，924年2月18日），唐庄宗下诏征集流散外地的宦官举家奔赴洛阳，连同他称帝之前的五百宦官，总数一千余人，都大量赏赐财物珍玩，当作心腹，授予职务。唐代宦官掌握军权，干预朝政，唐庄宗不引以为戒，反倒"复兴兹弊，议者惜之"。①

同光三年夏天，河南、河北持续大雨，百姓流离失所，饿殍遍野。唐庄宗不体恤百姓疾苦，却为皇宫潮湿烦恼，想修高楼以避湿热。宦官说："臣见长安全盛时，大明、兴庆宫楼阁百数。今大内（皇宫）不及故时卿相家。"唐庄宗于是派宫苑使王允平营造高楼，侍中、枢密使郭崇韬谏阻，未能奏效。河南县令罗贯正派、奉法，宦官、伶人有所请托，他不予理睬，却把相关文书报给郭崇韬看。郭崇韬往往上奏，宦官、伶人对二人恨得咬牙切齿。皇太后去世，坤陵选址寿安县，唐庄宗前往视察营建情况，发现桥坏影响交通。唐庄宗认为桥在河南县界，遂问责罗贯。罗贯说自己从未接到相关诏令，请询问主事人。唐庄宗逮捕罗贯，将其打得体无完肤，然后宣诏处死。郭崇韬说："桥道不修，法不当死。"②唐庄宗盛怒不解，认为郭崇韬和罗贯是朋党，最终还是杀了罗贯。

---

① 《旧五代史》卷三一《唐书·庄宗纪五》，第426页。
② 《新五代史》卷二四《郭崇韬传》，第248～249页。

刘皇后拜张全义为义父的次日，刘皇后命学士起草谢张全义的文书，作为自己的教命下发。当时与唐庄宗下达诏敕并行不悖，皇太后下达诰命，刘皇后下达教命，各派使者奔赴各地宣布，政出多门，不知所从。一个姬妾受到唐庄宗的宠幸，生下儿子，被刘皇后看成眼中钉。一次唐庄宗问刚刚丧偶的大臣元行钦是否考虑再娶，刘皇后指着这个姬妾，让唐庄宗赐给元行钦。唐庄宗表面应承下来。刘皇后当即催促元行钦拜谢，马上安排人手将这个姬妾肩舆出宫。唐庄宗不高兴，接连几天吃不下饭。

唐庄宗精通音律，酷爱乐舞，宠幸伶人，常常一起演节目。他宠幸的伶人周匝被后梁俘获，后梁灭亡后，周匝说自己幸免于死，多亏后梁的陈俊、储德源保护自己，请求安排他们当州郡长官。唐庄宗满口答应，同光二年五月壬寅（初五，924 年 6 月 9 日），任命教坊使陈俊为景州（治今河北东光县）刺史，内园使储德源为宪州（治今山西静乐县）刺史。郭崇韬反对，认为这对于身冒矢石、出生入死的功臣太不公平。伶官中为害最大的有景进等三人。唐庄宗派景进等人访察民间，事无大小都回来汇报。每当景进在宫殿中奏事，其余臣子都回避，景进从而参与军机国政的决策，升至银青光禄大夫、检校左散骑常侍兼御史大夫，授予上柱国。唐庄宗想大量扩充嫔妃，巡幸邺都时，派景进搜罗当地女子千人，运回洛阳，吓得邺都军士妻女逃跑数千人。郭崇韬带兵灭掉前蜀，却遭受谗言，同光四年（926）正月，在成都与两个儿子一并被杀掉，其余三个儿子在洛阳、魏州、太原被杀掉，几处家产都被没收。伶人拍手称快，还想进一步泄愤。唐庄宗的异母弟李存乂是郭崇韬的女婿，景进向唐庄宗进谗言说："存乂且反，为妇翁报仇。"于是李存乂被处死。朱友谦原是后梁的河中节度使，归顺晋王后被赐名李继麟。宦官、伶人向他索贿，他无力满足其要求，得罪了这帮人。郭崇韬被杀掉后，景进进谗言说："崇韬且诛，友谦不自安，必反，宜并诛之。"[①] 李继麟特意到洛阳朝拜唐庄宗，想澄清自己与郭崇韬的关系。但还没来得及说明情况，他就在洛阳的住宅被逮捕，在城北徽安门外遇害。李继麟的两个儿子在任职地遂州（治今四川遂宁市）、许州（治

---

① 《新五代史》卷三七《伶官传》，第 400 页。

今河南许昌市）被处死，全家二百多口在河中被灭族，各地财产被没收。李
继麟的旧将史武、薛敬容、周唐殷、杨师太、王景、来仁、白奉国七人，分散
在各州当刺史，被诬陷为李继麟的同恶人，全部灭族，没收家产。

唐庄宗的所作所为，既引起民众的极大不满，也引起军政势力的离心。同
光四年（926）二月，河北、陕北相继爆发军事叛乱。河北叛军推举赵在礼为
首领，从贝州（治今河北南宫市东南）攻打邺都，一路烧杀抢掠。唐庄宗派
宋州节度使元行钦率领三千兵士前往邺都招抚，同时下诏征调诸道兵士前往讨
伐。元行钦未有成效，枢密使李绍宏等人上奏，提议派遣蕃汉内外马步军总管
李嗣源平定邺城叛乱。唐庄宗担心李嗣源带兵外出，乘机坐大，于是借口洛阳
须依靠李嗣源保卫，在李绍宏、张全义等人的坚持下，不得已才勉强同意李嗣
源赴河北平叛。

李嗣源是山西北部的沙陀人，祖上几代人都效力于李国昌、李克用家族。
李嗣源原名邈佶烈，无姓氏，被李克用收为养子，赐姓名，编入宗籍。当年灭
后梁之际，后唐大将多认为后梁的青州、齐州、徐州、兖州已成空城，宜发兵
占据这些地盘。李嗣源、郭崇韬建议集中兵力攻克后梁的都城东京，具体行动
是由李嗣源带兵完成的。唐庄宗进入洛阳后，对李嗣源多有不满。同光二年
（924），李嗣源受命领兵北上抵御契丹，路过邺都，取走了邺都军器库中的五
百副铠甲。唐庄宗巡幸邺都时得知此事，十分愤怒。后来，李嗣源上奏，请以
自己的长子（非亲生）李从珂担任北京（太原）内衙都指挥使。唐庄宗更加
恼怒，说："军政在吾，安得为子奏请！吾之细铠，不奉诏旨强取，其意何
也？"① 李嗣源惶恐不安，上表申理，很害怕自己落得郭崇韬、朱友谦那样的
下场。李嗣源曾由唐庄宗赐以铁券，这是一种带有奖赏和盟誓性质的凭证，当
事人犯死罪可以免死，子子孙孙长享爵禄；但极其虚伪，往往不起作用。李嗣
源称帝后，在汴州对侍臣说起此事："先朝所赐，惟朕与郭崇韬、李继麟三人
尔。崇韬、继麟寻已族灭，朕之危疑，虑在旦夕。"②

① 《旧五代史》卷三五《唐书·明宗纪一》，第 487 页。
② 《旧五代史》卷三九《唐书·明宗纪五》，第 544 页。

　　李嗣源来到邺都，叛乱军士拥戴他当皇帝，他表面上一直推辞。元行钦率领官军从河北撤退，奏请唐庄宗幸汴州。同光四年三月乙丑（初九，926年4月23日），唐庄宗从洛阳出发东赴汴州；三天后，命元行钦带领骑兵沿着黄河布防。又过了四天，唐庄宗来到荥泽（今河南荥阳市），以龙骧马军八百骑为前军，委派姚彦温率领。这一天，李嗣源刚刚来到汴州，姚彦温带着这支部队投靠了李嗣源。潘环率领的官军驻守王村寨，有军粮数万石，也投靠了李嗣源。看到众叛亲离，唐庄宗精神沮丧，只好原路返回。但这时，扈从兵士两万五千人，将近一半逃之夭夭了。四月丁亥（初一，926年5月15日），唐庄宗集合骑兵、步兵，准备离开洛阳，东幸汜水，盘踞虎牢关进行抵抗。从马直指挥使郭从谦曾认郭崇韬为叔父，又被李存乂收为养子，打算趁机为他们报仇，于是率领部下攻打皇宫。洛京内外蕃汉马步使朱守殷是唐庄宗的亲信，从唐庄宗上学，他就一直随从伺候。当郭从谦打到兴教门时，宦官宣旨让朱守殷组织骑士抵抗，但朱守殷置若罔闻，反倒带着部下在城北邙山树林子里休息。唐庄宗指挥亲军抵抗，杀死数百人。战斗中，唐庄宗被流箭射中，被扶到绛霄殿后毙命，终年四十三岁。鹰坊人善友收集绛霄殿廊下的乐器，堆在他的尸体上，将他火化了。唐庄宗的死讯传来，朱守殷进入皇宫，掳掠嫔妃、珍宝，放纵部下大肆抢掠。洛阳城内外，烧杀抢掠，无所不至。四月初三，李嗣源带着军队从汴州来到洛阳。次年他巡幸汴州，十月乙酉（初七，927年11月4日）由洛阳出发，第五天到达汴州，而这次洛阳事发第三天他就到达了，可推测他从开封出发时，洛阳还没有发生政变，或者他还没有得到政变的消息。郭从谦的弑逆行为和洛阳的动乱局面，给李嗣源回洛阳披上了"赴难"的正义外衣。皇帝死亡，群龙无首。唐庄宗没有立太子，他的长子魏王李继岌平定前蜀后班师回朝，走到陕西兴平才听到洛阳政变的消息。这种形势给李嗣源提供了填补政治真空的绝好机会。李嗣源称帝后改年号为"天成"，寓意天作其美，帝业天成。李嗣源一到洛阳，就命诸将四出制止动乱。洛阳百官前来拜见他，穿着破烂的衣服排成队伍。李嗣源见到的唐庄宗，仅仅是一堆焦骨。七月，唐庄宗被埋葬在洛阳城西的新安县，陵墓叫作雍陵，后晋时避讳，改称伊陵。

第三节　唐明宗"粗为小康"

同光四年四月初八（926 年 5 月 22 日），是李嗣源进入洛阳的第六天，群臣在兴圣宫拜见他，拥戴他担任监国。二十日，他在西宫唐庄宗的灵柩前举办即皇帝位仪式，史称唐明宗。二十五日，他开始在中兴殿听政。二十八日，他到文明殿接受文武百官的朝拜，下制改当年为天成元年，大赦天下。六月，他称帝前在洛阳的住宅升格命名为至德宫。次年正月初一，他在明堂殿受朝贺，宣布改名为李亶。

唐明宗在位七年零七个月，其间有一年零四个月在汴州处理朝政。天成二年（927）九月，他下御札，宣布十月七日巡幸汴州。他安排枢密使孔循兼任东都留守，自己在禁军的扈从下向汴州进发，十月十一日（927 年 11 月 8 日）到达汴州，将跋扈谋乱的汴州节度使朱守殷处死。他在汴州崇元殿受朝贺，有时在元德殿同宰臣讨论政事。蔚州刺史周令武调任时来汴州，被称为"得代归阙"；① 幽州节度使赵德钧将契丹战俘押送到汴州，被称为"献戎俘于阙下"。② 但唐明宗始终没给开封一个都城名分。他在这里处理朝政，挂出后梁时宫殿的门牌额，当时人们嘲笑"无都号而有殿名"。③ 天成四年（929）二月，他从汴州返还洛阳，留任的主管官员当然不是"留守"，而是以枢密使赵敬怡权知汴州军州事，以端明殿学士赵凤权知汴州军州事。后唐将天下划分为十道，天成三年（928）四月，唐明宗下敕确定十道的等第次序。王者所都之地为上，洛阳所在地河南道列为第一等，西京长安所在地关内道列为第二等，北京太原所在地河东道列为第三等。次年六月，下诏撤销魏州的邺都建置，依然作为魏府，魏府、汴州和前蜀都城成都的宫殿，统统去掉建筑物上的鸱尾，作为军镇节度使的办公衙署。

唐明宗对于声色狗马的兴致远没有唐庄宗那么高，这不仅由于登基时唐庄

① 《旧五代史》卷三八《唐书·明宗纪四》，第 530 页。
② 《旧五代史》卷三九《唐书·明宗纪五》，第 541 页。
③ 《旧五代史》卷七六《晋书·高祖纪二》，第 1001 页。

宗刚刚三十九岁，而唐明宗已是花甲老人，而且由于殷鉴不远，唐明宗需时刻警惕。天成元年（926）四月，他刚开始处理朝政，颁布诏令说："后宫内职量留一百人，内官三十人，教坊一百人，鹰坊二十人，御厨五十人，其余任从所适。"各地军镇节度使、防御使，平时不得向朝廷进贡，春节、冬至、端午、皇帝诞辰四个节日，可向朝廷进贡，贡品由其州府自筹，能表达意思即可，不得借机盘剥百姓。至于各州民政机构，"其刺史虽遇四节，不在贡奉"。① 这比唐庄宗时后宫上千、宦官上千，不啻天壤之别。唐明宗也打猎，长兴三年十二月戊辰（二十一日，933 年 1 月 19 日），在洛阳近郊射中奔鹿。天成四年十月，夏州（治今陕西靖边县北白城子）进献一只白鹰，枢密使安重诲说："夏州违诏进贡，臣已止约。"唐明宗当面夸奖"善"，但退朝后悄悄让人收下这只猎鹰。十一月的一天，他在近郊打猎，想试试这只白鹰的能耐，告诫随行人员不要让安重诲知道这事。总之，唐明宗狩猎有节制，规模小，时间短，路程近。何况长兴二年九月辛亥（二十七日，931 年 11 月 9 日），他下诏将五坊鹰隼之类放归大自然，以后不许进献。对于唐庄宗宠幸过的伶人，一旦犯法，绝不姑息。教坊伶官敬新磨受贿，长兴三年十二月初一（932 年 12 月 30 日），唐明宗令御史台追赃，然后施以鞭挞。这些做法与唐庄宗形成明显的对比。

天成元年（926）五月，唐明宗刚登基一个月，设置了端明殿学士，是以前没有过的头衔。唐明宗系沙陀族，军人出身，汉文化素养很差。他同老相识在一起，习惯于以自己的民族语言交流。他接到各地的汉文书奏，让枢密使安重诲读给自己听，往往不晓文义。在唐代，皇帝选拔硕学鸿儒担任自己的侍读，相当于文化课老师。大臣孔循建议仿照设置侍读的做法，创立端明殿学士。唐明宗采纳，以翰林学士、户部侍郎、知制诰冯道和翰林学士、中书舍人赵凤二人，以本官充端明殿学士。天成二年正月丙辰（初四，927 年 2 月 8 日），唐明宗下诏规定，端明殿学士的班位，排在翰林学士之上，只从翰林学士中遴选补充。

---

① 《旧五代史》卷三六《唐书·明宗纪二》，第 495~496 页。

长兴元年（930）二月，翰林学士刘昫就选拔翰林学士的考试提出改革建议。翰林学士要起草诏敕，这同中书舍人的职责一样。中书舍人起草的诏敕经审查通过，用黄麻纸书写颁布；翰林学士起草的诏敕，则用白麻纸书写颁布。诏敕用骈体文，不用诗赋文体。刘昫上奏说："臣伏见本院旧例，学士入院，除中书舍人即不试，余官皆先试麻制、答蕃、批答各一道，诗、赋各一道，号曰五题，并于当日内了，便具呈纳。从前虽有召试之名，无考校之实，每遇召试新学士日，或有援者，皆预出五题，潜令宿构，无援者旋日起草，罕能成功。去留皆系于梯媒，得失尽归于偏党。今后凡本院召试新学士，欲请权停试诗赋，只试麻、制、答共三道，仍请内赐题目，兼定字数，付本院召试。"① 唐明宗批准。但该时期文化水准普遍不高。天成二年十一月壬申（二十五日，927年12月21日），唐明宗下诏将唐太宗时期的左仆射李靖册赠为太保，郑州的仆射陂改名为太保陂。有识者认为郑州仆射陂，是北魏孝文帝赐给仆射李冲的，而唐明宗这道诏令却张冠李戴，混淆成唐朝的李靖。可见这件事的决策者、诏敕的起草者和审议者，都不具备这方面的正确知识。

在干戈纷扰的年代，刑法苛酷，程序不健全，唐明宗时期试图加以整顿，但收效甚微。隋唐时期死刑罪犯处决前，有"三覆奏"程序，即刑部官员三次上奏皇帝，请审查案情真假轻重，考虑是否真要执行死刑，最终批准才行刑。天成二年六月辛卯（十二日，927年7月13日），大理寺少卿王郁上奏说："近年已来，全隳此法，伏乞今后决前一日许一覆奏。"② 唐明宗批准。这种仓促的"覆奏"做法，多少有了一点进步。当时动辄判处死刑，甚至是族诛。洛阳一家民户，违反了不许私自酿酒的命令，竟被东都留守孔循满门抄斩。天成三年七月，唐明宗在汴州，下诏放宽酒禁，允许民间酿酒，但夏秋两次征税，每亩都收五文钱充当酿酒税。这实际上是只要有土地，不酿酒也要缴税。天成四年二月，唐明宗回到洛阳，次年二月，他下诏每亩减少二文，收三文钱。长兴二年五月丁卯（初十，931年6月8日），唐明宗最终确定酿酒政

---

① 《五代会要》卷一三《翰林院》，第 227 页。
② 《旧五代史》卷三八《唐书·明宗纪四》，第 524 页。

策，下诏说："诸州府城郭内依旧禁曲，其曲官中自造，减旧价之半货卖。应田亩上所征曲钱并放，乡村人户一任私造。"酒价减半出售，民间允许自造，免除按亩征收的酒税钱，"时甚便之"。①

唐明宗关心农业生产，体恤民间疾苦。天成四年（929）九月，他问冯道："今岁虽丰，百姓赡足否？"冯道说：灾年粮食无收成，农家就会流亡、饿死，丰年粮价低贱，也会受穷。唐人聂夷中《咏田家》诗说："二月卖新丝，五月粜新谷。医得眼前疮，剜却心头肉。"诗句"曲尽田家之情状"。在士农工商四民中，农民"最为勤苦，人主不可不知也"。唐明宗命侍臣笔录聂夷中这首诗，自己"常讽诵之"。② 长兴四年十二月癸丑（十一日，934年1月9日），唐明宗去龙门视察伊河石堰工程，给冒着严寒干活的丁夫赐以酒食。几天后，管理部门奏称，丁夫的徭役期限还有十五天即将到期，但尚未竣工，请延长五天。唐明宗不同意，说："不惟时寒，且不可失信于小民。"③ 于是工程停止修建，让丁夫返还家乡。

长兴四年（933）五月以后，唐明宗患病，时轻时重。十一月壬辰（二十日，933年12月9日），他的儿子天下大元帅、守尚书令、兼侍中、秦王李从荣，率领士兵攻打皇宫夺取皇位，兵败被杀。六天后唐明宗去世，终年六十七岁。次年四月葬于徽陵，位于今洛阳市孟津区送庄村东南。

史书对于唐明宗的政绩，一致给予肯定。《五代史阙文》说他"纯厚仁慈"，"粗为小康"。④《旧五代史》说他"能力行于王化，政皆中道，时亦小康，近代已来，亦可宗也"。⑤《新五代史》说："自初即位，减罢宫人、伶官；废内藏库，四方所上物，悉归之有司。广寿殿火灾，有司理之，请加丹艧（涂上红油漆），喟然叹曰：'天以火戒我，岂宜增以侈邪！'岁尝旱，已而雪，暴坐庭中，诏武德司宫中无扫雪，曰：'此天所以赐我也。'数问宰相

① 《旧五代史》卷四二《唐书·明宗纪八》，第578页。
② 《资治通鉴》卷二七六，"天成四年"条，第9032页。
③ 《旧五代史》卷四三《唐书·明宗纪九》，第597页。
④ （北宋）王禹偁：《五代史阙文·后唐史·明宗》，顾薇薇点校，《五代史书汇编》，第2454~2455页。
⑤ 《旧五代史》卷四四《唐书·明宗纪十》，第611页。

图 14-1 后唐农耕收获图

冯道等民间疾苦，闻道等言谷帛贱，民无疾疫，则欣然曰：'吾何以堪之，当与公等作好事，以报上天。'吏有犯赃，辄置之死，曰：'此民之蠹也！'以诏书褒廉吏孙岳等，以风示天下。其爱人恤物，盖亦有意于治矣。其即位时，春秋已高，不迩声色，不乐游畋。在位七年，于五代之君，最为长世，兵革粗息，年屡丰登，生民实赖以休息。"① 然而古代社会的痼疾贯穿于各个朝代，即便是杰出的帝王也不可能根除种种弊病，何况唐明宗这样一位算不上出色的皇帝。长兴三年十月壬申（二十四日，932 年 11 月 24 日），大理少卿康澄上疏指出，"国家有不足惧者五，有深可畏者六"。不足惧的五种情况是"阴阳不调"、"三辰（日月星）失行"、"小人讹言"、"山崩川涸"和"蝱贼（害虫）伤稼"，深可畏的六种情况是"贤人藏匿"、"四民迁业"、"上下相徇（顺从）"、"廉耻道消"、"毁誉乱真"和"直言蔑闻"。"不足惧者，愿陛下存而勿论；深可畏者，愿陛下修而靡忒（不出差错）。"康澄的上疏，不仅得到唐明宗的褒奖，而且赢得时人的广泛认同，"可畏六事，实中当时之病，识者许之"。②

第四节 后唐后晋政权的嬗替

河东沙陀军事势力崛起，唐庄宗建立后唐政权并灭掉后梁，唐明宗成就帝

---

① 《新五代史》卷六《唐本纪第六》，第 66 页。
② 《旧五代史》卷四三《唐书·明宗纪九》，第 595 页。

业，经历了一个漫长的过程。在这个过程中，有两个人物发挥过重要作用，并在唐明宗去世后先后夺取帝位，在洛阳执掌国家政权。他们是唐明宗的长子李从珂，即唐末帝（废帝），唐明宗的女婿石敬瑭，即晋高祖。

李从珂不是唐明宗李嗣源的亲生儿子。他是镇州平山（今河北平山县）人，本姓王氏，唐僖宗光启元年正月二十三日（885 年 2 月 11 日）出生。他的父亲去世后，寡居的母亲魏氏带着他在家乡生活。景福年间（892~893），李嗣源二十五六岁，作为李克用的骑将，略地到平山，抢走魏氏做配偶，将比自己小十七岁的魏氏儿子阿三收为养子，取名李从珂。李从珂当时不到十岁，比后来李嗣源的几个亲生儿子大许多，所以在弟兄中排行老大。李从珂成年后，体貌雄伟，英勇善战，李嗣源非常喜欢他。李嗣源去世前，李从珂被封为潞王，担任太尉、凤翔节度使。

石敬瑭是太原人，唐昭宗景福元年二月二十八日（892 年 3 月 30 日）出生。《新五代史》说："其父臬捩鸡，本出于西夷……其姓石氏，不知其得姓之始也。"[①] 李嗣源担任代州刺史时，将女儿嫁给他。李嗣源称帝后，封这个女儿为永宁公主，石敬瑭辗转多地担任要职。在李嗣源去世前，石敬瑭为兼侍中、太原尹、北京留守、河东节度使，兼大同、振武、彰国、威塞等军蕃汉马步军总管。

长兴四年十一月二十六日（933 年 12 月 15 日），唐明宗去世。六天前，他的儿子秦王李从荣举兵抢夺皇位，兵败被杀，使他受到打击，病情加重。宋王李从厚是唐明宗的第三子，李从荣的同母兄，在魏州任节度使，唐明宗派遣宣徽使孟汉琼（宦官）去魏州召他来洛阳。李从厚于当月二十九日回到洛阳，十二月癸卯（初一，933 年 12 月 20 日），发丧于西宫，在父皇的灵柩前举行了即皇帝位仪式，史称唐闵帝。次年正月，下诏大赦天下，改长兴五年为应顺元年（934），任命朱宏昭、冯赟为枢密使、宰相。李从珂的儿子李重吉，在洛阳担任中央禁军将领控鹤指挥使。唐闵帝不想让他执掌禁军，接近自己，就将他调出都城，担任亳州团练使。李从珂的女儿在洛阳出家为尼，法名幼澄，

---

① 《新五代史》卷八《唐本纪第八》，第 77 页。

唐闵帝对她加以控制，让她居住在皇宫中。这使得李从珂产生疑虑，为前景担忧。到了二月，唐闵帝不采用颁布诏制文书的正式途径，派人去向李从珂口头宣布，将他从凤翔调动到太原，担任北京留守。李从珂决定造反，遂于三月带兵向东挺进。唐闵帝于是杀掉李重吉和幼澄。李从珂一路顺利，西京长安和沿途军镇州郡，不是溃败就是主动归降。洛阳城内，侍卫马军都指挥使安从进收到李从珂的书檄，成为他的内应，暗中安排私党伺机配合行动。

唐闵帝刚刚登基四个月，虽然普遍赏赐，提拔官员，收买人心，但收效甚微。三月戊辰（二十八日，934 年 5 月 14 日），唐闵帝急召孟汉琼，孟汉琼不来；召朱宏昭，朱宏昭投井自杀。冯赟刚刚被安从进杀掉。当天夜里，唐闵帝在数十位骑兵的扈从下从宫城玄武门出逃，其亲信控鹤指挥使慕容迁拒不扈从。次日夜里，唐闵帝逃到卫州东七八里处，遇到石敬瑭的队伍，以为遇到了救星。但石敬瑭看到唐闵帝出逃，而没有象征朝廷的将相、国宝、法物相随，知道他大势已去，就杀光了他的扈从人员。

李从珂四月初三到达洛阳，四月初六即皇帝位，史称唐末帝。唐末帝废黜唐闵帝，将他降为鄂王，并派殿直王峦去卫州，将唐闵帝杀掉，终年二十一岁。皇后孔氏在洛阳皇宫中，与其四个儿子一并遇害。唐末帝下诏，改应顺元年为清泰元年。他在凤翔煽动士兵追随他造反，许诺进入洛阳后，每人赏钱十万。但洛阳内库的金帛不过两三万，他便诏令河南府聚敛洛阳居民的财产，并让居民预先缴纳五个月的房产税。居民被严刑拷打，还是拿不出钱财，相继自杀。

唐庄宗时期平定了割据四川地区的前蜀政权，但这时中央朝廷的内乱给四川再次出现割据政权提供了机会。唐末帝称帝的当月，孟知祥在成都称大蜀皇帝，年号明德，史称后蜀。

在唐闵帝、唐末帝的兄弟阋墙中，唐末帝胜出。然而螳螂捕蝉，黄雀在后，河东节度使，兼大同、振武、彰国、威塞等军蕃汉马步军总管，驸马都尉石敬瑭正在磨刀霍霍，觊觎着国家的最高权力。他试探唐末帝的意图，多次上表说自己体弱有病，请求解除兵权，换个地方任职。清泰三年五月辛卯（初三，936 年 5 月 26 日），唐末帝下诏，将石敬瑭调离太原，去郓州（治今山东东平县东北）充任节度使，进封赵国公。这是要将石敬瑭从他经营多年的根据地和大本营清除出去，使他不能利用当地的险要地理条件和物资储备，并在他同契丹的勾结和联兵中加入地理障碍。八天后，昭义军（驻潞州，今山西长治市）节度使皇甫立奏上石敬瑭反叛的消息，唐末帝迅速组织各路兵马前去讨伐。石敬瑭毫不示弱，上奏章说唐末帝不是唐明宗的亲生儿子，不应该继承皇位，应该让位于唐明宗的亲儿子许王李从益。唐末帝很生气，下诏回答石敬瑭，说："父有社稷，传之于子；君有祸难，倚之于亲。卿于鄂王，故非疏远。往岁卫州之事，天下皆知；今朝许王之言，人谁肯信！"① 于是下诏削夺石敬瑭的官爵，并将石敬瑭的儿子右卫上将军石重英（一作殷）和皇城副使石重裔杀掉。

石敬瑭为了达到篡夺皇位的目的，不仅不顾及个人的尊严和脸面，甚至勾结契丹。他担负着防御契丹入寇内地的责任，却反倒勾结契丹，请求契丹派遣兵马进入内地协助他夺权，并承诺每年向契丹输纳三十万匹绢帛，割让今京津地区、河北、山西北部的燕云十六州（幽州、蓟州、瀛州、莫州、涿州、檀州、顺州、新州、妫州、儒州、武州、云州、应州、寰州、朔州、蔚州）给契丹。当得知卢龙（治幽州，今北京市）节度使赵德钧也在商谈借契丹援助称帝时，石敬瑭连忙派礼部侍郎、权知枢密使事桑维翰去见契丹皇帝耶律德光。桑维翰跪在耶律德光牙帐前，从早到晚，痛哭流涕，终于奏效。四十五岁的石敬瑭认三十四岁的耶律德光为父皇帝，自己当儿皇帝。晋阳城南筑起土坛，十一月十二日（11 月 28 日）在土坛举行仪式，耶律德光册封石敬瑭为大晋皇帝。中原朝廷的皇帝居然由根本不是宗主国的边裔游牧族政权的"戎王"来册封，这在古代是绝无仅有的事情。而在三十年前，这位"戎王"的父亲耶律阿保机派遣使者来后梁贡献名马、女乐、貂皮，"奉表称臣，以求封册"。② 那时契丹族还没有建国，耶律阿保机还只是部族酋长，他所期待的头衔，可能是国主，也可能是郡王、公、侯或羁縻州的都督、刺史、蕃军总管之

---

① 《旧五代史》卷四八《唐书·末帝纪下》，第 661 页。
② 《新五代史》卷七二《四夷附录第一》，第 887 页。

类。梁太祖不屑于满足他的请求，回复说："朕今天下皆平，唯有太原未服，卿能长驱精甲径至新庄，为我翦彼寇仇，与尔便行封册。"① 现在，耶律德光册封石敬瑭的册文竟说："今中原无主，四海未宁……万几不可以暂废，大宝不可以久虚。……天之历数在尔躬，是用命尔，当践皇极。"② 完全无视后唐政权和唐末帝的存在。唐闵帝改元应顺，唐末帝改元清泰，石敬瑭不承认，还是沿用唐明宗的长兴年号。称帝后，他下诏改长兴七年为天福元年（936）。燕云十六州割给契丹后，绵延于这一地区内的长城成了契丹的囊中之物，完全丧失屏障中原的作用。

石敬瑭的武装同契丹军队一路南下，官军无力抵抗，节节败退。洛阳城内，人心惶惶。把守城门的将士请禁止人们出城，唐末帝的儿子河南尹雍王李重美说："国家多难，未能为百姓主，又禁其求生，徒增恶名耳；不若听其自便，事宁自还。"于是下令百姓"任从所适，众心差安"。③

形势危急，大臣认为魏州军府完备，契丹一定有所顾忌，不敢轻易南下，建议唐末帝转移到魏州去。闰十一月，唐末帝到河阳，前方报来消息，耶律德光和石敬瑭已到潞州，契丹大将率领五千骑兵继续南送石敬瑭。唐末帝连忙从河阳返还洛阳，洛阳父老奏请皇上去四川避难，以图进取。唐末帝说："本朝两川节度使皆用文臣，所以玄宗、僖宗避寇幸蜀。今孟氏已称尊矣（后蜀帝王孟知祥已死，其子孟昶继位），我何归乎！"④ 闰十一月辛巳（二十六日，937年1月11日），唐末帝率领曹太后、刘皇后、儿子李重美和亲信大将宋审虔等，携带传国宝，登上宫中玄武门楼，一同自焚身亡。自焚之际，刘皇后提议烧毁洛阳宫室，李重美谏止，说："新天子至，必不露居。他日重劳民力，死而遗怨，将安用之！"⑤ 这才使得洛阳宫免遭焚毁。唐末帝在位共两年八个月，终年五十三岁。

---

① 《旧五代史》卷一三七《外国列传一》，第 1828 页。
② 《旧五代史》卷七五《晋书·高祖纪一》，第 986~987 页。
③ 《资治通鉴》卷二八〇，"天福元年"条，第 9160 页。
④ 《五代史阙文·后唐史·清泰帝》，《五代史书汇编》，第 2455 页。
⑤ 《资治通鉴》卷二八〇，"天福元年"条，第 9163 页。

唐末帝自焚的当天晚上，晋高祖石敬瑭进入洛阳。他宣布只镇压张延朗、刘延皓、刘延朗等几个伪廷臣子，其余所有效力于李从珂的文武臣僚一律免于追究，继续留任。十二月初一（937年1月15日），他到河阳，欢送契丹将士。然后晋高祖处理后唐末年的君臣，将少帝李从厚定谥号为"闵"，李从珂降为庶人。后来，将他们和秦王李从荣以及李从珂的儿子李重吉都埋葬在唐明宗徽陵的陵区内。五代乱世的不倒翁冯道，被任命为门下侍郎、同中书门下平章事、弘文馆大学士。中书门下（宰相府）奏称，将石敬瑭的生日二月二十八日定为天和节。

天福二年正月甲寅（初一，937年2月13日），晋高祖在文明殿受朝贺。唐庄宗时，将崇勋殿改名为中兴殿，寓意大唐中兴。现在是晋朝，这个宫殿的名称显得不合时宜。十三日，采用当时的年号，将中兴殿改名为天福殿，门名相应叫作天福门。接着天和节到了，晋高祖来到长春殿，并依照老规矩，召左右街僧录组织佛教、道教的僧侣在威仪殿谈论各自的经义。

晋高祖在洛阳处理朝政的时间只有四个月，天福二年四月甲申（初二，937年5月14日），他到达汴州。从洛阳出发前，他下诏令说巡幸汴州的理由，是战乱中舟船被焚毁，用车运粮食绢帛等物资到洛阳，效率很低，民众劳累，所以要去水陆交通便利的汴州办公。但实际原因是为了对付魏府（魏州）的反叛。当时，天雄军节度使、兴唐尹范延光聚集士兵，强化训练，召集辖区内的州刺史来魏府，有反叛迹象。"会帝谋徙都大梁"，桑维翰对他说："大梁北控燕、赵，南通江、淮，水陆都会，资用富饶。今延光反形已露，大梁距魏不过十驿（一驿三十里），彼若有变，大军寻至，所谓疾雷不及掩耳也。"三月丙寅（十三日，937年4月26日），晋高祖下了上述那道诏令，不便将直接原因和盘托出，遂"托以洛阳漕运有阙，东巡汴州"。① 要说晋高祖这时就"谋徙都大梁"，恐怕未必。晋高祖到达汴州一个月后，御史中丞张昭远上奏说：后梁建立之始，就确定汴州为京师，后唐灭后梁，取消汴州的都城地位，恢复为宣武军。唐明宗行幸汴州，各宫殿还是叫以前的名称，管事人挂出以前

① 《资治通鉴》卷二八一，"天福二年"条，第9172页。

的匾额，当时有识者私下议论，都认为不是都城，何来殿名。"一昨车驾省方，暂居梁苑，臣观衙城内斋阁牌额，一如明宗行幸之时，无都号而有殿名，恐非典据。臣窃寻秦、汉已来，寰海之内，銮舆所至，多立宫名。近代隋室于扬州立江都宫，太原立汾阳宫，岐州立仁寿宫。唐朝于太原立晋阳宫，同州立长春宫，岐州立九成宫。宫中殿阁，皆题署牌额，以类皇居。请准故事，于汴州衙城门权挂一宫门牌额，则其余斋阁，并可取便为名。"晋高祖下敕："行阙宜以大宁宫为名。"① 晋高祖的诏令说巡幸"汴州"、"行阙"（地方上的行宫），张昭远说"车驾省方"（皇帝巡视地方），一个月过去了，君臣依然视汴州为地方。到七月、八月，晋高祖还没有考虑将"东京""东都"的名称给予开封，还是称洛阳为"东京""东都"，继续任命东都洛阳官员，自己甚至一度想放弃开封。六月范延光反叛，多处响应。晋高祖当即下诏，"以东都巡检使张从宾充魏府西南面都部署……以东都副留守张延播充洛京都巡检使"。但张从宾勾结范延光，杀掉晋高祖的儿子东都留守石重义。张从宾强行索取左藏库的物资，判官李遇拒不提供，被张从宾杀害。七月，晋高祖先后下诏，"以昭义节度使高行周为河南尹、东都留守，充西面行营诸军都部署……以左仆射刘昫充东都留守，兼判河南府事"；"以吏部侍郎判户部龙敏为东都副留守"。七月甲戌（二十四日，937 年 9 月 1 日）这天，才"诏洛京留司百官并赴阙（开封大宁宫）"。八月，下诏安置李遇的家属，说："故东京留守判官李遇追赠右谏议大夫，其母田氏封京兆郡太君，子孙量才叙录，仍加赗赠。长给遇在身禄俸，终母之世。"② 其间张从宾率兵东向开封，到达汜水时，杀掉巡检使宋廷浩，晋高祖恐惧，想放弃开封逃往太原避难。桑维翰苦谏，说："贼锋虽盛，势不能久，请少待之，不可轻动。"③ 他才留在开封。七月张从宾失败，带着残余党羽投黄河自杀。

天福三年（938）六月，晋高祖驻跸开封一年一个月了，河南留守高行周奏请修洛阳宫。六月甲申（初九，7 月 8 日），左谏议大夫薛融上疏谏阻，说：

---

① 《旧五代史》卷七六《晋书·高祖纪二》，第 1001 页。
② 《旧五代史》卷七六《晋书·高祖纪二》，第 1003～1006 页。
③ 《资治通鉴》卷二八一，"天福二年"条，第 9177 页。

"今宫室虽经焚毁，犹侈于帝尧之茅茨；所费虽寡，犹多于汉文之露台。况魏城未下，公私困窘，诚非陛下修宫馆之日；俟海内平宁，营之未晚。"① 两天后晋高祖下诏褒奖薛融，停止营造洛阳宫。假如晋高祖当初巡幸开封时就有了迁都的意图，还有必要继续营造洛阳宫殿吗？到十月庚辰（初七，11 月 1 日），晋高祖出御札提出迁都开封的建议，说：以洛阳为首都，"当数朝战伐之余，是兆庶伤残之后，车徒既广，帑廪咸虚。经年之挽粟飞刍，继日而劳民动众，常烦漕运，不给供须。今汴州水陆要冲，山河形胜，乃万庚千箱之地，是四通八达之郊。……汴州宜升为东京，置开封府。……其洛京改为西京。其雍京（长安）改为晋昌军，留守改为节度观察使，依旧为京兆府"。② 经中书门下讨论通过，六天后予以公布。下个月，将魏府升格为邺都，设置邺都留守。后晋尽管以开封为京师，洛阳为陪都，但皇家宗庙一直设在洛阳，不曾迁往开封。天福七年六月乙丑（十三日，942 年 7 月 28 日），晋高祖在邺都去世，九月定下谥号庙号，就是派遣使臣去洛阳奏告南郊太庙的。开运二年（945）四月，后晋在反击契丹的入侵中一度获得胜利，晋出帝从前线返还开封之际，"差官往西京告天地宗庙社稷"。③ 后晋的这一都城格局固定下来后，被五代最后两个朝廷后汉、后周继承。

汴州开封地处大运河枢纽位置，在唐代地位上升。唐德宗贞元十三年（797），韩愈作《送汴州监军俱文珍序》，说："今之天下之镇，陈留（开封）为大。屯兵十万，连地四州，左准右河，抱负齐楚，浊流浩浩，舟车所同。"④ 唐文宗大和三年（829），刘宽夫作《汴州纠曹厅壁记》，说："大梁当天下之要，总舟车之繁，控河朔之咽喉，通淮湖之运漕。"⑤ 但开封同洛阳相比，作为都城有明显劣势。洛阳所在的嵩洛地区，河流地势低下，沿河丘陵山脉地势高，空旷干燥，适宜修造大型粮仓；而开封地势低，水位高，沙土混合，松散

---

① 《资治通鉴》卷二八一，"天福三年"条，第 9187 页。
② 《旧五代史》卷七七《晋书·高祖纪三》，第 1020 页。
③ 《旧五代史》卷八三《晋书·少帝纪三》，第 1104 页。
④ 《全唐文》卷五五六，第 2492 页。
⑤ 《全唐文》卷七四〇，第 3389 页。

潮湿，难以找到合适的地方修造大型仓窖，粮食储存分散，需依靠持续不断的运输，情况危急时供应容易被掐断。洛阳周边有多重险要的山河关隘，便于防守，拖垮敌军；而开封平坦无阻，敌军来犯，如入无人之地。后唐进入开封灭掉后梁，契丹政权进入开封灭掉后晋，都是轻而易举的事。

第十五章

五代洛阳的教育和科举

　　五代乱世，战乱频仍，百业萧条。洛阳作为都城，教育萎靡不振，国人文化荒疏。后唐起而挽救颓风，修缮学校，招收全国生徒前来学习，初见成效。为了提供统一版本的精良教科书，后唐国子监在洛阳雕版印刷儒家经典。在自学胜地嵩山下，士子集中的地方，五代晚期形成太乙书院，北宋时改称嵩阳书院，这是中国古代最早的书院。后唐在洛阳举办科举考试，科目、考试内容和方法，仿照唐朝做法，但规模缩小，标准降低。十国割据区的考生，外国留学生，也来洛阳应考，有的及第后返还原区做官，甚至主持科举考试。科举考试的内容始终贯穿着民族传统文化，以文化为纽带，产生民族凝聚力，为五代之后祖国的再次统一起到了助推作用。

第一节　五代洛阳的教育

　　教育家孔子在前代已被称为至圣先师，封为文宣王，立庙祭祀。开平三年（909）后梁迁都洛阳，当年国子监奏请都城和地方建造文宣王庙，土木建筑费用，从在朝和各地官僚的俸钱中扣除充当，每贯每月扣十五文。梁太祖批准。长兴三年五月初七（932年6月13日），国子博士蔡同文奏称，每年农历二月、八月的第一个丁日，在文宣王庙举行释奠礼，以少牢（一头猪、一只羊）为供品，孔子的弟子兖国公颜回配坐在孔子旁，闵子骞等十哲排列祭奠，而七十二贤只画在庙中四壁上，面前都没有酒脯祭品。请依照本朝旧规，在他们画像前面各设一豆、一爵祠飨。经太常寺讨论，朝廷批准。

国家管理教育的机构是国子监，由国子祭酒和国子司业担任正副长官。都城的学校按规定为六所，即国子学、太学、四门学、律学、书学、算学，教官级别高的叫博士，低的叫助教。天成三年（928）正月，中书门下奏称，为了表示对国子祭酒的重视，请安排一名宰相兼任此职。唐明宗下敕，以宰相崔协兼任国子祭酒。八月，崔协上奏，建议国子监每年监生名额定为二百员，各地对报考者进行考试、选拔，然后解送到洛阳，十月三十日截止。唐明宗批准。长兴元年（930）正月，国子监奏称，按照规定，新补的监生应缴纳束脩（学费）钱两千，科举及第后缴纳光学钱一千，然后才能参选官吏。近年不曾执行，请从今起执行这一制度，所收钱用来修缮国子监。该年度四月，国子司业张溥上奏："请复八馆，以广生徒。"身为国子监的业务长官，张溥竟不知道国子监历来只有六所学校，"而溥云八馆，谬矣"。[1] 这可见五代时期的教育事业衰落到什么程度。天成二年（927）三月，太常寺丞段颙奏请国子学中的五经博士各讲本经，学生入学以年龄为序，唐明宗批准。

国子学以儒家经典为教材，这需要解决统一版本的问题。唐朝京师长安的国子监内，立着刊刻儒家十二部经书的碑石，唐文宗大和七年（833）始刻，开成二年（837）完成，被称为开成石经。长兴三年（932）二月，宰臣冯道、李愚以中书门下的名义奏请依据开成石经文字刻九经印版，印刷发行。唐明宗于是下敕，令国子监组织博士儒徒，对照西京石经拓本，以自己教学的本经抄写、注释、校勘，作为定本，雇人书写、刻板，广颁天下。这是国家第一次统一雕版印刷书籍，历时二十年，到后周广顺三年（953）六月才全部完成，这时国子监已经迁入开封。

民间教育的发展，促使书院出现。书院兼有学校和研究院的性质，是地区性的学术中心，也是学派的圣地。河南府登封县的嵩岳山脉，古代一直是士人

---

① 《旧五代史》卷四一《唐书·明宗纪七》，第 561 页。

隐居读书的地方。嵩岳少室山下，有道教庙宇嵩阳观。后唐长兴三年（932），庞式在嵩阳观旁"临水结庵以居"，埋头苦读，一位姓薛的东郡少年"师事于式"，一同学习。后来庞式进士及第，"除乐乡县（今河北保定市清苑区东）令"。① 到五代后周显德年间（954~960），在嵩阳观一带隐居的读书人奏请周世宗批准，在这里设立了太乙书院。北宋时，先后改名为太室书院、嵩阳书院。这所书院是中国古代最早的书院，是中国古代四大书院之一。嵩阳书院里面现存清代乾隆皇帝的御碑一座，刻其七律有云："书院嵩阳景最清，石幢犹纪故宫名。虚夸妙药求方士，何似菁莪育俊英。"② 这里指的是盛唐宰相李林甫的《嵩阳观纪盛德感应颂》碑文，记载嵩阳观道士孙太冲秉承唐玄宗的密诏，为他合炼仙丹。乾隆皇帝的这首诗嘲讽唐玄宗此举虚妄荒诞，不如后人将这所道观改为书院，用于培育人才。

第二节　五代洛阳的科举活动

一　五代政权对科举活动的管理

五代政权以中央朝廷的名义在都城开科取士，考生中有来自割据政权区域的士人。后唐长兴三年（932）在洛阳考中进士的建安（治今福建福州市）人江文蔚，担任过河南府馆驿巡官，后来在南唐担任过多种重要职务，还以翰林学士的身份在南唐知贡举。清泰元年（934）在洛阳考中进士的张纬也是福建人，在南唐担任中书舍人。连州（治今广东连州市）人孟宾于编集自己所作诗文百篇，献给后唐工部侍郎李若虚。李若虚摘录其中佳句，写信致朝廷中的达官贵人，予以说项推荐，孟宾于因而"声誉蔼然"。他曾在洛阳连考六年，都没有及第。后晋开运元年（944），礼部侍郎符蒙在开封担任考官，孟宾于投诗给符蒙，符蒙很欣赏，于是录取他为进士。考中进士后，他到南唐去做

---

① （五代）王仁裕：《玉堂闲话》卷三《庞式》，陈尚君点校，《五代史书汇编》，第 1883 页。
② 邓洪波：《中国书院诗词》，湖南大学出版社，2002，第 170 页。

官。同榜进士李昉称他："昔日声尘喧洛下，迩来诗价满江南。"① 连州人邓洵美"天福（936~944）中与孟宾于并为李若虚所荐，入洛阳，登晋进士第。后还乡……署馆驿巡官"。② 此外，还有一些外国留学生在洛阳参加科举考试，称为"宾贡"。后唐长兴元年（930），中书门下奏请复查新及第进士的诗赋答卷，发现很多问题，取消了九个人的录取资格，其中有宾贡进士高策和郑朴。中书门下奏请："此后宾贡每年只请放一人［及第］。"③ 朝廷采纳。

五代政权对科举活动的管理，主要因袭唐代的制度。比如，常举科目虽然时设时废，但没有超出唐代的科目范围，进士科、明经类依然是基本科目。长兴元年（930），恢复唐代做法，贡举人集中京师后到国子监拜谒先圣先师，学官为他们开讲解疑，官方设宴招待，五品以上的清资官和朝集使届时一并观礼。长兴三年，恢复武则天时期的做法，各地来京的贡举人大年初一参加宫廷朝贺，排列在各地的贡物之前。但五代分裂时期，交通阻隔，战乱频仍，人才匮乏，不可能一切都那么规范，对于科举活动的管理也有一些变化。

唐玄宗开元二十四年（736），科举活动确定为尚书省的礼部管辖，由正四品下的副长官礼部侍郎专管，称为知贡举。唐朝在长安办公，东都洛阳的科举活动则由东都留守主持，并担任考官。五代官员不充，不可能专一从事某一种工作，于是以礼部侍郎知贡举反倒成了少数年份的情况，多数年份由五花八门的官员充任考官，称为"权知贡举"。后梁、后唐以洛阳为都城时期，以非礼部侍郎身份担任考官的有：兵部尚书姚洎、尚书左仆射杨涉、翰林学士郑珏、户部侍郎赵颀、兵部侍郎赵凤、中书舍人卢詹、右散骑常侍张文宝、太常卿李愚、考功员外郎卢华、主客郎中和凝、中书舍人卢导、翰林学士马裔孙、中书舍人王延。④

地方乡贡须经州府解试并取得文解，才能到京师参加科举考试。落榜者随

① （元）辛文房著，孙映逵校注《唐才子传校注》卷一〇《孟宾于传》，中国社会科学出版社，1991，第946~947页。
② （清）吴任臣：《十国春秋》卷七五《楚九·邓洵美传》，徐敏霞、周莹点校，中华书局，1983，第1032页。
③ 《五代会要》卷二三《缘举杂录》，第368页。
④ 杜文玉：《五代十国制度研究》，人民出版社，2006，第11~12页。

后附国子监诸生赴举，不再回原籍取文解，甚至年年如此。这在分裂时期，路途遥远，交通不便，也是不得已的事情。但如果不予以甄别，一些没有拿到文解的地方考生冒充国子监生，直接参加礼部贡院的考试，不但会败坏国子监的名声，也会加重国子监的负担。清泰二年（935），礼部贡院上奏，要科举考试落榜的乡贡一律返回原籍再次取文解，十月十五日前上交，过期不收。第二年，唐末帝下《附监举人分别解送诏》，批准这一奏请提议，同时规定："其淮南、江南、黔、蜀远人，即不拘此例。"[1] 这个规定既强调了审查文解的手续，防止冒充者钻空子，又对十国辖区的考生表现出一定的灵活性和宽容态度。后汉乾祐二年（949），刑部侍郎边归谠上疏说，每年贡举人数多达两三千，且学业不精，"请敕三京（东京开封、西京洛阳、北京太原）、邺都（河北大名县）、诸道州府长官，合发诸色贡举人文解者，并须精加考校，事业精研，即得解送"。[2] 朝廷下敕执行。到后周广顺三年（953），规定："今后举人须取本乡贯文解，若乡贯阻隔，只许两京（开封、洛阳）给解。"[3] 这些做法逐渐严格了对考生的资格审查，完整了科举考试的程序。

长兴四年（933），后唐礼部贡院上奏新制定的条例，被朝廷批准执行。其内容是：九经、五经、明经（二经）举人（考生）的帖经考试，考官要在考试记录上写清楚是否及格。对于不及格者，写清楚哪些地方出错，然后反馈给该举人。如果考官弄错了，当即更正过来。如果举人怀疑记录有误，即拿出所考经典当面核对，确实是举人答错了，由本人在记录上签名了结。三礼、三传、三史、开元礼、学究一经等五科举人，落榜后多称自己冤屈。今年这五科举人的笔试经书大义答卷上，考官要具体写明哪道题回答错误、粗通或精通，允许举人持相关经典前来对证。如果考官方面评定不公正，举人可以向贡院长官陈诉情况，重新考试。如果该举人确实应该落榜，反而妄加披述，则对该举人严惩不贷。今年各科举人认为自己落第冤屈，允许呈状披诉于贡院长官，重新组织考试。贡院如果不予受理，举人可以上告到御史台，御史台负责调查处

---

① 《全唐文》卷一一三，第 508 页。
② 《旧五代史》卷一四八《选举志》，第 1981 页。
③ 《册府元龟》卷六四二《贡举部·条制四》，第 7418 页。

理。如果知贡举官员和科目考官等人，利用考试、录取之便，收受贿赂，徇从请托，录取不合格的亲朋，淘汰真才实学者，都要依法惩处。举人入考场时如果被搜出所夹带的书策，不论多少，一律驱逐出考场，并取消其两年的考试资格。考试中的种种作弊情况，如口传答案、悄悄变动座位、交换答卷、利用抄写经书大义试题和帖经考试的混乱场面为别人提供答案，一经发现，立即将当事人驱逐出考场，并取消其三年的应试资格。如果举人自己学业不精而落榜，出于虚荣心，乱吆喝自己冤屈，以便为再次考试被录取做铺垫，或者出于嫉妒心，对别人考得出色加以诬陷，甚至加以辱骂、殴打，要将当事人逮捕，送到御史台审理治罪。如果情节严重，要严加科断，遣返原籍做苦力，永远不得参加科举考试。同保邻居也要连坐治罪，同时取消三年的考试资格。

在唐代，进士科、明经类考生参加礼部主持的科举考试，及第仅仅是取得了出身资格，还要参加吏部的身、言、书、判考试，身要求体貌壮伟，言要求言辞辩正，书要求楷法遒美，判要求文理优长，考试通过，才能授予官职。吏部的这道考试叫作关试，与礼部贡院的考试同在春天举行，故关试又叫作春关。考生通过关试当上官，便脱下了平民服装，故又称为释褐试。五代时期的关试，考试内容较唐代大为简化，只试判题两道，由举人对答判语，以考察他们的临民办事能力。尽管如此精简，关试却每每敷衍了事，不是考生不到场，就是交白卷，而吏部南曹官员也不负责任，都准予他们通过。朝廷不得不对之加以整顿。后唐天成二年（927），各科录取七十九人，其中三礼科、明算科录取者刘莹等五人关试判语皆同，是他们传抄所致。唐明宗下敕，取消他们的录取资格，此后同类情况，一例处理。天成五年（930），知贡举卢詹所进奏的春关状，遗漏了四位明五经科录取者的姓名，于是被罚扣除一个月的俸禄。

朝廷还为闻喜宴、关宴提供经费。这原本是被录取的进士的私人活动，他们得知自己文场告捷，通过关试将彼此分手赴任就职，就凑在一起宴饮，以示庆贺和告别，当然所有花费都由自己承担。后唐天成二年十二月，唐明宗下敕："新及第进士有闻喜宴、关宴，逐年赐钱四十万。"[1] 清泰二年

---

[1] 《册府元龟》卷六四一《贡举部·条制三》，第 7408 页。

（935），唐末帝下敕："春关冬集绫纸（文书）、闻喜、关宴所赐钱，并仍旧官给。"①

二　进士科

进士科是五代时期最经常的科目，存在的问题和引起的关注也最多。

后唐长兴元年（930）二月的敕文披露："近年文士……就试时疏于帖经。"② 该时期录取进士的标准，对于其所习一部大经的考试，已降到帖经二十处"通三已上"，甚至"不及通三"，解答经文大义五道题"通二、通三"的程度。③

杂文考试中，诗赋是通常的内容。后唐同光三年（925）录取四名进士，其顺序是符蒙正、成僚、王彻、桑维翰。舆论认为其名次与各自的实际水平不相称，有阿私成分。唐庄宗调阅他们的诗赋答卷，委托翰林学士承旨卢质对他们进行复试，学士杨彦珣监试，然后调整录取名次，依次为王彻、桑维翰、符蒙正、成僚。卢质复试，试题为《臣事君以忠诗》《君从谏则圣赋》，赋以"尧舜禹汤，倾心求过"八字为韵。这八个字，尧、汤、倾、心、求五个字是平声字，舜、禹、过三个字是仄声字。"旧例赋韵四平四侧（仄），质所出韵乃五平三侧，由是大为识者所诮。"④ 其实唐朝旧制并没有这样的死板规定。唐代宗大历十年（775）进士科考试的赋，长安命题为《五色土赋》，以"皇子毕封，依色建社"为韵，皇、封、依三个字是平声字，子、毕、色、建、社五个字是仄声字；洛阳命题为《日观赋》，以"千载之统，平上去入"为韵，千、之、平三个字是平声字，载、统、上、去、入五个字是仄声字。五代乱世，社会整体文化水平下降，怎么可能比唐朝要求还高？

长兴元年（930），中书门下审查新录取的进士，发现他们的诗赋都存在大量的声韵错误。如卢价的赋应该用平声字的地方，用了两个仄声字"薄伐"，属于"犯格"现象。孙澄的赋该用去声"御"部韵的字，却用了上声字

① 《册府元龟》卷六四二《贡举部·条制四》，第7415页。
② 《旧五代史》卷一四八《选举志》，第1978页。
③ 《册府元龟》卷六四一《贡举部·条制三》，第7410页。
④ 《旧五代史》卷九三《晋书·卢质传》，第1228页。

"宇""膂",该用上声"有"部韵的字,却用了去声字"售",属于"落韵"现象;所作诗"田"字"犯韵"。于是保留十五人的录取资格,取消九人的录取资格。中书门下建议:"今后举人词赋属对,并须要切,或有犯韵及诸杂违格,不得放及第。"①

进士科举子文化素养低下,固然与五代纷乱的世道有关,但也不能排除与应试学习有关。后唐工部侍郎任赞嗤笑宰相冯道如果走路急速,随身携带的《兔园策》肯定会掉下来。《兔园策》又名《兔园册府》,三十卷,是为举子应试而编的书,因而自设问对,引经史为训注,乡村学校用于教授儿童,由于普及到家藏一本的程度,人们多不以此书为贵。冯道还击任赞道:"《兔园策》皆名儒所集,道能讽之。中朝士子止看文场秀句,便为举业,皆窃取公卿,何浅狭之甚耶!"②任赞十分羞愧。可见进士科举子平素的学习,始终没有跳出参考、模仿别人考进士的好句子的范围。

三 明经类

《新唐书》卷四四《选举志上》介绍唐代的情况:"而明经之别,有五经,有三经,有二经,有学究一经,有三礼,有三传,有史科。"而在五代,"明经"专指明经类中的"二经"。后唐长兴四年(933),礼部贡院新立条件,一处提到"九经、五经、明经呈帖由",另一处提到"五科常年驳榜出"。所谓"五科",天成三年(928)敕文提到:其一是三传,即《左传》《公羊传》《穀梁传》等《春秋》三传;其二是三礼,即《礼记》《周礼》《仪礼》等三礼;其三是三史,《史记》《汉书》《后汉书》《三国志》《晋书》《南史》《北史》等各为一史,任选三种;其四是开元礼;其五是学究一经。③可见这时期明经类划分为两部分:一部分包括九经、五经、二经这三个科目,后唐知贡举赵凤称之为"诸经学";④另一部分包括三传、三礼、三史、开元礼、学究一

---

① 《册府元龟》卷六四二《贡举部·条制四》,第 7412~7413 页。
② 《旧五代史》卷一二六《周书·冯道传》,第 1657 页。
③ 《五代会要》卷二三《科目杂录》,第 372~373 页。
④ 《册府元龟》卷六四一《贡举部·条制三》,第 7408 页。

经这五个科目。清泰二年（935）礼部贡院上奏提到："奉长兴元年敕，进士、五经、九经、明经、五科、童子外，诸色科目并停。"① 可见在考试录取的过程中，不但明经类的两部分实际上已经分开，而且各自具有独立资格，与进士科、童子科并列。这说明五代科举眉目不清。

后梁开平三年（909）敕文规定："每年放明经及第不得过二十人。"② 这是后梁刚刚取代唐朝时的明经录取名额限量，到底指的是"诸经学"，还是二经明经科，或者明经类所有科目，很难断定，有可能是"诸经学"。因为截至后唐同光四年（926），五科一直单列，各自录取才一两个人，以至于五科举人许维岳等一百人上奏请求增加录取名额。

明经类的考试，弊端甚多，因而改革的方案不断产生。天成三年（928）二月，礼部贡院上奏说，国家格文规定，九经考生所考帖经，是九部儒家经书各十帖，所考对义，是口答《春秋》《礼记》大义各十道。现在乡贡九经刘英甫呈上状子，请求取消帖经，只考经义九十道。这样做会违背国家的规定。但唐明宗同意刘英甫的建议。七月，唐明宗下敕，在明经类专业考试后加试时务策，选现实生活中的重要问题命题，要求作成骈体文，不会作骈体文则不强求，不看重骈四俪六之对仗是否工整，平仄是否和谐，主要看对策的内容是否于施政有所裨益。如果时务策不合格，专业考试通过了，也不予录取。关于学究一经科的考试，天成五年（930）二月规定"不念书，试墨义三十道"，清泰二年（935）改为"依旧念书，并注十道后，别试墨义十道"。③ 这些诏令贯彻执行后，明经类考生的质量恐怕依然不会大幅度提高，五代时期全社会的整体文化水平就是那么一个状况。

四　常举的其他科目

童子科选拔所谓神童，会背诵若干儒家经书即可，不管是否理解其含义。后唐同光二年（924），郭忠恕等九位童子到洛阳应试，均是旧例"表荐"童

---

① 《五代会要》卷二三《缘举杂录》，第 369 页。
② 《册府元龟》卷六四一《贡举部·条制三》，第 7406 页。
③ 《册府元龟》卷六四二《贡举部·条制四》，第 7415 页。

子，其家状内却被地方官府注上进士、明经那样的"乡贡"字样。第二年五月，唐庄宗下敕批答礼部贡院的上奏，索性将童子改"表荐"为"乡贡"，八月布告各州府："不得表荐童子。"① 天成三年（928）七月，唐明宗下《严定童子科场敕》，批评近年各道解送来的童子，不是年龄偏大，就是文化程度低下，责成贡院严格考察，"须是年颜不高，念书合格，道字分明，兼无颣失，即放及第"。② 长兴元年（930）八月，唐明宗下敕，又将童子由"乡贡"改回"表荐"，规定每年录取不得超过十名，所念的书必须全部是儒家正规经典，不得以各种零碎文书来虚凑卷数。虽然及第，年幼不具备办公能力，首次所授官职不得是实质性的官职，须经过十一选才可授予临民治事的"亲人官"。③ 长兴四年（933）三月，童子科考生阎惟一等三十九人进状，抱怨每次录取仅十人，请求增加名额。于是这一年录取二十名，并声明下不为例。第二年定为录取十五名，持续了四五年。

明法科选拔精通律令的专职人才。后唐天成三年（928）十一月，大理寺（最高法院）长官萧希甫建议恢复律学和明法科。长兴二年（931）六月，刑部员外郎和凝再次建议："臣窃见明法一科，久无人应，今应令请减其选限，必当渐有举人。谨按《考课令》，诸明法试律令十条，以识达义理、问无疑滞者为通。"④ 唐明宗采纳，将明法科提升到与开元礼科一样高的地位，录取名额与开元礼科相当，至于考试的时间和减少多少考课次数，先由贡院拿出一个方案，专业考试内容限定在律令格式的范围内，由刑法部门的官员担任考官。

明算科选拔数学人才，道举科选拔熟悉道家典籍的人才，百篇科选拔写作人才。这几科短暂设置，长期废弃。后唐天成五年（930）五月，唐明宗下敕："宏词、拔萃、明算、道举、百篇等科，并宜停废。"⑤ 但明算、道举两

① 《册府元龟》卷六四一《贡举部·条制三》，第 7407~7408 页。
② 《全唐文》卷一〇九，第 489 页。
③ 《册府元龟》卷六四二《贡举部·条制四》，第 7413 页。
④ 《册府元龟》卷六四二《贡举部·条制四》，第 7413~7414 页。
⑤ 《册府元龟》卷六四二《贡举部·条制四》，第 7412 页。

科，五年后恢复了。清泰二年（935）九月，礼部贡院奏："进士请夜试，童子依旧表荐，重置明算、道举。举人落第后，别取文解。五科试纸，不用中书印，用本司印。"① 唐末帝批准。

五 五代朝廷在中原举行科举活动的意义

科举活动从唐初绵延到五代，历时三个半世纪。五代时期的科举考试内容和唐代相对照，不过是照葫芦画瓢而已，照例是对儒家经典和注疏的死记硬背，对几部史书的掌握，对开元礼的记忆和领会，对以《唐律疏议》为蓝本的律令的理解，对几部陈旧数学教科书的运用，至于诗赋杂文、时务策，也没有翻出新花样。

在五代分裂时期，中央政权的都城洛阳是产生和保存民族传统文化的中心城市，其余任何割据政权的都城都不具备同它平起平坐或平分秋色的资格。民族是历史上形成的稳定的人群共同体，具备共同语言、共同地域、共同经济生活以及表现于共同文化上的共同心理素质这四个因素。中华民族一直屹立于世界民族之林而没有"亡种"。这个共同地域上的政治格局始终遵循着从分裂走向统一的运动轨迹而没有"亡国"。"共同文化上的共同心理素质"对于中华民族的绵延不断和各朝代延续中国政权所起的作用实在是太大了，因而也没有"亡教"。以这个视角来看待五代时期中央政权在洛阳举行科举活动，便能发现它的超常意义。中原的科举活动吸引五代十国各政权的考生前来参加，使士人投身于民族传统文化的学习、教学和考试中，民族文化成了他们安身立命的支柱，也成了维系中华民族统一和传承的纽带，必然会产生中华民族的凝聚力和向心力，使中央政权在历史前进中发挥主导作用，为五代之后祖国的再度统一提供助力。

---

① 《旧五代史》卷四七《唐书·末帝纪中》，第 652 页。

第十六章
五代洛阳的文化

五代朝廷在洛阳编修法令文书、本朝史书，并多方搜求资料，为编修唐朝正史做准备。洛阳文学虽不乏作者，但没有卓荦出群的大手笔，诗歌、文章，聊胜于无。乐舞戏曲不正规，掺杂边裔杂音，时而流露出插科打诨和低级趣味。杨凝式的书法横空出世，在五代洛阳艺术中最为耀眼。洛阳的佛教、道教，抱残守缺，满足着朝野的信仰和需求。雕版印刷业空前发展，技艺精良。一代代人持续着社会生活，时令节日，重演着传统模式。

第一节　五代洛阳的书籍编纂

一　五代朝廷编修律令格式

从唐朝开始，成文法典由律、令、格、式四类构成。令、格、式是国家颁布的政令、法规、章程，从正面做出规定和要求，具有法律效力；而律，则是出现严重违反令格式的行为和犯罪现象时，用以进行处置的刑法典。五代朝廷不断地编修和颁布律令格式，号令全国。

后梁迁都洛阳后，梁太祖于开平三年（909）诏令删定律令格式。次年十二月，中书门下奏称："新删定令三十卷，式二十卷，格一十卷，律并目录一十三卷,律疏三十卷,共一百三卷。"① 梁太祖批准实施,称为《大梁新定格式律令》。后唐把唐代的典章制度看作"本朝之旧章",② 而后梁不过是"朱温僭逆",《大梁新定格式律令》因而只是"伪廷删改"的刑书。③ 同光元年(923)十二月,御史台奏称定州敕库保存有唐朝法书,请命定州节度使抄成副本进上,唐庄宗批准。不久,定州奏上唐朝格式律令共二百八十六卷。同光二年,刑部奏上新编集的《同光刑律统类》十三卷。天成元年(926),唐明宗敕令:"废伪梁格,施行本朝格令。"御史台、刑部、大理寺上奏,指出这道敕令只涉及"格",而未涉及"律令"。唐代的律令格式,这时有《开元格》一卷,《开成格》十一卷,《大和格》五十三卷,《刑法要录》十卷,《格式律令事类》四十卷,《大中刑法格后敕》六十卷,等等,条文精神存在重叠矛盾等情况。经过讨论,"《开元格》多定条流公事,《开成格》关于刑狱,今欲且使《开成格》"。唐明宗同意。④ 长兴四年(933),唐明宗敕令御史大夫龙敏等人详定《大中统类》。清泰二年(935),后唐挑选政权建立以来十二年间所发布的制敕中可久远施行者共三百九十四道,勒为三十卷,付御史台颁行。后唐以因袭唐制为主,间有自己的措施、规定,其倾向是趋于严酷。

唐明宗时期,秘书监、太常卿刘岳奉诏编撰《新书仪》一部,北宋时还流行于世。

二 五代朝廷编修本朝史书

赵莹在后唐、后晋时期曾以宰相身份监修国史。天福二年(937)八月,他在开封给晋高祖的奏章中说到唐明宗时期洛阳的情况,皇帝的内廷公事和言论行动,都由端明殿学士或枢密院学士随从记录,按月日编排,按季节送入史馆。各机构的公事,各自按月日记录,按季节送入史馆。根据这些资料,史官编修日历。

---

① 《五代会要》卷九《定格令》,第 146 页。
② 《五代会要》卷九《定格令》,第 147 页。
③ 《旧五代史》卷一四七《刑法志》,第 1962 页。
④ 《五代会要》卷九《定格令》,第 147 页。

实录是皇帝的编年体大事记，据日历编纂而成。五代朝廷编修的实录，一共二百多卷。天成四年（929），唐明宗诏令卢质、何瓒、韩彦晖编修本朝开国皇帝唐庄宗的实录。唐庄宗的已故曾祖李（朱邪）执宜、祖父李国昌、父亲李克用，在唐代被委任为边地羁縻府都督、刺史、节度使，后唐建立后，把他们依次追谥为昭烈皇帝、庙号懿祖，文皇帝、献祖，武皇帝、太祖。唐明宗这时诏令将他们的事迹一并编为实录。何瓒推荐由张昭远执笔修撰。张昭远认为懿祖、献祖、太祖实际上没有称帝，于是将他们的事迹编成《纪年录》（载纪）二十卷，同时编成《唐庄宗实录》三十卷。清泰二年（935），唐末帝命史官编修《唐明宗实录》，次年，监修国史姚顗，史官张昭远、李祥、吴承范等修成三十卷。

唐明宗时，李愚任门下侍郎，监修国史，兼吏部尚书，与诸儒修成本朝《创业功臣传》三十卷。

三 编纂唐朝史书的早期准备工作

唐朝创立了国家组织编修前代王朝历史的纪传体史书，并由现任宰相领衔监修的制度。

梁末帝龙德元年（921）二月，史馆意识到搜集唐朝史料的紧迫性，但不到三年就亡国了。后唐天成元年（926）九月，唐明宗以都官郎中庾传美充任三川搜访图籍使。庾传美曾是前蜀国君王衍的部下，家在成都，说成都有唐朝实录。庾传美出使成都回洛阳，带回来的只有唐朝九位皇帝的实录和一些残缺杂书。长兴二年（931）四月，唐明宗下敕禁止民间毁废碑碣，以便从碑文中考察名贤遗行；五月，批准都官郎中、知制诰崔棁关于搜访唐宣宗以来野史的建议。次年十一月，史馆上奏，唐末四朝实录不曾编纂，北方久经战乱，图籍受损。而两浙、福建、湖广等地比较安定，"伏乞特降诏旨，委各于本道采访宣宗、懿宗、僖宗、昭宗以上四朝野史，及逐朝日历、除目、银台事宜、内外制词、百司沿革簿籍，不限卷数，据有者抄录上进"。① 唐明宗批准。

这一时期，个别有心人在悄悄地做工作。贾纬担任后唐河北地方官期间，

---

① 《五代会要》卷一八《史馆杂录》，第303页。

对于没有唐代实录、国史记载的晚唐史事，采集传闻小说，编成编年体史书《唐年补录》（又称《唐朝补遗录》）六十五卷。后晋时，贾纬在开封担任起居郎、史馆修撰，提出编修唐代史书的建议，并向朝廷献上《唐年补录》。晋高祖读后很欣赏，于天福六年（941）二月下诏编修唐代史书。开封史馆保存的唐代资料，都是从洛阳运来的后唐时收集到的资料，后晋这时号召各地进一步进献资料。史官利用这些资料，先由宰相赵莹监修，后由宰相刘昫接替监修，于开运二年（945）六月编纂完毕，成书二百卷，称为《唐书》。一个世纪后北宋重新编了一部《唐书》，后人遂将后晋这部《唐书》叫作《旧唐书》。

四 马缟的《中华古今注》

五代私家笔记著作有马缟的《中华古今注》。马缟后梁时任太常修撰、尚书郎、参知礼院事、太常少卿；后唐时任户部侍郎、国子祭酒。《直斋书录解题》说："《中华古今注》三卷：后唐太学博士马缟撰，盖推广崔豹之书也。"① 西晋崔豹所著《古今注》，对各类事物进行解说诠释。马缟认为该书内容有缺失，遂增广条目，诠释含义，成《中华古今注》三卷。全书涉及宫室、都邑、器用、服饰、书契、音乐、草木、鸟兽、虫鱼等近二百种名物，分条解释各自的由来、面貌、内容、掌故和沿革。

第二节 五代洛阳的文学

杨凝式（873~954）历仕五代各朝，官至太子太保，性格幽默。他从开封回洛阳时，正闹蝗灾，遮天蔽日。河南尹张从恩不知道他来，没有迎接他。他作诗寄张从恩，说自己"押引蝗虫到洛京，合消郡守远相迎"。他经常在洛阳佛寺道观墙壁上题诗，被人们推许为"诗句自佳"，"清丽可喜"。② 这首诗说："院似禅心静，花如觉性圆。自然知了义（真谛），争（怎）肯学神仙！"

---

① （南宋）陈振孙：《直斋书录解题》卷一〇《杂家类》，徐小蛮、顾美华点校，上海古籍出版社，1987，第307页。
② （清）邵晋涵：《旧五代史考异》卷四《周书第十九·杨凝式传》，《五代史书汇编》，第449页。

《题怀素酒狂帖后》诗议论书法艺术，说："十年挥素学临池（东汉书法家张芝临池学书，池水尽黑），始识王公学卫非（东晋书法家王羲之见李斯、钟繇、蔡邕、张昶作品，始知少时从卫夫人学书，徒费年月）。草圣未须因酒发，笔端应解化龙飞。"①

和凝（898~955）是五代各朝的重臣，当过宰相，拜太子太傅。他作《宫词百首》，最后一首交代道："九重天上实难知，空遣微臣役梦思。葵藿一心期捧日（自己像葵花向太阳一样永远忠于朝廷），强搜狂斐拟宫词。"可见这些宫词多是他对禁中生活的想象猜测。其中几首明确提到洛阳，如："北阙（城北区的皇宫）晴分五凤楼，嵩山秀色护神州。洛河自契千年运，更拟波中出九畴（古人解释河出图洛出书，认为洛书即《洪范》九畴）。""艳阳风景簇神州，杏蕊桃心照凤楼。遥望青青河畔草，几多归马与休牛。"宫词中有两首说："献寿朝元（后梁将洛阳含元殿改名为朝元殿）欲偃戈（停止战争），航深梯险竞骈罗（周边各国使者纷纷梯山航海，前来朝拜）。若论万国来朝日，比并涂山（诸侯在涂山朝拜大禹）更较多。""正旦垂旒御八方，蛮夷无不奉梯航。群臣舞蹈称觞处，雷动山呼万岁长。"这里吹嘘后唐享有国际性的威望，各国派遣使臣朝贡，愿意归顺，这都是不顾事实的谀辞。宫词还说："司膳厨中也禁烟，春宫相对画秋千。清明节日颁新火，蜡炬星飞下九天。"②这些诗句反映了宫中清明节的情况。

冯道（882~954）在五代历仕四朝十君，当宰相二十余年。天成元年（926），兵部尚书、知制诰、翰林学士承旨卢质，出洛阳赴陕西大荔任同州节度使。冯道作诗饯别，其中"视草北来唐学士，拥旄西去汉将军"句，被人们称道，认为是"警句"。③冯道担任过翰林学士、知制诰、端明殿学士，要撰写朝廷公文。长兴元年（930）四月，唐明宗在洛阳文明殿受册徽号。冯道撰写的册文开头说了一些套话："天不称高而体尊，地不矜厚而形大，厚无不载，高无不覆。四时行于内，万物生其间，总神祇之灵，协帝王之运。日出而

---

① 《全唐诗》卷七一五，第1802~1803页。
② 《全唐诗》卷七三五，第1838~1840页。
③ 《旧五代史》卷九三《晋书·卢质传》，第1228页。

星辰自戢，龙飞而雷雨皆行，元气和而天下和，庶事正而天下正。"然后排比唐明宗的文治武功，归纳为："非陛下有道有德，至圣至明，动不疑人，静惟恭己，常敦孝礼，每纳忠言，则何以临御五年，澄清四海！"但皇上对"徽号过持于谦让"，群臣恳请三年，始终不肯接受。"天不以上帝自崇，日不以大明自贵，于烝民有惠，于元后同符，列圣皆然，旧章斯在。"因而朝臣外官五千八百九十七人再三恳请，谨奉玉宝玉册，给皇上上徽号为"圣明神武文德恭孝皇帝"。"伏惟皇帝陛下，体尧、舜之至道，法日月于太虚，威于夷狄，恩及虫鱼。奉国者继加荣宠，违天者咸就诛锄。典礼当告成之后，夙夜思即位之初，千秋万岁，永混车书。"① 这号对帝王阿谀奉承、歌功颂德的文章，无非以天、日、龙、尧舜、仁风、雨露之类为关键词而编织句子，翻不出新花样，五代乱世中能写到对仗基本工稳，吹捧不太肉麻，就算不错了。《旧五代史·冯道传》评论说："其文浑然，非流俗之体，举朝服焉。道尤长于篇咏，秉笔则成，典丽之外，义含古道，必为远近传写，故渐畏其高深，由是班行肃然，无浇醨（浇漓）之态。"②

后梁时，张策在开封、洛阳当过翰林学士承旨、侍郎、宰相。他退休后，住在洛阳福善里家中，"所著《典议》三卷、词制歌诗二十卷、笺表三十卷，存于其家"。③

郑珏后梁时在洛阳担任起居郎、翰林学士，"文章美丽，旨趣雍容"。④薛廷珪在洛阳生活和供职，唐庄宗时以太子少师退休，著有《凤阁词书》十卷和《克家志》五卷。他的父亲薛逢创作的《凿混沌赋》《真珠帘赋》等赋，为时人所推崇。薛廷珪"亦著赋数十篇，同为一集，故目曰《克家志》"。⑤

李琪博学多才，工于诗赋、骈文。后梁时，他任过翰林学士和宰相；后

---

① 《旧五代史》卷四一《唐书·明宗纪七》，第 563~564 页。
② 《旧五代史》卷一二六《周书·冯道传》，第 1657 页。
③ 《旧五代史》卷一八《梁书·张策传》，第 243~245 页。
④ 《旧五代史》卷五八《唐书·郑珏传》，第 778 页。
⑤ 《旧五代史》卷六八《唐书·薛廷珪传》，第 900 页。

唐时以太子太傅退休，居住洛阳福善里。他将自己担任知制诰时为朝廷撰写的制诏编为十卷本的文集，称为《金门集》，在社会上十分流行。同光三年（925）秋天，各地水灾严重，国家经济困难，唐庄宗诏令百官上封事，陈述除弊救时的方案。李琪上了一份奏疏，其中说："臣闻王者富有兆民，深居九重，所重患者，百姓凋耗而不知，四海困穷而莫救，下情不得上达，群臣不敢指言。今陛下以水潦之灾，军食乏阙，焦劳罪己，迫切疚怀，避正殿以责躬，访多士而求理，则何思而不获，何议而不臧？止在改而行之，足以择其善者。"在所举的例子中说："至乎三国并兴，两晋之后，则农夫少于军众，战马多于耕牛，供军须夺于农粮，秣马必侵于牛草。"① 其中一些句子讲究对仗，多少有点文采。

唐庄宗时灭掉前蜀，前蜀的一些官员被俘获进入洛阳。到唐明宗时，宣令原前蜀的宰相、御史中丞、翰林学士等高级官员王锴、张格、庾传素、牛希济诸人作限韵七言律诗，咏"蜀主降唐"事。牛希济分得以"川"字为韵，所作《奉诏赋蜀主降唐》说："满城文武欲朝天，不觉邻师犯塞烟。唐主再悬新日月，蜀王难保旧山川。非干将相扶持拙，自是君臣数尽年。古往今来亦如此，几曾欢笑几潸然。"② 其余几人的诗作，都是斥责前蜀的后主王衍"僭号，荒淫失国"，只有牛希济的这首诗"但述数尽，不谤君亲"。唐明宗感叹道："如希济才思敏妙，不伤两国，迥存忠孝者，罕矣。"于是对他"即拜雍州（治今陕西西安市）节度副使"。③

唐明宗的儿子秦王李从荣，天成四年（929）调入洛阳担任河南尹，师从儒生，交游词客，彼此间经常作诗唱和。其中徐州人张沆、建安人江文蔚，来洛阳考进士，与李从荣过从亲密，于长兴三年（932）及第，分别被署为河南府巡官、河南府馆驿巡官。营道（今湖南道县）人何仲举来洛阳考进士，献诗给李从荣，有"碧云章句才离手，紫府神仙尽点头"④ 句。李从荣极为欣

---

① 《旧五代史》卷五八《唐书·李琪传》，第783~784页。
② 《全唐诗》卷七六〇，第1888页。
③ 《十国春秋》卷四四《前蜀十·牛希济传》，第646页。
④ 《五代史补》卷二《后唐·何仲举及第》，《五代史书汇编》，第2494页。

赏，为之说项，使他于长兴四年（933）及第。李从荣遂以"紫府神仙"自居，"自谓章句独步于一时，有诗千余首，号曰《紫府集》"。[①]

唐末帝任命张延朗担任礼部尚书，兼中书侍郎、平章事，判三司。张延朗两次上表推辞高职，并指出时弊。第二篇表文开头说："窃以位高则危至，宠极则谤生，君臣莫保于初终，分义难防于毁誉。臣若保兹重任，忘彼至公，徇情而以免是非，偷安而以固富贵，则内欺心腑，外负圣朝，何以报君父之大恩，望子孙之延庆！臣若但行王道，唯守国章，任人必取当才，决事须依正理，确违形势（权势之家），坚塞幸门，则可以振举弘纲，弥缝大化，助陛下含容之泽，彰国家至理之风，然而谗邪者必起憾词，憎嫉者宁无谤议。或虑至尊未悉，群谤难明，不更拔本寻源，便俟甘瑕受玷，臣心可忍，臣耻可消。只恐山林草泽之人，称量圣制；冠履轩裳之士，轻慢朝廷。"这段文字刻画自己的复杂心态，从正反两面说，细腻入微，对仗工稳，显得很得体。判三司即管理国家财政，三司指盐铁、户部、度支三个经济部门。讲到这项任务，表文说："臣又以国计一司，掌其经费，利权二务，职在捃收。将欲养四海之贫民，无过薄赋；赡六军之劲士，又借丰储。利害相随，取与难酌，若使罄山采木，竭泽求鱼，则地官（户部）之教化不行，国本之伤残益甚，取怨黔首，是黩皇风。况诸道所征赋租，虽多数额，时逢水旱，或遇虫霜，其间则有减无添，所在又申逃系欠。乃至军储官俸，常汲汲于供须；夏税秋租，每悬悬于继续。况今内外仓库，多是罄空；远近生民，或闻饥歉。伏见朝廷尚添军额，更益师徒，非时之博籴（大量购买粮食）难为，异日之区分转大。窃虑年支有阙，国计可忧。望陛下节例外之破除，放诸项以俭省，不添冗食，且止新兵，务急去繁，以宽经费，减奢从俭，渐俟丰盈，则屈者知恩，叛者从化，弭兵（消除战争）有日，富俗可期。"[②] 这段文字分析赋税沉重、兵员扩充、入不敷出、民众疾苦，说得很在理。

马裔孙当过后唐宰相，后晋时隐居洛阳长寿寺读佛书，摘抄部分内容，改

---

① 《旧五代史》卷五一《唐书·宗室传三·李从荣传》，第 693 页。
② 《旧五代史》卷六九《唐书·张延朗传》，第 919~920 页。

写成诗歌，诗集称为《法喜集》。周太祖时，马裔孙加检校礼部尚书、太子宾客，分司西都洛阳。这是闲职，他"惟事讴吟著述"。两三年后，他就在洛阳去世了。临死之前，他看见一条白蛇盘绕在院子中的槐树上，前去驱赶却不见踪影，于是想起西汉贾谊的《鹏鸟赋》，"作《槐虫赋》以见志"。[①]

第三节　五代洛阳的艺术

一　五代洛阳的乐舞

承唐末丧乱礼乐制度亡失之余，五代朝廷的音乐舞蹈经历了一个相当长的演变、恢复过程。在以洛阳为京师的后梁、后唐时期，乐舞极不正规。

后梁是汉族政权，经过唐末以来的长期动乱，百废待兴，无暇制礼作乐。梁太祖称帝前后，"深戒逸乐，未尝命堂上歌舞"。开平四年四月乙丑（初六，910 年 5 月 17 日），他在西京洛阳，"止令内妓升阶，击鼓弄曲甚欢，至午而罢"。八月丙子（十九日，9 月 25 日），他在陕州宴请文武从官军使，"设龟兹乐"。[②] 这在礼仪上，谈不上正规。

后唐的统治者是沙陀族，进入洛阳后或多或少被汉族文化同化，行事依据中原典章制度的同时，还保留着一些胡风，诸如祭祀蕃神、行用蕃族礼制。他们在河南举办各项活动，便不可能严格遵循传统的华夏礼乐。唐庄宗由边地而入主中原，起初所用音乐，"不过边部郑声而已"，华夏正统的"先王雅乐，殆将泯绝"，朝廷在洛阳举办各种活动，虽然也摆弄着各种传统乐器，"而宫商孰辨！"[③]

唐庄宗懂得音乐，能够作曲，嗜好表演，习惯于插科打诨。皇后刘氏出身卑微，五六岁时在家乡河北成安县被掳掠入晋阳宫，学习吹笙歌舞，侍奉贵夫人。她长大后，被赐给唐庄宗，生下儿子李继岌，开始受宠。自与唐庄宗结成

---

① 《旧五代史》卷一二七《周书·马裔孙传》，第 1671 页。
② 《旧五代史》卷五《梁书·太祖纪五》，第 83、85 页。
③ 《旧五代史》卷一四四《乐志上》，第 1923 页。

配偶关系以后，她同丈夫的嫡妻姬妾争宠，各自夸耀自己的门族高贵，就特意隐讳自己的家世。其父刘叟以卖药、算卦为生，号称刘山人。刘叟到邺都寻女，自报父亲身份。宦官刘建丰认出他确实是"昔日黄须丈人"，是刘氏的亲生父亲。但刘氏拒不认父，对唐庄宗说："妾去乡之时，妾父死于乱兵，是时环尸而哭。妾固无父，是何田舍翁诈伪及此！"① 并且派人去宫门前以冒充罪将刘叟痛打一顿赶走。唐庄宗是同光元年（923）四月二十五日在邺都称帝的，随后同后梁打仗，奔波于澶州、杨刘、郓州、中都、曹州、汴州等地，十月初八攻入汴州灭掉后梁，旋即迁都洛阳。唐庄宗征战期间，将一度随军的刘氏母子送回邺都。同光二年四月己卯（十一日），刘氏在洛阳文明殿被册封为皇后。宫中闲暇时，唐庄宗以刘父寻女事为题材进行表演，穿上刘叟那样的衣服，背着装算卦用的蓍草的行囊和药箱，让李继岌提着破帽子跟在自己后面，来到刘氏的卧室，拖着道白说："刘山人来省女。"刘氏被激怒，"答继岌而逐之，宫中以为笑乐"。② 唐庄宗还给自己起了一个艺名叫"李天下"。他曾在宫廷同一群优伶演戏，环顾四周，大声呼叫："李天下，李天下何在？"演员敬新磨立即走到他跟前，打他耳光，说："李天下者一人而已，复谁呼邪！"于是大家哈哈大笑，唐庄宗也很高兴。一次敬新磨在洛阳宫殿中奏事，离开时，一只恶狗追着他不放。敬新磨靠着柱子大声呼叫："陛下毋纵儿女啮人！"沙陀族系"夷狄"，"讳狗"。敬新磨把狗说成是唐庄宗的儿女，唐庄宗大怒，立即拿出弓箭，瞄准敬新磨。敬新磨连忙呼叫："陛下无杀臣！臣与陛下为一体，杀之不祥！"唐庄宗问起缘故，敬新磨谐音解释自己名字的含义是铜镜新磨："陛下开国，改元同光，天下皆谓陛下同光帝。且同，铜也，若杀敬新磨，则同无光矣。"③ 唐庄宗大笑，释而不问。如此行径，与严肃的礼乐相差何啻十万八千里。

洛阳的官僚有私家歌舞班子，吹拉弹唱是日常生活的部分内容。朱汉宾任左龙武统军，唐庄宗曾到他家，"汉宾妻进酒上食，奏家乐以娱之"。他退休

---

① （五代）孙光宪：《北梦琐言》卷一八，林艾园点校，上海古籍出版社，1981，第127页。

② 《新五代史》卷三七《伶官传》，第398页。

③ 《新五代史》卷三七《伶官传》，第399页。

后住在怀仁里，"笙歌罗绮，日以自娱"。① 唐明宗时，宰臣任圜家中"有妓善歌"。② 后唐灭掉前蜀，京兆（长安）尹张筠奉诏杀掉前蜀国君王衍，将前蜀的"妓乐宝货"私自占据，运至洛阳宅第。他犯事被遣返洛阳，"声乐饮膳，恣其所欲"。③

二　杨凝式的书法

杨凝式是华阴人，当地曾属弘农郡。他的出生年份是唐懿宗咸通十四年癸巳，故题识或称"癸巳人"，或称弘农人，包含着对朱梁篡夺唐朝政权的不满情绪。他在唐昭宗时进士及第，任秘书郎，直史馆；后汉时历任少傅、少师，世称"杨少师"。他经常装疯卖傻，韬晦避祸，多次以"心疾"（精神病）罢职，闲居洛阳，被同僚看作"杨风（疯）子"。他擅长草书、隶书，特别精工颠草（狂草），笔势雄杰，变化多姿，用笔有破圆为方、削繁为简之妙。清人邵晋涵《旧五代史考异》引《别传》介绍他的书法："其笔迹遒放，宗师欧阳询与颜真卿，而加以纵逸。既久居洛，多邀游佛道祠，遇山水胜概，辄流连赏咏，有垣墙圭缺处，顾视引笔，且吟且书，若与神会。……而论者谓其书自颜中书（颜真卿）后一人而已。"④《宣和书谱》卷一九"杨凝式"条引欧阳修题跋所说唐亡以来一百五十年，"五代之间有一杨凝式，建隆（宋太祖年号，960~963）已后有一李建中，二人笔法不同，而书名皆为一时之绝"；评论道："凝式笔迹独为雄强，与颜真卿行书相上下，自是当时翰墨中豪杰。"同书卷六"豆卢革"条又说："杨凝式之书，在季世翰墨中，如景星、凤凰之杰出。"⑤ 北宋张齐贤《洛阳搢绅旧闻记》卷一"少师佯狂"条说：五代老官僚冯道的次子，曾在佛寺墙壁题诗赞美杨凝式的书法，说："少师真迹满僧居，只恐钟王（钟繇、王羲之）也不如。为报远公（以东晋僧人慧远泛指僧人）

---

① 《旧五代史》卷六四《唐书·朱汉宾传》，第856~857页。
② 《旧五代史》卷六七《唐书·任圜传》，第895页。
③ 《旧五代史》卷九〇《晋书·张筠传》，第1182页。
④ 《旧五代史考异》卷四《周书第十九·杨凝式传》，《五代史书汇编》，第449~450页。
⑤ 《中国书画全书》第2册，第55、20页。

须爱惜，此书书后更无书。"
进士安鸿渐题诗说："端溪石
砚宣城管，王屋松烟紫兔毫。
更得孤卿老书札，人间无此五
般高。"①

　　杨凝式的书法对宋人影响
很大。北宋书法有苏黄米蔡四
大家，指苏轼、黄庭坚、米
芾、蔡襄。米芾说：杨凝式书
"天真烂漫"，"纵逸"类似颜
真卿的《争坐位帖》。"王安石
少尝学之……元丰六年
（1083），余始识荆公（王安
石）于钟山（在今南京市），

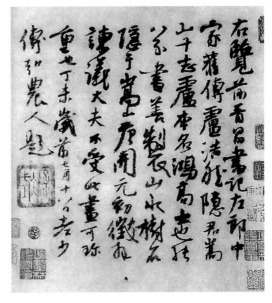

图 16-1　杨凝式书《卢鸿草堂十志图跋》

语及此。……其后与余书简皆此等字。"② 黄庭坚说："鲁公书，今人随俗，多
尊尚之；少师书，口称善而腹非也。欲深晓杨氏书，当如九方皋相马，遗其玄
黄牝牡乃得之。"③ 这是说普通人观念陈旧，不通变化，对于杨凝式书法的妙
处，嘴上随声附和，内心却不能真正理解。《列子·说符》中有九方皋相马的
故事。九方皋一眼就认出良马，秦穆公问起"何马"，他答以"牝（母马）而
黄"。马被牵回来，却是"牡（公马）而骊（黑色）"。因此，人们嘲笑九方
皋连马的毛色、性别这些明摆着的现象都分不清，"又何马之能知也"。只有
善于相马的伯乐惊叹他独具慧眼："得其精而忘其粗，在其内而忘其外，见其
所见，不见其所不见，视其所视，而遗其所不视。"④ 黄庭坚认为真正懂书法

　　① 《五代史书汇编》，第 2389 页。
　　② 《书史》，《中国书画全书》第 1 册，第 970 页。
　　③ （北宋）黄庭坚：《黄庭坚全集》正集卷二七《跋法帖》，刘琳、李勇先、王蓉贵点校，四川
　　　　大学出版社，2001，第 720 页。
　　④ 杨伯峻：《列子集释》，中华书局，1979，第 257~258 页。

的人，对于杨凝式的作品，应该忽略常人所能看到的东西，而注意常人看不到的东西。黄庭坚便是这样，他说："余曩时至洛师（洛阳），遍观僧壁间杨少师字，无一字不造微入妙。此书盖当与吴生（吴道子）画为洛中二绝也。……见杨少师书，然后知徐、沈（唐代书法家徐浩、沈传师）有尘埃气。"① 他还评论杨凝式的书法"如散僧入圣"，自己二十五年间，每天临摹数张纸，"未尝不叹其妙"。② 并作诗赞美道："俗书喜作《兰亭》面，欲换凡骨无金丹；谁知洛阳杨风子，下笔却到乌丝阑。"③ 他还披露，苏轼"中岁喜学颜鲁公、杨风子书"。④

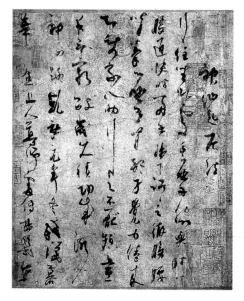

图 16-2　杨凝式书《神仙起居法》

杨凝式在洛阳寺观墙壁上的题字，文献提到有圣善寺胜果院东壁、广爱寺西律院、天宫寺、长寿寺华严东壁等少数几处。到宋代，人们还能见到一

① 《黄庭坚全集》正集卷二八《跋王立之诸家书》，第768页。
② 《黄庭坚全集》正集卷二八《题杨凝式诗碑》，第756页。
③ 《黄庭坚全集》正集卷二八《题杨凝式书》，第756页。
④ 《黄庭坚全集》正集卷二八《跋东坡墨迹》，第775页。

些。张齐贤说："少师于西京寺观壁上书札甚多，人间所收真迹绝少。其寺观所书壁，僧道相承保护之。至兴国九年（984），大水湮没，墙壁摧坏，十无一存。可为惜之，可为惜之！"① 张世南说：杨凝式六十七岁时所作的《洛阳风景四绝句》诗，"真迹今在西都唐故大圣善寺胜果院东壁，字画尚完，亦有石刻。书侧有画像，亦当时画"。② 在墙壁上写字和在宣纸上写字，结果大不相同。墙壁竖立，没有宣纸那种吸附墨汁的能力，书写者只能发挥毛笔单方面的优势，悬肘书写，蘸墨不能太多，否则会顺墙壁流下来，需要依靠字体结构的设计、运笔的技巧以及调墨的浓淡来取胜。因此，我们看到的杨凝式纸本作品，应该比他写在墙上的字更好一些。他的传世书法作品，现在只剩下纸本的《韭花帖》《夏热帖》《神仙起居法》《卢鸿草堂十志图跋》几件了。《韭花帖》是行草，行间字距，远近适宜，疏密有度，每个字的上下左右部分，或若即若离，或头重脚轻，或倾斜失衡，整体上变化多端，空灵疏朗。《夏热帖》是颠草，布局故意参差错落，字迹大小有别，笔画随意涂抹，如行云流水，欲行则行，欲止则止，达到出神入化的境界。《神仙起居法》的小草书，一气贯注，挥洒自如，狂放不羁，波澜老成，是米芾所称道的天真纵逸的气象。

第四节　五代洛阳的宗教

一　五代洛阳的佛教

五代分裂时期，中原王朝版图缩小，战乱频仍，户口锐减，为保证赋税来源和军队数量，于是限制和废毁佛教。后唐立都洛阳，天成元年（926）十一月，敕令寺院"自此后不得辄有建造"，"不得衷私剃度"。两年后又敕令天下私立寺院，"并须量事估价，一时任公私收买"（作价出售），或"便仰拆

---

① 《洛阳搢绅旧闻记》卷一《少师佯狂》，《五代史书汇编》，第 2391 页。
② （南宋）张世南：《游宦纪闻》卷一〇，中华书局，1981，《旧闻证误》合刊本，第 86 页。

毁"，"田地任人请射（租佃）"。① 后晋、后周立都开封，相继下诏限制佛教发展，甚至在周世宗时期，演变成统治区内全面的毁佛运动。但佛教发展到五代，已与社会生活紧密结合，全面渗透，不仅仅是宗教信仰、哲学理论，而且还是社会习俗、行为方式和礼制不可或缺的部分。

元宵节观灯，盂兰盆会孝亲，都是佛教节日，前者制作灯轮，后者设宴款待僧人，请他们做法事超度主家的七代祖考。皇帝生辰作为全国性的节日，宫廷中要举办僧人、道士的讲论会。而且，遇到天灾，皇帝要去佛寺祈祷。唐庄宗曾于同光三年五月戊申（十七日，925 年 6 月 10 日）去洛阳城南的龙门广化寺祈请下雨；唐明宗曾于长兴二年四月乙巳（十七日，931 年 5 月 7 日）去龙门佛寺祈雨；唐末帝曾于清泰元年七月甲辰（初六，934 年 8 月 18 日）去龙门佛寺祈雨，十二月庚寅（二十四日，935 年 1 月 31 日）去龙门佛寺祈请下雪，清泰三年正月戊戌（初八，936 年 2 月 3 日）再去祈雪。

尽管受到限制，五代洛阳佛教的规模依然相当可观。僧人智晖于后梁乾化四年（914）从江南来到洛阳，见洛阳佛寺"无所不备，唯温室洗雪尘垢，事有阙焉"。他于是修建了占地数亩的浴院，供僧人前来洗澡，每五天开放一次，"一浴则远近都集三二千僧矣"。闲暇时，他不是作诗就是绘画。浴院的墙壁上，画着嘉陵碧浪、太华莲峰、五溪烟景，即便是在盛夏酷暑，人们也感到清爽。洗澡的用水，由他"造轮汲水，神速无比"。在应真（罗汉）浴室的西庑中，他画出十六罗汉图，并特设观自在（观世音）堂。智晖去世后，大臣杨凝式"笃重晖，为作碑颂德"。②

后唐僧令諲是陕府阌乡人，年少出家，在家乡学习《维摩经》，受具足戒后，大乘小乘经典，普遍学习。到洛阳长水（今洛宁县）后，三十年间向僧俗宣讲各种经典，每种都不下五十遍。他自己每天都坚持读诵《维摩经》《弥勒上生经》。他的佛学修养已达到"声光振发，莫之与京"的地步。③

后汉洛阳广爱寺僧洪真，诵读《法华经》一万遍，上表请求自焚，以全

---

① 《五代会要》卷一二《寺》，第 195 页。
② 《宋高僧传》卷二八《后唐洛阳中滩浴院智晖传》，第 697~698 页。
③ 《宋高僧传》卷七《后唐洛阳长水令諲传》，第 144 页。

躯供养佛塔，被下敕阻止。洪真返还广爱寺，将衣钵施舍完毕，无疾而终。数日后颜貌如同生前，火化后"唯舌根不坏，益更鲜红"，"伊洛之间重之如在"。①

雕造经幢、朝廷赐号赐紫之类的活动仍在继续。后唐长兴三年（932）八月，河南府巩县净土寺僧思敬，撰文并刻石《尊胜经幢记》。说该寺中建成这座石幢，"伏愿皇风永扇，玉蕊连芳，内外群臣，惟忠惟孝；次愿镇县官寮，惟清惟政"，以及自己在战乱中丧生的父母、亲戚、师僧等，"睹兹胜因，早证菩提之道"。② 佛教是后宫之人最后的落脚处。唐庄宗攻入开封，灭掉后梁，梁末帝的次妃郭氏被唐庄宗霸占，"已而度为尼，赐名誓正，居于洛阳"。③ 晋王李克用去世之际，其妃陈氏表示"愿落发为尼，为王读一藏佛经，以报平昔"。④ 李克用去世后，陈氏出家为尼，法名智愿。后来居住洛阳佛寺，唐庄宗给她赐号建法大师。天成四年八月甲子（二十八日，929年10月3日），唐明宗亲临这所佛寺，"改赐建法大师赐紫尼智愿为圆惠大师"。⑤ 五代在洛阳活动的，还有外国僧人。后晋天福二年（937），晋高祖下诏，对于来到洛阳的西天中印土摩揭陀舍卫国大菩提寺三藏阿阇梨沙门室利缚罗，"赐号弘梵大师"。⑥ 后周显德元年（954），洛阳修行寺尼戒贞，撰文并刻石《周西京修行寺故讲律临坛大德赐紫尼戒恩尊胜幢记》。说戒恩在该寺讲律临坛大德尼慧灯手下出家，戒行清高，继任其职，由西京留守推荐，后周太祖于广顺二年（952）永寿节（皇帝诞辰）宣赐紫衣。但她两年后病逝，继任其职的戒贞，发起雕造这座"佛顶尊胜陀罗尼真言幢子"，以使戒恩等人"免三途（畜生、饿鬼、地狱）种种之形类，受千劫重重之福因"。⑦

---

① 《宋高僧传》卷二三《汉洛京广爱寺洪真传》，第597页。
② （清）陆心源：《唐文续拾》卷八，《全唐文》合刊本，上海古籍出版社，1990，第5册，第37页。
③ 《新五代史》卷一三《梁家人传·次妃郭氏》，第131页。
④ 《旧五代史》卷四九《唐书·后妃传一》，第673页。
⑤ 《旧五代史》卷四〇《唐书·明宗纪六》，第554页。
⑥ 《旧五代史》卷七六《晋书·高祖纪二》，第996页。
⑦ 《唐文续拾》卷八，《全唐文》合刊本，第5册，第37页。

在洛阳当过后唐宰相的马裔孙，好古成癖，敬仰唐代的著名反佛人物傅奕和韩愈，自己"尤不重佛"。后晋建立后，他被摒弃，追感后唐政权对自己的恩遇，于是隐居洛阳长寿寺读佛书。一年多精读《华严经》《楞严经》，深感词理富赡，极为崇信，摘抄部分内容，改写成诗歌，诗集称为《法喜集》。他还摘抄多部诸经的要点，编成《佛国记》，共数千言。有人嘲笑他道："公生平以傅奕、韩愈为高识，何前倨（傲慢）而后恭，是佛佞公耶，公佞佛耶？"他笑着回答道："佛佞予则多矣。"①

二　五代洛阳的道教

唐玄宗天宝元年（742）九月，下诏将长安、洛阳的玄元皇帝庙改称为太上玄元皇帝宫，普天下参照改名，与"圣祖"的名分一致。后梁和道教祖李耳没有唐朝那种制造的血缘关系，便降低道教庙宇的规格，恢复"观""庙"的称谓。开平元年五月六日（907年6月19日），宣布废除长安的太清宫，把西都洛阳的太微宫、老子故乡鹿邑县的太清宫，一律改称为观，各州的紫极宫一律改称为老君庙。后唐以唐朝的正统继承者自居，否定后梁的做法。同光元年（923）十月，唐庄宗下敕：洛阳的太微宫、鹿邑县的太清宫以及各州的紫极宫，一律恢复唐朝原名。

天成四年（929）十二月，鉴于道教宫观恢复旧名后，朝廷一直没有颁赐匾额，唐明宗在洛阳下敕："宜令所司依旧造上清宫牌额，兼京城内金真观改为崇道宫，亦准上给换牌额。"清泰二年（935）三月，洛阳两街功德使上奏：每年临近诞圣节，各州府都推荐本地道士，请求朝廷赐予紫衣和师号。现在要加以整顿，确立条件，"经法科试义十道，讲论科试经论，文章应制科试诗，表白科试声喉，声赞科试布虚三启，焚修科试斋醮"，达到标准，才能授予紫衣和师号。唐末帝采纳。②后汉时，右补阙苏德潜上《禁道士携妻孥奏》，说："臣闻道以至真为本，自然为宗。若不离嗜欲之源，则安奏虚无之理。况两京

---

① 《旧五代史》卷一二七《周书·马裔孙传》，第1670页。
② 《五代会要》卷一二《杂录》，第203~204页。

（开封、洛阳）道宫，是国家崇福之地。窃见道场所设斋醮，无非躅洁净筵，盖表其精虔也。访闻道士皆有妻孥，携在道宫居止，不独伤于教法，其实污于清虚。望特行禁止。"① 道士可以结婚，但须出家修道。五代时期道士携带妻室儿女一并在道观居住，是不符合道教规定的。

唐庄宗时，豆卢革在洛阳做宰相，不以进贤功能为务，只求长生，"尝服丹砂，呕血数日，垂死而愈"。② 唐明宗时，史圭任河南府少尹，一位嵩山术士送给他斗状石药，交代说，坚持服用，可以延年益寿，不可中断，中断就会发病。史圭按时服食，神爽力健。后唐末年，他在河北遇乱，石药被贼劫走。后晋时，"疾生胸臆之间，常如火灼……竟为药气所蒸，卒于路"。③

第五节　五代洛阳的雕版印刷业

印刷术是我国的四大发明之一，最初是雕版印刷术，起于唐初。在唐武宗会昌年间（841~846）的毁佛运动中，雕版印刷本佛教典籍被焚烧。唐宣宗复兴佛教以后，洛阳敬爱寺律僧惠确有意雇人雕版印刷唐初相州日光寺律僧法砺为《四分律》所作的十卷注疏，但缺少资金。司空图《为东都敬爱寺讲律僧惠确化募雕刻律疏》一文，是他向朝廷上的奏疏，请求皇帝批准僧人募捐雕刻印刷。向达考订，司空图于唐懿宗咸通（860~874）末年第一次到洛阳，在这里住了五六年，直到唐僖宗乾符六年（879）为止，这篇奏疏应是这个时期作的。④ 奏疏说："自洛城罔遇时交（背时，没赶上好时候，对会昌毁佛的委婉说法），乃焚印本，渐虞散失，欲更雕镂。惠确无愧专精，颇尝讲授；远钦信士，誓给良缘。所希龟镜（经典著作）益昭，津梁靡绝，再定不刊之典，永资善诱之方。"⑤

① 《全唐文》卷八五六，第 3979 页。
② 《旧五代史》卷六七《唐书·豆卢革传》，第 884 页。
③ 《旧五代史》卷九二《晋书·史圭传》，第 1218 页。
④ 《唐代长安与西域文明·唐代刊书考》，第 125~128 页。
⑤ （唐）司空图著，祖保泉、陶礼天笺校《司空表圣诗文集笺校》文集卷九，安徽大学出版社，2002，第 305 页。

到了五代时期，洛阳雕版印刷业的规模比以前大得多。后唐长兴三年（932）二月，中书门下上奏依据长安开成石经的文字刻九经印版，印刷儒家典籍，唐明宗敕令国子监具体操办。四月，唐明宗敕令太子宾客马缟，太常丞陈观，太常博士段颙、路航，尚书屯田员外郎田敏等人充当详勘官，委托国子监在应考科举的各科学生中遴选书法优秀的人以端正楷书写出样本，由匠人雕刻成印版，并着手印刷。后唐时期，九经雕版印刷在洛阳没有全部完成，后来的三个朝代以开封为京师，国子监迁往开封，继续完成这项工作。后汉乾祐元年五月初一（948年6月10日），国子监奏称九经中《周礼》《仪礼》《公羊》《穀梁》四部经书尚未刻出印版，请求组织学官校勘四经文字，雕版印刷，汉隐帝批准。到后周广顺三年（953）六月，这项工作全部完成，由尚书左丞兼判国子监事田敏将《九经》《九经字样》等印刷品进献朝廷。后唐以后的九经印本多由李鹗书写。北宋赵明诚说："右后唐《汾阳王真堂记》，李鹗书。鹗五代时仕为国子丞，《九经》印板，多其所书，前辈颇贵重之。余后得此记，其笔法盖出欧阳率更（唐初书法家欧阳询，创楷书欧体），然窘于法度，而韵不能高。"[1] 后唐国子监在刊刻《九经》之前，曾刊刻《贞观政要》。南宋人汪应辰，绍兴三十二年（1162）在杭州西湖佛寺中见到朋友刘子驹的祖上收藏的雕版印刷本《贞观政要》，"乃后唐天成二年（927）国子监板本也"。[2] 南宋藏书家陈振孙购得一部《九经字样》，"乃古京本，五代开运丙午（三年，946）所刻也"。[3]

雕版印刷业在社会上也很活跃。五代大臣和凝，"有集百卷，自篆于板，模印数百帙"。[4] 1985年，洛阳东郊史家湾村砖厂古墓中出土了雕版印刷的《大随求陀罗尼》，长38厘米，宽29.5厘米，四周有少许破损。左侧印有这样一些句子："岁在丙戌（同光四年）朱明之月（四月）初有八日（926年5月22日），报国寺僧知益发愿印施，布衣石弘展雕字。"[5] 其下墨书"天成二

---

① （北宋）赵明诚：《宋本金石录》卷三〇《后唐汾阳王真堂记》，中华书局，1991，第707页。
② （南宋）汪应辰：《文定集》卷一〇《跋〈贞观政要〉》，《全宋文》第215册，第171页。
③ 《直斋书录解题》卷三《经解类》，第81页。
④ 《旧五代史》卷一二七《周书·和凝传》，第1673页。
⑤ 程永建：《洛阳出土后唐雕印经咒》，《文物》1992年第3期。

大王聘严邰女为子妇"条提到唐僖宗"乙巳岁"（中和五年，885），"清明节"。① 《三水小牍》逸文《却要》，也提到"尝遇清明节"。② 五代大臣和凝也说"清明节日"。看来至晚唐五代，清明实际上已成为节日，但《五代会要》卷五《节日》还是没有把清明节列为节日，意味着国家还没有对此做出正式规定。

后梁开平四年（910），"寒食假，诸道节度使、郡守、勋臣竞以春服贺。又连清明宴，以鞍辔马及金银器、罗锦进者近千万，[梁太祖]乃御宣威殿，宴宰臣及文武官四品已上"。③ 后唐和凝在《宫词百首》中说："司膳厨中也禁烟，春宫相对画秋千。清明节日颁新火，蜡炬星飞下九天。"④

三 皇帝诞辰节日

五代沿袭了唐代将皇帝诞辰设为全国节日的制度和活动内容。梁太祖的生辰设置为大明节，开平三年（909）这天在西京洛阳举办活动。在皇宫中的文明殿设斋招待佛教、道教人士，宰臣、翰林学士参加，诸道节度使、州刺史以及内外诸司使，都进献礼品。同光二年十月甲戌（初九，924 年 11 月 8 日）唐庄宗万寿节，河南尹张全义上奏，请在嵩山开琉璃戒坛，度僧百人。唐庄宗批准。天成元年九月癸亥（初九，926 年 10 月 18 日）唐明宗应圣节，在洛阳敬爱寺设斋，并召请僧人、道士到皇宫中的中兴殿进行讲论。次年，宰相任圜上奏说：应圣节前夕，各地都贡奉马匹，而唐朝惯例，为避免长途献马出现护养问题，可以按马匹价格折合成绫绢金银来代替。今后各地献马，建议折合成土产。清泰二年正月二十三日（935 年 2 月 28 日）唐末帝千春节，有关部门须提前做准备，而恰值春节和上元节，有的公务因为放假而耽误。初十这天，中书门下上奏说：千春节在正月，刑狱公事的奏覆，要等到下个月才能办理。今后请复杂重大的案件推迟到次月奏覆，情节简单的，在千春节前奏覆决遣。

---

① 《三水小牍》卷上，《唐五代笔记小说大观》，第 1192 页。
② 《太平广记》卷二七五《却要》，第 2172 页。
③ 《旧五代史》卷五《梁书·太祖纪五》，第 82 页。
④ 《全唐诗》卷七三五，第 1838 页。

三月，负责管理佛教的功德使上奏说："每年诞节，诸州府奏荐僧道，其僧尼欲立讲论科、讲经科、表白科、文章应制科、持念科、禅科、声赞科，道士欲立经法科、讲论科、文章应制科、表白科、声赞科、焚修科，以试其能否。"①这两项建议都被采纳。后晋天福二年（937）二月天和节，晋高祖在洛阳长春殿，遵循惯例，召请左右街僧录、威仪前往讲论佛教、道教的经义。

---

① 《旧五代史》卷四七《唐末帝纪中》，第 645 页。

第十七章

隋唐五代洛阳的民族文化交流

　　隋唐时期，版图辽阔，国力强盛。洛阳作为东都、神都，中外民族间的文化交流在这里进入史诗级的宏伟阶段。文化交流囊括精神文化、物质文化的方方面面，并被改造，上升为制度文化。中外民族间的文化交流，既有输入，也有输出，体现出洛阳海纳百川的气度、互惠共享的情怀。边地沙陀族进入洛阳后，加快了汉化速度，在精神面貌上逐渐与内地人趋于一致，融入了中原社会。

第一节　宗教信仰

　　祆教属于拜火教，流行于波斯、中亚地区，北魏迁都洛阳后传入洛阳，到唐代再度活跃。唐代洛阳的立德坊和南市西坊，都有胡祆神庙。唐代新传入洛阳的宗教有景教和摩尼教。景教是基督教教派，显庆二年（657）或稍后传入洛阳。波斯国大酋长阿罗撼，这时被唐高宗召入洛阳，授以将军职。他是景教徒的领袖，景云元年（710）去世，安葬于洛阳建春门外。当时，洛阳的修善坊有景教寺庙。2006年洛阳出土的一件景教经幢，记录了一群景教徒于元和九年十二月初八（815年1月22日）购买墓地，十五年后举办迁葬仪式，并在墓所神道旁竖立经幢的全过程。从他们的姓氏安、米、康来看，都是中亚粟特胡人昭武九姓移居洛阳者的后裔。延载元年（694），波斯国的摩尼师携带经典来洛阳，摩尼教随同传入洛阳。安史之乱爆发后，回纥族帮助唐军平定叛乱。宝应元年（762），回纥可汗牟羽屯兵洛阳，结识睿息等四位摩尼师，次年将他们带回回纥本土，确立摩尼教为国教。摩尼师经常作为回纥使臣出使唐朝，摩尼教随之在唐朝传播。元和二年（807），唐宪宗下敕在河南府（洛阳）、太原府设置摩尼寺三所。

祆教、景教、摩尼教，统称"三夷教"。隋唐五代时期，中央集权的政治体制，作为指导思想的儒学体系，中国化的佛教信仰，本土宗教道教，已经在中国土地上牢牢扎根，无孔不入，中国不需要任何另类的信仰和学说。外国的异质宗教，在中国的包容精神下，可以在中国存在、发展，却不可能也没能力挤进汉人的信仰世界。祆教、景教只能在洛阳的外族移民及其后裔中传播，汉人没必要涉足其间。摩尼教的教规同佛教基本戒规相似，在汉族民众中有一定基础。

隋唐五代的主流宗教是佛教，这时进入高峰期，在加速中国化的历史进程中，继续吸纳印度佛教的思想因素。贞观十九年（645），洛州缑氏籍僧人玄奘从西域归来，带回梵本经论六百五十七部，立即应诏到洛阳宫拜见唐太宗。他请求在嵩山少林寺翻译佛教典籍，未获允许，遂从洛阳折回长安。显庆二年（657）二月，唐高宗巡幸洛阳，玄奘随驾前来，在洛阳西苑中的积翠宫翻译佛教典籍。僧人义净于咸亨二年（671）经由广州下南洋，搭乘波斯商船，取道海上丝绸之路，到达室利佛逝，停留半年，学习声明（古印度的文法声韵学）。他于咸亨四年（673）二月到达印度，学习梵语，巡礼佛教圣迹，在那烂陀寺学习十一年，后又至苏门答腊游学七年。他一共游历三十余国，携带梵本经律论近四百部，舍利三百粒，于证圣元年（695）回到洛阳。武则天安排他驻锡佛授记寺，参与《华严经》新译工作，以及戒律、唯识、密教等宗书籍的翻译工作。自圣历二年（699）到景云二年（711），他一共译出佛教经典五十六部，共二百三十卷，其中以律部典籍居多。归国之际，他逗留室利佛逝，撰写了《南海寄归内法传》和《大唐西域求法高僧传》，托人带回国内。他的著作记载了唐初五十七位中国、新罗、吐火罗、康国僧人赴南洋和印度游历、求法的事迹，以及印度、南洋诸国僧人的宗教生活、风俗、习惯等，是了解当时该地区情况的重要资料。先天二年（713）义净去世，在洛阳龙门北原上安葬建塔。在隋代，天竺僧达摩笈多来洛阳翻译佛经，长达十四年。在唐代，印度僧人菩提流志、宝思惟、日照、慧智（生于中国）、金刚智、善无畏、不空，于阗僧人实叉难陀、天智，吐火罗僧人寂友，新罗（朝鲜）僧人圆测，都在洛阳译经，有的去世后葬在龙门。金刚智、善无畏、不空三人，唐玄宗时期在洛阳翻译密教经典，创立了中国佛教宗派密宗。密宗特别重视咒语，为了使中国人都能大致按照梵文的读音去念诵，善无畏同其弟子一行在大福先寺翻译《大毗卢遮那成佛神变加持经》时，把经中的密咒全部写出梵文，用汉字注出读音。印度古代的语言文字学叫作悉昙（siddham，意译为成就、吉祥），义净曾著《梵唐千字文》一卷，善无畏继之以汉字为梵文咒语注音，都是印度悉昙传入中国的早期学术成果。善无畏的这一做法，为后来不空翻译密宗经典所继承。

隋唐洛阳成为日本僧人游学的重镇。大业四年（608）三月，倭国国王多利思比孤派遣朝贡使来洛阳朝拜隋炀帝，数十位僧人随同前来学习佛法。东都内慧日道场的汉僧敬脱，"以大业十三年卒于东都鸿胪寺"，[1] 他应该是在这里给外国来华僧人授课以身殉职的。

开元二十一年（733），即日本国圣武天皇天平五年，日本僧人荣叡、普照搭乘遣唐大使丹墀真人广成（即多治比广成）的船只来华留学。他们发现"唐国诸寺三藏、大德，皆以戒律为入道之正门，若有不持戒者，不齿于僧中，于是方知本国无传戒人"，[2] 于是把求学戒律作为首要任务。唐玄宗敕令他们到洛阳大福先寺，由律宗相部宗大师法砺的传人定宾律师为他们授戒、传学。该寺僧人道璿（702～760），既是定宾的弟子，又是北宗禅大师普寂的弟子，应这两位日本僧人的邀请，与婆罗门僧菩提仙那一道，于开元二十四年随同遣唐副使中臣名代的船只东渡日本，五月十八日到达日本筑紫太宰府，七月入朝拜见，住进大安寺的西唐院。他开始为日本僧众讲解《四分律删繁补阙行事钞》《梵网经》，为日本律宗的发展打下了坚实的基础。同时，他还弘阐

---

① 《续高僧传》卷一二《隋东都内慧日道场释敬脱传》，第416页。
② 〔日〕真人元开：《唐大和上东征传》，中华书局，2000，《日本考》合刊本，第38页。

华严学说（带去《华严经》章疏）、天台学说和北宗禅，成为日本华严宗首传祖师。日本天平胜宝三年（751），奈良东大寺卢舍那佛像开光供养时，由他担任咒愿师。戒律规定，正规受戒仪式必须有十位受戒僧人参加，当时人数不够，无法受戒。扬州律僧鉴真受荣叡、普照迎请赴日本，天宝十二载（753）第六次东渡终于成功，次年到达日本，带去了受戒僧十四人、尼三人，道璿遂将受戒仪式委托给鉴真。道璿在日本，广纳门徒，诲人不倦。他的日本弟子中，最著名的是行表和善俊。道璿教授行表北宗禅法，并传播华严教义和天台行法，行表的弟子最澄于是创立了日本的天台宗。道璿教授善俊四分律，善俊从而成为日本法砺律学的大师。道璿最终在日本去世，受到日本民众的高度尊敬。

龙门石窟东山看经寺的摩崖上，有吐火罗僧人宝隆的造像，题记云："今有北天竺三藏弟子宝隆，上奉诸佛，中报四恩，下□□□。敬造释迦牟尼一铺，□为赞曰：大慈大悲，是救是依，灭恶生善，不枉不欺。景云元年九月一日（710年9月28日）吐火罗僧宝隆造。"西山第四百八十四窟有新罗像龛，是在洛阳的新罗僧人开凿的。

突厥人、昭武九姓粟特胡人，原本不信奉佛教，移居中原之后，受到中原文化的熏染，开始礼佛。龙门石窟有一些阿史那等姓氏的突厥贵族的唐代造像题记。古阳洞与药方洞之间的一千四百一十号像龛，有记录永昌元年（689）洛阳南市香行社商人出资营造佛像、"一心供养"的题记。其中罗列的供养人名单中，有南市香行社社官安僧达，录事史玄策、康惠登，以及何难迪、康静智，他们无疑都是经营香料贸易的粟特商人，以其国名安、史、康、何为姓氏。龙门卢舍那大佛南侧一千五百零四窟的《北市丝行像龛》题记中，有康玄智的题名，康玄智应该是在北市经营丝绸贸易的粟特人。

第二节　乐舞美术

隋朝制定的九部乐，唐朝制定的十部乐，其中只有燕乐、清商两部属于华夏正声，西凉是西北汉族音乐和外族音乐的混合体。这表明外族乐舞在朝野活动中所占比重极大，并完全合法化。散乐中也有一些外族节目。隋唐帝王驻跸洛阳期间，举办活动安排的乐舞，有很大程度的外族成分。

武则天时期，在洛阳的一次官员宴会上，杨再思被同僚说成长相像高句丽人。他随即熟练地剪纸贴在巾上，披上紫袍，跳起高句丽舞，舞姿规范，合乎节拍。高级官员对高句丽舞如此娴熟，能推测出其私下同高句丽舞的演出有颇多接触，以及高句丽舞在洛阳盛行的情况。1980 年，偃师南蔡庄唐墓出土一件彩绘胡俑。胡俑高鼻深目，胡须茂密，头戴胡帽，左手前伸，右手挥舞。他的两手中有孔洞，原本是手执乐器的，但器具已经朽坏，只能推测他在敲击中亚乐器羯鼓。① 洛阳长夏门东的尊贤坊，有东都留守郑叔明的宅第，其中小楼是其祖母宋氏练习羯鼓的场所。曲项琵琶是唐朝经常使用的乐器，又名屈茨（龟兹）琵琶。1982 年在宜阳县发现的唐代散乐砖雕中，有八个手执乐器的侍女，其中一人在弹奏曲项琵琶。② 胡人乐者、乐器和音乐节目进入中原，使得胡乐非常流行。王建《凉州行》诗说："洛阳家家学胡乐。"③ 元稹《法曲》诗说："自从胡骑起烟尘，毛毳腥膻满咸（长安）洛（洛阳）。女为胡妇学胡妆，伎进胡音务胡乐。"④

洛阳城内立德坊和南市西坊，是胡人集中居住区，立有祆教祠庙。每年胡商祭神祈福，都杀猪宰羊，演奏琵琶鼓笛，酣歌醉舞。祭祀祆教神灵之后，由一个胡商表演西域幻法，收取围观者的钱财。表演者手持宝刀，猛地刺进自己的肚子，不停转动，肠子混合血液，流在地上一大摊。接着，他向肚子破裂处喷几口水，嘴里念着咒语，不一会儿身体完好如初。泼寒胡戏是康国的群众性歌舞活动，每年冬季举办，管弦齐鸣，参加者裸身赤足，随着乐曲的节拍狂跳乱舞，不断向别人身上泼洒冷水、投掷土块，以便乞求寒冷。神龙元年十一月己丑（十三日，705 年 12 月 3 日），唐中宗登上洛城南门楼，观看泼寒胡戏。

唐代的球类运动有蹴鞠和击鞠两类。蹴鞠类似足球运动，是华夏本土由来已久的运动项目。击鞠又称为打球、击球，即马球运动。球的大小如拳头，用

① 周剑曙、郭宏涛主编《偃师文物精粹》，北京图书馆出版社，2007，第 171 页。
② 孙敏、王丽芬：《洛阳古代音乐文化史迹》，文物出版社，2004，第 170~171 页。
③ 《全唐诗》卷二九八，第 747 页。
④ 《全唐诗》卷四一九，第 1025 页。

质轻而有韧性的木料制作,内部掏空,外部彩绘,坚硬光滑。配套的运动器材是木杖,长数尺,顶端如偃月,用来拨球。比赛双方队员骑马奔驰,以木杖争逐击球,以球入门多少决定输赢。马球的起源,向达认为起源于波斯,原名波罗球。① 唐人杜环《经行记》记载中亚的拔汗那国"有波罗林,林下有球场";中亚的末禄国"有打球节"。② 但阴法鲁认为"波罗"(polo)一词源于藏语,为欧亚许多民族语言所借用,马球应起源于西藏,直接传入长安。③ 唐玄宗称帝前,在河南府告成县百姓王利文宅北坂下辟有球场,"自夏徂秋,往来游赏"。④ 唐玄宗很喜欢参与和观赏马球运动,这里所说极有可能是马球。一则小说描写盛唐宰相李林甫,年轻时"在东都,好游猎打球,驰逐鹰狗。每于城下槐坛下骑驴击,略无休日"。⑤ 唐文宗时期,"河南(洛阳)多恶少,或危帽散衣,击大球,户(疑为'尸'字之误)官道,车马不敢前"。⑥ 洛阳有文思球场。天祐元年(904),唐昭宗迁都洛阳,从驾者有"打球供奉内园小儿共二百余人"。⑦ 2003 年,洛阳伊川县大庄 M3 唐墓出土一件菱花形铜镜,其浮雕纹饰正是打马球的场景。四位球手骑骏马,持鞠杖,姿态各异。⑧

隋炀帝大业十二年(616),僧人慧乘奉诏来东都净土寺,将寺中来自西域龟兹国的檀像绘制成图纸,作为仿造时的样本。这尊雕像通高一丈六尺,是后秦时期翻译家鸠摩罗什请到这里的。据说这尊雕像屡感祯瑞,异常吉利,因而常常为人们所仿制。

初唐时期,龙门石窟造像受到印度风格优填王造像的影响。最早的是唐高宗永徽六年(655)敬善寺洞优填王造像,最晚的在武则天垂拱二年(686)。现存造像主要分布在敬善寺洞和宾阳洞,散见于其余洞窟,共四十二处,有七

---

① 《唐代长安与西域文明》,第 80 页。
② (唐)杜环著,张一纯笺注《经行记笺注》,中华书局,2000,《往五天竺国传笺释》合刊本,第 3、61 页。
③ 阴法鲁:《唐代西藏马球戏传入长安》,《历史研究》1959 年第 6 期。
④ 《册府元龟》卷二四《帝王部·符瑞三》,第 242 页。
⑤ 《太平广记》卷一九《李林甫》,第 129 页。
⑥ 《新唐书》卷一八一《李绅传》,第 5349 页。
⑦ 《旧唐书》卷二〇上《昭宗纪》,第 779 页。
⑧ 洛阳市第二文物工作队:《洛阳伊川大庄唐墓(M3)发掘简报》,《文物》2005 年第 8 期。

图 17-1　唐三彩打马球女俑（洛阳文物考古研究院藏）

十余尊。优填王造像有其特色。佛陀身躯健壮，长面厚唇，两耳重垂，闭目冥想，右手作施无畏印，左手微屈置于膝上。他身着右袒式袈裟，平贴而无褶纹，坐于方形台座上，背后装饰摩羯鱼、兽王和童子等形象。这明显是受到印度笈多艺术萨尔纳特样式的影响。玄奘西行求法带回金檀佛像七躯，安置在长安弘福寺。龙门石窟中最早的优填王造像，距离贞观十九年（645）玄奘归来仅仅十年，很可能是玄奘带回佛像的摹写。

　　龙门石窟唐初造像，还带着印度秣菟罗艺术的风格。秣菟罗造像是印度早期美术的典范，造像躯体修长，脸庞圆润，身披如被水沾湿的薄衣，衣纹细密均匀，体现出身体柔美的曲线。宾阳洞北壁贞观二十二年（648）雕琢的立佛，就身着薄袈裟，袈裟紧贴身体，纹饰流畅，袖摆冗长及地，具有明显的秣菟罗艺术风格。同样的造像还见于宾阳洞北崖、万佛洞南壁、老龙洞上方等处。①

----

①　张乃翥：《略论龙门石窟唐代造像中的秣菟罗艺术因素》，洛阳文物局编《耕耘论丛》（一），
　　科学出版社，1999，第 114~122 页。

　　印度佛教宗派密宗，其造像在洛阳流行。龙门石窟的密宗造像主要有两种，即大日如来像和多臂多面观音像。龙门东山擂鼓台北洞的佛顶佛像最具代表性，主尊高 2.45 米，螺髻宝冠，身披璎珞，着右袒袈裟和臂钏，结跏趺坐于须弥座上，两侧还有八臂和四臂观音各一身。刘天洞的像龛开凿时间不晚于天授三年（692），正壁主尊塑大日如来像，高 82 厘米，头戴宝冠，颈系项圈，身着袒右肩袈裟，右臂佩臂钏，手施禅定印，结跏趺坐于莲花之上。① 龙门的多臂多面观音造像有八尊。龙门西山万佛洞南侧上方，有十一面三十四臂观音像。现存日本仓敷市大原美术馆的十一面观音头像，是从东山擂鼓台北洞右前壁盗凿的。擂鼓台北洞窟外门楣上侧有一尊八臂观音，上身袒裸，下身着裙，跣足而立。万佛沟北崖有一个千手千眼观音龛，观音有三眼十二臂者，臂膀圆润丰满，屈伸不一，手势不同。② 这一时期龙门的许多寺院中也有密宗造像，如东山擂鼓台南洞和文物廊内的唐前期佛顶佛造像，都是从附近寺院移入的。这些造像比例匀称，姿态优美，体现出高超的雕刻工艺水平。

　　王玄策出使印度，带回佛教造像摹本。麟德二年（665），在洛阳敬爱寺佛殿旁的菩提树下造弥勒菩萨塑像，即由王玄策指挥，从皇宫中拿出他在印度所描摹的样本，由工匠张寿、宋朝塑像，李安贴金。僧人义净西行求法，于证圣元年（695）回到神都洛阳，带回金刚真容像一尊，安置在洛阳佛授记寺。来自于阗的尉迟乙僧，属于凹凸派，注重设色，利用色彩深浅晕染，造成明暗对比的关系，具有很强的立体感和真实感。他在洛阳的作品有大云寺两壁鬼神、菩萨六躯，净土经变，阁上婆叟仙，等等，其中黄犬和鹰最妙。"凡画功德人物花鸟，皆是外国之物像，非中华之威仪。"③ 来自师子国（今斯里兰卡）的金刚三藏，"善西域佛像，运笔持重，非常画可拟。东京广福寺木塔下素像，皆三藏起样"。④ 洛阳唐安国相王孺人唐氏墓中的胡人牵马、牵驼壁画，

---

　　① 温玉成：《中国石窟与文化艺术》，上海人民美术出版社，1993，第 349 页。

　　② 李文生：《龙门唐代密宗造像》，《文物》1991 年第 1 期。

　　③ （唐）朱景玄：《唐朝名画录》，《中国书画全书》第 1 册，第 165 页。

　　④ 《历代名画记》卷九《唐朝上》，《中国书画全书》第 1 册，第 154 页。

展示了胡商长途跋涉来中原进行贸易的场景，画面的内容取材于西域。[1]

唐代密宗陀罗尼经幢，洛阳古代艺术馆、龙门石窟研究院、洛阳民俗博物馆均有收藏。唐代洛阳大福先寺西律院，曾竖立玉石陀罗尼经幢，供信徒摹写其上的经文。在洛阳履道里白居易故居，出土了两件白居易建造的陀罗尼经幢残幢。其一作六面体，上有"开国男白居易造此佛顶尊胜大悲"字样的题记。另一经幢残片上，有"唐大和九年（835）……心陀罗尼"等字样。[2] 造型各异的陀罗尼经幢，为中原石雕艺术增加了新的门类。

第三节　衣食住行

唐以前汉族男子的服装是长袍，袖子宽长，直领或交领，由于受到胡服的影响，唐以后袖子变得紧窄，领口变成圆领或翻领，衣服两侧开衩，后来衩口越开越高，直到胯部，称为"缺胯衫"。洛阳龙门安菩墓出土了两件身着圆领窄袖长袍、腰束革带的汉族男俑。洛阳孟津区西山头唐墓出土了多件着同样服饰的男俑。洛阳偃师恭陵哀皇后墓出土了大量身着翻领窄袖长袍的男子骑马俑。这种服装紧身、合体，便于行动，所以非常流行。唐代胡帽也非常流行，中原地区流行的是尖顶胡帽和卷沿虚帽。1985年，偃师后杜楼村出土的彩绘牵马俑，同年偃师出土的褐釉牵马男胡俑，以及1963年洛阳关林唐墓出土的三彩牵马男胡俑，都头戴尖顶帽。[3]

中原女性也穿着胡服风格的男子长袍。1988年，偃师城关唐柳凯墓中出土了一件头戴胡帽、身着圆领窄袖长袍的女俑。2003年，洛阳关林镇唐墓出土了一件身着翻领窄袖长袍的彩绘女俑。[4] 唐朝初建三十年间，无论宫廷女子还是王公家庭的女子，骑马外出都戴面罩遮脸。唐高宗以后，"皆用帷帽拖

---

[1] 洛阳市第二文物工作队编《唐安国相王孺人壁画墓发掘报告》，河南美术出版社，2008，第134页。

[2] 中国社会科学院考古研究所洛阳唐城队：《洛阳唐东都履道坊白居易故居发掘简报》，《考古》1994年第8期。

[3] 俞凉亘、周立主编《洛阳陶俑》，北京图书馆出版社，2005，第261、296、333页。

[4] 《洛阳陶俑》，第165、226页。

裙，到颈渐为浅露"。到武则天执政时期，"帷帽大行"。① 帷帽被认为是源自吐谷浑和吐火罗的长裙帽。偃师杏园唐中宗景龙三年（709）李嗣本墓中，20世纪80年代出土了一件头戴笠帽、头颈用织物遮掩的骑马女俑，双臂间还有一宽沿帷帽。② 1988年，巩义（唐代属洛州、河南府）二电厂90号唐墓出土的骑马女俑，头戴帷帽。③ 唐代女性施帔，帔的形状像一条长围巾，又名帔帛，源自波斯。偃师唐柳凯墓以及恭陵哀皇后墓中出土的侍女俑，都是施帔装束。④

图17-2　唐三彩翻领胡袍骑马女俑
（洛阳出土）

唐代有三勒浆类酒。三勒指庵摩勒、毗梨勒、诃梨勒，是三种原产西域的果树。三勒浆酒即以这三种果树的果实为原料，用波斯酿酒法制作，具有健身作用。白居易《司徒令公分守东洛，移镇北都，一心勤王，三月成政。形容盛德，实在歌诗。况辱知音，敢不先唱？辄奉五言四十韵寄献，以抒下情》诗中说："为穆先陈醴，招刘共借糟。"上句自注："居易每十斋日在会，常蒙以三勒汤代酒也。"下句自注："刘梦得（刘禹锡）也。"⑤ 可见这种饮料在当时洛阳高层人士中很流行。葡萄酒是原创于西域的饮料，洛阳唐墓中曾出土怀抱葡萄

① 《旧唐书》卷四五《舆服志》，第1957页。
② 中国社会科学院考古研究所编著《偃师杏园唐墓》，科学出版社，2001，第41页。
③ 郑州市文物考古研究所编著《河南唐三彩与唐青花》，科学出版社，2006，第298页。
④ 《洛阳陶俑》，第147~152、155~159、160~162页。
⑤ 《白居易集》卷三四，第765页。

酒囊的胡俑，反映出中原地区葡萄酒的饮用情况。①

一则印度医方"服菖蒲方"说，坚持服用者能皮肤光润，面皮不皱，白发变黑，身体轻盈，行走如风，填充骨髓，增益精气，长命百岁。隋大业八年（612），印度摩揭陀国王舍城邑陀寺的三藏法师跋摩米帝，同突厥使主来到洛阳，带来了这则药方。唐"武德六年七月二十三日（623 年 8 月 24 日），为洛州大德护法师、净土寺主矩师笔译出"。② 唐代龙门石窟药方洞中的药方，唐代以后被日本吸收。日本延喜十八年（918），深江辅仁撰写的《本草和名》中，引用了《龙门百八》的书名，在药物"爵床"的别名中提到"一名雀荏草，出《龙门方》"。日本圆融天皇永观二年（984），丹波康赖撰写的《医心方》中，引用了《龙门方》二十四条。11 世纪，丹波雅忠撰写的《医略抄》中，明确标示引用《龙门方》十条药方。③

洛阳地区的墓葬中出土了不少西域风格的器物，不少是金银器，最具代表性的是高足杯。高足杯最早出现于罗马帝国统治下的地中海地区，流行于 4~5 世纪拜占庭时期，其后传入中亚。洛阳博物馆收藏了一件洛阳出土的草叶纹高足银杯，平底、高足、折腹，高足上有托盘，中间有算盘珠节，足为花瓣形，纹饰为草叶纹。④ 北京大学塞克勒考古与艺术博物馆收藏的狩猎纹鎏金银高足杯，据称出自洛阳邙山。杯体较高，呈筒形，有折腹、算盘珠节、高足托盘。杯体纹饰为三层，上层和下层分别是缠枝纹，中层为狩猎纹，刻画四名猎手捕猎的情景。1984 年宜阳县张坞乡出土的八棱银高足杯，有花瓣形高足，但没有折腹和算盘珠节。1981 年伊川县水寨出土的银高足杯，也没有折腹和算盘珠节。⑤

陕西西安市何家村，曾大量出土具有中亚粟特色彩的八棱带把金银杯。近

---

① 《洛阳陶俑》，第 258 页。

② （唐）孙思邈：《千金翼方》卷一二《养性服饵第二》，刘清国等校注《千金方》（《备急千金要方·千金翼方》合刊本），中国中医药出版社，1998，第 658 页。

③ 张瑞贤等：《龙门药方的中医药文献考察》，《中国中医药报》1998 年 6 月 1 日，第 3 版。

④ 王绣主编《洛阳文物精粹》，河南美术出版社，2001，第 69 页。

⑤ 《洛阳文物精粹》，第 68 页；洛阳文物工作队编《洛阳出土文物集粹》，朝华出版社，1990，第 107 页。

年来洛阳也出土了一件，银质，敞口，八棱形，有指垫、指錾，造型与何家村出土的银杯非常相近，只是通体无纹饰。[①]

多曲长杯呈椭圆形，以八曲、十二曲为准，杯腹较浅，有圈足。这种器物在波斯萨珊时期非常流行，后逐渐传到中亚粟特地区，并传入唐朝。1991年，在伊川县鸦岭乡杜沟村唐后期齐国太夫人墓中，出土了两件双鱼纹四曲金长杯，内有凸棱，圈足，长杯底部中心有双鱼环绕，水波纹地，边饰为宝相花纹。[②]偃师杏园唐开成五年（840）崔防墓中，出土了一件银质四曲长杯。[③]

1971年，洛阳关林一百一十八号唐墓出土了一件素面玻璃瓶，翠绿色，透明，圆唇、小口、细颈，器身呈圆球形。瓶高11厘米，器身直径却有11.5厘米。[④]有学者认为此器物系无模自由吹制成型，其形制与伊朗出土的萨珊玻璃器相似，应该是萨珊波斯制作的香水瓶。加拿大皇家安大略博物馆收藏了一件类似的玻璃瓶，是1949年前出土于洛阳唐墓后流失到海外的。[⑤]

洛阳地区还出土了相当数量的铜、陶、石等质地的仿金银器制品，其中数量最多是三彩制品。1992年，巩义北窑湾六号唐墓出土了一件三彩高足杯。这件器物直口、深腹，带承盘的喇叭形圈足，器体施黄、绿、白釉。[⑥]偃师恭陵哀皇后墓中，出土了一件侈口蓝釉折腹碗。[⑦]河南博物院收藏的一件1965年出土于洛阳市东郊塔湾村唐墓的三彩凤首壶，高32.5厘米，细颈，扁圆体，头部为凤头形，壶口凤首尖喙弯曲，双眼圆睁，上有高冠、大眼、尖嘴，壶身一侧附弧形柄，装饰狩猎纹和鸾凤纹。1981年在洛阳邙山葛家岭出土的兽首壶三彩器，细颈，扁圆体，壶口装饰一兽首，双目圆睁，张嘴露齿，头部与肩

---

① 王绣主编《洛阳民间收藏精品集》，解放军外语音像出版社，2009，第27页。
② 洛阳市第二文物工作队：《伊川鸦岭唐齐国太夫人墓》，《文物》1995年第11期。
③ 《偃师杏园唐墓》，第201页，图版24-5。
④ 《洛阳出土文物集粹》，第106页。
⑤ 安家瑶：《中国的早期玻璃器皿》，《考古学报》1984年第4期。
⑥ 《河南唐三彩与唐青花》，第178页。
⑦ 《河南唐三彩与唐青花》，第171页，图版183。

部连接有拱形柄，颈部装饰两排联珠纹，通体施淡黄、绿釉。① 这几件器物的造型和装饰，源于波斯萨珊王朝时期的金银器胡瓶。洛阳东北郊和偃师城关镇出土的头戴折沿帽的胡俑，都手执胡瓶。洛阳洛南新区唐安国相王孺人唐氏墓，第二天井东壁壁画中的侍者，手提一件胡瓶。这件胡瓶有鸭嘴式长尖流，细长颈，把手修长，从口沿至壶身。② 巩义唐代黄冶窑窑址中还出土了白釉折腹碗和素烧折腹碗。③ 偃师杏园晚唐墓葬中出土了一件白瓷四曲长杯，该器弧线收腹，器身有四曲凹凸线勾勒的纹样。④ 具有外来风格的滑石制品屡有发现。1984 年，偃师杏园村庐州参军李存墓中出土了滑石四曲长杯。⑤ 此后，在杏园李郁墓中发现了相似器物。⑥ 杏园李珣墓中还出土了一件折腹石碗。⑦ 洛阳唐墓中还出土了一件滑石杯。该器物敞口，筒腹圈足，有指垫、指錾，其形制是仿金银带把杯的。⑧ 20 世纪末叶，巩义芝田 88HGZM66 唐墓中出土了一件青铜高足杯，侈口，深腹略有弧度，高柄上部有算珠式节，下有喇叭圈足，杯底与柄有承盘。⑨

20 世纪 70 年代，在洛阳唐代明堂遗址西侧发现了一件唐代石雕，长 90 厘米，形象为动物头部，头部以下有残缺。其形象为凸目圆睁，鼻作象鼻上卷，口中显露利齿，衔一小鱼，被定名为石雕龙首。⑩ 张乃翥指出这件石雕刻画的是印度摩羯鱼的形象。⑪ 摩羯鱼是印度佛教所说的神异动物，是河水之精，在古印度的雕刻、造像和壁画中经常出现。出土于洛阳宫城遗址的这个石

---

① 《河南唐三彩与唐青花》，第 124、125 页。
② 《唐安国相王孺人壁画墓发掘报告》，第 142 页，彩版第 26。
③ 河南省文物考古研究所等编著《黄冶窑考古新发现》，大象出版社，2005，第 14、158 页。
④ 《偃师杏园唐墓》，第 195 页。
⑤ 中国社会科学院考古研究所河南第二工作队：《河南偃师杏园村的两座唐墓》，《考古》1984 年第 10 期。
⑥ 中国社会科学院考古研究所河南第二工作队：《河南偃师市杏园村唐墓的发掘》，《考古》1996 年第 12 期。
⑦ 《偃师杏园唐墓》，第 79 页，图版 43-3。
⑧ 《洛阳民间收藏精品集》，第 123 页。
⑨ 郑州市文物考古研究所编著《巩义芝田晋唐墓葬》，科学出版社，2003，图版 24。
⑩ 王绣主编《魅力洛阳——河洛地区文物考古成果精华》，大象出版社，2005，第 107 页。
⑪ 张乃翥：《记洛阳出土的两件唐代石刻》，《河南科技大学学报》2005 年第 1 期。

图 17-3　唐代石雕建筑饰件（洛阳出土）

刻残件，应该是宫城建筑的一个饰件。

　　唐代洛阳的建筑，大量使用联珠纹装饰的构件。所谓联珠纹，指一圈连续的圆珠作为一个图案的边缘装饰，中间则修饰其他图案。联珠纹图案起源于波斯，通常出现在宫殿石雕以及金银器和织物上。洛阳隋唐宫城遗址和上阳宫遗址出土的双凤纹方砖、牡丹纹方砖、莲花纹方砖、忍冬纹瓦当，洛阳含嘉仓、子罗仓遗址以及履道坊、温柔坊出土的瓦当，都使用联珠纹图案。洛阳还发现了烧制联珠纹图案瓦当的窑址。① 这些出土文物上，联珠纹图案与莲花、牡丹、凤鸟等中国传统图案相结合，体现了中原文化与外来文化的交流与交融。

　　唐代黄河流域的大象，大多由东南亚国家进献。这些大象被豢养在宫廷苑囿之中，作为宫廷表演和观赏之用。神龙元年（705）八月，唐中宗幸洛城南门，观看斗象表演。巩义唐黄冶窑窑址曾出土多件象枕，烧制过骑象俑、象俑等小玩具。狮子是西域动物。1996 年，洛阳邙山杨文村唐墓出土了一件三彩驯狮扁壶。壶两面的构图都是一个卷头发驯狮人，穿赭黄色上衣，坦露右肩，肩头有帔帛，着裤，穿高筒靴，正牵着一头雄狮。狮子怒目圆

——————————

① 洛阳市文物工作队：《1981 年河南洛阳隋唐东都夹城遗址发掘简报》，《中原文物》1983 年第 2 期；中国社会科学院考古研究所洛阳唐城队：《洛阳唐东都上阳宫园林遗址发掘简报》，《考古》1998 年第 2 期；程永建编著《洛阳出土瓦当》，科学出版社，2007，第 292~386 页。

图 17-4　边缘装饰联珠纹的唐莲花纹方砖、双凤纹方砖（洛阳出土）

睁，四蹄腾空，扑向驯狮人。① 骆驼作为丝绸之路上驮运货物的动物来到洛阳。2007 年，在唐代洛阳定鼎门遗址的门外道路上，清理出许多骆驼的蹄印。② 唐安国相王孺人唐氏墓墓道东壁，有商人手牵骆驼行进的壁画，西壁则有一头戴尖顶帽的胡人手牵骆驼行进的壁画。与之相邻的孺人崔氏墓墓道东西，也有骆驼图案的壁画，只是残损过甚。③ 巩义黄冶窑窑址出土的唐代陶塑玩具中，有许多素烧的小型陶骆驼。④

第四节　礼仪典制

唐代改造西域文化，将佛教毗沙门天王塑造成中国的战神，形成军礼制度和军事文化。

---

① 洛阳市文物工作队：《洛阳市杨文村唐墓 C5M1045 发掘简报》，《考古与文物》2002 年第 6 期。
② 陈小伟：《定鼎门遗址考古发现骆驼蹄印》，《洛阳晚报》2007 年 8 月 10 日。
③ 《唐安国相王孺人壁画墓发掘报告》，第 14~15、36~37 页。
④ 图版参《河南唐三彩与唐青花》，第 401 页；廖永民：《黄冶唐三彩窑址出土的陶塑小品》，《文物》2003 年第 11 期。

图 17-5　牵驼图（洛阳翠云路唐安国相王孺人唐氏墓壁画，现藏于
洛阳古代艺术博物馆）

　　贞观十九年（645）玄奘回国之始，赴洛阳向唐太宗汇报了自己的西行
经历，唐太宗责成他写成书，次年，《大唐西域记》在长安完稿，进呈朝廷。
一百年后，李筌在嵩山撰成《神机制敌太白阴经》。后者记载了两种说法。
一种说法是，吐蕃（今西藏）等国连兵攻打于阗，他们夜间看见毗沙门天王
在于阗显圣，天王身着铠甲，闪耀金光，披着长发，手持战戟，在于阗城头
行走。于是，吐蕃数千万士兵都染上了疮疾，失去战斗力。毗沙门天王"又
化黑鼠，咬弓弦无不断绝，吐蕃扶病而遁"。另一种说法是，吐蕃攻打安西
都护府（治今新疆库车县），唐玄宗认为安西离长安一万两千里，救兵八个

月才能到达。有人建议请密宗领袖不空在长安设坛作法。不空口诵真言，毗沙门天王的次子出现在唐玄宗面前，辞别后，领健兵救安西。后来安西报告说："城东北三十里云雾中见兵人，各长一丈，约五六里。至酉时鸣鼓角，震三百里。停二日，康居（代指康国）等五国抽兵，彼营中有金鼠咬弓弦、弩，器械并损。须臾，北楼天王现身。"唐玄宗于是诏令各地建置天王庙，塑造"身披金甲，右手持戟，左手擎塔"的形象；军队制作天王形象的神旗，出军时以《祭毗沙门天王文》加以祭祀。祭文说毗沙门天王"作镇北方，护念万物"。"国家钦若释教，护法降魔……天王宜发大悲之心，轸护念之力，助我甲兵，戮彼凶孽。"①

这些说法系将《大唐西域记》中的两则说法糅合、演绎而成。一则说法是，于阗国又叫瞿萨旦那国，后者的含义是"地乳所育"。国王自称是毗沙门天王的后代。早先于阗地区虚旷无人，毗沙门天王在这里栖止。开国国君年老，一直没有儿子，担心断子绝孙，政权无法传承，就去毗沙门天王庙祈祷求子。天王神像的额头上鼓起一个包，国君剖开这个包，取出一个婴儿，捧着回到王宫中。这个婴儿不吃人奶，国君怕他活不成，又来到神庙里，请求毗沙门养育。这时，神庙前一块平地忽然隆起，像乳房一样，婴儿吸吮"地乳"，健康成长。他成年后继任王位，智勇双全，治国有方。此后王位代代传承，遐迩闻名。另一则说法是，于阗王城西边一百五六十里处，在大沙漠的通道中有很多土丘，都是老鼠打洞掏出的土壤堆积成的土堆。当地民众说："此沙碛中，鼠大如猬。其毛则金银异色，为其群之首长。每出穴游止，则群鼠为从。"当初匈奴数十万众前来寇掠，在鼠坟附近安营扎寨。瞿萨旦那王只有数万兵力，寡不敌众，就焚香祈请老鼠，希望能以其灵异，助自己一臂之力。当天夜里，瞿萨旦那王梦见鼠王对自己说："敬欲相助！愿早治兵，旦日合战，必当克胜。"瞿萨旦那王于是号令将士，整军出战。匈奴被动迎战，而他们的马鞍、军装、弓弦、甲带等都被老鼠咬断，只有"面缚受戮"的份儿。② 前一则说法

① 《太白阴经》卷七，《丛书集成初编》第 944 册，第 161~163 页。
② 《大唐西域记》卷一二，第 296~297、299~300 页。

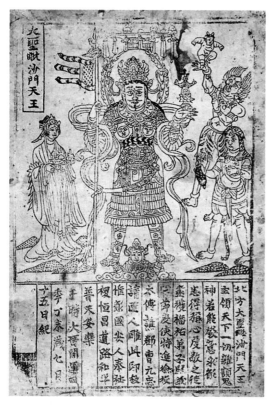

图 17-6 后晋开运四年（947）雕版印刷画
《大圣毗沙门天王》（大英博物馆藏）

是毗沙门天王的事，后一则说法是瞿萨旦那国王的事，二者并没有内在联系，但由于被《大唐西域记》记载为同属于于阗国的事，遂被李筌张冠李戴，移花接木，编织成一个故事。

玄奘撰成《大唐西域记》上呈时，于阗还是西域的独立政权，两年后归附唐朝。唐高宗上元二年（675），在于阗设置羁縻府，命名为毗沙都督府，归安西都护府管辖。佛教虚构的南赡部洲（中国所在地）和北拘卢洲，是相距极其遥远的两块大陆，分别由增长天王和毗沙门天王统辖。但由于唐朝把于阗设置为毗沙都督府，顺着《大唐西域记》的说法，人们便把毗沙门天王附会为毗沙都督府的天王，并把他塑造成"护南赡部洲"的中国战神。既然唐玄宗时期军队即制作毗沙门天王形象的神旗，出军时以《祭毗沙门天王文》加以祭祀，那么可以认为这些做法是国家认可的军礼。但《通典》卷一三二至卷一三三《开元礼纂类》所载《军礼》，《新唐书》卷一六《礼乐志六》所载《军礼》，都没有关于毗沙门天王的内容，可能是由于唐朝军礼制定于开元年间，这时还没有出现上述杜撰毗沙门天王参与唐朝战争的说法。

第五节　内迁外族人的汉化现象

隋唐五代时期，来洛阳的人士既有外国人，也有境内非汉族人，既有各类宗教徒、商贾，也有外国使节和留学生。唐玄宗时期，储光羲《洛中贻朝校书衡，朝即日本人也》诗，是在洛阳写给来华供职的日本人朝衡的。朝衡，又作晁衡，即阿倍仲麻吕。该诗云："万国朝天中，东隅道最长。吾生美无度，高驾仕春坊（朝衡来华当太子东宫校书郎）。出入蓬山里，逍遥伊水傍。伯鸾游太学（东汉梁鸿字伯鸾，曾在太学学习，储光羲自喻），中夜一相望。落日悬高殿，秋风入洞房。屡言相去远，不觉生朝光。"[1] 但晁衡只是在洛阳短暂居留，另外一种，是在洛阳长期居住和世代定居的外族人。

隋唐时期，洛阳地区居住着大批西域胡人的后裔，他们是祖辈移居中国后所繁衍的后代。他们身处汉族和汉文化的环境中，耳濡目染，与时推移，逐渐被汉族同化。唐高宗咸亨四年（673）去世、埋葬在"河南北邙平乐乡"的康元敬，其先祖出自中亚康国毕万氏，北魏孝文帝时迁居邺城。康元敬生前被安排迁入洛州阳城，是不乐仕进的民间处士。他"幼闻仁义之训，居心廉慎，口无择言，立性恭俭，交游以信，不贪荣禄"。[2] 可见这个身处草莽的普通胡族家族，早已奉儒家的仁义礼智信为安身立命的圭臬。武则天时在洛阳供职的太常寺乐工安金藏，父亲唐朝定远将军安菩、母亲何氏，分别是中亚安国、何国的胡人。长寿二年（693），有人诬告，武则天称帝后，其儿子皇嗣李旦谋反，皇嗣身边的人禁不住酷吏的严刑拷打，纷纷自诬服罪。安金藏坦言，李旦清白，对酷吏大声喊道："公不信金藏之言，请剖心以明皇嗣不反。"他用佩刀剖开自己的胸腹，五脏六腑顿时流出体外。武则天前来探视，感叹道："吾子不能自明，不如尔之忠也。"[3] 长安四年（704），安金藏的母亲在洛阳惠和坊家中去世，在"洛城南敬善寺东"埋葬。安菩墓志说："孤子金藏，痛贯深

---

① 《全唐诗》卷一三八，第322页。
② 《唐故处士康君（元敬）墓志》，《唐代墓志汇编》上册，第571～572页。
③ 《旧唐书》卷一八七上《忠义上·安金藏传》，第4885页。

慈，膝下难舍，毁不自灭，独守母坟。爱尽生前，敬移殁后，天玄地厚，感动明祇，敕赐孝门，以标今古。"① 景龙三年（709），安金藏将早于母亲去世四十年的父亲的尸骨从长安迁来，与母亲在洛阳龙门东山合葬。安金藏的忠孝行为比汉人还突出，朝廷除了"敕赐孝门"，唐玄宗还追念他冒死营救皇嗣（唐玄宗父亲唐睿宗）的行为，下制褒美"忠节"，提拔他担任右骁卫将军。两《唐书》都把他写入《忠义传》。

五代时期，洛阳地区的外族移民主要是沙陀人。后唐、后晋、后汉三个王朝的建立者都是沙陀人，只是他们的先祖已经进入今山西省，游牧民族的生活习惯已经改变，不同程度地受到汉化。到这三个王朝建立的历史阶段，其代表人物更加重视儒家文化。后唐庄宗李存勖，"十三习《春秋》，手自缮写，略通大义"。② 后唐明宗李嗣源缺乏汉文化基础，习惯于以民族语言交流。在洛阳任飞龙使的康福"善诸蕃语"，唐明宗"每召入便殿，谘访时之利病，福即以蕃语奏之"。③ 唐明宗接到各地的汉文书奏，让枢密使安重诲读给自己听，往往不晓文义。天成元年（926）唐明宗刚刚登基一个月，采纳大臣孔循的建议，设立端明殿学士，以翰林学士冯道、赵凤二人充任，作为自己的文化课老师。长兴元年（930），唐明宗游幸龙门。次日冯道上奏说："若涉历山险，万一马足蹉跌，则贻臣下之忧。臣闻千金之子坐不垂堂，百金之子立不倚衡，况贵为天子，岂可自轻哉！"唐明宗对冯道的话大致弄懂了，但对"垂堂""倚衡"不解何意，"道因注解以闻，帝深纳之"。④ 这是西汉典故。汉文帝欲乘马车沿着山路奔驰而下，袁盎谏阻道："臣闻千金之子坐不垂堂，百金之子不骑衡，圣主不乘危而徼幸。今陛下骋六䮈，驰下峻山，如有马惊车败，陛下纵自轻，奈高庙、太后何？"⑤ 这里所提到的汉代谚语，含义是家累千金的富人不坐在堂屋边缘，以免屋瓦掉下来砸伤自己；家有百金的富人不跨靠栏杆，以免

① 《大唐定远将军安（安菩）君志》，《唐代墓志汇编》上册，第1105页。
② 《旧五代史》卷二七《唐书·庄宗纪一》，第366页。
③ 《旧五代史》卷九一《晋·康福传》，第1200页。
④ 《旧五代史》卷四一《唐书·明宗纪七》，第570页。
⑤ 《史记》卷一〇一《袁盎晁错传》，第2740页。

坠落摔伤。唐明宗从冯道嘴里听到唐人聂夷中的《咏田家》诗，命人抄下来常常吟诵。唐明宗渐染华风，对华夏文化很仰慕。契丹皇帝耶律阿保机的长子东丹王耶律突欲投奔后唐，长兴二年（931）三月，唐明宗给他安排职务，赐姓东丹，赐名"慕华"，九月，改赐姓名为"李赞华"。后晋高祖石敬瑭，命人以《礼记》教授自己的养子石重贵（后来的皇太子、晋出帝）。后汉高祖刘知远，在开封下《禁断契丹装服敕》，要求各地民众尊崇"汉礼"，抵制"胡风"，说："近年中华，兆人浮薄，不依汉礼，却慕胡风，果致狂戎来侵诸夏。应有契丹样鞍辔、器械、服装等，并令逐处禁断。"① 外族移民虽处在中原文化的氛围中，但不可能迅速地脱胎换骨，还有一定的胡风孑遗。后唐天成二年（927）六月，唐明宗在洛阳白司马坂"祭突厥神，从北俗之礼也"。② 从总的趋势来看，他们一直采用中原文化来规范朝纲礼仪。只有这样，他们才有资格以中原正统王朝自居，对直属辖区和南方割据政权区发号施令，行使统治权。

　　隋唐五代时期进入洛阳地区的外国、外族移民，在经历了长期的汉地生活后，他们的语言文字、道德观念、宗教信仰以及生活方式都发生了深刻的变化，和当地汉族趋于一致。随着和中原汉族的普遍通婚，他们的身形相貌逐渐改变。这些移民的后裔，除了姓氏还带着其民族来源的印记，其他方面已经没有特征了。他们被中原汉族所同化，从而彻底地融入了中原社会。

---

① 《唐文拾遗》卷一〇，《全唐文》合刊本，第 5 册，第 47 页。
② 《旧五代史》卷三八《唐明宗纪四》，第 525 页。

参考文献

《白虎通德论》，（东汉）班固著，上海古籍出版社，1990。

《白居易集》，（唐）白居易著，顾学颉点校，中华书局，1979。

《白居易集笺校》，（唐）白居易著，朱金城笺校，上海古籍出版社，1988。

《北京图书馆藏中国历代石刻拓本汇编》第 10 册，北京图书馆金石组编，中州古籍出版社，1989。

《北梦琐言》，（五代）孙光宪著，林艾园点校，上海古籍出版社，1981。

《备急千金要方·千金翼方》，（唐）孙思邈著，刘清国等校注，中国中医药出版社，1998。

《册府元龟》，（北宋）王钦若等著，周勋初等校订，凤凰出版社，2006。

《朝野佥载》，（唐）张鷟著，赵守俨点校，《隋唐嘉话》合刊本，中华书局，1979。

《陈子昂集》，（唐）陈子昂著，徐鹏点校，中华书局上海编辑所，1960。

《陈子昂诗注》，（唐）陈子昂著，彭庆生注释，四川人民出版社，1981。

《大慈恩寺三藏法师传》，（唐）慧立、彦悰著，孙毓棠、谢方点校，《释迦方志》合刊本，中华书局，2000。

《大唐创业起居注》，（唐）温大雅著，李季平、李锡厚点校，上海古籍出版社，1983。

《大唐西域记》，（唐）玄奘著，章巽点校，上海人民出版社，1977。

《大唐新语》，（唐）刘肃著，许德楠、李鼎霞点校，中华书局，1984。

《大正新修大藏经》，台北：新文丰出版公司，1983。

《登科记考补正》，（清）徐松著，孟二冬补正，燕山出版社，2003。

《读书敏求记》，（清）钱曾著，丁瑜点校，书目文献出版社，1983。

《敦煌古医籍考释》，马继兴主编，江西科学技术出版社，1988。

《尔雅校笺》，周祖谟校笺，江苏教育出版社，1984。

《樊川诗集注》，（唐）杜牧著，（清）冯集梧注，上海古籍出版社，1978。

《樊川文集》，（唐）杜牧著，陈允吉点校，上海古籍出版社，1978。

《封氏闻见记校注》，（唐）封演著，赵贞信校注，中华书局，2005。

《古尊宿语录》，（南宋）赜藏主编，萧萐父、吕有祥点校，中华书局，1994。

《河洛墓刻拾零》上册，赵君平、赵文成编，北京图书馆出版社，2007。

《河南唐三彩与唐青花》，郑州市文物考古研究所编著，科学出版社，2006。

《后汉书》，（刘宋）范晔著，中华书局，1965。

《华严金师子章校释》，（唐）法藏著，方立天校释，中华书局，1983。

《黄庭坚全集》，（北宋）黄庭坚著，刘琳、李勇先、王蓉贵点校，四川大学出版社，2001。

《黄冶窑考古新发现》，河南省文物考古研究所等编著，大象出版社，2005。

《羯鼓录·乐府杂录·碧鸡漫志》，（唐）南卓、段安节、（南宋）王灼著，古典文学出版社，1957。

《金华子》，（五代）刘崇远著，《玉泉子》合刊本，上海古籍出版社，1988。

《金石萃编》，（清）王昶编，陕西人民美术出版社，1990。

《金石续编》，（清）陆耀遹编，《金石萃编》合刊本。

《晋书》，（唐）房玄龄等著，中华书局，1974。

《经行记笺注》，（唐）杜环著，张一纯笺注，《往五天竺国传笺释》合刊本，中华书局，2000。

《旧唐书》，（后晋）刘昫等著，中华书局，1975。

《旧五代史》，（北宋）薛居正等著，中华书局，1976。

《开元天宝遗事十种》，（五代）王仁裕等著，上海古籍出版社，1985。

《李德裕年谱》，傅璇琮著，中华书局，2013。

《李时珍医学全书·本草纲目》，（明）李时珍著，中国中医药出版社，1996。

《历代诗话》，（清）何文焕编，中华书局，1981。

《历代书法论文选》，上海书画出版社，1979。

《两京新记辑校·大业杂记辑校》，（唐）韦述、杜宝著，辛德勇辑校，三秦出版社，2006。

《列子集释》，杨伯峻著，中华书局，1979。

《龙门石刻药方》，师道兴著，张金鼎、孔靖校注，山东科学技术出版社，1993。

《陆贽集》，（唐）陆贽著，王素点校，中华书局，2006。

《论语译注》，杨伯峻译注，中华书局，1980。

《罗隐集》，（唐）罗隐著，雍文华校辑，中华书局，1983。

《洛阳伽蓝记校释》，（东魏）杨衒之著，周祖谟校释，上海书店出版社，2000。

《洛阳古代音乐文化史迹》，孙敏、王丽芬著，文物出版社，2004。

《洛阳民间收藏精品集》，王绣主编，解放军外语音像出版社，2009。

《洛阳市志》第十四卷《文物志》，徐金星主编，中州古籍出版社，1995。

《洛阳市志》第十五卷《龙门石窟志》，李文生主编，中州古籍出版社，1996。

《洛阳陶俑》，俞凉亘、周立主编，北京图书馆出版社，2005。

《洛阳文物精粹》，王绣主编，河南美术出版社，2001。

《洛阳新获墓志》，李献奇、郭引强编著，文物出版社，1996。

《魅力洛阳——河洛地区文物考古成果精华》，王绣主编，大象出版社，2005。

《南部新书》，（北宋）钱易著，黄寿成点校，中华书局，2002。

《欧阳修全集》，（北宋）欧阳修著，李逸安点校，中华书局，2001。

《青琐高议》，（北宋）刘斧著，中华书局上海编辑所，1959。

《清诗话》，丁福保编，上海古籍出版社，1978。

《权德舆诗文集》，（唐）权德舆著，郭广伟点校，上海古籍出版社，2008。

《全上古三代秦汉三国六朝文·全隋文》，（清）严可均编，商务印书馆，1999。

《全宋笔记》第3编第1册，朱易安、傅璇琮等主编，大象出版社，2008。

《全宋文》，曾枣庄、刘琳主编，上海辞书出版社、安徽教育出版社，2006。

《全唐诗》，（清）彭定求、曹寅等编，上海古籍出版社，1986。

《全唐诗外编》，王重民等编，中华书局，1982。

《全唐文》，（清）董诰、徐松等编，上海古籍出版社，1990。

《全唐文补遗·千唐志斋新藏专辑》，吴钢主编，三秦出版社，2006。

《容斋随笔》，（南宋）洪迈著，上海古籍出版社，1978。

《入唐求法巡礼行记》，〔日〕圆仁著，顾承甫、何泉达点校，上海古籍出版社，1986。

《神会和尚禅话录》，杨曾文编校，中华书局，1996。

《诗经注析》，程俊英、蒋见元注析，中华书局，1991。

《诗式校注》，（唐）皎然著，李壮鹰校注，人民文学出版社，2003。

《十国春秋》，（清）吴任臣著，徐敏霞、周莹点校，中华书局，1983。

《史记》，（西汉）司马迁著，中华书局，1959。

《史通通释》，（唐）刘知幾著，（清）浦起龙释，上海古籍出版社，1978。

《司空表圣诗文集笺校》，（唐）司空图著，祖保泉、陶礼天笺校，安徽大学出版社，2002。

《四库全书总目》，（清）永瑢、纪昀等著，中华书局，1965。

《宋本金石录》，（北宋）赵明诚著，中华书局，1991。

《宋高僧传》，（北宋）赞宁著，范祥雍点校，中华书局，1987。

《苏轼文集》，（北宋）苏轼著，孔凡礼点校，中华书局，1986。

《隋书》，（唐）魏徵、长孙无忌等著，中华书局，1982。

《隋唐史》，岑仲勉著，中华书局，1882。

《隋唐五代墓志汇编·洛阳卷》，洛阳古代艺术馆编，天津古籍出版社，1991。

《隋唐五代史》下册，王仲荦著，上海人民出版社，1990。

《隋炀帝集》，（隋）隋炀帝著，（明）张燮编，《续修四库全书》第1588册，上海古籍出版社，2002。

《太白阴经》，（唐）李筌著，《丛书集成初编》本，中华书局，1985。

《太平广记》，（北宋）李昉等编，中华书局，1981。

《坛经校释》，（唐）慧能著，郭朋校释，中华书局，1983。

《唐才子传校注》，（元）辛文房著，孙映逵校注，中国社会科学出版社，1991。

《唐大和上东征传》，〔日〕真人元开著，汪向荣校注，《日本考》合刊本，中华书局，2000。

《唐大诏令集》，（北宋）宋敏求编，商务印书馆，1959。

《唐代墓志汇编》，周绍良主编，上海古籍出版社，1992。

《唐代墓志汇编续集》，周绍良、赵超主编，上海古籍出版社，2001。

《唐代长安与西域文明》，向达著，三联书店，1979。

《唐国史补》，（唐）李肇著，上海古籍出版社，1979。

《唐会要》，（北宋）王溥著，上海古籍出版社，1991。

《唐两京城坊考》，（清）徐松著，方严点校，中华书局，1985。

《唐诗纪事》，（南宋）计有功著，上海古籍出版社，1987。

《唐史史料学》，黄永年著，上海书店出版社，2002。

《唐文续拾》，（清）陆心源编，《全唐文》合刊本，上海古籍出版社，1990。

《唐五代笔记小说大观》，上海古籍出版社，2000。

《唐语林》，（北宋）王谠著，上海古籍出版社，1978。

《唐摭言》，（五代）王定保著，上海古籍出版社，1978。

《通典》，（唐）杜佑著，王文锦等点校，中华书局，1988。

《通志二十略》，（南宋）郑樵著，王树民点校，中华书局，1995。

《文史存稿》，黄永年著，三秦出版社，2004。

《文选》，（萧梁）萧统编，上海古籍出版社，1986。

《文渊阁四库全书》，台北：台湾商务印书馆，1983~1986。

《文苑英华》，（北宋）李昉等编，中华书局，1966。

《五代会要》，（北宋）王溥著，上海古籍出版社，1978。

《五代十国制度研究》，杜文玉著，人民出版社，2006。

《五代史书汇编》，傅璇琮等主编，杭州出版社，2004。

《五灯会元》，（南宋）普济著，苏渊雷点校，中华书局，1984。

《武则天与神都洛阳》，王双怀、郭绍林主编，中国文史出版社，2008。

《新唐书》，（北宋）欧阳修、宋祁等著，中华书局，1975。

《新五代史》，（北宋）欧阳修著，中华书局，1974。

《新中国出土墓志·河南叁·千唐志斋壹》下册，王素主编，文物出版社，2008。

《续高僧传》，（唐）道宣著，郭绍林点校，中华书局，2014。

《玄怪录·续玄怪录》，（唐）牛僧孺、李复言编，程毅中点校，中华书局，1982。

《偃师文物精粹》，周剑曙、郭宏涛主编，北京图书馆出版社，2007。

《偃师杏园唐墓》，中国社会科学院考古研究所编著，科学出版社，2001。

《杨炯集》，（唐）杨炯著，徐明霞点校，《卢照邻集》合刊本，中华书局，1980。

《艺概》，（清）刘熙载著，上海古籍出版社，1978。

《艺文类聚》，（唐）欧阳询等著，上海古籍出版社，1965。

《游宦纪闻》，（南宋）张世南著，《旧闻证误》合刊本，中华书局，1981。

《酉阳杂俎》，（唐）段成式著，方南生点校，中华书局，1981。

《元和郡县图志》，（唐）李吉甫著，贺次君点校，中华书局，1983。

《直斋书录解题》，（南宋）陈振孙著，徐小蛮、顾美华点校，上海古籍出版社，1987。

《中国历代文论选》第 2 册，郭绍虞主编，上海古籍出版社，1979。

《中国石窟与文化艺术》，温玉成著，上海人民美术出版社，1993。

《中国书画全书》，卢辅圣主编，上海书画出版社，1993。

《中国书院诗词》，邓洪波编，湖南大学出版社，2002。

《中国针灸史》，郭世余著，上海科技出版社，1989。

《中华道藏》，张继禹主编，华夏出版社，2004。

《周书》，（唐）令狐德棻著，中华书局，1971。

《资治通鉴》，（北宋）司马光等著，中华书局，1976。

图书在版编目（CIP）数据

洛阳通史. 隋唐五代卷 / 洛阳市地方史志编纂委员
会办公室编纂；郭绍林著. --北京：社会科学文献出
版社，2023.12
　ISBN 978-7-5228-3024-7

　Ⅰ.①洛…　Ⅱ.①洛…②郭…　Ⅲ.①洛阳-地方史
-隋唐时代②洛阳-地方史-五代十国时期　Ⅳ.
①K296.13

　中国国家版本馆 CIP 数据核字（2023）第 238753 号

洛阳通史　隋唐五代卷

编　　　纂 / 洛阳市地方史志编纂委员会办公室
著　　　者 / 郭绍林

出 版 人 / 冀祥德
组稿编辑 / 郑庆寰
责任编辑 / 赵　晨　郑彦宁　汪延平　窦知远
责任印制 / 王京美

出　　　版 / 社会科学文献出版社 · 历史学分社（010）59367256
　　　　　　地址：北京市北三环中路甲 29 号院华龙大厦　邮编：100029
　　　　　　网址：www.ssap.com.cn
发　　　行 / 社会科学文献出版社（010）59367028
印　　　装 / 北京联兴盛业印刷股份有限公司

规　　　格 / 开　本：787mm×1092mm　1/16
　　　　　　印　张：28.25　字　数：445 千字
版　　　次 / 2023 年 12 月第 1 版　2023 年 12 月第 1 次印刷
书　　　号 / ISBN 978-7-5228-3024-7
定　　　价 / 186.00 元

读者服务电话：4008918866